L
E
S
I
E
N
Katzbach
Weida
Stöber
Ohlau
Malapane
Glatzer Neisse
Oder
Klodnitz
Weistritz
Trautenau
Schatzlar
Freiheit
Hermsdf.
Weckelsdorf
Braunau
Eipel
Grad-litz
Giesshübel
Deschnei
Kronstdt.
Bärenw.
Rokitnitz
Adler
Weisswasser
Jauernig
Friedeberg
Gräfenberg
Nied.
Freiwaldau
Lindewiese
Spieglitz
Goldenstein
Altstadt
Grulich
Rothwasser
Schildberg
Hotzenplotz
Füllstein
Olbersdorf
Würbenthal
Jägerndorf
Oppa
Engelsbg.
Winkelsdf.
Hannsdf.
Wiesenbg.
Zöptau
Freudenthal
Seifersdf.
Erbersdorf
Troppau
Hultschin
M.Ostrau
Schönbrunn
Altendorf
M.Schönbg.
Mohrau
Römerstdt.
G.Herrlitz
Bennisch
Rabersdf.
Braunseifen
Friedland
Leitersdf.
Liebau
Dittersdorf
Meltsch
Eulenbg.
Hof
Bärn
Briesau
M.Neustdt.
Bautsch
Wigstadtl
Sternberg
Bodenstadt
Kamitz
Fulneck
Zauchtl
Kunewald
Neutitschein
Olmütz
Betschwa
Oder
Liebenthal
Michelsdf.
Landskron
Schirmdorf
Nikl
Abtsdf.
Mährisch
Schönhengst
Kunzendf.
Zwittau
Trübau
Blumenau
Hermersdf.
Türnau
Krönau
Zwittawa
Riegersdf.
Bielitz
Ernstdf.
Weichsel
Olsa
Brünn
Wischau
March
Kanitz
Lodenitz
Kromau
Pohrlitz
Frainspitz
Irritz
Muschau
Dürnholz
Pöltenberg
Liliendorf
Znaim
Hödnitz
Grussb.
Kallendf.
Erdbg.
Guttenfeld
Auspitz
Pollau
Eisgrub
Nikolsburg
Lundenburg
Landshut
Deutsch-Proben
Ober-Stuben
Priewitz
Kremnitz
Neusohl
Kriegerhau
Altsohl
Bresnitz
Schemnitz
Karpfen
Waag
Nussdorf
Ottenthal
Modern
Böging
Stampfen
M Ä H R E N
S L O W A K E I

Wir Sudetendeutschen

Wilhelm Pleyer

Wir Sudetendeutschen

Heimat im Herzen

Helmut Preußler Verlag · Nürnberg

Druck: Helmut Preußler Druck + Versand GmbH, Nürnberg
ISBN-Nr. 3-934679-05-6

Sie können uns das Herz aus dem Leibe reißen,
aber nicht die Heimat aus dem Herzen.

KARL FRANZ LEPPA

Zuspruch

Wir haben Schicksal getragen
Vom Morgen bis Mitternacht –
Und wollen doch nicht verzagen.
Vielleicht, daß ein Frühling erwacht,
Ehe die dunklen Mächte
Warfen ihr grausames Los.
Einem neuen Geschlechte
Wird der Tag wieder groß.
Noch ist uns Eines geblieben,
Bis einst sich öffnet das Tor:
Die arme Heimat zu lieben
Wie nie zuvor!

JOSEF SCHNEIDER

Zum Geleit

Der Titel dieses Buches spricht mehr aus, als sonst ein Buchtitel auszusprechen vermag. Er spricht für drei von jenen zwölf bis fünfzehn Millionen, die aus der Heimat vertrieben sind und denen die Heimat als schwerste und doch geliebte Last im Herzen bleibt - manchem das einzige gewisse Gut auf einem Weg ins Ungewisse. Und dieser Titel bringt ein Selbstbewußtsein zum Ausdruck und einen Willen zur Selbstbehauptung: den Willen, zu bleiben, was wir gewesen.

Was kann die Absicht eines solchen Buches sein? Wem kann es nützen, wie kann es nützen, wie kann es dienen, wie helfen, in einer Zeit, in der vor allem geholfen werden soll?

Landsleute, dieses Buch ist die Stimme euerer Heimat. Es macht euch deutlich, was ihr wißt, es weckt euere Erinnerungen, es frischt sie auf; es ist eine Einkehr in euer Eigenes, in euere verlorene Heimat; es sagt euch, was ihr eueren Kindern zu sagen habt, denen ihr die Heimat im Herzen erhalten wollt für den Tag, an den zu glauben ihr nicht aufhört.

Und dieses Buch, Landsleute, sagt, wer ihr selber seid; es sagt, was ihr eueren Nachbarn zu sagen habt, den Millionen, deren Schicksal mit einem Male euerem Schicksal verbunden ist, mit denen euch tausenderlei verbindet: vom oft schwer ertragenen Nebeneinander und Gegeneinander bis zum Herzensbund und gemeinsamen Lebensweg. Dieses Buch gibt Antwort auf die mürrische Frage „Wer sind Sie denn eigentlich?", und dieses Buch will reden, wenn die Menschen schweigen, Hand in Hand unter der Lampe des Feierabends.

Dieses Buch stellt den Willen zu Verständigung und Zusammenarbeit trotz allem und allem als die Verpflichtung dar, die sich aus der vielhundertjährigen sudetendeutschen Überlieferung, aus der Geschichtsidee des Sudetendeutschtums ergibt. Die sudetendeutsche Geschichtsidee ist die Humanität, die Menschenwürdigkeit, eine gelebte und bewährte, eine nicht bloß behauptete und propagierte. Also ist unser Buch von Haus aus zu einem guten Teile ein Geschichtsbuch. Wenn wir von einem Jahrtausend deutschen Daseins und deutscher Leistung sprechen, betonen wir die heiligen Rechte, die sich aus unserer Vergangenheit ergeben.

Wir sehen dabei die sudetendeutsche Geschichte keineswegs so, als ob unsere Vorfahren in den Sudetenländern vor achthundert und mehr Jahren für sich und ihre Nachkommen den Beschluß gefaßt hätten, nichts wie edel zu sein. Auch wir Sudetendeutschen haben in allen diesen Jahrhunderten an den allgemeinen menschlichen Schwächen teilgehabt. Ebensowenig zu leugnen ist jedoch, daß wir in der Geschichte im Zeichen friedlicher Leistung und nicht im Zeichen blutiger Machtpolitik angetreten sind und in diesem Zeichen viele Jahrhunderte ehrenvoll hinter uns gebracht haben. Das stete Vorbild aufbauenden Friedenswerkes, der Verzicht auf Gewalt, die Tatsache, daß wir eigenen Schweiß statt fremden Blutes vergossen haben, daß unsere Geschichte mehr Ethos als Pathos aufweist, um mit Wilhelm Wostry zu sprechen, - alles dies verstehen wir unter sudetendeutscher Humanität. Nur völlige Resignation könnte dem Sudetendeutschtum das gute Bewußtsein nehmen wollen, das sich aus seiner eigenen Haltung in der Vergangenheit, besonders in seiner jüngsten Vergangenheit ergibt.

In diesem Geiste betont unser Buch Rechte, es betont aber auch die Pflicht, der Überlieferung treu zu bleiben, auf dem Recht und der Wiedergutmachung zu beharren, aber auf Rache und Vergeltung zu verzichten.

Wer das, was in dieser Zeit geschehen ist und geschieht, nicht als ein gemeinsames Unglück der Völker zu betrachten vermag, der wird dieser Gegenwart das Einfachste schuldig bleiben und keinen sicheren Schritt in die Zukunft tun können. Wir müssen einsehen, daß Vergeben die christliche, die abendländische Pflicht ist, mit der allein wir das Abendland zu retten vermögen, und müssen sie als tägliche Arbeit des Herzens üben; es ist eine schwere, aber notwendige Arbeit, wie alle unsere Arbeiten schwer, aber notwendig gewesen sind.

Wir Ostdeutschen, insbesondere wir Sudetendeutschen, haben einen Auftrag, der nicht nur unser Volk, sondern die Menschheit betrifft.

Wirtschaftlich und beruflich zwar müssen wir Vertriebenen uns so verhalten, als ob es niemals eine Rückkehr gäbe. Das Leben geht weiter, und wir müssen leben, wir wollen auch leben, wir haben noch viel vor. Man kann nicht jahrelang auf dem zugeschnürten Rucksack sitzen, ohne lächerlich zu werden und zugrunde zu gehen. In geistiger und seelischer Hinsicht aber haben wir uns so einzustellen, als ob unsere Rückkehr nahe bevorstünde. Wir haben uns und unseren Kindern unsere geistige Heimat zu erhalten, in der Familie, in der landsmännischen Gemeinschaft, im Lied, im Buch; wir haben aus dem Wissen und den Erfahrungen des Grenzlandes einem ganzen Volke mitzuteilen; und weiterhin würde es der Menschheit und dem sagenhaften Weltgewissen nichts schaden, wenn sie von unserer in Jahrhunderten dargelebten und bewährten Menschenwürdigkeit Kenntnis und auch Maß nehmen wollten. Wir dürfen auch in dieser Hinsicht unsere Rucksäcke nicht zugeschnürt sein lassen.

Dies verpflichtet uns, unter allen Umständen bewußte Sudetendeutsche zu bleiben. Und eben dazu und in unserem Wirken helfe uns dieses Buch.

Ich weiß es selber nur zu gut: es fehlt ihm so manches; der Reichtum der Heimatlandschaften, die Mehrfalt des Stammlichen, die Vielfalt von Beschäftigung, Brauch und Sitte, die Fülle der Leistungen unserer Heimatgenossen, - all dies ist kaum zu bewältigen. Wie sehr es nach diesem Weltuntergang an den schriftlichen Quellen fehlt, braucht kaum gesagt zu werden. Manches wurde als mehr-minder selbstverständlich hintangestellt, was es wohl gar nicht ist, so unser vorbildliches Schulwesen, ein Erbe des alten Österreichs, und unser hochentwickeltes Volksbildungswesen. Aber solche Mängel werden dem Buch unserer Heimat kaum Abbruch tun. -

Manche von uns steigen auf die Grenzhöhen und schauen unmittelbar auf ihre Dörfer, ihre Weiler, ihre Städte, auf die Fluren und Wälder der Heimat hinüber; den meisten von uns ist die Heimat, vielen auch schon die Grenze zu fern. Alle aber können und sollen in diesem Buche hinüberschauen und hinüberweisen: seht - seht, das Verlorene, das Unverlierbare, das was uns gehört und was wir wieder besitzen wollen, es ist unser und euer, es ist unsere Herzenssache, es ist eine Lebensfrage des Volkes, und es ist eine Angelegenheit der Menschheit, wenn sie diesen Namen behalten will.

Söcking, im Juni 1949 **Wilhelm Pleyer**

Landschaften der Heimat

Heimat

Von E. G. Kolbenheyer

Heimat, du läßt dich nimmer zwingen,
Unantastbar, wie im weiten Blau
Das weiche, ferne Schwalbenschwingen!

Von deinem und von meinem Grau,
Das unsre Scheitel leicht bereift,
Sinkt unser Blick. Und leise streift,
Gleich einem müden Glanz und Ton,
Die Sehnsucht nach der Jugend schon.

So mancher bittren Stunden bar,
Würden wir unsre Ernte sehn
Und Hand in Hand gelassen stehn,
Wenn sie, wo unsre Jugend war
Und unsre junge Hoffnung war -
Die Heimat, könnte mit uns gehn,
Mit uns in unsre Ferne gehn.

Landschaften der Heimat

Von Karl Franz Leppa

Der Sehnsucht Flügel tragen uns in Traum und Wachen über die Lande, die einstmals unsere Heimat waren.

Doch sind sie es, trotz allem, nicht heute noch?

O Böhmen! rief unser Dichter vor Jahrzehnten aus; es klang schon damals wie eine schmerzliche Anklage. Heute ringt sich der Aufschrei von unsern Lippen als herzzerreißendes Heimweh. Schwere Tränen an der Wimper, schaut unser Auge in dämmernde Erinnerung . . .

Die schimmernden Rauchsäulen über den Wipfeln des Böhmerwaldes; sein blaues Band auf dem mittäglichen Gebirgsrande Böhmens; das Seelicht unter der finstern Braue des Hochwaldes am Blöckenstein und der Heide Traumversunkenheit: Stifterland!

Gegen Abend die Osserwälder, wie übergossen von Gewitterfrische in ihrer urzeitlichen Unberührtheit, eine eddische Landschaft, über der die Riesen Osser, Lusen, Arber und Rachel den Himmel tragen. Hans Watzliks dichterisches Werk wuchs hier auf.

Das sind die böhmischen Wälder im ureigensten Sinne. Unser aber blieb als trautes Heimatbild mehr: der weit hinausschwingende Arm der Gebirge, dazu ihr Vorland im Innern des Raumes, den sie so umfangen halten; wo seit Menschengedenken das wesenhaft Deutsche fruchtete und gestaltete. Gerade so wie in Eis und Winterschnee auf den Rücken der Gebirge und an ihren Höhen und Flanken unsere Vorfahren Mühsal und Kargheit auf sich genommen hatten; denn diese steinige Welt ist noch lange nicht willig, zu einer saatfrohen Krume zu zerfallen. Dies verscheucht den Feigling und zermürbt den Weichling.

Auch das Erzgebirge geht nicht anders mit seinen Menschen um. Der Keilberg, umstürmt zu allen Jahreszeiten, ist das Sinnbild des rauhen Landstriches. Erst draußen, in erhellter Ebene, im breitspurigen Egerland, strecken sich die Dörfer behäbig inmitten ihrer trächtigen Bauernflur; und hablich tut sich hier das Leben. Ihr Fluß und ihre Stadt sind eines Namens. Entlang dem Egertal sitzen noch zerfallene Schlösser wie unabgelöste Wachen rittlings auf den Bergen. Heilquellen stoßen aus dem Gestein: in Karlsbad schleudert ein heißer, rauschender Atem das heilsame Wasser in einem mächtigen Strahl empor.

Das Böhmische Mittelgebirge liegt unter seinem zarten, lockeren Farbenschleier, wie es Caspar David Friedrich in seinen Gemälden entdeckt hat. Auch Ludwig Richter hat nach einem Umweg über Italien bei uns seine Landschaft gefunden, die deutsche Landschaft an der Elbe.

Das Elbeland! Mit Trunkenheit gesegnet, wenn wir es im Blühen seiner Hänge und Bäume sahen, im Rosenhauch des Frühlings, oder wenn der junge Wein blüht; wenn die Kelter duftet und der Herbst purpurn überschäumt im Becher wie im Stromtal. Dazu des Stromes dahinschwankende Mächtigkeit, und der Himmel über ihm, eben jener wolkenfrohe Himmel über Strömen.

Und dann des Isergebirges tief eingeschnittene Täler, die unter dem Nebel der Wälder lebendig geworden sind von deutschem Fleiß; wo die Glut der Glasöfen dunkelte wie das Geschehen schwerblütiger Sagen. Gustav Leutelt hatte alle Stimmen im Gehör, die in den Adern des Isergebirges klingen.

Doch die Wogen des Gebirges stürzen auch wie Urtiere nieder; es verebbt Erdwelle und Hügelflucht, dort und da noch einmal aufgischtend: oder wie hinausgeschleudert, abgeworfen: der Borschen und die Bösige.

In vielerlei Gestalt hebt sich das Gefels aus dem böhmischen Wall oder tritt aus ihm ins Land. Andernorts öffnen sich wieder die Tiefen wie bei Brüx und Dux, wo die Kohle vorzeitlicher Wälder gebrochen wird.

Aus der Morgenseite des Gebirgsrandes schiebt sich das Riesengebirge, Rübezahls Reich, mit Wucht in die kristallene Stille seiner höchsten Höhe empor, nachdem es alles Wachstum um sich herum versinken ließ. Die Schneekoppe schimmert wie ihres Berggeistes unergründliches Auge aus den Wolken, bald tückisch, bald märchengütig. Die Quelle ihrer Brust pocht, jahrtausendalter Herzschlag, dem die ältesten Völker des böhmischen Raumes gelauscht haben.

Diese Quelle, der Elbbrunnen, schüttet den größten Strom Böhmens aus.

Ehe wir ihr zu folgen vermögen, lockt uns das Riesenspielzeug von Adersbach und Wekelsdorf mit seinen Trugbildern in Fels und Stein, die stundenweit aneinandergereiht stehen. Aus dem Riesengebirge lösen sich Koppen und Kuppen und wandeln gegen Osten.

Der Bergmantel des Altvatergebirges schlägt in leichten, feierlichen Falten hinüber an die schlesischen Bergzüge, an die Oderberge, wo die Weihe der Höhen im Ostwind orgelt und alles Land hinsinkt, dem Osten geöffnet. Der Schlesische Wald ist als deutscher Wald unsterblich geworden; mit ihm sein Dichter Joseph von Eichendorff.

Im Schwesterland Mähren, vom Mittag des Landes her, hebt sich sacht welliges Gelände einer Gegend, deren Fluß aber, die Thaya, Abstürze und wildes Geklüft geleiten; ehe sich das Bild auseinanderfaltet zu blumen-, korn- und obstfruchttragenden Feldern, die bis vor die Tore Wiens fluten, zu Feldern, auf denen auch die Entscheidungen erbitterter Schlachten reiften. Die dunklen, waldigen Höhen gegen Morgen und Mitternacht sind nur der Rahmen für den warmen, selbst unter dem Schneehauch wie von Lebensinbrunst aus sich erglühenden Landstrich, dessen Scholle auch als Weingelände von Fruchtbarkeit überfließt.

Nicht minder heiß überflammt uns die Wiedersehensfreude im Ausblick auf die Welt im Ringe aller dieser Berge und des deutschen Siedellandes aus grüner Wurzel. Doch auch dort blieb deutsches Siedlererbe in alten deutschen Grundmauern von Städten ehrwürdigen Alters zurück; und übergrünen nicht die Äcker- und Wiesenbreiten im Lande drinnen vor allem den Heimatboden germanischer Völkerstämme? Öffnen sich nicht immer wieder Gräber ihres Zeitalters im Herzen des Landes?

Und ist es nicht mehr als sinnbildlich für das Wesenhafte im Schicksal dieses Landes, daß die meisten seiner Flüsse aus deutschen Quellgebieten in die Täler und Senken der Sudetenländer springen und strömen und sich an das Erdreich verschwenden, das milder und williger vor dem Pfluge aufbricht und darum den Slawen verlockte?

Zwischen Pilsen und der Moldau recken sich mehrere nebeneinander hinziehende Gebirgszüge über die behutsam schwingenden Hügelwogen empor; als „Kammwald" (dem Brdy-Wald der Tschechen). Hier liegen auch Heiden, sausen weite, immergrüne Forste, stehen in sich versunken Einödhöfe an Wildsteigen oder kleinen Wasserläufen. Das ist die Bergwelt slawischer Siedler, die freilich auch hier lieber an den Säumen drunten blieben, obgleich die Höhen achteinhalbhundert Meter nicht übersteigen. Der Bergsegen böhmischen Silbers blühte voreinst in nächster Nähe durch deutschen Fleiß: in Pibrans (Pribram) und Birkenberg.

Unsere Bergflüsse tragen in ihren Stimmen den Widerhall der deutschen Wälder; wie die Moldau, die bei Außergefild im Böhmerwald das Licht des Tages erblickt und mit ihrem Stromgebiet 30.000 qkm des Landes Böhmen bedeckt. Harzbraun und silberschäumend tost sie aus den Heimattälern oder schimmert sie durch seine grasigen Auen. Bei Oberplan, Stifters Geburtsort, versäumt sie sich in einer Herzlinie. Im Stadtgebiet von Budweis nimmt sie die Maltsch, die Oberösterreicherin, in die Arme. Hier ringsum, wie aus dem benachbarten Wittingauer Becken, blendet den darüber schwebenden Blick ein wehendes, webendes Leuchten; „in einem fremden, goldnen Rauche lodernd", würde Adalbert Stifter sagen. Das sind die wellenüberwanderten Teiche, wahre Wasserfernen und Reiche größten Fischreichtums. Der „Rosenberger Teich" schließt eine Fläche von 580 ha ein.

Die Moldau legt 425 km zurück, bis sie ihr brausendes Leben und ihren dunkellautenden Namen ihrer größeren Schwester hingibt: mitternachtwärts von Prag, an einem weinbesäumten Berge, trifft sie die Elbe.

Dann gesellt sich ihnen die Eger, die als unbeugsame Gebirglerin - sie kommt aus den Fichtelbergen - sich unterwegs durch manchen Gebirgsstock gekämpft hat.

Die Elbe trägt die Gewässer des Ostens heran, eine Ebene durcheilend, die von Fruchtbarkeit dampft und gleißt: aus Weizenäckern, Gersten- und Kornfeldern, die die Waldbestände bedrängen und einengen; mit Uferauen, in deren unheimlichem, berückendem Flimmern in schwüler Mittagszeit der Schauder vor dem großen Pan erwacht. Der Abglanz üppigen Wachstums, das hier aus dem Erdreich bricht, mag in dem Namen des Landstriches widerleuchten: „Goldene Rute".

Mit den Wogen der Elbe brechen dann die Gewässer Böhmens durch das Sandsteingebirge am Nordtor des Raumes hinaus in die deutsche Weite.

Im Talkessel von Prag, unter dem wundersamen Gespinst von Nebel und Sonne, im Schatten eines Burgberges, um den Natur und Kunst in gleich hoher Leidenschaft geworben, ist die Moldau, trotz ihrer größeren Schwester, der herrischen Elbe, der königliche Fluß des Landes. Sie ist der Fluß des „goldenen Königs", Ottokars des Zweiten, an dem er am Böhmerwald sein Kloster, Goldenkron, und seine Stadt, Budweis, gebaut hat.

Jede der Jahreszeiten schüttet überdies einen Rausch von Schönheit über diese Erdenstätte. Draußen in der Landschaft, auf dem Steilufer der Beraun, lehnt sich der Felsentraum des Karlstein in die Wolken, die böhmische Gralsburg. Die Arbeitsgewalt der Gegenwart beherrscht weiter nordwärts, von Kladno aus, an 1700 qkm; Steinkohlengruben, das Feuer mächtiger Eisenessen - eine düstere, pochende, flackernde Hymne auf den Menschenwillen, der hier wie an vielen anderen Orten zwischen dem Egerland und den Karpaten den ersten Funken aus hartem Werk mit deutschem Willen schlug.

Doch uns fesselt diesmal nur das Land, das Erdreich in seiner Anmut, seiner Kraft, seiner Unerschöpflichkeit an natürlichen Schätzen.

Zwischen Eger und Elbe grüßt uns ein Berghaupt; der Georgsberg, der alte „Reif", der große unverrückbare Zeuge germanischen Altertums dieser Lande, dessen Namen die erst viel später in die Sudetenländer einsickernden Slawen in ihrer Sprache so wundersam rein erhalten haben: als „Rip".

Als Denkmale deutscher Vergangenheit blieben auch die erschöpften Bergwerke im Südosten Prags; bei Eule, dessen Gänge einst von Gold gleißten; bei Kuttenberg, dessen Silberruhm vor drei Jahrhunderten erlosch.

Quer über die Einheit des Raumes drängt der Böhmisch-Mährische Höhenzug, ohne ernstlich das Schwesterland Mähren abzuschneiden.

So breitet sich diesseits und jenseits dieses Höhenstriches das Iglauer Ländchen aus. Im Jahre 1750 hatte die Staatsverwaltung die nur auf den Landkarten zerteilende Gemarkung in das Gelände gezeichnet: mit Steinen, auf deren einer Seite sich der böhmische Löwe bäumt, indessen Mähren zu der mährische Adler sein Fänge zeigt. In strengem Latein belehrt uns eine Inschrift: Limites Bohemiam inter et Moraviam. Die Namensgeberin des Ländchens stand voreinst auch auf silbernem Grunde.

Aus dem Mährischen wenden sich wieder die Wasser ins Deutsche hinüber, nachdem die Thaya alle gesammelt und sie der rüstig der Donau zustrebenden March zugeführt hat. Aus zwölfeinhalbhundert Meter Höhe entspringt die March dem Spieglitzer Schneeberg und nimmt dann ihren Weg durch die Ebene der „Hanna", wo Ernten prangen wie wenige ihresgleichen.

Über dem bäuerlich stillen Kuhländchen drüben, das sich an die Oder schmiegt, rauchen die Schlote des Ostrauer Gebietes, tost und braust in Witkowitz der Atem fließenden Eisens. Hier, an der Ostpforte Mährens, ballt sich der Reichtum seiner unterirdischen Schätze mit seiner zähesten Arbeitskraft zusammen.

Mähren hat aber noch eine andere unterirdische Welt. In der Nähe Brünns, der Hauptstadt des Landes mit dem alten Burgberg markgräflichen Gedenkens, öffnet sich die Erde. 137 Meter tief stürzt sich die „Mazocha", die Stiefmutter, in den Abgrund; zwei Seen, deren einer noch 14 Meter tiefer sein Bett hat, harren wie die düstern Flüsse einer Unterwelt, bis der schweigende Ferge über sie gerudert kommt. Wer sich dieser Tiefe vertraut, niederstrebend wie Faust zu den Müttern, dem leuchtet alsbald das Auge vor heimlicher Bangigkeit auf, nicht minder vor den Wundern all der verwunschenen Gestalten und Gebilde, die ihn umgeben.

Wieviel entging uns doch in der Hast der Wiedersehensfreude, die uns in Traum und Trauer erschütterte! Wie wenig verrieten die Worte von dem, was die Sinne erhaschten! Nur eine kurze, flüchtige Folge von Tönen wurde gleichsam an uns herangetragen; wie wir etwa an ein Lied, an ein geliebtes, erinnert werden. Leise, zögernd finden sich zu den ersten Tönen die ersten Worte; nur wenige von uns nehmen sie alsogleich auf; bis immer mehr sich zu ihnen finden, Lippen wie Worte. Zuletzt singen es alle mit, erklingt das ganze Lied. Wäre es vielleicht diesmal das Lied von der verlorenen Heimat? Nimmermehr! Denn sie können uns das Herz aus dem Leibe reißen, aber nicht die Heimat aus dem Herzen!

Wie man zur Zeit einer Hungersnot den tiefsten Sinn des schlichten Gebetes erkennt: Unser täglich Brot gib uns heute! — so ist uns nun der eigenste Sinn des einfachen Wortes Heimat in voller Größe aufgegangen.

August Sauer

2*

Das Böhmerwaldlied

Von Andreas Hartauer

Tief drin im Böhmerwald, da ist mein Heimatort,
es ist schon lange her, daß ich von hier bin fort;
doch die Erinnerung, die bleibt mir stets gewiß,
daß ich den Böhmerwald gar nie vergiß.
Das war im Böhmerwald, wo meine Wiege stand,
im schönen, grünen Böhmerwald.

O sel'ge Kinderzeit, nur einmal kehr zurück,
wo spielend ich genoß das allerhöchste Glück,
wo ich am Vaterhaus auf grüner Wiese stand
und weithin schaut' hinaus aufs Heimatland!
Das war im Böhmerwald, wo meine Wiege stand,
im schönen, grünen Böhmerwald.

Nur einmal noch, o Herr, laß mich die Heimat sehn,
den schönen Böhmerwald, die Täler und die Höh'n!
Dann scheid' ich gern von dir und rufe freudig aus:
„Behüt' Gott, Böhmerwald, ich geh' nach Haus!"
Das war im Böhmerwald, wo meine Wiege stand,
im schönen, grünen Böhmerwald.

Erst drängen sich alle Straßen der Welt an meinen Fuß und wollen bewandert werden; dann wünsche ich die fernste See aufzusuchen, mir Meerwunder zu zähmen. Die Sonne selber beneide ich, die in ihr Flammenauge alle Bilder aufnimmt. Und trotzdem bin ich überfroh, wenn ich in einem kleinwinzigen bunten Garten stehe, oder wenn eine Fichte über mir saust, und bin wunschlos ruhig, wenn ich durch Vaters enges Fenster zum Dorf hinüberschaue. O wunderliches deutsches Herz, Unendlichkeit und engste Heimat zugleich nährst du liebevoll!

Hans Watzlik

Der Hochwald

Von Adalbert Stifter

An der Mitternachtseite des Ländchens Österreich zieht ein Wald an die dreißig Meilen lang seinen Dämmerstreifen westwärts, beginnend an den Quellen des Flusses Thaya und fortstrebend bis zu jenem Grenzknoten, wo das böhmische Land mit Österreich und Bayern zusammenstößt. Dort, wie oft die Nadeln bei Kristallbildungen, schoß ein Gewimmel mächtiger Joche und Rücken gegeneinander und schob einen derben Gebirgsstock empor, der nun von drei Landen weithin sein Waldesblau zeigt und ihnen allerseits wogiges Hügelland und strömende Bäche absendet. Er beugt, wie seinesgleichen öfter, den Lauf der Bergeslinie ab, und sie geht dann mitternachtwärts viele Tagereisen weiter.

Möchte es uns gelingen, nur zum tausendsten Teile jenes schwermütig-schöne Bild dieser Waldtale wiederzugeben, wie wir es selbst im Herzen tragen seit der Zeit, als es uns gegönnt war, dort zu wandeln und einen Teil jenes Doppeltraumes dort zu träumen, den der Himmel jedem Menschen einmal und gewöhnlich vereint gibt, den Traum der Jugend und der ersten Liebe. Er ist es, der eines Tages aus den tausend Herzen eines hervorhebt und es als unser Eigentum für alle Zukunft als einzigstes und schönstes in unsere Seele prägt, und dazu die Fluren, wo es wandelte, als ewig schwebende Gärten in die dunkle, warme Zauberphantasie hängt!

Wenn sich der Wanderer von der alten Stadt und dem Schlosse Krumau westwärts wendet, so wird ihm zwischen unscheinbaren Hügeln, bald hier, bald da ein Stück Dämmerblau hereinscheinen, Gruß und Zeichen von draußen ziehendem Gebirgslande, bis er endlich nach Ersteigung eines Kammes nicht wieder einen anderen vor sich sieht, wie den ganzen Vormittag, sondern mit eins die ganze blaue Wand, vom Süd nach Norden streichend, einsam und traurig. Sie schneidet einfärbig mit breitem, lotrechtem Bande den Abendhimmel und schließt ein Tal, aus dem ihn wieder die Wasser der

Moldau anglänzen, die er in Krumau verließ, nur sind sie hier noch jugendlicher und näher ihrem Ursprunge. Im Tale, das weit und fruchtbar ist, sind Dörfer herumgestreut, und mitten unter ihnen steht der kleine Flecken Oberplan.

Dichte Waldbestände der eintönigen Fichte und Föhre führen stundenlang vorerst aus dem Moldautale empor, dann folgt, dem Seebache sacht entgegensteigend, offenes Land; – aber es ist eine wilde Lagerung zerrissener Gründe, aus nichts bestehend als tiefschwarzer Erde, dem dunklen Totenbette tausendjähriger Vegetation, worauf viele einzelne Granitkugeln liegen, wie bleiche Schädel von ihrer Unterlage sich abhebend, da sie vom Regen bloßgelegt, gewaschen und rundgerieben sind. Ferner liegt noch da und dort das weiße Gerippe eines gestürzten Baumes und angeschwemmte Klötze. Der Seebach führt braunes Eisenwasser, aber so klar, daß im Sonnenscheine der weiße Grundsand glitzert wie lauter rötlich herauff limmernde Goldkörner. Keine Spur von Menschenhand, jungfräuliches Schweigen.

Ein dichter Anflug junger Fichten nimmt uns nach einer Stunde Wanderung auf, und von dem schwarzen Samte seines Grundes herausgetreten, steht man an der noch schwärzeren Seefläche.

Ein Gefühl der tiefsten Einsamkeit überkam mich jedesmal unbesieglich, so oft und gern ich zu dem märchenhaften See hinaufstieg. Ein gespanntes Tuch ohne eine einzige Falte, liegt er weich zwischen dem harten Geklippe, gesäumt von einem dichten Fichtenbande, dunkel und ernst, daraus manch einzelner Urstamm den ästelosen Schaft emporstreckt, wie eine einzelne altertümliche Säule. Gegenüber diesem Waldbande steigt ein Felsentheater lotrecht auf, wie eine graue Mauer, nach jeder Richtung denselben Ernst der Farbe breitend, nur geschnitten durch zarte Streifen grünen Mooses und sparsam bewachsen von Schwarzföhren, die aber von solcher Höhe so klein herabsehen wie Rosmarinkräutlein. Auch brechen sie häufig aus Mangel des Grundes los und stürzen in den See hinab; daher man, über ihn hinschauend, der jenseitigen Wand entlang in gräßlicher Verwirrung die alten, ausgebleichten

Stämme liegen sieht, in traurigem, weißleuchtendem Verhack die dunklen Wasser säumend. Rechts treibt die Seewand einen mächtigen Granitgiebel empor, Blockenstein geheißen; links schweift sie sich in ein sanftes Dach herum, von hohem Tannenwald bestanden und mit einem grünen Tuche des feinsten Mooses überhüllet.

Da in diesem Becken buchstäblich nie ein Wind weht, so ruht das Wasser unbeweglich, und der Wald und die grauen Felsen und der Himmel schauen aus seiner Tiefe heraus, wie aus einem ungeheuren, schwarzen Glasspiegel. Über ihm steht ein Fleckchen der tiefen, eintönigen Himmelsbläue. Man kann hier tagelang weilen und sinnen, und kein Laut stört die durch das Gemüt sinkenden Gedanken, als etwa der Fall einer Tannenfrucht oder der kurze Schrei eines Geiers. Oft entstieg mir ein und derselbe Gedanke, wenn ich an diesen Gestaden saß: - als sei es ein unheimlich Naturauge, das mich hier ansehe - tief schwarz - überragt von der Stirne und Braue der Felsen, gesäumt von der Wimper dunkler Tannen - drin das Wasser regungslos wie eine versteinerte Träne.

Rings um diesen See, vorzüglich gegen Bayern ab, liegen schwere Wälder, manche nie besuchte, einsame Talkrümme samt ihren Bächlein zwischen den breiten Rücken führend, manche Felsenwand schiebend mit den tausend an der Sonne glänzenden Flittern und manche Waldwiese dem Tagesglanze unterbreitend, einen schimmernden Versammlungssaal des mannigfachsten Wildes.

Lasset uns zu einem anderen Punkte übergehen. Es ist auch ein Wasser, aber ein freundliches, nämlich das leuchtende Band der Moldau, wie es sich darstellt von einem Höhepunkt desselben Waldzuges angesehen, aber etwa zehn Wegestunden weiter gegen Sonnenaufgang. Durch die duftblauen Waldrücken noch glänzender, liegt es geklemmt in den Talwindungen, weithin sichbar, erst ein Lichtfaden, dann ein flatternd Band und endlich ein breiter Silbergürtel, um die Wölbung dunkler Waldesbusen geschlungen - dann bevor sie neuerdings schwarze Tannen- und Föhrenwurzeln netzt, quillt sie auf Augenblicke in ein lichtes Tal hervor, das wie ein zärtlich Auge aufgeschlagen ist in dem ringsum trauernden Waldesdunkel. Das Tal trägt dem wandernden Waldwasser gastliche Felder entgegen und grüne Wiesen, und auf einer derselben, wie auf einem Sammetkissen, einen kleinen Ort mit dem schönen Namen Friedburg. Von da, nach kurzem Glanze, schießt das Wellensilber wieder in die Schatten erst des Jesuitenwaldes, dann des Kienberges und wird endlich durch die Schlucht der Teufelsmauer verschlungen.

Der Punkt, von dem aus man fast so weit, als es hier beschrieben, den Lauf dieser Waldestocher übersehen kann, ist eine zerfallene Ritterburg, von dem Tale aus wie ein luftblauer Würfel anzusehen, der am obersten Rande eines breiten Waldbandes schwebet. Friedbergs Fenster sehen gegen Südwesten auf die Ruine, und dessen Bewohner nennen sie den Thomasgipfel oder Thomasturm oder schlechthin Sankt Thoma und sagen, es sei ein uraltes Herrenschloß, auf dem einst grausame Ritter wohnten, weshalb es jetzt verzaubert sei und in tausend Jahren nicht zusammenfallen könne, ob auch Wetter und Sonnenschein daran arbeiten.

Ein grauer viereckiger Turm steht auf grünem Weidegrunde, von schweigendem, zerfallenem Außenwerke umgeben, tausend Gräser und schöne Waldblumen und weiße Steine im Hofraume hegend und von außen umringt mit vielen Platten, Knollen, Blöcken und andren wunderlichen Granitformen, die ausgesäet auf dem Rasen herumliegen. Keine Stube, kein Gemach ist mehr in wohnbarem Zustande, nur seine Mauern, jedes Mörtels und Anwurfes entkleidet, stehen zu dem reinen Himmel empor und tragen hoch oben manche einsame Tür oder einen unzugänglichen Söller, nebst einer Fensterreihe, die jetzt in keinem Abendrot mehr glänzen, sondern eine Wildnis schöner Waldkräuter in ihren Simsen tragen. Keine Waffen hängen an den Mauerbögen, als die hundert goldenen Pfeile der schief einfallenden Sonnenstrahlen; keine Juwelen glänzen aus der Schmucknische, als die schwarzen, befremdeten Äuglein eines brütenden Rotkehlchens; – kein Tragebalken führt vom Mauerrande sein Dach empor, als manch ein Fichtenbäumchen, das hoch am Saume im

Dunkelblau sein grünes Leben zu beginnen sucht - Keller, Gänge, Stuben - alles Berge von Schutt, gesucht, geliebt von mancher dunkeläugigen Blume. Einer der Schutthügel reicht von innen bis gegen das Fenster des zweiten Stockwerkes empor. Dem, der ihn erklimmt, wird ein Anblick, der, obwohl im geraden Gegensatze mit den Trauerdenkmalen ringsum, dennoch augenblicklich fühlen läßt, daß eben er die Vollendungslinie um das beginnende Empfinden lege, nämlich: über alle Wipfel der dunklen Tannen hin ergießt sich dir nach jeder Richtung eine unermessene Aussicht strömend in deine Augen und sie fast mit Glanz erdrückend. - Dein staunender und verwirrter Blick ergeht sich über viele, viele grüne Bergesgipfel, in webendem Sonnendufte schwebend, und gerät dann hinter ihnen in einen blauen Schleierstreifen - es ist das gesegnete Land jenseits der Donau mit seinen Getreidehängen und Ostwäldern - bis der Blick endlich auf jenen ungeheuren Halbmond trifft, der den Gesichtsausdruck umfasset: die Norischen Alpen. - Der Große Priel glänzt an heitern Tagen wie eine lichte Flocke am Himmelsblaue hängend, - der Traunstein zeichnet eine blasse Wolkenkontur in den Kristall des Firmaments. Der Hauch der ganzen Alpenkette zieht wie ein luftiger Feengürtel um den Himmel, bis er hinausgeht in zarte, kaum sichtbare Lichtschleier, drinnen weiße Punkte zittern, wahrscheinlich die Schneeberge der ferneren Züge.

Dann wende den Blick nach nordwärts; da ruhen die breiten Waldesrücken und steigen lieblich, schwarzblau dämmernd, ab gegen den Silberblick der Moldau; - westlich blauet Forst an Forst in angenehmer Färbung, und manche zarte, schöne, blaue Rauchsäule steigt fern aus ihm zu dem heitern Himmel auf. Es wohnet unsäglich viel Liebes und Wehmütiges in diesem Anblicke.

Böhmerwald

Von Hans Watzlik

Nun brennt der Mond geruhig
Über die Wälder hinaus
Und legt die funkelnde Heimat
Wie einen Kronschatz aus.

Des Dorfes weiße Mauern,
Die Firste silbergesäumt,
Und silbrige Ährenwipfel –
Gedämpft der Brunnen träumt.

Ein letztes Einödglöcklein
Zagt fernwo und verhallt.
Vergessene Schwedenschanzen
Umschlummert der schwarze Wald.

Heimat, du meine Erde,
Du muttereinziger Ort!
Heimat, du wundervolles,
Du starkes, gutes Wort.

Die Egerländer Weltbäder

Von Viktor Karell

Karlsbad

Das Kronjuwel unter den Egerländer Weltbädern und die größte und älteste Heilstätte unserer Heimat war das Wunder im Mündungsgebiet der Tepl, Karlsbad. Jahrhundertelang pilgerten schon seit den Tagen Kaiser Karls IV., der der Siedlung Namen und Stadtrecht verlieh und ihr erster berühmter Badegast wurde, Menschen aller Zonen zu den heißen Brunnen der Sprudelstadt, um dort Gesundung und frische Lebenskraft zu finden. Reich hatte das Schicksal diese Stadt gesegnet. Unermüdlich sprudelten die heißen Quellen, immer wieder kamen frohe Gäste und mit ihnen Freudentage in das stille, quellendurchrauschte Tepltal.

Fürstlichkeiten aller Länder wechselten mit den Großen des Geistes in buntem Wechsel ab. Unter ihnen ragen im 15. Jahrhundert die Markgrafen von Kulmbach und Bayreuth, im 16. Jahrhundert die Fürsten von Brandenburg und Sachsen, Erzherzog Ferdinand von Tirol und Philippine Welser hervor. Das 17. Jahrhundert sah gerade in den schweren Tagen des Dreißigjährigen Krieges die fürstliche Pracht eines Wallenstein, der mit hundert Gespannen einen glänzenden Einzug hielt. Und gerade die Zeit nach dem Kriege war für die Entwicklung des Karlsbader Badelebens sehr günstig. Das Bad erlangte Weltruhm und das gesellige Leben schlug breite Wogen.

Im Jahre 1682 weilten der Kurfürst Georg III. von Sachsen und der Herzog von Lauenburg, beide mit großem Gefolge, zu sechswöchiger Kur in Karlsbad. Auf einer Wiese ließ der Kurfürst Reisighütten bauen und seine Gäste glänzend bewirten. Nebst vielen anderen Gerichten wurde auch ein ganzer, mit Kapaunen gespickter, gebratener Ochse auf einem eigens dazu hergestellten Wagen gebracht. Drei Musikkapellen besorgten die Unterhaltung, und der Kurfürst selber begrüßte als Gastwirt mit grüner Mütze, roter Jacke und grüner Schürze seine Gäste.

Auf ähnliche Weise verstanden es auch 1695 Kurfürst Friedrich von Brandenburg, der spätere Preußenkönig, und August II. der Starke, König von Polen und Kurfürst von Sachsen, sich und die Badegäste durch glänzende Feste zu unterhalten. August, der prunkliebende Polenkönig, war mit fast 700 Soldaten im Bade erschienen, die auf der Donitzer Wiese lagerten. Auch er ließ auf der Alten Wiese Laubhütten bauen und zu ihrer Ausschmückung Spiegel und kristallene Luster aus Dresden bringen. Dazu legte er Springwasser mit verborgenen Trittfedern an, durch die er die

Frauenzimmer bei der Tafel und beim Tanze durchnässen konnte.

Als Peter der Große 1711 in Karlsbad weilte, spendete er der Schützengesellschaft ein Faß Rheinwein zu einem Freischießen. Er beteiligte sich selbst daran und machte den besten Schuß. Auch Kaiser Karl VI. und seine Gemahlin Elisabeth Christine sowie die junge Maria Theresia hielten sich in Karlsbad längere Zeit auf und hatten ihren ganzen Hofstaat mit, worunter besonders der Türkenbesieger Prinz Eugen von Savoyen die Aufmerksamkeit der Karlsbader im hohen Maße erregte.

Das 18. Jahrhundert war entschieden das reichste an gesellschaftlichen Veranstaltungen der verschiedensten Art. Freigastmähler lösten prächtige Bälle ab. Stadtbeleuchtungen mit 1500 bis 2000 buntfarbigen Laternen wechselten mit drolligen Verkleidungen. Die hohen Herrschaften konnten sich nicht genug tun, für Kurzweil zu sorgen und sich die Badezeit so angenehm wie möglich zu vertreiben. Stanislaus Poniatowski, Prinz Heinrich von Preußen und Kaiser Josef II. brachten der Stadt neuen Glanz nach dem Siebenjährigen Kriege. Den Hubertusburger Frieden läutete Karlsbad mit den Glocken ein, welche die edle Kaiserin der Stadt nach dem großen Brande vom Jahre 1759 geschenkt hatte. Alleen wurden jetzt gepflanzt, Brunnen überdacht, bequeme Wege zu den Höhen emporgeführt, und von dem Ertrag des Karlsbader Salzes sogar der dramatischen Muse ein steinerner Tempel gebaut. Graf Ilinski gründete das Fremdenhospital, und Lord Findlater machte auf seine eigenen Kosten interessante Fernsichten zugänglich.

Das lustige Leben dauerte in Karlsbad auch noch am Anfange des 19. Jahrhunderts fort. Besonders erfreut waren die Karlsbader über den Besuch ihres Bades durch Kaiser Franz und seine Gemahlin Maria Ludovica sowie seine Tochter Kaiserin Maria Luise von Frankreich, Napoleons Gemahlin. Das Alt-Karlsbader Badeleben in der Zeit von 1800 bis 1820 war überhaupt die glänzendste Zeit in den Annalen Karlsbads. Da weilten am Sprudel erst Prinz Anton von

Sachsen, Kardinal Genga, der spätere Papst Leo XII., Gustav IV. von Schweden, König Friedrich Wilhelm III. von Preußen und Kaiserin Maria Feodorowna von Rußland. Und als die Ruhmessonne des Korsen auf den Schlachtfeldern von Leipzig und Waterloo blutig unterging, da begann der Aufstieg Karlsbads erst recht; die „Dukatenjahre" verströmten ihren Reichtum über den alten Badeort und fast keiner der großen Namen jener Zeit fehlte. Da lustwandelten auf der Alten Wiese neben dem Marschall Vorwärts, dem Fürsten Blücher, der Sieger von Leipzig, Fürst Schwarzenberg, da sah man Jerome, den Bruder Napoleons, und den allmächtigen Metternich. Silber soll in diesen Jahren, wo man den eisernen Schlüssel zu einer Stube mit Dukaten bezahlte, gar keinen Wert gehabt haben. Herder, Schiller und Körner suchten und fanden im Tepltale ebenfalls Genesung. Unter den Tonschöpfern und Tonkünstlern ragten als Karlsbader Gäste vor allem Bach, Beethoven und Paganini hervor, welche die Badegäste durch glänzende Konzerte entzückten.

Vor allem ist der Name Karlsbad unauslöschlich mit dem größten deutschen Geiste, mit Goethe, verknüpft, der von 1785 bis 1823 dreizehnmal hier weilte und zwölfmal durch teilweise recht langen Kuraufenthalt sich in Karlsbad neue Kraft zur Vollendung seines gewaltigen Lebenswerkes holte. Goethe zählte Karlsbad, sein „irdisches Paradies", zu den schönsten Städten der Welt, und auch Wilhelm von Humboldt hat es „einen Brillanten in smaragdner Fassung" genannt.

Zur Zeit der Karlsbader Beschlüsse trat Karlsbad in die Reihe der ersten Weltkurorte. Das Erscheinen gekrönter Häupter und hervorragender Persönlichkeiten wiederholte sich nun alljährlich. Strahlende Wirklichkeit wurde, was prophetisch einst Bohuslaus Lobkowitz von Hassenstein von der Sprudelstadt verkündete: Karlsbad spendete mildtätig und wunderwirkend die Segensfluten seiner Quellen dem g a n z e n Menschengeschlechte.

Im 20. Jahrhundert stand der Ruhm Karlsbads durch seine neunzehn Heilwässer, seine sechs großen Badeanstalten, in denen die verschiedensten Heilfaktoren Verwendung fanden, seine Sportanlagen, seine modernen öffentlichen und Verkehrseinrichtungen, seine hohe geistige Kultur, seine alte Theater- und Musiktradition und nicht zuletzt durch das volkstümliche Wirken Josef Hofmanns unerreicht da. Mehr als 70.000 Kurgäste und mehrere Hunderttausende von Durchreisenden besuchten in den Jahren einer günstigen wirtschaftlichen Entwicklung Karlsbad, das nicht nur durch die Kraft aus der Tiefe, sondern auch durch die Schönheit der Natur heilend die Kranken segnete.

Marienbad

Bedeutend jünger als Karlsbad ist das liebliche Marienbad, das mit der Geschichte des Stiftes Tepl untrennbar verbunden ist, da der größte Teil des Gebietes, auf dem der Weltkurort mit seinen Heilquellen liegt, seit 1197 dem Stifte Tepl gehörte. Kundbar wurden die ersten Quellen Marienbads im Jahre 1528. In den Anfang des 17. Jahrhunderts fällt auch die Verwendung der Marienbader Wässer zu Heilzwecken. Jedoch erst im folgenden Jahrhundert schuf Doktor Josef Nehr in Verbindung mit dem genialen Abte Karl Reitenberger aus einer Wildnis einen kleinen Badeort. 1791 wurde das erste Badehäuschen mit vier Kabinen angelegt, und schon 1818 wurde die kleine Siedlung zum Kurort erhoben. Kein anderer wie Goethe, der hier seine letzte große Liebe zu Ulrike von Levetzow in der Marienbader Elegie verewigte, hatte auch dem aufblühenden Marienbad mit Pate gestanden. Schon 1820 schreibt er an Zelter: „Mir ist übrigens, als wäre ich in den nordamerikanischen Einsamkeiten, wo man Wälder aushaut, um in drei Jahren eine Stadt zu bauen. Die niedergeschlagene Fichte wird als Zulage verarbeitet, der zerspaltene Granitfels steigt als Mauer auf und verbindet sich mit dem kaum erkalteten Ziegel, zugleich arbeiten Tüncher und Stukkateure und Maler von Prag und anderen Orten im Akkord gar fleißig und geschickt . . und so geht alles unglaublich schnell."

Besonders glanzvoll muß bereits das Jahr 1823 gewesen sein. Eine Fülle berühmter Namen taucht in den Badelisten des jungen Kurortes auf. Der Herzog von Weimar und der Herzog von Württemberg, Napoleons Bruder Louis als Herzog von St. Leu und dessen Sohn Napoleon III., ferner Napoleons Stiefsohn Eugen Beauharnais, deutscher, böhmischer und besonders deutsch-russischer Adel, eine große Schar von Künstlern und Gelehrten machten die Sommermonate dieses Jahres, des letzten, in dem Goethe in Böhmen zur Kur weilte, zu bewegten Festen. Stift Tepl zeigte sich als liebenswürdiger Gastgeber mit Jagden und Festtafeln, und Fürst Metternich öffnete sein nahegelegenes Schloß Königswart den illustren Besuchern. Besonders groß war in der Folgezeit die Zahl der großen Tonschöpfer, die in Marienbad Heilung und Erholung suchten. Weber, Spohr, Richard Wagner, Anton Bruckner, Chopin, Liszt und Richard Strauß finden wir in den Marienbader Badelisten verzeichnet. Von den Dichtern entdeckte Friedrich Hebbel in Marienbad 1854 die Schönheit des Hochwaldes, und Friedrich Nietzsche verbrachte hier einsame Tage in der am Rande des Waldes gelegenen Eremitage. Und selbst das winterliche Marienbad lockte einen Maxim Gorki zu Ruhe und stiller Arbeit. Schon in den zwanziger Jahren des vorigen Jahrhunderts erhielt der kleine Badeort Kirche und Schule, Post und Apotheke, Theater und Brunnenorchester. 1866 wurde Marienbad zur Stadt erhoben, und als es 1872 auch an das Bahnnetz angeschlossen wurde, ging seine Entwicklung stromgleich vorwärts. Marienbad wird „die Perle" der Egerländer Bäder genannt. Wie eine schimmernde weiße Insel liegt es im grünen Gewoge seiner Hügel und Wiesentäler, umhüllt vom Zaubermantel prächtiger Wälder, in seltsamer Lieblichkeit da.

Franzensbad

Eine schwache Wegstunde von der alten Staufenstadt Eger entfernt, liegt in der Blütenpracht seiner Gärten an der bayerischen und sächsischen Grenze das dritte der Egerländer Weltbäder, Franzensbad. Als Badeort ist es nur wenig älter als Marienbad. Bereits im 17. Jahrhundert wird der „Egerbrunn" fleißig versendet und besonders auch in Karlsbad neben der dortigen Badekur zu einer Trinkkur verwendet. 1793 erfolgte die Gründung des Kurortes, der nach dem damals regierenden Herrscher Österreich-Ungarns Franzensbad genannt wurde. Franzensbads siebenundzwanzig kohlensäurehaltigen Mineralquellen mit den verschiedenartigsten Beimengungen, seine ausgedehnten hochwertigen Moorlager, seine Stille und seine ebene Lage hatten dem jungen Kurort rasch einen Weltruf für Frauen- und Herzleiden verschafft. Und fanden sich an der Wiege Franzensbads auch schon Fichte und Herder, Goethe und Beethoven, Blücher, Meyerbeer, Kreutzer und viele andere Große ihrer Zeit ein, die folgenden Jahrzehnte hatten den berechtigten Ruf von der unübertrefflichen Heilkraft seiner Brunnen- und Badeeinrichtungen nur noch vermehrt, so daß es stolz im leuchtenden Dreigestirn der Egerländer Weltbäder dastand. Der Reiz der Franzensbader Landschaft ist einzigartig und die Schönheit einer Franzensbader Sommernacht unvergeßlich jedem, der sie erlebte.

*

Karlsbad, Marienbad und Franzensbad - all das, was durch den Fleiß der deutschen Bewohner in altem deutschem Grenzland geschaffen wurde, haben wenige Monate des Hasses im Jahre 1945 hinweggefegt. Einsam rauschen heute die Quellen und viele Tausende Heimatloser ersehnen die Erfüllung der Worte Ulrichs von Hutten:

Es kann nicht sein, daß so viel Geist
Und Kraft und heilig Mut
Hinwelken soll, weil auf dem Land
Ein schwerer Fluch nun ruht.
Noch kommen muß und kommen wird
Ein beßrer Tag, um den
Viel hunderttausend Lippen, ach,
Mit heißer Inbrunst flehn!

Wiedersehn mit Karlsbad

Von E. G. Kolbenheyer

Bälder, als Goethe gehofft hatte, rollte die Chaise über die Donitzer Brücke, und nun war ihm alles vertraut. Das gehaltene Herz schlug ungeduldiger. Der Postillion blies, als wolle er seine Gäste dafür entschädigen, daß Karlsbad sich hinter den Bergen versteckt halte. Aber über dem Egerflusse, jenseits des Zetlitzer Steges bis zur Höhe hinan rauchten die Schornsteine des Dörfchens Fischern, längs dem Flusse führte der angenehme Spaziergang, und sie fuhren schon über die sächsische Wiese, an deren Ende - ein Wächter an der Eingangspforte des Thermentales - das turmhohe Granitprisma des Johannisfelsens mit seinem Kreuze in den Abendhimmel griff. Am Fuße dieses seltsamen Steingebildes lag die Kapelle. Die Chaise holperte über die Balken der Teplbrücke.

Die Mitreisenden regten sich. Der Kaufmann wollte reden, aber die Weimarer Exzellenz wandte sich ab und hütete ihre Kenntnisse. Da grüßte aus den Lindenwipfeln das Dach der Papiermühle vor dem Egertore. Er gedachte des wohlgepflegten Gartens, des freundlich-bereiten Mühlenwirtes. Dann fuhr man mit Hall und Schall unter das Tor. Sie hielten, bezahlten Einlaß; im Stadtturm aber war der Postillion erlauscht worden. Und von der Höhe des Stadtturmes herüber schmetterte den Ankömmlingen das Willkommen des Heilbades zu.

„Wir werden eingeblasen", meinte der Schweigsame heiter und befreit, „das Kompliment soll uns morgen von der Madame Türmerin in Erinnerung gebracht werden."

Gleich hinter dem Tore beim Wirtshause „Zum Ochsen" hatten die Abpäcker gewartet, um ausgewählt zu werden und dann die Herrschaft vor die kaiserliche Maut auf den Ring zu Zoll und Akzise zu begleiten. Die Leipziger waren voreilig ausgestiegen, Herr Richter verhandelte um eine Wohnung. Der Geheimrat hielt seinen Begleiter zurück, Vogel solle mit den andern zur Maut fahren. Er selbst verließ das Reisegefängnis.

„Ich will die liebe Stadt schrittweise und unbekümmert in Empfang nehmen. Es ist an sieben Uhr, die Gesellschaft wird in den Sälen oder im Walde sein. Laß Er die Bagage dann auf die ‚Wiese' bringen zu den ‚Drei Rosen'. Das Quartier ist von der Frau Oberstallmeisterin besorgt. Beim Bürger Hein. Wende Er sich nur gleich an die Hausfrau, sie heißt Helena und ist eine sorgliche Wirtin. Man wird uns auf diese Zeit erwartet haben."

Er streckte die steifgesessenen Beine und dehnte lächelnd die Schultern. Den Mantel nahm er über den Arm und den Rundhut in die Hand. Der Himmel hatte sich umzogen. Schon im Gehen wandte er sich noch einmal.

„Und grüße Er mir die Hausleute wohl, es sind Menschen von herzlicher Fidelität."

So blieb er zunächst noch ganz für sich, niemand kannte ihn, und er brauchte niemand zu kennen. Die gedrängte Doppelzeile des Kreuzgäßchens war bald durchschritten, sein erhellendes Auge konnte über den Fluß hin den gefälligbreiten Bau des Mühlbades mit dem zierlichen Balkon über dem Tore und die langgestreckte Laube des Neubrunnens, die ersten merklichen Kurgelegenheiten, grüßen. Über das sommerseichte Teplbett führte eine Holzbrücke, die nur im jenseitigen Teile von einem Steinbogen unterwölbt war, wo das Wasser von den Rädern der Stadtmühlen in den Fluß zurückfand. Er überschritt die Brücke, ließ die stampfenden, sägenden Mühlen - es wurden auch Bretter geschnitten - links liegen, kam durch die Mühlbadgasse, worin ihn die Postkutsche überholte, an den geschlossenen Fleischbänken vorbei auf den Ring. Und dieser schien ihm unter einem bedeckten Himmel, durch den auf hoher Felskante erbauten Stadtturm überlastet und von breiten, mehrstöckigen Kurhäusern, dem Rathause, der Apotheke, der Maut und Post überdies bestanden und eingeengt, unerfreulicher, düsterer als im vergangenen Jahre; er wollte kaum mehr an der Dreifaltigkeitsstatue sein Gefallen finden. Zudem war der Ring fast menschenleer, einziges Leben um die angelangte Post. An der Ecke des Rathauses hing die Figur des kaiserlichen Gründers wie ein

Erhenkter, im Erdgeschosse wiesen die Fenster des Stadtkotters ihre Eisengitter. Eine Obsthökerin saß schläfrig und verlassen vor ihren Körben. Er beschleunigte seine Schritte, fühlte das unangenehme Pflaster.

Vogel hatte den Koffer, Mantelsack und Ranzen abstellen lassen und verhandelte mit den Visitatoren; der Geheimrat winkte ihm die weitere Richtung zu und bog auf den Sprudelsteg ein.

Die beiden Frontürme und ein Teil der Kirchenfassade – er hatte deren edles Barocco schätzen gelernt – überragten von ihrem hohen Standorte aus etliche Hausdächer, als übten sie in ihrer stattlichen Ruhe über das Profane hinweg eine mütterliche Hut, denn zu Füßen des Kirchberges sprang pulsend die Lebensader des Tales, der Sprudel, und ließ weiße Dampfwolken bis an die Kirchenschwellen wehen.

Goethe stand auf dem Stege still. Hier hatte ein bedeutender Ausgleich Zeichen und Bild gewonnen, ein Ausgleich, der zu den segensreichsten einer ringenden Menschheit gehörte: unter der Talsohle die drängende Dämonie der Urgewalten, heiß, inbrünstig, überschäumend, und ober ihr beherrschenden Ortes die gemeisterte Form der Kirchenfront, selbst noch voll leidenschaftlicher Züge, aber gebunden in ihrer Bewegung, zur Harmonie entschlossen, freundlicher Ernst, dienende Ehrfurcht, Segen geworden. Wahrhaftig, dieser theresianische Baumeister, er erinnerte sich des Namens Dientzenhofer, hat seine Kunst vermocht und gewußt, Ort und Gelegenheit zu erfassen! Er hat dem kochenden Triebe zu Füßen seiner Kirche einen Zauberbann gesungen. In die weiten Augen des Beobachters fiel ein Schimmer, um seine Lippen spielte es ferne. Wie wird es sein, bald, bald, nach Wochen zählbar, wenn er der bildnerischen Gewalt eines Bramante, Raffael, Peruzzi und des riesenhaften Buonarroti gegenüberstehen werde? Still noch darüber und heimlich! Daß kein übles Geschick seine Hoffnungen unterhöhle!

Goethes Züge wurden heiter vor seinem bangenden Herzen. War es auch wunderlich, daß ihn hier eine abergläubische Furcht befing? Unter seinen Sohlen wölbte eine dämonische

Natur die unterirdische Kuppel, deren Tiefe nicht zu ermessen war, deren Scheitel aber, stetig wachsend, das Flüßchen abdrängte. Und diese Gewalt sprengte den eigenen Bau, trieb den kochenden Kraftstrahl durch die Fugen, hauchte betäubenden Atem durch die Risse. Es war verständlich, daß hier Menschen um ihren unbändigen Quell zitterten, daß sie abergläubisch und ihres Reichtums bange waren.

Da fiel sein Blick auf etliche Schlächtergesellen, die ein Schwein im heißen Abflusse brühten. Es geschah neben dem Steg im Flußbette. Er ging ernüchtert weiter, den Springer zu begrüßen.

Der Sprudelquell lag einige Ellen tiefer als der Bretterboden des hölzernen Tempelchens. Eine seiner Adern ließ den Gischt durch eine Holzröhre steigen und mannshoch gegen das Dach des Tempelchens anspringen, das durch eine offene Laterne gelüftet war. Der Dampf fand kaum Raum genug, füllte den Trichter der Decke und quoll unter deren Rand ins Freie. Ein Gitter umzäunte die Quelle. Es war geschlossen. Goethe verfolgte durch die grünen Latten hindurch den anstürmenden Rhythmus. Er beschloß, noch am Abend seinen Doktor Becher zu besuchen, um nichts von der lange versäumten Zeit zu verlieren. Und dann schritt er über den leeren Platz vor dem Sprudelsaale am Hause des berühmten Arztes vorbei über die Brücke mit der Johannesstatue inmitten zu den „Drei roten Rosen" auf der „Wiese". Wie gut, daß der Regen die Gäste in den Sälen und Häusern hielt, so konnte er sich recht in den Ort finden, der ihn mit jedem Schritt vertrauter, fast heimatlich umfing.

Dichter gibt es sehr wenige auf der Welt, sie sind die Hohenpriester, sie sind die Wohltäter des menschlichen Geschlechtes.

Adalbert Stifter

Spätherbst im Erzgebirge

Von Ernst Leibl

Über den Kamm des Gebirges tanzt johlend
der herbstliche Wind,
schüttelt die Vogelbeerbäume, die blutrot von Dolden sind.
Krammetsvögel jagt er umher wie wirbelndes Laub,
von seinem Rauschen werden dem Wanderer die Ohren taub.
Der Bauer sitzt in der Stube. Er denkt:
Ob es heute noch schneit?
Eine Tür schlägt wo zu. Die Bäuerin zerkliebt ein Scheit,
daß sie trockene Späne hat zum Einheizen morgen früh.
Heute Nacht gibt es Frost ganz sicher. Drum glüh, Ofen, glüh!
Im Häuschen des Nachbars riecht's immer
nach Leim und Lack,
die Kinder bemalen Spielzeug, das ist was
für Christkindels Sack.
Bald wird der Vater die Krippe aufbaun. Ein goldener Traum
kommt schon leise daher und erblüht
wie ein strahlender Lichterbaum.

Ein Maler erzählt aus seiner Heimat

Von Josef von Führich

Außer den kirchlichen Festen des Jahres, die mich seit frühester Jugend, noch ehe ich etwas Wesentliches von ihrer Bedeutung verstand, immer mit einer eigenen Begeisterung erfüllten, waren meine größten Feste: ein Gang über Land mit meinem Vater nach diesem oder jenem Ort hin. Der gewöhnlichste und mir liebste Ausflug dieser Art war der nach Reichenberg, später auch nach Friedland und dem nicht weit davon gelegenen Wallfahrtsorte Haindorf. Wenn mir als Knaben schon die ärmliche Kirche meines Geburtsortes mit ihren wenigen Bildern und Schnitzwerken an Altären und Kanzel imponierte, so fand ich an den genannten Orten für mich unversiegbare Quellen des Staunens und der Bewunderung. Wenn ich dem Vater bei einem Schreiner im Orte oder einem Bauer auf einem nahen Dorfe ein Brautgeräte, Laden, Bettstellen, Schränke anstreichen und mit bunten Blumen und Landschaften schmücken half, so hatte ich das frohe Gefühl, ein brauchbares Glied der Familie zu sein. Mein Vater unterstützte meine Naturschwärmerei mit der Erlaubnis, durch zwei Sommer die Kühe hüten zu dürfen. Wer war glücklicher als ich?

Wenn ich bei meiner kleinen Herde, an einem kleinen Feldraine hingelagert, die weite, schöne Gegend überschaute, über welcher die flatternden Wolkengebilde rätselhaft hinzogen und große wandelnde Schatten über Gebirge und Täler breiteten, wenn ich den Stimmen der Luft und Wälder lauschte, unterbrochen vom fernen Gesang der Hirten, dem Brüllen und Blöken der Herden, dem Holzschlag aus dem Walde und dem Glucken und Murmeln der Bäche: dann zogen wunderbare Bilder an mir vorbei - aus mir heraus und in mich hinein. Die Einsamkeit sprach mit beredter Zunge zu mir. Damals verstand ich wenig davon, erst heute verstehe ich meine Jugend.

Die Gegend meiner Heimat hat nicht die Großartigkeit der Alpenwelt, aber immer noch Reiz genug, um jedem Empfänglichen für schön zu gelten. Lange, mit allerhand Holz, besonders aber mit ernsten, duftigen Tannen- und Fichtenwäldern bedeckte Bergzüge, mit weiten, offenen Tälern, die oft kleinere von überraschend schöner und romantischer Lage mit Felsen und Wald einschließen, klare Bäche und ein großer, von den Bergen niedergehender Quellenreichtum, herrliche Wiesen, lieblich begrünte Hügel, wo Gruppen säuselnder Birken stehen, eine weite Aussicht von der Höhe mit einer alten Buche oder zerstürmten Fichte gekrönt, die man weit sieht, von solchen Stellen sich hinabziehende Gründe, Fichten und Tannen, deren einförmiges, geheimnisvolles Rauschen im Tale etwa von dem Geklapper einer Mühle unterbrochen wird, liebliche Dörfchen mit großen Linden vor den Bauerngehöften und von den Dörfern aufwärts Äcker und Saatfelder bis zum Saum der Wälder, die sie teilweise wieder herabziehen und mit duftenden Kräutern bedeckte Bergwiesen traulich und heimlich einschließen - das war die Natur, die mich umgab, in jeder Tages- und Jahreszeit mir immer neu und lieb.

Aber der Geist, der überall, wo die Kirche herrscht, seinen sanften Lebenshauch verbreitet, verleiht auch der Natur eine höhere Weihe, indem er den Wanderer an schönen und bedeutenden Punkten der Landschaft durch Kapellen, Kreuze oder sonst ein einfaches Bild an seine höhere Heimat und an die Geheimnisse unserer Erlösung erinnert. So kunstlos und ärmlich auch diese Monumente der Frömmigkeit oft sind, so führen sie doch eine tief eindringliche Sprache. Diese lernte ich früh.

Wenn wir sonntags eine Anhöhe erstiegen und der Vater, bevor wir uns umsahen, beim Kreuze den Hut abnahm und halblaut sein Gebet sprach: „Wir beten dich an, Herr Jesu Christ, denn durch dein heiliges Kreuz hast du die Welt erlöst", - wenn er im Anblick der reichen Segensfülle der Natur mir von der schuldigen Dankbarkeit gegen Gott sprach, - oder wenn er im rauschenden Walde, an der Muttergotteskapelle vorbeischreitend, ein Ave gebetet -, so war ich mir zwar damals der tiefen Eindrücke nicht bewußt. In späteren Lebenslagen kam mir dann oft die Erinnerung an so manche Heimkehr mit meinem Vater, wenn der Abend in die Täler sank und ich inniger seinen belehrenden Gesprächen horchte und sie erwiderte -, wenn wir in der duftenden Stille durch die Dörfer wandelten und der Vater die etwa vor der Türe sitzenden Landleute mit dem schönen Gruß „Gelobt sei Jesus Christus!" grüßte oder denselben Gruß eines Vorübergehenden mit den Worten „In Ewigkeit!" erwiderte, oder wenn er beim Klang der Abendglocke das Angelus Domini sprach und nun der Kirchturm unseres stillen Örtchens aus der Dämmerung hervortrat und hie und da ein freundliches Licht, wenn uns die Mutter freundlich entgegenkam und ich bei einem Gerichte Kartoffeln die kleinen Abenteuer des Tages erzählte: - das und so vieles andere kam mir später oft wieder zu Sinne unter veränderten inneren und äußeren Verhältnissen.

Heitere Streife durch die Ortsnamen des Sudetenlandes

Von Ernst Führlich

Vielleicht behagt es dem Leser, einmal eine bequeme Wanderfahrt durch die Ortsnamen der Heimat zu machen - einmal nicht im Gefolge der gestrengen Frau Königin Wissenschaft, sondern unter Führung ihrer eben dienstfreien Hofnarren Witz und Ulk.

Doch bevor wir unsere fröhliche Reise antreten, will ich rasch einen Kollegen der beiden lockeren Vögel vorstellen, der uns gerade im Wege steht. Es ist der Hofnarr Kaiser Josefs. Als dieser lose Schalk einst mit seinem hohen Herrn durch das Gebiet östlich von Leitmeritz fuhr, fiel ihnen der Geltschberg auf, der mit seinen reichlich 700 Metern im Rahmen des Mittelgebirges immerhin eine hervorragende Figur macht. „Was meinst du", fragte der Kaiser unseren witzigen Freund, „wieviel Körbe wären wohl nötig, um den Berg da fortzuschaffen?" Ohne zu zögern, antwortete der Narr: „Majestät, wenn der Korb groß genug ist, genügt einer."

Der Schalk stellte dem lachenden Monarchen auch gleich eine Gegenfrage: „Herr Kaiser, welches ist das reichste Herrschaftsgebiet Eures Reiches?" Das wußte Josef II., der im Augenblick seinen Finanzminister nicht zur Hand hatte, nicht zu sagen. Bruder Lustig stellte also selbst fest: „Das ist diese Herrschaft Liebeschitz hier, durch die wir eben fahren. Warum? Weil sie einen Berg hat, der Geltsch heißt!" Darüber lachte nun der Kaiser herzlich. Hoffentlich auch der Leser, der den letzten Satz des Hofnarren ausnahmsweise einmal laut und langsam lesen möge.

Nun wollen wir aber den reichen Berg, den Geltsch, schleunigst verlassen, wiewohl die Römer schon behaupteten, daß Geld nicht stinke, und unsere Schritte nordostwärts lenken ins sogenannte „Gebirge" nördlich von Auscha. Wir landen im Dörfchen Sorge; der liebe Leser möge nicht grollen über dieses unlustige erste Ausflugsziel, aber mit Qualen (bei Aussig) oder Kummer (bei Niemes) wäre ihm nicht besser gedient, obwohl der letztgenannte Ort als Sommerfrische einen Ruf hat, der seinen Namen Lügen straft. Reisen wir also weiter, vielleicht nach Hoffnung (bei Deutsch-Gabel), von wo ein Abstecher nach dem nahen Morgenthau gemacht werden kann, und suchen wir dann Zuflucht in Zuflucht bei Kaaden, in dessen Nähe auch Wohnung zur Verfügung steht. Auch Herrlich (bei Dux) oder Zierde (bei Auscha) müssen doch einen Besuch lohnen, und in Fröhlichsdorf (bei Dauba) oder Freudenthal oder Freudenberg (bei Teschen) ist sicher ebenso lustige Gesellschaft zu finden wie in Juchhe (bei Asch) oder Gutsmuts (bei Hohenelbe). Wassersuppen (bei Taus) lockt uns nicht - einfache Kost in Ehren, Schmalzgruben (ebenda) ist uns wohl lieber; auch Dürrmaul (bei Kaaden) verheißt keine lukullischen Genüsse, eher Zuckerradel (mundartlich für Sukorad bei Dauba) und Butterberg (ebenda). Auch der Nudelbaum wäre nicht zu verachten; er steht nicht im Schlaraffenland, sondern liegt gleich hinterm Jeschken, den Reichenbergern durch einen Halbtagsausflug erreichbar. Oder wollen wir rasch noch Hannchen (bei Grulich) besuchen oder Frauschiele (bei Teplitz) oder gar Jungferndorf (bei Freiwaldau)?

Nun aber öffnen wir die Augen zu entzücktem Schauen und den Mund zu begeistertem Ruf, denn nun geht's ins Himmelreich (bei Asch); wir stehen auf einem Stern (bei Königinhof), im Angesicht von Heiligen (bei Tachau), dürfen den Muttergottesberg (bei Grulich) bewundern und das Engelhaus (bei Karlsbad) und mit Sankt Peter (bei Hohenelbe) ein Wort wechseln. Dann läßt uns die liebe Sonne auf einem Strahl (bei Dux) wieder abwärtswandern. Daß wir ausgerechnet im Höllengrund (bei Böhmisch-Kamnitz) ankommen, das ist sicher eine Extraüberraschung unserer boshaften Herren Reiseführer. Aber sie besänftigen unseren Unmut gleich wieder durch einen Besuch von Eiland (bei Tetschen) und Königreich (bei Königinhof); in dieser Gegend ersparen sie uns freilich auch eine Einkehr in Weiberkränke und Hasentanz nicht. Aber nun sind wir an ihre Scherze bereits gewöhnt und lassen uns willig Kukus (ebenda) und Dubus (bei Dauba) mit Westrum (bei Kaaden) und Postrum (bei Deutsch-Gabel) als lateinische

Namensreste ehemaliger Römerkolonien aufschwatzen. Unsertwegen könnten sie auch Parlosa (bei Tetschen) als römisches Kastell ausgeben, wir sind nach einem abschließenden Spaziergang durch Rosengarten (bei Kaaden), Hopfengarten (bei Tetschen) und Weingarten (bei Görkau) müde genug, um uns für heute zu empfehlen.

Der Jeschken

Von Wilhelm Pleyer

Das war deine Sehnsucht, Alter:
„Noch einmal den Jeschken sehn!"
Drin gipfelte dein Psalter,
Dein Beten zum höchsten Walter,
Und wir konnten es verstehn.

Kein einziges Wort des Hasses,
Von rächender Wiederkehr;
Nur Heimweh schaute dein blasses
Gesicht und blinkte dein nasses,
Rötliches Auge her.

Und einmal lagst du in Starre
Und tiefem Schweigen da.
Es war eine fremde Pfarre
Und eine bescheidene Karre,
In der das Letzte geschah.

Aber in deinen herben
Falten das Lächeln war schön.
Wir, deines Heimwehs Erben,
Wußten: du hattest im Sterben
Noch einmal den Jeschken gesehn.

Fahrt durch Böhmen

Von Wilhelm Pleyer

In der düsteren Frühe des Herbsttages eilte Bernard zum Gablonzer Bahnhofe, um in die Heimat zu reisen. Nebel rieselte, die Wege führten unfreundlich zu der kleinen, unscheinbaren Anlage hin, welche dem Weitgereisten immer der Bahnhof eines Balkandorfes schien und nicht der einer Weltexportstadt. Es stank nach Teer, nach Harnstoff und nach Vernachlässigung. Bernard roch es jedesmal mit neuem Grimm; außer den tschechischen Aufschriften hatte sich in dieser Ära, in der so viel gebaut wurde, hier nichts geändert.

Der Zug ließ sich noch Zeit, man konnte geruhig auf dem Bahnsteige auf und ab wandeln. Fröstelnde, schläfrige Leute standen da, nur ein Betrunkener belebte die Szene.

„Und ich sage Ihnen", sagte er, hart um einen Herrn in einem vornehmen Überrock taumelnd wie ein etwas beschädigter Falter um einen verschlossenen Binsenkolben, „ich sage Ihnen, was mein seliger Vater gesagt hat - wissen Sie, was der gesagt hat?! Sehen Sie, das wissen Sie nicht. Ich sage Ihnen, Ihre ganze Aufmachung nutzt Ihnen nichts, wenn Sie das nicht wissen. Mein alter Herr - hier'n Se ock har, Moulosse, eingebildeter, was dr ale Moo' soo'n tat! - dr soo'te also: Lieber dreck'sch und besoffen im Straßengraben, als schön angezogen im Sarge!"

Man stieg ein. Das Abteil dritter Klasse war voll. Neben Bernard schälte sich der vornehme Herr aus dem Überrock, ein geschniegelter junger Geschäftsmann in teueren Kleidern und mit einem billigen Gesicht; für die zweite Klasse hatte es ihm wohl im Augenblick nicht gereicht. Ihm und Bernard gegenüber saß ein Arbeiter aus dem Gebirge, der mühte seine Augen beim trüben Schein einer Ölfunzel und las. Bisweilen zuckte ihm die freie Faust und bewegte sich wie an einer Luftpumpe, aber viel rascher. Also ein Glasdrucker. Die Hand machte unwillkürlich die Bewegungen der gewohnten Arbeit. Der Geschniegelte sah sein Gegenüber mit Unbehagen an.

Nein, der Arbeitsmann war nicht sauber, er roch aus den Kleidern, die sich mit der Chemie der Werkstatt vollgesogen hatten, und seine Bartstoppeln erinnerten an rostige Feilspäne; aber der Kopf war ein guter schlesischer Schädel mit wohlgebautem Hirngehäuse und großen hellen Kinderaugen; die Hände waren schwärzlich, in den Schrunden und unter den Nägeln sogar schwarz, und die Nägel starrten brüchig und schichtig wie Kiefernrinde. Aber diese Hände hielten ein kleines Heftchen, das nicht aussah wie ein Schmöker.

Die Kleinbahn schüttelte in den zahlreichen Krümmungen der Gebirgsstrecke die Fahrgäste, die feinen und die gemeinen, geradezu teuflisch durcheinander. Nach einem solchen Augenblick setzte sich der Arbeiter zurecht und hob dabei das Heftchen näher zu den Augen, um in diesem Gerüttel keine der kleinen Lettern auf den abgegriffenen Seiten zu verlieren. Da konnte man nun sehen, was er las: „Plato. Gastmahl. Gespräch über die Liebe."

Über das Gesicht Bernards flog es wie Sonne. Triumphierend wandte er sich dem gutangezogenen Nachbar zu. Hatte der es auch gesehen, was in seiner Gegend ein sogenannter gewöhnlicher Arbeiter las? - Ja, er hatte es auch gesehen; denn er nickte und murmelte: „Ja, diese Sorte ist nicht anders - immer nur das Fressen und die Weiber."

Bernard lachte. Wie hatte der Betrunkene gesagt . . . ?

Schwarzarbeiter, Glasdrucker jetzt, redete Bernard heimlich zu dem Arbeitsmanne, deine Faust zuckt überm Lesen, sie möchte mitgestalten, nicht nur Glas und Schmuck mitformen, sondern das Leben im ganzen, das Leben, welches nicht Leben des einzelnen ist, sondern Leben unserer Gemeinschaft . . . Von deinesgleichen und von deinen Landsleuten überhaupt würde ich ungern fortgehen. Ihr Spintisierer aus schlesischem Walde, Gipfelseher und Hintergründler, Sektierer, Adventisten und Bibelforscher, Rohköstler, Impfgegner und Naturheiler, Mißtrauischeste und Gläubigste, Spielhanseln und Krakeeler, Glas- und Schmuckdichter, Weber, Spinner und „Spinner", Schöpfer von Weltindustrien, mundartredende Millionäre und Philosophen auf eigene, maschinenkrampfige und zerschrundene Faust, verbockte Wäldler, die noch nicht einmal Gablonz sahen, und Indienfahrer . . .

Der Zug stand. „Wo sind wir?" Der Arbeiter schaute hinaus. „Maffersdorf Fabrik." Und er sagte: „Sind trübe Gesichter in dem Orte jetzt vorm Winter. Das Christkindl möchte amerikanische Aufträge bringen."

Ja, wenn die Amerikaner den weitaus größten Teppich der Welt gebraucht hatten, den Boden einer phantastisch weiten Betonarchitektur ganz zu bedecken, dann hatten sie die Bestellung bei Ginzkey in Maffersdorf aufgegeben. Und es machte hier weniger Kopfzerbrechen, wie der Teppich herzustellen sei, als dies, wie er an Ort und Stelle käme. Nun stand es auch hier übel genug.

Der Plato-Leser knurrte noch etwas; da wandte der Geschniegelte den Rockkragen wie ein Geheimpolizist und grinste Bernard an: „Das neueste Gablonzer Abzeichen! Kennen schon?"

Und der Angeredete las auf einem Schildchen: „Bitte nicht über das Geschäft zu sprechen!"

„Gut, wenn man in die Weinstube geht und so."

„Gewiß!" sagte Bernard.

Dann saß er im Schnellzug Reichenberg-Eger. Es wurde hell. Aber er schaute Stadt und Landschaft, ohne hinauszusehen. Immer anmutige Stadt im Kranz der Berge, drüben des Isergebirges erste, hüben des Lausitzer Gebirges letzte Höhen. Wohlhäbige Häuser und tote Schlote, hier wie draußen in den Tälern und Schluchten, in die sonst der gewaltige Puls der Arbeit gestoßen.

Der Zug, der auf dieser weiten Strecke den Bogen fast vom Riesengebirge über die Elbe hin zum Fichtelgebirge schwang, von Schlesien nach Bayern, brauste durch Schluchten und Tunnels hinaus in freieres, hügeliges Gelände; mit seinen rein tschechischen Aufschriften immerzu durch deutsche Landschaften.

Uraltes Schloß auf dem Berge, Kuppel barocker Kirche, Schlote der Textilfabriken. Grenze des längst vergangenen, in Wallensteins Schöpfungen des Wandels und Handels immer noch gegenwärtigen Herzogtums Friedland. Landschaft des traumhaften Herzogtums Reichstadt, das Napoleons Sohn nie gesehen.

Wenn Bernard die ganze Strecke mit geschlossenen Augen gefahren wäre - er tat es viertelstundenweise -, so hätte er doch an den wenigen Worten der Einsteigenden, an ihrer Mundart oder an ihrem Ton des Hochdeutschen bestimmen können, welchen Bezirk der Zug durcheilte. Nun war das Schlesische schon reichlich mit Elementen des Obersächsischen gemischt. Landschaft des deutsch-böhmischen Eulenspiegels, des Erzdechanten und Erzspaßers Wenzel Hocke, genannt Hocke-wanzl. Ein Broggio-Bau: barocker Glockenturm mit rund durchbrochenen Türmchen - die Nachhut eines Schwalben-schwarmes zog hindurch. Und immer wieder Fabriken und Schlote, gewaltige Hallen mit rostenden Maschinen, rauchlose Schlote.

Die Elbe, böhmisches Paradies. Strom und Hügel, rhein-verwandt, Landschaft romantischer Maler, Liebe Ludwig Richters. Wie schlug hier und allenthalben nach Böhmen herein, was nicht Staat, aber Inhalt war und Deutschland hieß!

Da hat einer gesagt: „Soweit Böhmen schön ist, ist es deutsch." Ja, selbst Prag ist deutsch, soweit es schön ist: mit seinen alten Bauten, mit seinem Flusse, der in deutscher Land-schaft entspringt und ins Deutsche strömt.

Industrie, Industrie, Industrie. Betriebe und traurige Denkmale der Industrie.

Unterm Erzgebirge hin, im Bereich des obersächsischen Stammes: Industrie, Kohle, Fördertürme und Schlote. Und inmitten Teplitz, das Goethen gastlich war und Beethoven. Dux: dem man die Wiege Walthers von der Vogelweide zu-geschrieben, das aber leider ungleich gewisser das Grab Casa-novas barg, zuletzt gräflich Waldsteinischen Bibliothecarii allhier. -

In Dux verließ Bernard nach etwa drei Stunden Fahrt den in der Richtung nach Karlsbad weiterfahrenden Schnell-zug und stieg in den Zug nach Pilsen um.

In der Helle des Tages ragte plötzlich das Haupt eines ungeheuren Riesen, jäh aufgeschreckt aus dem Reich der

Kohlen und der perlenden Brunnen, erstarrt im Erdenlicht und verwittert von Jahrtausenden: der Borschen. Ein Mal des Unbedingten, aber doch ein Mal auch des Erdgebannten. Auch diese Felsen trugen die Spuren Goethes.

Und dann stundenlang durch das Saazer Land, durch westböhmisches Bauernland, durch Felder und Hopfengärten. Er kam aus einem Bezirke der Ziegenagrarier. Hier gab es deutsche Großbauern die Menge. Aber das Land war nicht bloß der Bodenwirtschaft offen, sondern auch der Tschechisierung, und sie wurde mit heißem Eifer betrieben.

Die Mundartlaute klangen heimatlich; Obersächsisch war mit Oberfränkischem untermischt; der Bereich des Egerländischen war nahe, schon der dritte deutsche Stammesanteil auf dieser einen Fahrt durch Böhmen.

Nun wurde das Land, über das sich schon wieder die Dämmerung senkte, immer ärmer und immer vertrauter. Bernard stieg aus. Er war in der Heimat.

Isergebirge

Von Rudolf Kauschka

Deine Wälder blauen, deine Bäche brausen,
Regen tränkt dein Herz wie nirgendwo,
Deine Wolken wandern, deine Stürme sausen,
wild und wundervoll wie nirgend so.

Deine Rehe äsen, deine Hirsche stampfen
stark und königlich durch deine Nacht.
Deine Weiler grünen, deine Meiler dampfen,
wenn dich später Frühling überlacht.

Stolze Falken fliegen über deinen Mooren,
über dir mein Leben ungestillt.
Meine dunkle Jugend stürmt aus deinen Toren
immer mir ans Herz, verschämt und wild.

Vorfrühling im Isergebirge

Von Gustav Leutelt

Wenn der Bewohner des flachen Landes bereits den Pflug über die Scholle führt, dann beginnt im Isergebirge die Schneeschmelze, welche vom Einheimischen treffend die Zeit der Schneeteige genannt wird. Wochenlang müssen in den Hochtälern Sonnenstrahlen und Regengüsse, muß der warme Südwind an der metertiefen Schneeschicht nagen, bis endlich an den steilsten Südabhängen die ersten „Sommerflecke" entstehen. Mit der steigenden Tageswärme mehren sich diese schneefreien Stellen, werden zusehends größer, indem sie einander scheinbar näherrücken, und endlich ist die südwärts gerichtete Talseite bis zur Waldgrenze bloßgelegt. Der gegenüberliegende Nordabhang freilich starrt noch im winterlichen Weiß, je nach Umständen acht bis vierzehn Tage länger seine Schneedecke festhaltend; aber auch dieses Bollwerk des Winters fällt und er muß hinauf flüchten unter die Bäume des Waldes, die ihren Schatten schirmend über ihn breiten.

In diesen Zeiten sind selten andere Menschen in den Forsten anzutreffen als die berufsmäßigen Waldgeher. Der Gebirgsbewohner hat nunmehr unter den Stämmen nichts zu suchen, denn das am Schlagorte von ihm gekaufte Holz ist bereits während des Winters „hereingerückt" worden; und doch ist der Wald auch in dieser Jahreszeit sehenswert und zeigt dem sinnenden Naturfreund ein eigenartiges Gepräge.

Es braucht nicht die Augen des Waldgängers, um in der Runde Spuren einer kurzvergangenen, regen Tätigkeit zu entdecken. Das geborstene Glied einer Kette, das aufgedröselte Ende eines Strickes, der vergessene Hebebaum hier, die Reste der zertrümmerten Tabakspfeife dort, wie das zerbrochene Hufeisen am Wege und jene Topfscherben unter der vom Eisenbeschlage der Schlittenkufen arg zerfetzten Bohlenbrücke, sie erzählen vom mühsalvollen Tagewerke der Waldleute. Klötze und Scheiter, ja ganze Baumstämme haben diese während des Winters ins Dorf hinabgeschleift, eine Arbeit, die Sehnen von Stahl und eine Gewandtheit erfordert, wie man sie den ungeschlachten Gesellen beim ersten Blick nicht zutraut.

Da und dort zweigen halbverwischte Winterfahrbahnen vom Wege ab. Sie endigen hoch oben auf irgend einem Holzplan, und viereckige Gruben im Schnee zeigen dort die Stellen an, wo die geschichteten Holzstöße standen. Hier herauf ist, der Steile des Hanges wegen, kein Pferd gekommen und nur die nervigen Arme der „Holzrücker" steuerten den hochbeladenen Handschlitten, einige „Hunde" (Holzscheite) nachschleifend, eine Hemmkette unter den Kufen, zwischen den Fährnissen der aufragenden Stämme und Felsklötze hinunter. Ob es wohl gefährlich ist, das sausende Gefährt in den vielen scharfen Krümmungen richtig zu lenken? Ei nun, Gefahr ist wohl dabei; es kommt auch ab und zu ein Unglücksfall vor, glücklicherweise selten.

Wildfährten sind überall zu sehen. Wie wir aber jetzt einem bergan führenden schmalen Steige folgen, mehren sich diese. Sie scheinen alle aus einer bestimmten Richtung herzukommen und bei einigem Umherschauen entdecken wir bald den verlassen daliegenden Futterplatz. Eine roh zusammengeschlagene reisigüberdachte Raufe steht inmitten desselben, verzettelte Futterreste und entrindete Zweige von Laubhölzern liegen umher. An die nahe Felswand lehnt sich eine Bretterhütte, die außen durch aufgenagelte Fichtenäste verdeckt ist und von deren Guckloch aus der Waldheger, der die Wildfütterung besorgt, das Treiben seiner Pfleglinge ungesehen beobachten konnte. Vielleicht zuckte auch aus jener Öffnung durch das abendliche Düster der Blitz eines Gewehrschusses, und dem Fuchs, dem schleichenden Räuber, ward sein Lohn. Jetzt liegt das alles öde und verlassen da, und von der Anwesenheit der Waldtiere erzählen nur die ringsum stehenden abgeschälten Stämmchen des Jungwuchses und ihre benagten Zweigstumpfe.

Das wiedererwachte Rauschen und Brausen um uns und über uns ist ein Zeichen der Frühlingseinkehr. Dem Orgelklang im gotischen Dome ist das Rauschen des Fichtenwaldes vergleichbar. Den Winter über, wenn die weißen Polster des Schnees über all die ungezählten Äste hingebreitet sind, ist es verstummt oder doch klanglos geworden. Der Sonnenkuß, die warmen Lüfte haben die Saiten der Riesenharfe wieder gelöst und Spielmann Wind greift wacker in dieselben. Auch in der Schlucht ist es lebendig geworden. Der Bach hat seine Eisesbande noch nicht völlig gesprengt, aber zwischen den Steinklötzen seines Bettes ist die Schneedecke schon eingesunken, und an mancher Stelle gischt der Schwall der Wasser hervor, unablässig an den Rändern der weißen Hülle nagend und so an seiner Befreiung arbeitend. Das klare Bergwasser, das im Sommer jeden Kiesel seines Grundes heraufschimmern ließ, ist nicht wiederzuerkennen. Trübe brodelt und quirlt es unter dem Schnee hervor und schmutziger Schaum jagt an seiner Oberfläche dahin. Die kleinen Erdlawinen, die über die Schneehänge der Schlucht als braune Streifen gegen den Bach hinabziehen, belehren uns über den Ursprung seiner Farbe.

Nun haben wir auch das Ziel unserer Wanderung: die Schneide des Waldrückens, erklommen. Jenseits der Dehnung steigt, schwarz wie der Magnetberg der Sage, eine waldbestandene Kuppe aus dem Weiß empor, während auf der Höhe des linksseitigen Bergrückens das spinnwebartige feine Gitterwerk eines Aussichtsturmes schwebt. Wenden wir uns rückwärts, so überfliegt unser Blick das Tal mit seinen häuserbesäten Abhängen und deutlich sehen wir von hier aus die Wolkenschatten über die Gegend hingleiten. Um uns ist heilige Ruhe; nicht einmal der schwache Laut einer Vogelkehle ist vernehmbar. Sinnendem Träumen ist Tür und Tor geöffnet in der Waldeinsamkeit dieser Höhe. Nichts als der scharfe Sonnenglanz ist über der weißen Öde ausgebreitet, und unser eigener Schatten der einzige, schweigende Genosse. Steigen wir deshalb wieder hinab zu den Menschen und versuchen dort zu erzählen, was uns gezeigt hat der Vorfrühling im Isergebirge.

Riesengebirglers Heimatlied

Von Othmar Fiebiger

Blaue Berge, grüne Täler,
mitten drin ein Häuschen klein;
herrlich ist dies Stückchen Erde
und ich bin ja dort daheim.
Als ich einst ins Land gezogen,
ha'n die Berg' mir nachgesehn
mit der Kindheit, mit der Jugend -
wußt' selbst nicht, wie mir geschehn.
O mein liebes Riesengebirge,
wo die Elbe so heimlich rinnt,
wo der Rübezahl mit seinen Zwergen
heut noch Sagen und Märchen spinnt!
Riesengebirge, deutsches Gebirge -
meine liebe Heimat du!

Ist mir gut und schlecht gegangen,
hab gesungen und gelacht;
doch in manchen bangen Stunden
hat mein Herz ganz still gepocht.
Und mich zog's nach Jahr und Stunde
wieder heim ins Elternhaus,
hielt's nicht mehr vor lauter Sehnsucht
bei den fremden Leuten aus.
O mein liebes Riesengebirge,
wo die Elbe so heimlich rinnt,
wo der Rübezahl mit seinen Zwergen
heut noch Sagen und Märchen spinnt!
Riesengebirge, deutsches Gebirge -
meine liebe Heimat du!

Und kommt's einstens zum Begraben,
mögt ihr euren Willen tun.
Nur das Eine, ja das Eine:
Laßt mich in der Heimat ruhn!
Wird der Herrgott mich dann fragen
oben nach dem Heimatschein,
will ich deutsch und stolz und deutlich
vor dem Himmelstore schrei'n:
Bin aus dem lieben Riesengebirge,
Wo die Elbe so heimlich rinnt,
wo der Rübezahl mit seinen Zwergen
heut noch Sagen und Märchen spinnt.
Riesengebirge, deutsches Gebirge -
meine liebe Heimat du!

Rübezahl-Sagen

Von Will-Erich Peuckert

Rübezahl fährt auf einer Kutsche

Es reisten einmal zwei arme, bedürftige Wandergesellen übers Gebirge, welche nicht wußten, wie sie zu einem Zehrpfennig kommen sollten. Da sehen sie vor sich eine prächtige Kutsche fahren, bei der auch etliche Trabanten waren und hinter welcher Lakaien liefen. Aus diesem entnehmen sie, daß es ein reicher Herr sein müßte, der vielleicht etliche Pfennige in seinem Beutel übrig habe; sie laufen gar bald hinzu und heben an zu betteln und ihre Armut vorzubringen. Und wie sie ihr Begehren sehr demütig und beweglich vorbrachten, da springt ein vornehmer Herr aus dieser Kutsche und schneidet mit dem Messer aus dem Gesträuch am Wege zwei Stöcke. Er gibt ihnen diese und spricht, sie sollten damit für dieses Mal zufrieden sein, sie würden sich schon hieran erholen und auf die Beine kommen. Die beiden Kerle nehmen die Stäbe an, bedanken sich und mögen das schlechte Geschenk nicht ausschlagen, teils wegen der Vornehmheit des Gebers, teils wegen der Trabanten. Inmittels steigt der herrische Rübezahl wieder in seine Kutsche und läßt geschwind drauffahren; die beiden Wanderer zotteln auch langsam hinterher, fangen allmählich an, von ihren empfangenen Stäben zu schwatzen, ja einer wird unmutig darüber und spricht zum anderen: „Ei, was soll der Stock? Den hätte ich mir selber können schneiden; der hätte uns Besseres können verehren als nur das bißchen Holz!" Indem warf er den Stab aus Ungeduld weit weg; soweit als er nur immer konnte. Der Mitgesell aber sagte: „Ei, Bruder, warum so arg? Ich will den Stab behalten. Wer weiß, wozu er gut ist. Aufs wenigste will ich ihn zum Andenken behalten, damit ich sagen kann, ich hätte einen Wanderstock von einem vornehmen Herrn in meine Hand gegeben bekommen!" Unter dergleichen gepflogenen Reden geraten sie vom Gebirge in die nächste Herberge, und da besah der andere Gesell noch einmal seinen verehrten Stock, und fand, daß er zu Golde geworden war. Wie solches der erste vernahm, wollte er teil dran haben und sagte: „Bruder, halb!" Der andere aber sprach: „Nein, Narr; was hast du deinen Stab nicht behalten? So hättest du ebensoviel als ich jetzund." Hierüber lief der Abgewiesene wieder zurück und rannte, daß ihm der Kopf gleich brannte - aber umsonst, da waren Hoffnung und Mühe gar verloren.

Rübezahl haut Späne

Ein Goldschlägergesell erzählte: Vor etlichen Jahren soll ein Mägdelein auf dem Gebirge einen Holzhacker gesehen haben, zu dem ist sie hingegangen und hat um eine Schürze voll Späne gebeten, die sie auch leicht erhalten hat. Wiewohl sie sie schwerlich behalten hat. Denn als sie eine Ecke weit gekommen, da sind die Splitter so schwer geworden, daß sie sie nicht ertragen konnte und etliche weggeworfen hat. Sie ist nicht lange weiter getrabt, da deucht ihr abermals, daß sie das Holzwerk nicht weiter erschleppen könne, und sie wirft wieder etliche Späne weg. Das hat sie einige Male getan, bis sie den Rest in lauter Unwillen vollends zur Erde wirft und also leer nach Hause schleicht. Wie sie nunmehr so leer, als sie gegangen ist, zu ihrem Herrn kommt, wird sie zur Rede gestellt. Da hat sie sich mit Weinen entschuldigt, es wäre ihr etliche Male so ängstlich geworden, daß sie am Ende froh gewesen, wie sie die Last los war. Indessen sieht der Mann auf ihrer Schürze ein blankes und glänzendes Ding, geht hin und greift danach, und findet, daß es ein Gold ist. Nun hat er sie wohl zurückgeschickt, um das Verwahrloste zu suchen, aber da war es aus und gar.

Land um den Altvater

Von Bruno Hanns Wittek

Meiner Heimat Berge tragen
nicht den Glanz von ewigen Firnen,
aber um die grünen Stirnen
rauscht der Wald seit Vätertagen,
wandern Wolken sanft und still.

Drunten, wo die Hütten stehen,
weint das Korn im Sommerwinde,
kommt der liebe Gott auf Zehen
wie zu einem kleinen Kinde,
das er lächelnd trösten will.

Heimat, der ich oft begegnet
in des Alltags Weltenmühle,
tausendmal bin ich gesegnet;
wenn ich deinen Atem fühle,
fühl ich tausendfachen Lohn.

Die um dieses Glück nicht wissen,
laß sie wandern in die Weite:
Herz und Schuh und Rock zerrissen,
geh ich zärtlich dir zur Seite
als dein vielgeliebter Sohn.

Der Altvater

Tiefer Waldfrieden umfängt uns, wenn wir durch das enge Weiß-Oppa-Tal am Abhange der Mooslehne emporklimmen. Hochwüchsige Fichten erheben ihre Wipfel in die Lüfte; mannshohe Farne breiten ihre zierlichen Wedel über die modernden Stämme, die einst vom Sturm geknickt worden sind. Von der Grenze des Bergwaldes schimmern uns weißgraue Stämme entgegen. Es sind verdorrte Bäume. Regen und Sonne haben sie gebleicht. Nun strecken sie ihr rindenloses Astwerk wie ein Gerippe zum Himmel.

Nach dreistündigem Aufstieg ist endlich die Kuppe des Altvaters erreicht. Hier oben gedeiht kein Strauch, nur struppige Zwergfichten kauern auf dem Boden, der von Moosen und Flechten überzogen ist.

Einen lieblichen Gegensatz zu der Einförmigkeit der Nähe bildet der herrliche Ausblick in die Ferne. Ringsum breiten Berge und Täler ihre Schönheit aus. Im Westen reiht sich Kuppe an Kuppe zum Spieglitzer Schneeberge; im Norden grüßen uns die waldigen Häupter des Urlichzuges; weiter hinaus zieht sich sonnige Ebene; im Osten gleitet der Blick über unzählige Hügel bis an die fernen Beskiden; nur im Süden verdeckt die Janowitzer Heide die Aussicht auf die mährischen Gefilde.

Im Gebiete des Altvaters herrscht ein Berggeist als mächtiger Herr über die Zwerge, Berg- und Wurzelmännchen, die in der Erde wohnen und die Schätze der Tiefe bewachen. Er ist so alt wie die Gebirge und wird „Altvater" genannt. Auf seinem Haupte trägt er einen leuchtenden Stirnreif mit Edelsteinen besetzt, über seine Schultern hängt ein durchsichtiger Silbermantel, in der Hand hat er einen goldenen Hammer.

Als guter Geist wacht er über alles, was in seinem Reiche vorkommt. Unter seinem Schutze gedeihen die dunklen Wälder, die heilkräftigen Kräuter, die süßen Beeren. Er behütet das verfolgte Wild und weist den Quellen und Bächen den Weg ins Tal.

Mährische Landschaft

Von Karl Adolf Mayer

Wolkenlos wölbte sich der Himmel über der Erde, und immer weiter spannte sich dem höher Wandernden die Landschaft. Um verblauende Koppen spielte goldener Glast.

Es war einer jener verklärten Augusttage, die alle Gnade und Erfüllung des Sommers in sich zu tragen scheinen, an denen aber auch schon, wie eine ferne leise Mahnung, hinter den abgeräumten Feldern Schwermut und Einsamkeit des Herbstes harren.

Schon blaute ja die Wegwarte den grasbewachsenen Weg entlang, die stille, bescheidene Begleiterin des späten Jahres, die erst nach der Ernte, als rufe sie der Schnitt der Mäher und das Knarren der Getreidewagen ans Licht, auf den wieder einsam gewordenen Bauernwegen zu sprießen beginnt und manchmal noch für das Allerseelenfest ein paar Sternchen aufspart. Schon blühte das violette Heidekraut, schon färbten sich die Hagebutten im Dorngebüsch der Heckenrosen, schon hingen die Ebereschen voll zinnoberroter Beeren, aber noch leuchtete da und dort zwischen den duftenden Blütenpolstern des Thymians, freilich schon ein wenig fremd und vereinsamt, das grelle Karmin der frühsommerlichen Kartäusernelke, und dort in der beschatteten Dämmerung eines kleinen Rinnsals grüßten noch verspätete Vergißmeinnicht.

Es duftete vom Wald herüber, Fliegen standen, mit flimmernden Flügelchen schwirrend, fast regungslos in der Luft, Heuschrecken flogen aus dem Grase auf und schnarrten, rot aufleuchtend, über das Heidekraut. Hauhechelfalter flatterten auf kleinen, zartblauen Schwingen über den besonnten Weg, und es war, als träume in ihren Schwärmen der Sommertag mit zärtlich sehnsüchtigen Gedanken vor sich hin.

Pyrkenhofer blieb stehen und atmete die würzige Luft und empfand sie wie den Anhauch des Landes, das sich unter ihm breitete und in sanften Stufen gegen den fernen Horizont aufbaute.

Dort unten in der Stadt, deren Dächer sich in die Bodenwelle schmiegten, hatte er jene Jahre verbracht, in denen das Kind zum Jüngling heranreift, jene innerlich so seltsam bewegten Jahre der Wandlungen, in denen die empfindsame und leicht verletzliche Seele die bleibendsten Eindrücke des Lebens empfängt. In jenen Jahren war er in diese Landschaft hineingewachsen, hatte sich mit den tiefsten und zartesten Fasern seiner Seele in ihr verwurzelt, sie war seine Heimat geworden, er hatte sich ihr geschenkt, wie sie sich ihm geschenkt hatte, und er liebte sie.

Nun ging er wieder wie einst den stillen Weg zwischen Wald und Feld dahin, müder heute und wohl auch ein wenig vom Leben enttäuscht, älter und wissender und doch nicht weiser. Und was er vorhin in den engen Gassen der Stadt gesucht und nicht hatte finden können, hier oben, in dieser weitausschauenden Einsamkeit, in der schwebenden, schwingenden Stille dieses besonnten Nachmittags, durch den der Duft vergangener Sommer zu wehen schien, fühlte er es immer deutlicher mit einer beglückenden, freilich auch ein wenig schmerzlichen Inbrunst: hier bin ich daheim, von hier komme ich und hier möchte ich dereinst begraben sein.

Er atmete den Duft des Landes, den feinen, verworrenen Duft nach Harz und Tannennadeln, nach Klee und sonnenwarmer Erde, den Duft der Heimat.

Da breitete es sich vor ihm, das vertraute, so oft ersehnte Land mit seinen Hängen, Lehnen und fernen Höhen und mit den weithin sich dehnenden Flächen seiner Wiesen und Felder, über denen ihm schon ein Hauch jener Einsamkeit, eine Ahnung jener schwermütigen Unermeßlichkeit zu schweben schien, die über den Steppen des fernen Ostens liegt . . .

Ja, es war sein Land. Es war dasselbe geblieben durch all die wechselnden Jahre hindurch, in denen er ihm fern gewesen war. Das Land war das gleiche, war sich und ihm treu geblieben.

Großvater

Von Robert Hohlbaum

Es war um die geheimnisvolle Stunde,
da noch der junge Tag der Nacht Gewicht
auf zarten Schultern trägt. Aus dunklem Grunde
stieg letzter Nebel schauriges Gesicht,
da sprach die Turmuhr aus erhabnem Munde,
als spreche Gott aus ihr: Es werde Licht!
Aus heiliger Wunde floß des Morgens Blut,
und Erd und Himmel standen groß in Glut.

Und aus dem Blute blühte Gottes Rose,
und streute ihren Duft in alle Welt,
nicht mehr ins Ungehemmte, Grenzenlose,
sie war begrenzt, ins sichre Licht erhellt,
anbetend alles, wie auf Sinai Mose,
nicht mehr getrennt, zum Preis des Tags gesellt,
als Brüder waren Berg und Bach und Baum.
Erwachen alles, und doch alles Traum.

Und wie ein Abglanz märchenferner Firne,
ein zarter Schein aus zeitlos großer Zeit,
lag auf des Alten schwerdurchfurchter Stirne
ein weißer Schimmer, den nur Gott verleiht,
die Welt versank, die bunt geschmückte Dirne,
im ewigen Schnee des Wortes Ewigkeit,
ich taumelte, beraubt der letzten Schranke,
und war nichts mehr als eisiger Gedanke.

Da fühlte ich die Hand, die treue, alte,
des engen Lebens letzten Rettungsrest,
und fühlte freudig jede Runzelfalte
und hielt mich an der rauhen Güte fest,
und ahnte ruhig: wie sich auch gestalte
Leben und Welt, wenn alles mich verläßt,
sie wird in Dunkel, Grelle, Hasten, Hassen,
in Liebe, Taumel, Traum mich nicht verlassen.

Und Stille rings. Wir sprachen nicht, wir gingen
leise, behutsam, mit gedämpftem Schritt,
ein zarter Hauch bewegter Vogelschwingen,
Rascheln geheimer Füße wandert mit,
wie aus verborgner Urwelt drang das Singen,
Traumlaut des Tiers: Der Amsel Püttperwitt,
der Finken Süssebier, ein Morgenleich,
ein Königsgruß in unser Königreich.

Wir sprachen nicht, nur einmal noch ein leises
Wort, das wie zarter Vogelruf verhallt,
wie Blätterfall drang's aus dem Mund des Greises,
es war ein Märchenwort jahrtausendalt,
und doch so ewig jung, es war ein weises,
ein unvergeßlich Wort: Denk an den Wald!
Nichts sprach er weiter, nur das eine Wort,
in Lied und Wipfelrauschen klang es fort.

Und immer noch erklingt's in meiner Seele,
wenn mich die Welt, die kalte Welt verletzt,
wenn ich auf meinem Wege irr' und fehle,
wenn mich des Tages Fron mit Geißeln hetzt,
als leise Mahnung einer Finkenkehle
und wird so weiter klingen bis zuletzt,
bis es als Traum mit mir im Raum verhallt:
Großvaters weises Wort: Denk an den Wald!

Heut weiß ich viele Worte für das eine,
so schwebeleicht und so gewaltig schwer,
denk' an die Quelle, an die ewigreine
und ewig fließende, denk' an das Meer,
denk' an die Kraft, die im granitnen Steine,
im Firn zum Himmel ragt, so groß wie er,
denk' in dem Kleid und Streit und Leid der Zeit,
die mich bedrückt, an die Unendlichkeit.

Kindheit in Brünn

Von Richard von Schaukal

Ich bin in Brünn geboren, der Hauptstadt von Mähren. Die alte Stadt liegt melancholisch um den Spielberg herum. Die Zitadelle der Festung, in deren Mauern Schwedenkugeln stecken, krönt das mit vielen schlanken Kirchtürmen emporstrebende gelbe Häusergedränge. Mein Geburtshaus, der hohe Stadthof, grenzt an den lieblichen Franzensberg. Unter dem Obelisk, dem Denkmal der Befreiungskriege, habe ich, vom hellen Frühlingsgrün umrauscht, im roten Sande gespielt und Katzengold gesammelt. Das sanfte Brunnengeplätscher aus dem stillen Halbrund einer Säulenhalle tönt mir noch im Ohr. Grün und frühlingsfrisch ist die Erinnerung meiner seligen Kindheit, ein holder Traum.

An den „Stadthof", den ich nur ein einziges Mal im späteren Leben mit scheuer Ehrfurcht vor dem mächtigen Gebäude betreten habe, gemahnt mich nichts. Das Haus, in dem wir wohnten, das Haus, das mir bis in mein fünfundzwanzigstes Jahr Mittelpunkt der mit Sehnsucht und Bangigkeit zugleich ringsum wie aus warmem Erdloch hervor erlugten Welt blieb, lag in einer engen Gasse, mitten in der ältesten Stadt. Gegenüber der fünf Fenster breiten Stirn des tief nach dem hügligen Krautmarkt gestreckten zweistöckigen Kastens bot die gelbe Magdalenenkirche unerschöpflichen Anblick. Denn über ihre breiten, ausgetretenen Stufen vor den mächtigen Flügeln der Pforte, deren Öffnen und Schließen wie andern Kindern regelmäßig wechselnde Naturvorgänge dem tagaus, tagein Ausschauenden die Zeit bestimmten, floß das wunderbare Leben, an dem man immer wieder auch Teil hatte.

Anders wiederum war das Ausgehen, das die Beziehung zu jenem festen Gegenüber ganz außer acht ließ: da verließ man die Haustüre, bewegte sich an den Nachbarhäusern entlang, man ging seiner gewohnten Wege, zur Großmutter, durch die Ferdinandgasse, den großen Platz, die Rennergasse, das Dikasterialhaus, dessen Garten übers Glacis, oder in die Schule über den großen Platz, diesmal links durch die dunkle Rudolfsgasse und die breite Salzamtgasse, wo einmal ein Haus gebrannt hat, oder, in späteren Jahren, von der Haustüre weg in der der Kindheit entgegengesetzten, der Knabenrichtung hinunter nach dem Nordbahnhof, aber in seiner Sicht rechts abbiegend und auf den in der Mittagssonne schläfrig harrenden Omnibus zu, der in einem glühenden Hauche seine Plache bläht: er brachte einen in die „Villa".

Alles hatte in dieser Gasse sein doppeltes Leben: vom Fenster aus und unten, in ihr, vom Pflaster aus nach rechts und links, wohl auch ab und zu hinauf, doch kaum bis zum Rande der Dächer empor, über dem der Himmel war, den man von anderswo, zwischen Bäumen hindurch oder gespiegelt in geheimnisstarrenden runden Wasserflächen besser kannte. Vom Fenster aus ging's hinunter und hinab die Gasse entlang, so weit man, ohne sich unartiger- und unheimlicherweise übers Fensterbord hinauszubiegen, unterm schräg hervorgesteckten Sonnenschutzvorhang mit den Augen reichen konnte. Da war einerseits der langgestreckte Palast mit den schmalen geschmiedeten Balkonen vor jedem der unzähligen Fenster, anderseits, durch ein breites, ausgemuldetes Gäßchen von der Kirche geschieden, der den Himmel verdeckende graue Gasthof, dessen Erdgeschoß Papas Nachmittags-Kaffeehaus enthielt. Zwischen dem Palast, der oben die Finanzlandesdirektion und unten den Tabakhauptverschleiß barg.

In der Gasse, die uns keine Trambayschiene schändete, nahe an dem um eine Stufe erhöhten Bürgersteig, befand sich das begehrenswerteste Spielzeug der Welt, unerreichbar selbst dem kühnsten Weihnachtswunsche: der Hydrant. Daß dieses mit einer Klappe bedeckte Loch im Erdboden so hieß, ist unwahr; es hieß gar nicht, sondern war da und wirkte Herrlichstes, vielmehr, es wartete geduldig, bis die Spritzer mit dem roten Holzfaß angerumpelt kamen, um sich dann in seiner Macht zu zeigen. Ein Schlauch ward daran angeschraubt, wobei schon Wasser aus dem Loch trat; der Faßwagen ward hinangeschoben, gelassen legte eine nackte braune Hand das

Schlauchende in die nette runde Öffnung, die ein niedlich aufklappender Deckel freigab, und nun brauste Wasser in den behaglichen Hohlraum, bis es - man schauderte vor gruselndem Glück - überfloß. Gott segne die Spritzer! Sie haben mir viel Glück bereitet. Denn mein Sommer war lang.

Damals gingen vielleicht ein paar reiche Leute - ich weiß es nicht - Sommer über aufs Land; wir waren nicht darunter. Wir blieben jahraus, jahrein in der Stadt, in der engen Ferdinandgasse gegenüber der Magdalenenkirche.

Von der Ferdinandgasse hätte ich noch vieles zu berichten. Vom „Tor", dem Bilder- und Bücherstand unter dem uralten Haustoreingang, wo ein an einer eingestemmten Krücke humpelnder schwarzbärtiger Italiener sich als den allmächtigen Herrn der Wunderwelt erwies; vom Schuster, in dessen winzigen Laden man auf Stufen hinter der scheppernden Glastüre hinabpolterte; vom Pfeifenschnitzer und Drechsler, vom nie betretenen Laden des schweigsamen Mannes, der sein Schaufenster mit unzähligen Kettlein und Münzen, Figürchen und Gefäßlein bestellte. Von der Marktecke, wo die Riesenbünde der roten und der weißen Rettiche, die ungeheuren Schwingen voll Stachelbeeren, Himbeeren, Kirschen, die Körbe voll Bauernblumen sich drängten; im erhabenen Hintergrunde rann der weinumrankte Herkulesbrunnen.

Und wie schön war die Stadt im Winter, da sie voll Schnee lag, festem, dauerndem Schnee, nicht solchem wässerigen Quatsch, wie er heut in der Großstadt um die Füße schlampt, gediegenem Schnee, der alle Dächer behäufte, die Dachluken gemütlich machte und manchmal polternd über die Rinnen herabfiel, Schnee, zwischen dem es Schleifrutschen gab, die blau spiegelten vor Glätte, Schnee, den man dicht ballen konnte, ohne daß die dicken Handschuhe sich durchnäßten, Kindheitsschnee, wohlwollendem, der Anfang November heiter kam und Ende Februar ging und bescheiden dem Frühling Platz machte mit Veilchen an allen Kreuzwegen.

Dichter reisen durch sudetendeutsches Land

Von Herbert Albricht

Wie man dem Fremden und dem Spätern zur Kennzeichnung eines Hauses, seiner Einwohner und Besucher das Gästebuch vorlegt, seien hier in gleicher Absicht einige Seiten aus dem Gästebuch einer ganzen Landschaft dargeboten: wir wollen Dichter zu Worte kommen lassen, die als Reisende unsere Heimat kennen und lieben lernten.

Goethe, der treueste Badegast

Die erste Eintragung in unser Gästebuch machte Goethe 1785: „Vom Granit durch die ganze Schöpfung durch, bis zu den Weibern, alles hat beigetragen, mir den Aufenthalt angenehm und interessant zu machen", schreibt er an den Herzog Karl August. Er war von Neustadt an der Orla über Wunsiedel-Zwodau nach Karlsbad und Joachimstal gefahren und hat auf der Heimreise auch noch Johanngeorgenstadt besucht. 1786 ist er wieder da, mit Herder. In den Berichten dieses Jahres notiert Goethe gerade nur „heißer Sonnenschein in Eger", und - anläßlich eines Mittagessens dort -, daß es ihm Freude mache, auf der Polhöhe von Frankfurt zu speisen.

Ohne Paß, was einen unfreiwilligen Aufenthalt in Eger zur Folge hatte, kommt Goethe 1806 wieder nach Böhmen, und diesmal sind auch die Briefberichte ausführlicher: „Die Lage von Karlsbad ist sehr interessant zwischen den alten Granitfelsen. Aus den nächsten Übergangsgebirgen entspringt das heiße Wasser und die ganze umliegende Gegend fordert zum Mineralogisieren auf", schreibt er an Zelter, und an Voigt berichtet er: „Das Städtchen ist herausgeputzt, durch Anweißung der Häuser, Mauern des Flusses, sowie die Umgebung durch bequeme Wege zum Fahren und Gehen."

Breiter sind auch die Schilderungen des Badelebens; Goethe meldet ganz genau die Ziffern der Kurliste nach Hause, seine Begegnungen, seine Gesellschaft.

Im nächsten Jahre heißt es in einem Brief an Knebel: „Ich bin nun über vier Wochen hier, der Ort und die Gegend sind gar anmutig und bedeutend. Heute waren wir in Elbogen . . . , das über alle Beschreibung schön liegt und sich als ein landschaftliches Kunstwerk von allen Seiten betrachten läßt."

Goethe zeichnet, sammelt Steine, bereist die nähere Umgebung Karlsbads. Schließlich läßt er auch seinen Sohn August nachkommen: „Gegen das Ende der Kur kam mein Sohn nach Karlsbad, dem ich den Anblick des Ortes . . . auch gönnen wollte."

1808 schreibt Goethe aus Karlsbad an August: „Du kannst Dir denken, daß der Frühling in Karlsbad besondere Reize haben muß, vorzüglich der diesjährige bei so gar schönem Wetter. Die blühenden Bäume und das junge Gelbgrün zwischen und vor den alten grauen Felsen, den finsteren Fichtenwäldern machten sich sehr gut . . ."

1810 berichtet Goethe aus Karlsbad und Teplitz: „Die Gegend ist hier außerordentlich schön, besonders zum Spazierenfahren, denn es liegen viel Schlösser, Städtchen und Lustörter umher. Alle Menschen sind gutmütig, gastfrei und würden wie im Himmel sein, wenn die unseligen politischen Spaltungen nicht wären."

Kleist im Erzgebirge

1800 bereist Heinrich von Kleist die Landschaft des Erzgebirges und der Elbe. „Oh, welch ein herrliches Geschenk des Himmels ist ein schönes Vaterland!" ruft er im Anblick des Erzgebirges und setzt fort: „Ja, mein liebes Mädchen, das ist ein ganz anderer Stil von Gegend, als man in unserm traurigen märkischen Vaterlande sieht." Ein zweiter Ausflug führte ihn bis in die Gegend von Teplitz und Lobositz. Dieses Erlebnis schildert er in einem Briefe:

„Von Dresden aus machten wir auch noch eine große Streiferei nach Teplitz, acht Meilen, eine herrliche Gegend, besonders von dem nahegelegenen Schloßberge aus, wo das ganze Land aussieht wie ein bewegtes Meer von Erde, die Berge wie kolossalische Pyramiden, in den schönsten Linien geformt, als hätten die Engel im Sande gespielt. Von Teplitz fuhren wir tiefer in Böhmen nach Lobositz, das am südlichen Fuße des Erzgebirges liegt, da wo die Elbe hineintritt. Wie eine Jungfrau unter Männern erscheint, so tritt sie schlank und klar unter die Felsen, leise, mit schüchternem Wanken naht sie sich, das rohe Geschlecht drängt sich, den Weg ihr versperrend, um sie herum, der Glänzend-Reinen ins Antlitz zu schauen, sie aber, ohne zu harren, windet sich, flüchtig, errötend hindurch. In Aussig ließen wir den Wagen zu Lande fahren und fuhren noch zehn Meilen auf der Elbe nach Dresden. Ach, Wilhelmine, es war einer von jenen lauen, süßen, halbdämmernden Tagen, die jede Sehnsucht und alle Wünsche des Herzens ins Leben rufen."

Seume in Böhmen

Nüchterner erscheint der Bericht aus dem Jahre 1801, den der „Spaziergänger" Seume von seinem Weg durch diese Gegend gibt: „Nun ging es in die Höhe, und so mild es unten am Flusse gewesen war, so rauh war es oben, und in einigen Stunden hatten wir schon Schnee. Dieser vermehrte sich bis einige Stunden hinter Peterswald, nahm sodann allmählich wieder ab und hörte bei Aussig wieder ganz auf. Man hatte mir gar sonderbare Begriffe von den auffallenden Erscheinungen der böhmischen Katholizität gemacht. Ich habe nichts bemerkt. Im Gegenteil muß ich sagen, es gefiel mir alles außerordentlich wohl. Unser Wirtshaus in Peterswald war so gut, als man mit gehöriger Genüglichkeit es sich nur immer wünschen kann. Der Zollbeamte, der den Paß bescheinigte, war freundlich. Die Mahlzeit war nicht übel und die Aufwärterin gar allerliebst niedlich und artig. . . . Überdies ist der böhmisch-deutsche Dialekt bis Lobositz ziemlich angenehm und gurgelt die Worte nicht halb so dick und widrig hervor, wie der gebirgische in Sachsen. Der Weg von Peterswald nach Aussig ist rauh, aber schön. Von Aussig, wo man wieder an die Elbe kommt, romantisch wild, links und rechts an dem Flusse hohe Berge mit Schluchten, Felsenwände und Spitzen ... Bei Lobositz endigen allmählich die Berge, und von da bis Eger hinauf und Leitmeritz hinab ist schönes, herrliches, fruchtbares Land, das zwei Stunden hinter Budyn nun ganz Ebene wird."

Seume wanderte dann über Iglau, wo ihm „der große, schöne, helle Markt" gefiel, nach Znaim, woher er schreibt: „Hier möchte ich wohl wohnen, so lieblich und freundlich ist die ganze Gegend, selbst unter dem Schnee. An der einen Seite stößt die Stadt an ziemliche Anhöhen, und auf der anderen, vorzüglich nach Österreich, wird die Nachbarschaft sehr malerisch durch die Menge von Weingärten, die alle an sanften Abhängen hingepflanzt sind. Die beiden Klöster an den beiden Enden der Stadt sind, wie die meisten Mönchssitze, treffliche Plätze. Das eine, nach der österreichischen Seite, hat Josef II. unter anderem mit eingezogen. Die Gebäude derselben sind so stattlich, daß man sie für die Wohnung eines kleinen Fürsten halten sollte."

Körner an der Elbe

1810 begeisterte Theodor Körner die Gegend um Aussig und Teplitz, die er in einer Brieferzählung schilderte: „Heute früh verließen wir Teplitz ... Wir fuhren nach Aussig, wo mich der Anblick der Elbe wunderbar überraschte. Von hier ließen wir uns überfahren und gingen dann auf den Schreckenstein zu, eine alte Ruine, die auf steilen Felswänden das ganze Tal beherrscht. Du glaubst nicht, welchen Eindruck es auf mich machte, als ich oben im verfallenen Rittersaale saß! Tief unter mir rauschte die Welle, und mein Blick flog dem Strome nach, der, von hohen Steinwänden umschlossen, so ruhig, so groß dahinfloß ... Als wir wieder herabgestiegen waren, kam unser Schiff auf uns zu, wir setzten uns ein, und nun trugen uns die Wellen still und sanft hinunter. Jetzt verschwand uns der Schreckenstein mit seinen schönen Türmen, bald ward das Tal weiter, und kleine Dörfer standen an den freundlichen Ufern. Bald schloß es sich enger zusammen, und wir schienen von Felsen umringt zu sein. So wechselte es mit ewig neuen Reizen. Wir hielten unsern Mittag auf der Gondel und das Ungewohnte und so höchst Liebliche einer längeren Wasserfahrt versetzte mich bald in eine frohe Stimmung. Endlich gewahrten wir die Türme des Tetschner Schlosses, wir kamen näher, und es stand in seiner ganzen Pracht vor uns. Auf einem hohen Felsen ragt es über die Stadt empor, die man vorher gar nicht gewahr wird. Es war ein köstlicher Augenblick, als unser Schiff um eine Felsenecke herumbog, und nun all die Schönheit so offen vor uns lag. Als wir ausgestiegen waren, gingen wir aufs Schloß hinauf, von wo man eine himmlische Aussicht ins Land hinein hat. Was mich am meisten ergriff, war der Anblick des Rosenberges. Es ist in seiner Form und seinem Kolorit so was Herzliches, Treues, Blühendes, daß ich mich ungern von ihm trennte. Der Schloßgarten ist recht zierlich und anständig angelegt, am meisten aber behagte mir darin ein Pavillon, an dem unten die Elbe vorbeirauscht. Es war ein buntes, munteres Treiben und Leben an dem Ufer, mehrere Schiffe lagen vor Anker, und wir alle saßen mit Vergnügen unter dem freundlichen Dache."

Grillparzer in Prag

In seinem Reisetagebuch schildert Grillparzer im Jahre 1826 seine Reise von Wien über Znaim, Iglau und Prag nach Dresden. Eine Stelle daraus über Prag sei hier wiedergegeben: „Ich kam mit einer Art Vorurteil gegen Prag hier an . . . Dem ungeachtet aber konnte ich mich des grandiosen Eindrucks nicht erwehren, den diese Stadt auf jeden Beschauenden machen muß. Die Lage im Kessel von schönen und reich bepflanzten Bergen, überall vorteilhafte Linien bildend, der breite Fluß mitten durch die Stadt, das Häusergewühl durch sonderbare Türme und hervorragende Gebäude aller Art wohltuend unterbrochen und in Partien gesondert, der Hradschin das Ganze krönend, alles trägt dazu bei, diese Stadt, recht gemäldehaft, zu einer der schönsten für den Beschauer zu machen. Es ist hier etwas, das an Venedig erinnert, das Fortlebende nämlich, das Altertümliche zwischen und neben dem Neuen. Rathaus und Türme an der Brücke rufen Florenz zurück, und im ganzen machte mir Prag wirklich einen ähnlichen Eindruck mit letztgenannter Stadt. Der schönste Überblick ist vom sogenannten Laurenziberge. Ich war ... gegen Abend in dem dort oben gelegenen Gasthause, die Hasenburg genannt, und ich muß gestehen, daß ich mir etwas Reizenderes kaum denken kann, als Prag von diesem Standpunkte."

Und ein Stück über den Weg nach Teplitz: „Gegen Abend die schönen Grenzberge ins Auge bekommen. Das Herz ging mir auf bei dem Anblicke. Sie sind nicht sehr hoch, aber von den reizendsten Formen. Die Sonne im Sinken, einige Wölkchen am Himmel, folglich die Beleuchtung, wie sie eine Berglandschaft erfordert. Ich stieg aus und ging der wehenden Luft entgegen, die Körper gewinnt und trinkbar wird. Die Schönheit der Berge nimmt aber keineswegs zu im Fortschreiten, wie man mir früher glauben gemacht, die ersten Massen mit ihrem herrlichen Abstich gegen das flache Land sind und bleiben die schönsten."

Hebbel in Marienbad

1854 nimmt Friedrich Hebbel in Marienbad Aufenthalt. Natürlich enthält sein berühmtes Tagebuch auch Bilder von dieser Reise:

Aus Marienbad: „Nach Tisch, mitten im Regen mit meiner Frau zur Friedrich-Wilhelms-Höhe hinauf, dem höchsten Punkt des Ortes, den wir noch nicht erstiegen. Unter den dichten Tannen gingen wir ziemlich geschützt, und wie wir oben waren, kam die Sonne. Links und rechts Felsblöcke, oft von Steinnelken überwuchert, und ein üppiger Blumenflor, der doppelt heiße Düfte ausströmte, versteckte Bäche, laut und wild unter den breiten Farrenkräutern dahinhüpfend, und von Zeit zu Zeit ein dreister Vogel oder ein nasser, nur noch schwer flatternder Schmetterling. Zwischendurch Partien, die recht schauerlich an Tod und Verwesung gemahnten, weil unter den grünen Tannen schichtenweis die seit vielen Jahren abgefallenen Nadeln vergilbt und modernd und dem Wind unzugänglich liegengeblieben waren, bemooste Stümpfe daruntergesät, so faul und morsch, daß sie in der Nacht leuchten und glimmen müssen. Die Aussicht vom Gipfel herab imposant, man hat das Tal, das Marienbad einschließt, zweigeteilt vor sich und sieht in eine wahre Unendlichkeit hinaus."

„Rückblick auf Prag: die großen, breiten Straßen, die dennoch nichts Berlinisches haben, die seltsamen Türme mit spitzigen Nebentürmchen, die als Auswüchse des Uhrturms erscheinen, die mit Heiligenstatuen besetzte Brücke, unter der die Moldau schäumt und die zum Hradschin hinaufführt! Alles wirkt auf die Phantasie und dennoch kommt der Verstand dabei auch nicht zu kurz. Es ist ein Glück, in einer solchen Stadt geboren zu sein, denn wenn die als ein ungeheures Lebendiges mit ihren Rätseln und Wundern in die frühste Kindheit hineinnickt, so wirkt es durchs ganze Leben fort und nach."

Wanderlied der Prager Studenten

Von Joseph von Eichendorff

Nach Süden nun sich lenken
Die Vöglein allzumal,
Viel Wandrer lustig schwenken
Die Hüt im Morgenstrahl.
Das sind die Herrn Studenten,
Zum Tor hinaus es geht,
Auf ihren Instrumenten
Sie blasen zum Valet:
Ade in die Läng und Breite,
O Prag, wir ziehn in die Weite:
Et habeat bonam pacem,
Qui sedet post fornacem!

Nachts wir durchs Städtlein schweifen,
Die Fenster schimmern weit,
Am Fenster drehn und schleifen
Viel schön geputzte Leut.
Wir blasen vor den Türen
Und haben Durst genung,
Das kommt vom Musizieren,
Herr Wirt, einen frischen Trunk!
Und siehe über ein kleines
Mit einer Kanne Weines
Venit ex sua domo
Beatus ille homo!

Nun weht schon durch die Wälder
Der kalte Boreas,
Wir streichen durch die Felder,
Von Schnee und Regen naß,
Der Mantel fliegt im Winde,
Zerrissen sind die Schuh,
Da blasen wir geschwinde
Und singen noch dazu:
Beatus ille homo,
Qui sedet in sua domo
Et sedet post fornacem
Et habet bonam pacem!

Von unserm Volkstum

Die Quellen

Von E. G. Kolbenheyer

Fühlst du die stillen Quellen rinnen,
Die sich in ferne Ströme gießen?
Tief in dir ruht ihr Anbeginnen,
Jenseits von deinen wachen Sinnen -
Sie müssen im geheimen fließen.

Und klingt bei deinen festen Schritten
Auch laut der Kunst, des Witzes Schelle,
Was zu dir fiel, was du erstritten,
Was dir geglückt und du gelitten,
Folgt nur dem heimlichen Gefälle.

Es müssen lautre Stunden sein
Und fern vom Lärm und Staub der Straßen,
Die dich, befreit von Schall und Schein,
Tief durch den Puls der Welt hinein
In deine Quellen lauschen lassen.

Die Stämme

Von Emil Lehmann (1929)

Es ist deutsches Land vielfältiger Art, das von drei Seiten über die Randgebirge der Sudetenländer ins Innere quillt. Es sind Bayern, Obersachsen und Schlesier, die sich hier in ihren Heimatgauen zu einer Notgemeinschaft vereinigt finden. Es sind Angehörige eines oberdeutschen und zweier mitteldeutscher Stämme und insgesamt Ostdeutsche auf später erworbenem Siedlungsboden, der aber schon vom Beginn unserer Zeitrechnung bis nach der Völkerwanderungszeit germanisch-deutsch besiedelt war.

Mittelbayrisch reden die Deutschen im sonnigen Südmähren, im burgenreichen Thayalande, die zwischen ihren Weinbergen und Gemüsegärten einhergehen und dem Fremden freundlich einen „guiten" Tag bieten. Es ist hier ein Stück des ui-Landes, das von Niederösterreich und dem Burgenland ohne geographische Grenze herüberreicht. Und diese ui-Menschen sind im ganzen ein freundliches und friedliches Völkchen, das gern feiert und gern lacht und seinen Tag gut und ruhig verlebt: viel zu geruhig und arglos angesichts hart und zielbewußt andrängenden Fremdvolks. Diese Menschenart und Mundart setzt sich auch noch nach Südböhmen fort, wo mit Budweis allerdins der Hauptort und der Mittelpunkt einer kleinen Sprachinsel bereits verlorenging.

Die breiten Waldflächen des Böhmerwaldes wurden von Oberösterreich und Bayern herüber gerodet und behielten die Sprachform der Gaue jenseits der Landesgrenze. Da hat das Dirndl bereits seinen Buam. Da sind wetterfeste, arbeitsharte, genügsame Waldbauern und Holzleute zu Haus, denen aber doch der Sinn nach Musik und Gesang steht. Sie raufen ebenso gern wie alle andern Bayern und waren auch dem Wildschützentum nicht fern. Sie tanzen ebenso fest und spielen ebenso leidenschaftlich und hingebungsvoll Theater. Aus dem Volkstheater heraus sind hier die Höritzer Passionsspiele erwachsen. Sie sind künstlerisch begabt, wie man ihren Holzhäusern ansieht und den mannigfachen Formen der Holzarbeit und des Hauswerks. Und überdies haben sie namhafte Dichter, wie Adalbert Stifter, Rank, Watzlik, Leppa, Peter, aufzuweisen, obwohl sie nur ein kleiner Stammeszweig sind. Sie verdienen, in ihrer herrlichen Bergweltheimat mit den dunklen Seen recht fleißig auch von Deutschen aufgesucht zu werden, die sich ihrer geraden, biederen, wenn auch etwas stehengebliebenen Art erfreuen können.

Bis nach Eisenstein nordwärts reichen die eigentlichen Böhmerwäldler, bis zur Schwarzkoppe erstreckt sich ein Übergangsgebiet. Der Bua verwandelt sich in einen Bou, die Kuh wird zur Kou. Der Egerländer, der, von hier aus beginnend, ein breites Stück welligen Bauernlandes bewohnt, spricht nordbayrisch wie seine nächsten Brüder, die Oberpfälzer des alten Nordgaues, der von Regensburg und Nürnberg herüberreicht. Die Bauernkultur hat sich hier in stattlichen Vierkanthöfen entfaltet, deren Schmuckstück die schön gegliederten Fachwerkgiebel waren. Bunte Bauerntrachten, nur an den Randbezirken tschechisch angefärbt, haben sich stellenweise bis heute erhalten. Der Dudelsack bestimmt manche Egerländer Volksweise. Die Feste, besonders Hochzeit und Kirchweih, wurden in derber Pracht begangen. Die hochgetürmten Kammerwagen der Egerländer Bauernbräute bezeugten die Behäbigkeit, die sich auch in dem kunstvollen Gold- und Silberschmuck wie in den Metallknöpfen der Männerkleidung zur Schau bot. Das Egerland ist ein Bauernland mit einer breiten bäuerischen Mundart, deren zahlreiche gebrochene Zwielaute einem Anderstämmigen nie ganz gelingen; hier heißt es z. B.:

Öitza blitzt's u(n) öitza doant's,
Daß man mäi(n)t, 's is 's letzte End;
Dao lao i ma(n) Schaotzrl
Neat as ba da Händ.

Aber mitten in diesem kernigen Bauernland erhebt sich das schöntürmige Eger mit der Hohenstaufenpfalz und viele kleinere Städtchen, Klöster, Wallfahrtskirchen; es liegen hier die bekanntesten Kurorte: Karlsbad, Franzensbad, Marienbad; es sind auch Kohlen- und Industrieorte entstanden. Aber die egerländische Art hält eng zusammen und läßt sich nicht unterkriegen. Es ist kernfestes Volk, mögen sie auch manchmal vor lauter Hartköpfigkeit ihre Fehler machen.

„Leichtes Volk", wie der Egerländer sagt, sitzt auf dem Erzgebirge oben. „Helle" nennt es sich selbst, dieses Obersachsentum mit seiner hellen, klaren, auf i und a gestimmten Sprache, in der Anton Günther von Gottesgab am Keilberg seine „Hamit" besingt, statt der egerländischen „Hoimat". Es ist durch den Erzreichtum auf die sonnige, aber auch rauhe und schneereiche Kammhöhe hinaufgelockt worden. Nach der Erschöpfung des Erzreichtums bedurfte es freilich eines hellen Verstandes, einer besonderen Anpassungsfähigkeit, um doch noch Erwerb und Lebensunterhalt da oben in dichter Siedlung zu finden. Von Dorf zu Dorf wechseln die Heimindustrien. Da wird gestickt, genäht, geklöppelt, geschnitzt, werden Strohhüte geflochten, Knöpfe erzeugt, Musikinstrumente hergestellt. Oder man wandert mit seinem Instrumentlein gleich selber hinaus in alle Erdteile, um sobald als möglich wieder ins Heimathäusel auf der Höhe zurückzukehren, das in schlichtem Fachwerkstil mit Schindeldach und Schindelverkleidung an der Straße steht; der Brunnen quillt dabei und an der Straße prangen die roten Trauben der Eberesche, des „Vuglbeerbaams", des „Arzgebirges". Dieser begabte, regsame, bewegliche Obersachsenzweig bewohnt auch das warme, nordwindgeschützte Vorland des Erzgebirges mit seinen fruchtbaren Feldern, die von reichtragenden Obstbäumen beschattet sind. Er hat leicht singen im Saazerland, dessen sonnenbeschienenen Steinhöfen der Hopfen zum Segen wurde, neben dem die Gurke nicht fehlt. Und er hat es schön und leicht ebenso im vulkanischen Mittelgebirge und im prächtigen Elbegelände von Leitmeritz stromab. Da ist eine reiche Zahl von Städten entstanden, die im Westen noch egerländisch beeinflußt sind: Komotau, Kaaden, Saaz und Brüx. Da sind die Städte heute Mittelpunkte regen Kohlenbergbaues und vielfältiger Industrie sowie eines ganz bedeutenden Handels und Verkehrs geworden, wie Teplitz-Schönau, die alte Badestadt, und die Elbestadt Aussig. Da breiten sich Webereiorte um Warnsdorf und Rumburg aus, im fleißigen und schon wieder etwas derberen „böhmischen Niederland". Das weiche Obersachsentum hat sonst in seiner Art nicht sehr standgehalten, die Mundart verflüchtigt sich samt Bauart und Sitte, wie es denn auch an einem klaren Stammesbewußtsein und einer eigentlichen Stammespflege fehlt. Man weiß auch gar nicht anzugeben, wo im Osten das Schlesische beginnt, das schon an der Elbe die Blockhäuschen des Lausitzisch-schlesischen Stils sowie mundartliche Formen und eine etwas härtere Art ankündigen.

Mit dem Iser- und Jeschkengebirge beginnen die Gebirgslandschaften, die den Nordostrand Böhmens einfassen. Das Riesengebirge schließt sich an, das Braunauer Ländchen und das Adlergebirge folgen. Schlesisch ist aber auch das Deutschtum Nordmährens und selbstverständlich unseres Schlesierländchens. Schlesisch ist die Freude am sauberen Häuschen am Bergeshang, neben dem ein Wässerlein talwärts eilt; schlesisch sind die „Brünnla" und „Krügla", wie es im Riesengebirge lautet. Schlesisch ist das feinbestellte Gebirgsackerland, dem man den Fleiß und die Liebe der Menschen ansieht, sind die langgedehnten Reihendörfer. Schlesisch ist ein gesprächiger, umgänglicher, empfänglicher, betriebsamer und rüstiger Menschenschlag, der auch gern singt, der aber auch oft grübelt und sich in sich selbst versenkt. Schlesisch ist ebenso das Wandern in die weite Welt hinaus wie die Heimfreude, die sich als Festtagsbraten ein „Himmelreich" leistet und die in Weihnachtsfeiern und Weihnachtsspielen von unerhörter Innigkeit gipfelt.

Diese sudetendeutschen Schlesier, die fast die Hälfte des Sudetendeutschtums ausmachen, sind natürlich in den stillen Wäldern des Isergebirges etwas anders als im lauten, industriereichen Städtewesen von Reichenberg und Gablonz, wo sie sich als eigenkräftige und dabei feinfühlig anpassungsfähige Art zeigen. Sie tragen auf den Riesengebirgshöhen manchen altertümlichen Zug, der auch im Wesen des Berggeistes Rübezahl auffällt, so zum Beispiel das Wetterwendische, Jäh-Umschlagende, das rauhe Äußere bei einer ausgesprochenen Gutmütigkeit ihres Kerns. Sie gehören im Wekelsdorf-Braunauer Gebiet zum Glätzischen hinüber, in offen-behaglicher Art dem Heimatwesen lebend. Auf den lieblichen Höhen des Adlergebirges bringen sie sich kärglich und freundlich-bescheiden durch mit mancherlei Hausindustrie; die Äckerlein werden bisweilen von den Menschen selbst gepflügt, das heißt, Menschen spannen sich statt der Zugtiere vor den Pflug.

Auch Nordmähren hat seine Industriemittelpunkte, vor allem in dem aufstrebenden Mährisch-Schönberg. Es hat als westlichen Flügel, noch nach Böhmen herüberreichend, den Schönhengstgau, ein altgeschlossenes Bauernland mit ein paar freundlichen Landstädtchen darin, als Ostflügel das wiesenprangende Kuhländchen mit seinen sangesfrohen, selbstsicheren Bewohnern. Der Schönhengstgau gehört mundartlich nicht mehr zum Schlesischen, sondern ist dem Sprachinseldeutschtum zuzurechnen. Im Schlesierlandl drängen sich die sauberen Städtchen im wohlgepflegten Ackerland, das vielfach einem Gartenland gleicht: Freiwaldau, Freudenthal, Jägerndorf und die Hauptstadt Troppau. Hier ist ein breiter, offener Zusammenhang mit dem Volksleben des Neißer Landes gegeben, den ja erst Friedrich der Große durch eine neue politische Grenze unterbrochen hat.

In den mährischen Sprachinseln Iglau und Wischau hat sich noch die Tracht bis heute lebendig erhalten und wird als völkisches Unterscheidungszeichen getragen. Auch die Kremnitz-Deutsch-Probener-Doppelsprachinsel in der Slowakei hat bis zur jüngsten Gegenwart heran schöne, farbige Seidentrachten bewahrt. Neben dieser Gruppe von Deutschen siedeln in der Slowakei bei Preßburg Heanzen und unterhalb der Tatra die Zipser Sachsen, die auf eine rühmliche Vergangenheit zurückschauen und sich durch ihre organisatorische Begabung auszeichnen. Deutsche neuerer Ansiedlung sind aber auch bis gegen Kaschau vorgedrungen und wohnen in Karpatenrußland unter fremdem Volkstum. Aus der alten Heimat haben sie sich mit der Mundart vielerlei volkstümliche Überlieferungen an Märchen, Sagen, Liedern und Spielen gerettet, mit dem Bauernleben altes Brauchtum, alte Sitten. Als Deutsche sind sie wie ihre Siedlungen meist auf den ersten Blick zu erkennen.

So ist es ein reiches Bild, das sich dem volkskundlichen Betrachter des Sudetendeutschtums bietet: nicht ein einheitlicher Stamm, sondern eine Gruppe von Stammeszweigen. Durch die alte Zusammengehörigkeit im Rahmen gemeinsamer politischer Gestaltungen, durch den Wechselverkehr untereinander wie auch durch die gemeinsame Beziehung zum Tschechentum, die aber nicht als Symbiose zu bezeichnen ist, hat sich das Gemeinsame, das schon durch die Zugehörigkeit zum mitteldeutsch-oberdeutschen Südosten gegeben war, vielfach verstärkt. So erscheint manches hier einer gemeindeutschen Form angenähert, wie denn auch die Herausbildung der gemeinsamen hochdeutschen Schriftsprache zur Zeit der Luxemburgischen Kaiser als eine Leistung des Zusammenlebens dieser Deutschen anzusehen ist.

's Lab'n is a Büchl

Von Anton Günther

's Lab'n is a Büchl,
Dr Herrgott schräbt nei,
A' Zeil em dr andern,
Su viel Blatla do sei.

Drem sell jeder Mensch aa,
Weil's Lab'n ball vergieht,
Drauf trachtn, deß en Büchl
När wos Gut's drenna schtieht.

Der Stilzel

Von Hans Watzlik

„Houu!" brüllt es im Wald. Wanderbursch in der Nacht, dreh dich nicht um, der Stilzel ist hinter dir her! Dreh dich nicht um, sonst huckelt er dir auf, und du mußt ihn tragen, bis du lechzest wie ein gehetzter Wolf und bis dir die Brust braust und die Knie brechen.

Der Stilzel war bei Lebzeiten ein Roßhirt bei den Heuhofer Bauern an der bayrischen Grenze. Hundert Rösser mußte er ins Waldgras treiben und das war ein hartes Amt. Einmal vor dem Heimtrieb zählte der Stilzel die Herde, ob sich kein Roß vergrast und verloren habe in den weitläufigen Wäldern, und er zählte und zählte allweil nur neunundneunzig, weil er allweil wieder das Roß vergaß, darauf er gerade ritt. Das tat dem Stilzel Zorn, und er fluchte und schändete so lästerlich, daß er schier Steine zum Himmel sprengte und daß die Bäume im Walde zitterten, und schließlich stellte er sich aufs Roß und hängte sich mit seiner Peitschenschnur an einem föhrenen Ast auf.

Der Geist des Stilzel aber ist ein rechter Schwänkmacher und Leutschreck. Nachts knallt er mit der Geißel und röhrt dazu wie eine Herde Kühe, da rennen die Grenzwächter daher und meinen, die Schwärzer täten etliche Rindlein Vieh ins Bayrische schaffen, und da verhoffen die grünen Wächter einen guten Fang. Aber auf einmal stecken sie bis an die Zwiesel im Morast, und der Stilzel lacht wie der Satan.

Der Bärnloher brachte einmal seinen Wagen nicht vom Fleck, die Ochsen konnten ihn nicht erziehen, und es war doch nicht ein Scheitlein Holz darauf. Der Bauer merkte gleich, wo es stank und daß sich da der Stilzel heimlich das Fäustlein reibe. Er schrie: „Stilzel, steig ab! Schuib an!" Handkehrum war das Fuhrwesen leicht und ging wie von selber dahin.

Zwischen Plöß und Neuhof liegt die Saumühle, dort war der Ort, wo der Stilzel die Rösser hütete. Die alte Mühle soll er selber auf dem Buckel hingetragen haben.

Geschichten von St. Leonhard

Von Josef Blau

Sankt Leonhard ist ein ungemein volkstümlicher und vielseitiger Heiliger. Er ist der Schutzherr der Haustiere wie der Liebesleute und wird auch von den Wöchnerinnen und den Gefangenen als Patron angerufen. Den Bayern kommt er gleich hinter dem lieben Herrgott. Allerlei fromme Legenden und unfromme Schwänke erzählte das Landvolk von ihm und seinen Kirchen.

*

Da kam einmal ein armes, ganz ungelehrtes Weib aus der Stornhöll da hinten am Fuß des Ossers gerade am Armseelentage nach Neuern hinaus in die Kirche. Da sah sie alles mit schwarzen Tüchern ausgeschlagen, die Altäre mit gemalten Totenköpfen an den Leuchtern und mitten in der Kirche eine hohe Totenbahre, die Tumba, und es wurde vor dieser gerade das Miserere gesungen. Da zupfte sie neugierig einen Mann beim Rockärmel, wer denn da Großer gestorben sei; sie habe in der Stornhöll hinten nichts davon erfahren, denn in dieses Sauloch hört man nichts hineinläuten.

Sie war aber an den alten Glashütter Schmied gekommen, der machte sich gern einen Spaß. Der sagte: „O mein, weißt du es denn nicht? Unser Herrgott ist ja gestorben und da ist heute die Leich."

„O du rotguldenes Herrgottl, so hast du auch sterben müssen? - Was wern wir denn jetzt für einen kriegen? Wenn sie nur so gescheit wären und nahmeten den heiligen Leonhardi, der verstünd doch etwas vom Vieh!"

*

Zu St. Leonhard kommen die Mädchen mit ihren Anliegen. Da war auch eine, die konnte keinen kriegen, so schöne Augen sie auch den Buben machte. Und sie war ein ordentliches und braves Dirndl, wenn sie auch nicht gerade die Sauberste war. Aber es trifft sich halt manchmal so und das Dirndl war mit der Zeit schon hübsch in die Jahre gekommen, wo man nicht mehr so wählerisch ist wie in den ersten Jahren, wo eine jede glaubt, es müsse mindestens ein Prinz um sie kommen. Als sie niemanden in der Kirche sah, da trug sie ihr Anliegen dem Heiligen mit lauter Stimme vor:

„Heiliger Leonhardi, schick mir einen Mann, mir is jeder recht, nur keinen Roten!"

Der Mesner war gerade hinter dem Altar gestanden und hatte alles gehört. Als das Mädchen ihr Anliegen schon zum drittenmal wiederholt hatte, da hörte sie, wie ihr der Heilige antwortet: „Hab kein' andern!"

Da rief sie schnell: „Her damit!"

*

Als der Mesner mit dem Ausweißen fertig war, wollte er den heiligen Leonhard abstauben und ihm das Gewand ausbürsten. Als er ihn aber ein wenig härter angriff, brach die morsche Statue auseinander. Was nun anfangen, in drei Tagen ist die Wallfahrt!

„Weißt du was", sagte er zu des Pfarrers Hütjungen, „es ist keine andere Hilfe, du mußt am Sonntag das Gewand des Heiligen anziehen - ich male dir das Gesicht - und du stellst dich auf den Altar und machst den Heiligen. Wenn die Mädchen vor dir auf den Knien liegen, so wartest du eine Weile und dann nickst du mit dem Kopf, daß sie zufrieden sind. Und fürs Obenstehen kriegst du auf die Nacht zwei Silberzwanziger."

Am Sonntag stand der Junge geduldig auf dem Altar. Mit den jungen Mädchen hatte er es leicht, wenn er auch diesen Sonntag nicken mußte, daß ihm der Hals weh tat, so groß war der Zulauf. Aber schlimm erging es ihm hernach mit den alten Weibern. Einige von ihnen hatten ihm Kerzlein auf die Zehen geklebt, und als diese heruntergebrannt waren, hielt er es vor Schmerzen nicht mehr aus, hob die Beine und schrie gellend auf: „Da soll der Teufel Heiliger sein!" Dabei sprang er von seinem Postament herunter und rannte zum Entsetzen der frommen Weiblein über Hals und Kopf davon.

Gesang der mährischen Dorfstraße

Von Ilse Ringler-Kellner

Wo unseres Geschlechtes Sippe haust,
unter Dächern von Stroh, vom Wind zerzaust,
da läuft noch ein Lied die Mauern entlang,
da hat die Straße noch ihren Gesang.

Der Fenstereinschneider, frisch und froh,
singt den Morgen ein mit höhö und hoho . . .
Das Glas auf dem Rücken, den Stock in der Hand,
so zieht er durch das erwachende Land.

Dann kräht der Hahn. Es ist noch früh.
Der Drahtbinder zieht sein langes ü-ü-ü . . .
„Wir flicken die Pfannen für die Bauersleut,
denn Kirtag is morgen und Sautod is heut!"

Der Fetzenbanermann mit Gekreisch und Geklirr:
„Für a paar Fetzenbaner an echt's Weißg'schirr!"
Der Fleischerhund bellt. Ganz ohne Geschrei
mit Peitschenknallen fährt der Fleischer ins Gay.

Der Fleischer fährt ins Gay und die Kochlöffelleut
aus der Slowakei schrein: „Kaft's Kuleffel heut!"
Es rattert der Kalkbauer über die Zeil
und bietet den Kalk aus den Fässern feil.

Der Sauschneider stapft durch den Morgentau
im Steirerhut. „Sauschneider! Sau! Sau! Sau . . ."
Sie bieten die Ware zu fröhlichem Kauf.
Es hallt die Zeile straßab und straßauf.

Terumtumtum . . . Taratata . . .
Der Mann des Gesetzes, der Trommler, ist da.
„Es wird bekanntgemacht: Der Hieronymus Groß
hat zwei Küh zu verkaufen und a jung's Roß."

Terumtumtum . . . Terumtumtum . . .
Die Trommel brummt. Dann wird es stumm.
Die Schulglocke läutet. Die Dorfstraße schweigt,
wenn die Sonne über das Walmdach steigt.

Das sudetendeutsche Bauernhaus

Von Josef Hanika

Wie Flur und Siedlung ist auch das Bauernhaus eigener Prägung von naturbedingten Voraussetzungen abhängig, seine Gestalt aber gewinnt es durch den schöpferischen Willen seines Erbauers. Von der Natur abhängig ist vor allem der Baustoff. Im Nadelwaldgebiet entwickelt sich der Blockbau, und diese Bauform herrschte in den Sudetenländern weitaus vor, in den deutschen wie in den tschechischen Landschaften, bis seit der Mitte des vorigen Jahrhunderts der Stein- und Ziegelbau die alte Holzbauweise verdrängte. In den waldarmen Gebieten, in den fruchtbaren Ebenen im Innern Böhmens, in Südmähren, im Marchland ist der Steinbau bzw. der Lehmbau ursprünglich. Über das Egerland und das Erzgebirge dringt der Fachwerkbau, der sich im Laubwaldgebiet entwickelt hat, in das westliche und nordwestliche Böhmen ein.

Der Grundriß ist in Böhmen bei den Deutschen und Tschechen und weiterhin auch in Mähren der des ursprünglich dreiteiligen mitteldeutschen Wohnstallhauses, in den bäuerlichen Gebieten mit Gehöftbildung mitteldeutscher Art Dreiseit- oder Vierseithöfe, im Schönhengstgau zusammengefügt zu geschlossenen Vierkantern.

So wird das Bauernhaus der Sudetenländer vielgestaltig wie die Landschaften, einzelne Typen heben sich besonders heraus:

Der südmährische Bauernhof im Gemüse- und Weinland, aus Stein gebaut, weiß getüncht, von der schmalen Straßenfront her langgestreckt in die Tiefe geführt durch Hintereinanderreihung zahlreicher Räume und Gebäudeteile, die Hofseite entlang führt die Tret, zum offenen Säulengang weitergebildet. Das Böhmerwäldler Gebirgshaus in ebenerdiger Blockbauweise mit mächtigem, steilem Schindeldach, mit auf der südlichen Schmalseite vorragendem Halbwalm.

Das Wallerner Haus in altbayerischem Blockbau mit flachgeneigtem, steinbeschwertem Legschindeldach als raumfremdes Einsprengsel.

Der Egerländer Fachwerkhof mit seinen prächtigen Ziergiebeln über Blockunterbau, das Fachwerk nach fränkischer Art rot gefärbt, die Überkreuzungen grün oder blau, die vorstehenden Köpfe der Holznägel weiß gestrichen.

Das erzgebirgische und nordwestböhmische Fachwerkhaus, schlicht und einfach, das Fachwerk in reinen Zweckformen, ohne Zier- und Musterbildungen, schwarz gestrichen.

Das Umgebindehaus in Nordböhmen, die Zwickelhölzer und Querverbindungen der Säulen, die das Obergeschoß tragen, zu Zierbogen ausgebildet, die Fugen der dahinter angefügten Blockwände weiß getüncht, der Brettergiebel reich gegliedert und die Schalbretter und Deckleisten so angeordnet, daß sie ein zierliches Formenspiel mit Licht und Schatten ergeben. Man hat es mit gotischem Maßwerk verglichen. Weiter gegen Osten tritt zum Brettergiebel das zierliche Schopfdächlein, dessen Bodenbrett Gelegenheit zum Anbringen von Haussprüchen gibt.

In den ostböhmischen, nordmährischen und schlesischen Gebirgslandschaften die schlichten Blockhäuschen, die sich schutzsuchend unter mächtige Bäume schmiegen.

Im Braunauer Ländchen hat in den stattlichen Bauernhöfen der Einfluß des Stiftes Braunau die geschwungenen Rokokogiebel eingeführt. Traufseitige schlesische Blockhäuser beleben diese Traufseite durch eine Laube mit einer Stube drüber. Eine eigenartige Bauweise war das Söllerhaus aus Lehm in der Wischauer Sprachinsel, in dessen Putz die Frauen mit den Fingern sinnbildliche Zeichen eingruben.

All diese Häuser, die die Vielfalt unserer Heimat und ihrer Bewohner spiegelten, stehen nun fremd in einer Landschaft, die ihre Gestalter und dadurch ihr Leben verloren hat.

Geschichten vom Hockewanzl

Weit bekannt über die Grenzen seines Wirkungskreises war der Erzdechant von Politz im Tetschner Kreise, Wenzel Hocke, im Volksmund der Hockewanzl genannt. Als Sohn eines armen Taglöhners geboren, besuchte er das Priesterseminar in Leitmeritz an der Elbe und brachte es durch seine Tüchtigkeit, seinen hellen Kopf und seine Beliebtheit bis zum Erzdechanten. Durch seine Schlagfertigkeit und seinen Humor ist er im ganzen Sudetenland bekannt geworden. Überall war er beliebt und noch heute schmunzelt ein jeder Deutsche aus Nordböhmen, dem Niederland, dem Oberland, wenn er nur den Namen Hockewanzl hört.

Eines Tages war bischöfliche Visitation angesagt. Hockewanzl ging noch am Tage davor Haus und Hof durch, ob alles in Ordnung sei. Auf dem Hof sah er seine Brathühnchen herumlaufen, die er wehmütig betrachtete. Er rief Seff, seinem Kutscher, zu, daß er Futter bringen möge, und fütterte die Hühnchen. Stieß dabei einen Stoßseufzer aus: „Fraßt ok, fraßt! Morgen holt eich olle dr Teifl!"

Wieder einmal lag er mit dem hohen Konsistorium in Leitmeritz in einem Streit. Pimpels Hündl, der bischöfliche Sekretär, hatte ihm wieder einmal etwas eingebrockt. Er wurde vorgeladen und bekam einen tüchtigen Verweis. Nachdenklich geht er die Domgasse herunter. Da hält ihn ein Politzer auf, der beim Kreisamt etwas zu besorgen hat, und fragt ihn, wo er sich denn balbieren lassen könnte. Hockewanzl zeigt mit seinem Daumen über die Schulter: „Gih ok do rauf, ei dan grußen Soll, dort besorgen se drs gut und billig."

Wieder einmal lag er mit seiner Nachbargemeinde Sandau in einem Streit. Die Sandauer beschlossen, bei der nächsten Gelegenheit zu streiken. Bei einer Prozession, die sie am Eingang ihres Dorfes erwarteten, kniete keiner der Sandauer nieder. Wütend springt Hockewanzl unter dem Himmel hervor und schreit sie an: „Werd'r knien odr ni!" Stumm vor Schreck fallen die Sandauer in die Knie.

Die drei Bergleute im Kuttenberg

Von den Gebrüdern Grimm

In Böhmen liegt der Kuttenberg; darin arbeiteten drei Bergleute lange Jahre und verdienten damit für Frau und Kind das Brot ehrlich. Wenn sie morgens in den Berg gingen, so nahmen sie dreierlei mit: erstens ihr Gebetbuch, zweitens ihr Licht, aber nur auf einen Tag mit Öl versehen, drittens ihr bißchen Brot, das reichte auch nur auf einen Tag. Ehe sie die Arbeit anhuben, taten sie ihr Gebet zu Gott, daß er sie im Berg bewahren möchte, und darnach fingen sie getrost und fleißig an zu arbeiten. Es trug sich zu, als sie einen Tag gearbeitet hatten und es bald Abend war, daß der Berg vorn einfiel und der Eingang verschüttet wurde. Da meinten sie, begraben zu sein und sprachen: „Ach Gott, wir armen Bergleute, wir müssen nun Hungers sterben! Wir haben nur einen Tag zu essen und einen Tag Öl auf dem Licht!" Nun befahlen sie sich Gott und dachten bald zu sterben; doch wollten sie nicht müßig sein, solange sie noch Kräfte hätten, arbeiteten fort und fort und beteten. Also geschah es, daß ihr Licht sieben Jahre brannte und ihr kleines bißchen Brot, von dem sie täglich aßen, ward auch nicht all, sondern blieb ebenso groß, und sie meinten, die sieben Jahre wären nur ein Tag. Doch da sie sich nicht ihre Haare schneiden und den Bart abnehmen konnten, waren diese ellenlang gewachsen. Die Weiber hielten unterdessen ihre Männer für tot, meinten, sie würden sie nimmermehr wiedersehen, und dachten daran, andere zu heiraten.

Nun geschah es, daß einer von den dreien unter der Erde so recht aus Herzensgrund wünschte: „Ach, könnt ich noch einmal das Tageslicht sehen, so wollt ich gern sterben!" Der zweite sprach: „Ach, könnt ich noch einmal daheim mit meiner Frau zu Tische sitzen und essen, so wollt ich gern sterben!" Da sprach auch der dritte: „Ach, könnt ich nur noch ein Jahr friedlich und vergnügt mit meiner Frau leben, so wollte ich gerne sterben!"

Wie sie das gesprochen hatten, krachte der Berg gewaltig und übermächtig und sprang voneinander. Da ging der erste hin zu dem Ritz und schaute hinauf und sah den blauen Himmel, und wie er sich am Tageslicht gefreut, sank er augenblicklich tot nieder. Der Berg tat sich immer mehr voneinander, also daß der Riß größer ward; da arbeiteten die beiden anderen fort, hackten sich Treppen, krochen hinauf und kamen endlich heraus. Sie gingen nun fort in ihr Dorf und ihre Häuser und suchten ihre Weiber, aber die wollten sie nicht mehr kennen. Sie sprachen: „Habt ihr denn keine Männer gehabt?" - „Ja", antworteten jene, „aber die sind schon sieben Jahre tot und liegen im Kuttenberg begraben." Der zweite sprach zu seiner Frau: „Ich bin dein Mann!" Aber sie wollte es nicht glauben, weil er den ellenlangen Bart hatte und ganz unkenntlich war. Da sagte er: „Hol mir das Bartmesser, das oben im Wandschrank liegen wird, und ein Stückchen Seife dazu!" Nun nahm er den Bart ab, kämmte und wusch sich, und als er fertig war, sah sie, daß es ihr Mann war. Sie freute sich herzlich, holte Essen und Trinken, so gut sie es hatte, deckte den Tisch und sie setzten sich zusammen hin und aßen vergnügt miteinander. Wie aber der Mann satt war und eben den letzten Bissen Brot gegessen hatte, da fiel er um und war tot. Der dritte Bergmann wohnte ein ganzes Jahr in Stille und Frieden mit seiner Frau zusammen; als es herum war, zu derselben Stunde aber, wo er aus dem Berg gekommen war, fiel er und seine Frau mit ihm tot hin. Also hatte Gott ihre Wünsche ihrer Frömmigkeit wegen erfüllt.

Aus dem Böhmerwald

Da Wold is ma Hoamat
und d' Hocka ma Bix
und in Wold will i o sterbn,
sist wünsch i ma nix.

Geschichten aus der Trautenauer Gegend

Von Josef Stuchlik

In R. lebte eine geizige Bäuerin, die es lieber sah, wenn das Gesinde weniger die teuere Butter, dafür mehr den billigen Quark aß. Als sie einmal an einem heißen Tage das Essen auftrug, das aus Erdäpfeln mit Butter und Quark bestand, sagte sie: „Aßt ock Quork, dar kiehlt!" Worauf eine junge Magd antwortete: „On ich aß Potter, on wenn ich verbrieh!"

*

Vater und Sohn schafften einen schwer beladenen Wagen nach Hause. Der Vater zog, der Sohn schob. Als es anfing steil bergauf zu gehen, ging dem Sohne die Tabakspfeife aus. Er blieb stehen, stopfte sie umständlich, rieb ein Schwefelholz an der Lederhose, und als er endlich wieder blaue Wolken paffte, sah er, daß der Vater den schweren Wagen ganz allein den steilen Berg hinauf gezogen hatte. Seine Bewunderung faßte er in die Worte zusammen: „Nei, Vouter, ihr seid ouwer ein verfluchtes Oos!"

Geschichteln in Isergebirgs-Mundart

Von Adolf Köhler

Be enner geizschen Bauerschfro woar Kendstoof on d' Poathen schlugen ei, os hätten se acht Taach nischt gassen. Doas woar dar Fron ne rajcht on doch mußt se wetter nietschen (nötigen), weil doas emo su Brauch es be ons. Se toat doas aber su: „Aßt ock, aßt, die Ehr ganze Toaler eigleät hot!"

*

En Bauern schlug s Gwitter ad Scheun, die a su a beßl ubschn Haus stiehn hott. A woar groad mitn Ufbaun fertsch, do koam wieder a Gwitter on schlug nochamo a die Scheun ei. Docht sich dar Bauer, mr warn dan Ding a beßl ausn Waig ziehn on baut sein Scheun onnersch Haus. Wie wieder a Gwitter koam, stond a ben Fanster on wie dr Bletz of die aal Stell zufuhr, wu die Scheun verder gstanden hott, mejnt a: „Spürst a Scheunl?"

*

Ofn Maierhof hottnse en neun Khiertsong (Kuhhirten), dan se soiten, a müßt mit a Kühn draußn bleibn, bis d' Sonn onnerging. Em a Obt koam a gprescht, haut n Schoffr d Peitsch verd Fiß on schrie: „Dohier do soll dr Teifl Khiertsong sein, ein Sonn gieht onner, die andere uff!"

Das Goldbergel

Südmährische Sage

An einem Palmsonntag schritt eine Bäuerin mit ihrem Kinde an dem Hügel vorüber, der Feldsberger Pfarrkirche zu. Erstaunt sah sie den Goldberg offen. Sie ging durch eine beträchtliche Öffnung in das Innere, wo gleißendes Gold, Perlen und Edelsteine ausgebreitet lagen. Die Bäuerin setzte ihr Kind auf den Boden, raffte von den Schätzen, so viel ihre Schürze fassen konnte, zusammen und eilte ins Freie. Kaum war sie aber herausgetreten, so schloß sich der Berg - und ihr Kind, das sie in ihrer Hast vergessen hatte, blieb im Berg zurück. All ihr Jammern war vergebens, als sie das Unheil merkte. Trostlos schritt sie mit dem Schatze dem Heimatort zu. Ein kummervolles Jahr verging. Als sie am nächsten Palmsonntag wieder zu dem Hügel kam, fand sie ihn wieder offen. Das arme Weib stürzte hinein und erblickte ihr Kind friedlich am Boden sitzen. Sie schloß es in ihre Arme und trug es eilig hinaus. Das Kind erzählte, daß ihm täglich eine wunderschöne Frau im weißen Kleide erschienen sei und ihm jedesmal ein Stückchen weißes Brot und einen Apfel gereicht habe. Als die beiden Glücklichen die Hütte betraten und nach den Schätzen sehen wollten, bemerkten sie, daß sie verschwunden waren.

Die Karpatendeutschen

Land und Leute der Slowakei

Von Josef Hanika

Die Errichtung des tschechoslowakischen Staates nach dem Weltkrieg 1914-1918 durch Vereinigung der Sudetenländer mit dem Ungarischen Oberland als den Ländern Slowakei und Karpatenrußland brachte die deutschen Volksgruppen dieser Gebiete, die Sudetendeutschen und Karpatendeutschen, zum erstenmal in ihrer 800jährigen Geschichte in nähere Verbindung. Für die Karpatendeutschen wirkte sich dieses Zusammentreffen in kultureller Hinsicht sehr fruchtbar aus. Das deutsche Schulwesen erstand wieder, die Volksbildungsbestrebungen drangen bis ins letzte Dorf durch, die wissenschaftliche Erforschung der Geschichte, der Mundarten, der Volkskunde, der Kunstgeschichte usw. erlebte einen neuen Aufschwung. In das wirtschaftliche Leben griffen die Gründung von Raiffeisenkassen und Genossenschaften helfend ein. Sudetendeutsche wirkten anregend und verbanden sich mit einheimischen Kräften, die namentlich in der Zips auf einer stolzen Überlieferung kulturellen Eigenlebens aufbauen konnten. Die Zeitschrift „Karpathenland", die von der Anstalt für sudetendeutsche Heimatforschung in Reichenberg in Böhmen herausgegeben wurde, ist ein Denkmal dieser fruchtbaren Zusammenarbeit.

Die Slowakei ist ein ungemein reizvolles Land in der Vielfalt seiner Natur, seiner Volkstümer, seiner Kulturüberlieferung. Das Profil dieses Karpatenlandes bestimmen die langgedehnten Gebirgszüge, bald von lichtem Laubwald, bald von dunklem Nadelwald bedeckt, die Kämme und Rücken weithin gelichtet und in Hochweiden verwandelt, über deren grüne Matten der Batscha mit seinen Schafherden zieht, bald ragen zerklüftete, steile Grate, und das ganze wird überhöht von der zackigen Felsenkrone der Hohen Tatra mit ihren tief eingesenkten Meeraugen. Schäumende Flüsse treiben ihre Wasser durch tiefe Täler, die sich vielfach zu Kammern und Kleinsiedelräumen erweitern und ausbuchten; Hammerwerke, Bergbaubetriebe, Sägewerke, hie und da Fabrikbetriebe beziehen ihre Kraft aus ihnen. An den Unterläufen verbreitern sich die Täler zu weiteren Ebenen mit fruchtbaren Getreideböden. Während die verkehrsfeindlichen, unwirtlichen Gebirge das Land gegen Norden schützen, reifen auf den südlichen Hängen und Ausläufern vorzügliche Reben. Hier leuchten die weißgetünchten und vielfach farbig verzierten Häuser der Dörfer in der Sonne, in den Gebirgstälern schimmern in grauen und braunen Tönen urtümliche Blockhäuser aus dem Grün der Wiesen und Wälder. Die Berghirten und Gebirgler hüllen ihre kräftigen schlanken Gestalten in eine urtrachtliche Gewandung aus ungefärbter Schafwolle und Leinen mit bunter Verzierung, in den fruchtbaren Ebenen erblühten üppige, bunte Bauerntrachten. Die Städte und Städtchen bewahren noch Schätze an gotischen Bauten und Plastiken, und nach der Gotik hatte der Renaissancestil ihr Antlitz weitergebildet. Es waren dies Zeiten der Hochblüte des deutschen Bürgertums im Karpatenland, in den Bergstädten der Mittelslowakei und in der Zips vor allem; es war die große Zeit des Deutschtums im Lande in Wirtschaft, Kunst und Geistesleben, deren Hochstand in den folgenden Zeitaltern nie mehr erreicht wurde. Es trat im Gegenteil ein allmählicher Rückgang und schließlich ein vielfältiger Verfall ein, namentlich in den Bergstädten.

Dieses Slowakei-Deutschtum umfaßte in seiner letzten Zeit rund 140.000 Seelen bei einer Gesamtbevölkerung von drei Millionen und siedelte im wesentlichen in drei Gruppen: im Gebiet von Preßburg, in der Kremnitz - Deutsch-Probener Sprachinsel - und in der Zips. In kleinen Splittergruppen, Einzelfamilien und Einzelgängern war es darüber hinaus über das ganze Land verstreut, eingegliedert in die slawische Grundbevölkerung, hier Slowaken, dort Goralen und Ruthenen, untermischt wieder mit Madjaren und einem starken jüdischen Anteil, der in der Zips, namentlich in Käsmark, durch den Zustrom aus Galizien besondere Bedeutung erlangt hatte und auch im äußeren Bild der Bevölkerung in Erscheinung trat. Nicht zu vergessen sind die Zigeuner, die z. T. auch am Rande oder in der Nähe deutscher Dörfer in kleinen Kolonien ansässig waren. Es war ein buntes Völkergemisch, das die Reize des Landes vermehrte. Und alle diese Gruppen vermochten in Frieden neben- und miteinander zu leben, jedes dieser Volkstümer hatte die seiner Eigenart entsprechende bestimmte Funktion im Ganzen und seinen besonderen Lebensbereich, und das Deutschtum wie das Judentum spielten eine Mittlerrolle. Ihre Angehörigen beherrschten meist drei Sprachen, während die anderen in der Regel nur die eigene kannten, und die Anwendung einer der Sprachen war für sie keine Frage des nationalen Prestiges, sondern des praktischen Bedarfs bei aller Wahrung der sonstigen eigenen Geltung und Rechte.

Dieses Land hat auch eine bedeutsame Geschichte, nicht der großen Politik, wohl aber des menschlichen Ringens mit der Natur, des Werdens der Siedlungslandschaft, der Entstehung der Städte, der Gewinnung der Bodenschätze, der wechselseitigen Durchdringung der Volkstümer, ihrer gegenseitigen geistigen Befruchtung, ihrer Leistungen in den Bereichen der Urkultur, der späteren Volkskultur, ihrer Schöpfungen in der Hochkultur.

Preßburg und Umgebung

In dem Tor zwischen Alpen und Karpaten, durch das die Donau in den pannonischen Raum eintritt, liegt die uralte Burg und Stadt Preßburg. Im Dreiklang der Volkstümer und der Sprachen ihrer Einwohner ging die Stimmführung im Zuge der staatspolitischen Entwicklung von der alteingesessenen deutschen Bürgerschaft auf die madjarische Oberschicht der ungarischen Krönungsstadt, nunmehr Pozsony geheißen, und schließlich auf das emporstrebende Slowakentum als das neue Staatsvolk über. Preßburg wurde mit dem neuen Namen Bratislava dessen Hauptstadt.

Donaubairisches Bauerntum drang von Niederösterreich und dem Heideboden her in die Umgebung Preßburgs und bis auf die getreidereiche Schüttinsel vor. In der deutschen

Volkskunde hat Oberufer durch die Bewahrung altertümlicher Überlieferung im Volksschauspiel einen klangvollen Namen. Deutsche Gemeinwesen entwickelten sich am Westfuße der Kleinen Karpaten hin in sonnigem Rebengelände mit Limbach als dem letzten rein deutschen Weinbauernort. In altösterreichischer Zeit bestimmte die benachbarte Kaiserstadt Wien das kulturelle Gesicht Preßburgs, das zum Umschlagplatz westeuropäischer und deutscher Kultur in den ungarischen geistigen Raum hinein bestimmt war. Später strahlte Budapest wirksam zurück, und schließlich baute das junge slowakische Element unter starker Anteilnahme Prags hier seinen staatlichen, wirtschaftlichen und kulturellen Vorort aus, der das kleine innerslowakische geistige Zentrum evangelischer Färbung, Sankt Martin am Turz, überflügelte. Alle diese Epochen fanden ihren dauernden, sichtbaren Niederschlag in großen Bauwerken von der Gotik bis zu den Betonblöcken moderner „Sachlichkeit". Am lebhaftesten meldet sich die nüchterne, wirtschaftliche Gegenwart am Donauhafen zu Wort. In eiligem Lauf ziehen die Wasser des Stromes breit und in mächtigem Drang den Nibelungenweg, hoch über der Stadt lagert in unerschütterlicher Ruhe die Burg, erstmals genannt vor tausend Jahren als Brezalauspurc.

Die Zips

Die fruchtbaren Ebenen an den Unterläufen der Flüsse Waag, Neutra, Gran und Eipel sind uralte Siedlungslandschaften, vom Menschen bewohnt seit frühesten vorgeschichtlichen Zeiten. Sie wurden nach Norden geschützt und von den ebenfalls alten Siedlungslandschaften im Osten, im Einzugsgebiet der Theiß, getrennt durch die Waldgebirge, die noch im 11. Jahrhundert größtenteils unbewohnt waren. Wohl aber führten durch die Täler und über die niedrigen Pässe und Übergänge zwischen ihnen in den Quellgebieten der Flüsse wegsame Steige, die durch Burgen gesichert waren. Eine äußerst wichtige Stelle in diesem Verkehrssystem war die Hochfläche zwischen Hoher und Niederer Tatra, das Gebiet der Wasserscheiden zwischen den Flüssen Waag, Hernad und Popper-Dunajec und damit einer europäischen Hauptwasserscheide zwischen Ostsee und Schwarzem Meer. Bequeme Übergänge und Durchgänge ermöglichen Verkehrswege auf der West-Ost-Achse (diesen benützt auch die Bahn Prag-Oderberg-Kaschau-Mukacevo-Hust) und in der Nord-Süd-Achse. Dies ist ein alteuropäischer Hauptverbindungsweg aus dem pannonischen Raum, von Ungarn nach Polen, von der Adria zur Ostsee und umgekehrt. Hier zwischen den unwegsamen, verkehrsfeindlichen Beskiden und den Waldkarpaten ist durch das Poppertal eine der wenigen Einfallsmöglichkeiten von Norden her ins Ungarland gegeben. Es war hier ein wichtiges Landestor nach Norden, das von der im Süden davorgelegenen Hochebene her gesperrt werden konnte, ebenso wie der Durchzug von West nach Ost. Ein solches Sperrfort zu schaffen, war die vornehmlichste Absicht des Ungarnkönigs, als er hier die Deutschen ansiedelte und den Grund zur Zipser Gespanschaft legte. Die Zipser sollten hier an der Popperpforte Grenzwächter sein, so wie die Siebenbürger Sachsen weiter im Südosten an der Alutapforte. Die ältesten Besiedler der Zips hatten nicht nur die Ursache der Ansiedlung und die Aufgabe mit den Siebenbürger Sachsen gemeinsam, sie waren auch verwandten Stammes, einem Seitenzweig entsprossen, der auf dem Wege nach Osten vorher in der Leipziger Bucht ansässig gewesen war und hier bereits einige Züge des sich neubildenden Ostmitteldeutschen angenommen hatte. Durch den Tatareneinfall hatten diese Siedlungen starken Schaden erlitten, sie wurden unter Bela IV. bald wieder auf- und ausgebaut. Später, seit dem 14. Jahrhundert, kamen schlesische Nachschübe, das Herübergreifen der schlesischen Hau-Siedlungsbewegung des 14. Jahrhunderts war durch die Verpfändung der 24 Zipser Städte an Polen ermöglicht worden. Das östliche Zipser Dorf Hobgart, das in dieser Zeit entstand, sprach bis zur Gegenwart eine rein schlesische Mundart und wich damit vom eigentlich Zipserischen ab.

Die Zipser Städte zogen aus der günstigen verkehrsgeographischen Lage große Vorteile. Der Handel blühte, und der

Name der Stadt Käsmark spricht sehr deutlich. Handwerk und Gewerbe schaffen die festen Grundlagen eines wohlhabenden Bürgertums, das auch in Kunst, Literatur und Wissenschaft mit dem deutschen Mutterland, mit dem es lebhaften Verkehr pflegt, wetteifert. Die deutschen bzw. ehemals deutschen Orte, ihre stolzen Kirchen und Rathäuser, ihre Archive und Museen legen heute noch Zeugnis ab, sei es in Käsmark, Deutschendorf (Poprad), Zipser Neudorf (Iglo), Kirchdrauf, Donnersmark, vor allem aber in Leutschau, das man gern das Zipser Nürnberg nannte. Die Ruinen der Zipser Burg zeugen von der Eigenverwaltung der Zipser Sachsen unter ihrem Grafen.

Während das Deutschtum in den Städten immer mehr zurückgedrängt wurde und schließlich zur untergeordneten Minderheit wurde - nur in Käsmark behielt es eine stärkere Stellung -, bewahrten die Dörfer ihren deutschen Charakter besser, namentlich im Zipser Niederland, im Poppertal. Hier lebten auch noch Lied und Brauchtum, z. T. auch die Tracht, besonders in Malter. Die zwei Kirchen in den Dörfern weisen auf das Zusammenleben beider Konfessionen. Die Mundart war überall ungebrochen, sie erlebte sogar eine Erhöhung zu literarischer Geltung in einem reichen Mundartschrifttum von beachtlicher Güte.

Das kleine Zipser Völkchen hat seit je eine starke Intelligenzschicht hervorgebracht, die nach der Madjarisierung des staatlichen und kulturellen Lebens in der Zipser Heimat kein Unterkommen finden konnte, wohl aber im ungarischen Staat im höheren und höchsten Staatsdienst, im Schulwesen, in der Wissenschaft bereite Aufnahme fand und sich dem ungarischen Staatsgedanken, schließlich dem Madjarentum auch sprachlich und kulturell anpaßte, ja assimilierte. Trotzdem pflegte man das Zipser Heimatgefühl in landsmannschaftlichen Zusammenschlüssen. Die jüngere Generation hatte zum Deutschtum voll zurückgefunden, und auch die ältere Generation blieb von dieser Rückfindung nicht unberührt.

Die sogenannte Unterzips oder die Gründe mit Göllnitz, Schmöllnitz, Stoß, Metzenseifen und dem früher ebenfalls deutschen Dobschau ist ein ausgesprochenes Bergbaugebiet auf Edelmetall und Eisen. Die Orte entstanden seit der Mitte des 13. Jahrhunderts. Das Zipserische mischte sich hier mit bairischen Elementen zu neuen Mundarten, die auch ihre Dichter fanden. Die Gebirgsbäche in den tief eingeschnittenen engen Tälern oder Gründen treiben altertümliche Eisenhämmer, mit denen man vor allem landwirtschaftliche Geräte schmiedete und auf dem großen agrarischen Absatzmarkt des ehemaligen Ungarn und bis auf den Balkan verkaufte. Namentlich die Metzenseifener waren Spezialisten auf diesem Gebiet, sie wußten genau, welche Formen der Geräte in den einzelnen Gegenden verwendet wurden, und richteten darnach ihre Erzeugung und ihren Handel. Die Abschnürung von diesem Absatzgebiet durch die tschechoslowakisch-ungarische Grenze brachte sie in wirtschaftliche Not. Diese Eisenarbeiter waren ein derber, handfester Schlag, und wenn in den Schenken einige beharrliche Zecher die Polizeistunde weit überschritten und madjarische Lieder sangen, zog es der tschechische Gendarm vor, ihre Unterhaltung nicht zu stören ...

Die Kremnitz-Deutsch-Probener Gruppe

Dem Bergbau auf Edelmetalle, auf Silber und Gold, verdankt auch die Kremnitz-Deutsch-Probener-Hochwieser Gruppe ihre Entstehung. Ihre Besiedlung ist dem großen Geschehen angegliedert, das sich seit etwa 1200 in der Mittelslowakei abspielte, jener großartigen Siedlungsarbeit auf Grundlage der reichen Edelmetallschätze, durch die vor allem unter Führung deutscher Bergbauunternehmer, Bürger und Kaufleute, unter Beteiligung deutscher Waldroder und madjarischer und slowakischer Siedlungsgruppen verschiedener Stammeszugehörigkeit, aus dem weiten, öden Grenzwaldgebiet zwischen Tatra, Fatra und Matra ein neues Land entsteht, mit einem dichten Netz deutscher Städte, in denen sich ein unerhört reges Leben im Bergbau, Handel und Gewerbe und nicht minder auf kulturellem Gebiet entwickelt. Dieses Gebiet, das einst die altbesiedelten westlichen Landschaften von den östlichen trennte, wird jetzt zu ihrem Bindeglied, ja zur wirtschaftlichen Schlagader des ganzen Donau-Karpatenlandes.

Die Abtei St. Benedikt an der Gran, die bei ihrer Gründung am Rande des Gebirgswaldes lag, soll schon von Andreas II. 1217 das Recht erhalten haben, „Deutsche, Madjaren, Slawen u. a." anzusiedeln, schon 1232 wurden die Deutschen zu Siebenbrot, 1238 die von Karpfen (Krupina) erwähnt. Nach dem Tatareneinfall kommt auch hier die Siedlungsbewegung stark in Fluß. Deutsche Bergleute dringen die Flußtäler aufwärts immer weiter ins Gebirge vor. Im Laufe des 13. und 14. Jahrhunderts entstehen die Bergstädte Schemnitz, Dilln, Neusohl, Pukanz, Kremnitz, Königsberg und Bries. Es entsteht damit das Gebiet der sieben Bergstädte, zum Unterschied von den „oberen" Bergstädten in den Zipser Gründen als die „niederen" bezeichnet. Zunächst ist Schemnitz mit seinem Silberbau führend, dann aber wird Kremnitz mit seinem Goldsegen als Sitz der königlichen Bergkammer und der Münze die Hauptstadt des Bergstädtebundes. Schemnitz hatte, als das eingesessene Deutschtum längst untergegangen war, im 19. Jahrhundert noch eine deutsche Bergakademie.

Während das bergstädtische Deutschtum im Laufe des 19. Jahrhunderts untergegangen war, hatte es sich in dem gewerblichen Landstädtchen Deutsch-Proben, im obersten Winkel des Neutratales und in den 24 volkreichen Reihen-Dörfern um Deutsch-Proben, Krickerhau, Kremnitz und Hochwies bis in unsere Tage rein erhalten. Das in ein enges Tal gepreßte, reizende Bergstädtchen Kremnitz mit seiner hohen gotischen Kirchenburg bildete bis zuletzt den Mittelpunkt für die einst zur Stadt gehörigen Dörfer, die eine eigenartige, zwielautreiche Mundart sprechen, südschlesisch in ihren Grundzügen, mit starker Beimengung altertümlicher bairischer Elemente. Auf dem Wochenmarkt erkannte man die Deutschlittnerinnen immer noch an ihrer Tracht, ebenso die Blaufußer und Honneshauer. Deutsch-Proben hat noch einen kleinen Zipfel fruchtbaren Bodens der Neutraebene erhascht, die Dörfer seiner Umgebung sind ebenso wie die Kremnitzer,

Krickerhauer und Hochwieser „Hau"-Orte (Krickerhau, Kuneschhau, Glaserhau, Drechslerhau, Neuhau, Schmiedshau usw.), d. h. Waldrodungsdörfer des 14. Jahrhunderts, auf ungünstigem Gebirgsboden angelegt, am schlechtesten ist das nördlich in einem Seitental des Turz liegende Münichwies daran. Die Mundart dieses Gebietes weist ebenfalls schlesische Grundlage auf und hat viel Ähnlichkeit mit den Zipser Gründen. Der Blockbau der Dörfer wurde außer in Münichwies vom Steinbau verdrängt, die Tracht war in der jungen Generation weitgehend abgekommen, war aber selbst im Städtchen Deutsch-Proben in den Truhen noch vorhanden und kam bei festlichen Gelegenheiten zur Geltung. Äußerst reich war dieses Gebiet an geistigen Volksgütern, an urtümlichem Brauchtum, besonders der Burschengemeinden, an Sagen und Märchen, vor allem aber an Liedern. Unermüdlich konnten die Mädchen Abend für Abend Hunderte von schönen Volksliedern aus dem Gedächtnis vorsingen. Ein früherer Sammler brachte auch einen dicken Band von Volksschauspielen zusammen - alles Zeugnisse einer reichen inneren Volkskultur bei aller Kärglichkeit des wirtschaftlichen Daseins, seit der Bergbau, seine ursprüngliche Grundlage, versiegt war.

Auch das Karpatendeutschtum mußte seine Heimatsiedlungen verlassen, die ihre Vorfahren aus wilder Wurzel gerodet hatten. Ob der Lotterpfaff noch durch die Dörfer betteln geht? Ob er den Lindwurm noch durch die Lüfte leitet, den blinden Urheber vernichtender Unwetter, ob er ihm wohl sagt: „Hier sind Menschen" oder „Hier ist Wald", wenn sie über ein Dorf ziehen? Ob die Tödin, die weiße Frau, noch in der alten Linde haust? Ob sie wohl an sonnigen Spätnachmittagen noch auf der Felsnase des Dornstein sitzt?

Auf dem Dornstein! Von dort blickt man über grüne Bergwiesen, über dunkle Tannenwälder, über das alte Bergstädtchen im Tal, weithin bis zu fernen Gebirgsketten im Süden jenseits der Gran, deren Kämme und Gipfel von der sinkenden Abendsonne getroffen werden, so daß sich Kette hinter Kette deutlich von einander abhebt. Man schaut und träumt - bis die Glocke der einsamen Johanniskirche zum Abendgebet ruft und die Glöcklein in schon dunkelnden Waldtälern in den Ruf von fern her einstimmen und den Wanderer zur Heimkehr mahnen - zur Heimkehr? . . .

Aus dem Zipserlied

E jeder laubt sein Voterland,
Drom laub ich mer's holt auch,
Ond is es euch noch nech bekannt,
Derkennt er's on der Sprauch.

Ich ben e Zepser, ja ferwohr,
Schaat mich emaul recht on,
Dos es e Landchen, ihr hot gor
Noch kein Begreff darvon.

Die Eldern wie die Kinder sein,
Glaubt mer's, bei uns recht fromm,
Ond dos geweß nech nar zun Schein,
Denn die sein auch nech tomm.

Der Zepser es e ehrlich Blutt,
Met Recht kannst du nen traun;
Wos er verspredcht, dos halt er gutt,
Off sein Wort kannst du baun.

Adolf Lumnitzer (1836)

Maisingerlied aus dem Riesengebirge

Summer, Summer, Mäja,
Bliemlan ollerläja,
Bliemlan vuller Zweigelein -
dr liewe Got werd bei eich sein!

Rute Rusa, weiße Rusa,
Wochsa off em Stengl:
Der Herr is schien, die Frau is schien,
Die Kendr sein wie Engl!

De Scheßl hot en goldna Rond,
die Werten hot ne melde Hond,
se werd sich's wull bedenka
und werd ons aa wos schenka!

Die Wallfahrt

Von Hugo Scholz

„Ich gebe bekannt, daß wir wie immer jedes Jahr auf den Freitag vor Pfingsten wieder mit der Prozession nach Grulich zur Muttergottes gehen thun und wer mitgeht, soll um 6 Uhr morgens sich bei der Kirche versammeln, wo wir weggehen.

Christian Winter, Kirchvater und Vorbeter."

So steht es alle Jahre acht Tage vor Pfingsten auf der Kirchhoftür angeschlagen. Christian Winter schreibt die Kundmachung immer höchst eigenhändig in großen, krummen Zügen, damit es auch jeder gut lesen könne und gut verstehe. Es wäre zwar nicht notwendig, daß er sich die Mühe nimmt, weil es jeder ohnehin schon weiß; geht ja doch die Wallfahrt nach Grulich an diesem Tage schon von alters her. Aber

Christian Winter ist ein gewissenhafter, gründlicher Mann, der die Sache doch lieber noch schriftlich niederlegen will, damit kein Zweifel und kein Irrtum aufkommen kann und die Leute rechtzeitig zur Stelle sind. Und wiewohl es alle wissen von der Prozession, so stellen sie sich doch in dichten Haufen um den Zettel herum und lesen ihn ein jeder noch einmal Wort für Wort ab, ehe sie heimgehen und dort verkünden: „Also, auf a Freitag gehn wir wieder; werden uns bis dahin bereden und einigen, wer denn alles zu Hause bleibt."

So gibt es denn auch in dieser Pfingstwoche in manchem Bauernhause einen Streit. Denn alle mitsammen können nicht mit, da müßte ja das Haus vier Tage und vier Nächte allein stehen bleiben, und das kann vielleicht bei einem Handwerksmann geschehen, der Hobel und Säge an die Wand hängt und die Werkstatt einfach zusperrt, aber nicht bei einem Bauern, dessen Vieh im Stalle pünktlicher zu brüllen als die Uhr an der Wand zu schlagen anhebt.

„Daß ihr uns aber ja a Rosenkränzel oder a Gebetbüchel und a paar Pfeffernüsse mitbringt!" ist zum Schlusse nur noch die einzige Bedingung der Zurückbleibenden an die Freitag um halber sechs Fortziehenden, die fleißig versprechen, alles zu erfüllen, auch obendrein was für sie bei der Muttergottes beten zu wollen.

Bei der Kirche schwillt der Haufen bis zur festgesetzten Zeit auf über hundert Köpfe an. „Nun, wenn wir alle beisammen sind, so könnten wir ja in Gottes Namen gehn", sagt der Vorbeter, deutet dem Kreuzträger an, sich bereit zu machen, und nachdem alle, seinem Beispiele folgend, niedergekniet sind und ein Vaterunser gebetet haben, setzt sich der lange Zug in Bewegung. Vom Kirchlein klingt die Morgenglocke und sendet den davonziehenden Wallfahrern noch viele Grüße nach, als sie schon über die Anhöhe hinaus über die Grenzfelder ziehen und bald im nächsten Tal verschwunden sind.

Die Sonne winkt leuchtend über die Berge und, als man am nächsten Kreuze hält, da streifen die meisten schon ihre Schuhe von den Füßen, binden sie mit den Riemen zusammen und legen sie über die Schulter. Es ist ein schöner, weihevoller Morgen. Die Lerchen hängen hoch am Himmel und die Luft ist voller Sang. Vielstimmig klingt das Lied der Wallfahrer und wechselt ab mit langen, eintönigen Litaneien. Zuweilen aber klappt der Vorbeter das Buch zu und dann ist es still. Bald aber hat der Scherz das Wort und zu guter Letzt ist das Geschwätz und das Gelache größer als das Singen und Beten vorher, so daß der Vorbeter die Hand hebend zur Ruhe mahnen muß: „Ihr lieben, jungen Leut, m'r sein doch auf keiner Vergnügungsreise! Tut euch ok ne versündigen! M'r werden jetzt wieder mit der Litanei zum heil'gen Herrn Jesu beginnen. Tut ok alle lieber fleißig mitbeten!"

„Von aller Sünde . . ."
„Bewahre uns, Herr - -"

Als die Sonne im Mittag steht, machen die Wallfahrer in einem kleinen Wäldchen Rast. „In a halben Stunde gehn m'r wieder", sagt der Vorbeter. Die Frauen binden die Zipfel ihrer Pinkel auseinander, die sie am Rücken tragen, nehmen Brot und Butter heraus und die Männer schnallen den ledernen Schnappsack auf und tun dasselbe. Aus einer nahen Quelle wird Wasser geschöpft und alles mundet vortrefflich. Und die jungen Burschen liegen neben den jungen Mädchen und freuen sich der süßen Rast auf der harten Wallfahrt.

Gegen Abend hin, als schon so manche Kreuze am Weg vorbei sind und viele Litaneien herunter sind, da geht es schon langsam und müde vorwärts. Immer und immer wieder wird der Vorbeter von den Neulingen befragt, wie weit es denn noch sei, bis ins Nachtquartier. Endlich ragt eine Kirchturmspitze über die Anhöhe. „Dort bleib'n m'r!"

Im Dorfe sieht man schon fleißig aus nach der altbekannten Wallfahrtschar, die seit langen Jahrzehnten hier an diesem Tage durchgezogen ist und genächtigt hat. Da ist auch im „Krug" schon frisches Stroh auf dem Saal aufgebreitet und ein großer Topf Wasser zum Kaffeekochen auf die Platte gerückt, wiewohl nichts besprochen und nichts bestellt wurde.

„So, und jetzt werden m'r durchs Dorf noch das Marienlied singen, daß m'r ne wie die Wilden ankommen", sagt der Vorbeter und stimmt an. Aus den Häusern kommen die Leute und stellen sich an die Straße, um nach bekannten Gesichtern Ausschau zu halten. Und da fällt in den Gesang manch freundlicher Gruß und Gegengruß und hie und da tritt auch einer aus der Schar und schüttelt einem alten Bekannten die Hände.

Im Krug aber wird bald darauf buntes Leben. Die Wirtin kann gar nicht genug Schalen auftreiben, um die Kaffeedurstigen auf einmal damit zu beteilen, und die, welche zuletzt kommen, müssen so lange warten, bis die andern ausgetrunken haben. Und als sie alle ihren Trunk getan und aus dem Pinkel und Schnappsack eine dicke Schnitte herausgeholt und gegessen haben, sucht jeder aus dem gemeinsamen großen Strohbett ein möglichst gutes Plätzchen mit guter Nachbarschaft. Zum Abendläuten geht der Vorbeter mit dem umgestülpten Hut von einem zum andern und sammelt einen Sechser pro Kopf für das Nachtlager und den Wirt ein und mahnt, recht bald zur Ruhe zu gehen, weil am andern Morgen schon um halber drei aufgebrochen werde, um rechtzeitig nach Grulich in die Frühmesse zu kommen.

So müde auch alle sind, so wenig kann doch mancher Schlaf finden. Aber es ist alles still und nur das Stroh raschelt da und dort ein wenig zwischen dem tiefen Atmen und Schnarchen.

Gegen Mitternacht aber entsteht drüben in der Ecke unter den Weibern Lärm. Die alte Stenzjosin fährt plötzlich aus dem Schlafe auf und schreit mit ihrer hohen kreischenden Stimme: „Verdammt noch amal, was is 'n aber das? Da tritt mir ja einer auf 's Bein!" Gleich daneben meldet sich eine ähnliche Stimme und das Stroh raschelt stärker und wird ganz lebendig. „Macht ock Licht, ihr Mannsleute! Macht ock Licht! Da herüben müssen wohl a paar Ziegenböcke herumspringen oder macht's gar am Ende furchtig!" - „Oder sein's gor Diebe? Meine Stiefeln sei'n jo weg!" - Jetzt plumpst es gar ein paarmal und die Weiber schreien, als ob ihnen der Teufel schon an der Kehle säße.

Aber mit dem Lichtmachen, da geht es nicht so schnell. Der Vorbeter hat den Mannsleuten die Schwefelhölzer alle weggenommen, weil es der Wirt vom „Kruge" so verlangt hat, damit auf dem trockenen Strohlager nicht etwa ein Feuer entstünde. Nur der Vorbeter, der ganz vorn bei der Türe schläft, hat sein Feuerzeug behalten und, wie er nun endlich wach wird, sucht er es hervor und fängt an der Wand zu kratzen an. Aber die ist, scheint es, nicht ganz trocken, und es leuchten nur die roten Phosphorstreifen, aber kein Licht auf. An der Tür daneben, wo er weiter versucht, fängt der Schwefel schließlich doch Feuer, und, wie er angebrannt ist und die Kerze sich entzündet, kann man endlich sehen, was eigentlich los sei. Die Weiber sitzen oder stehen am Stroh und auch ein Teil von den Männern hat sich aufgerichtet. Aber zu sehen ist weiter nichts. „Euch träumt wohl", necken einige, aber der Vorbeter scheint es besser zu wissen und sagt drohend: „Dächt, daß 's Jahr lang genug ist, daß ihr auch ne noch auf der Wallfahrt versündigen müßt! Aber wen ich derwischen tu, der soll mir keinen Schritt mehr mitgehen mit de Prozession!"

Die Burschen und Mädchen sind ganz mäuschenstill und ducken sich nieder aufs Stroh. Die weiteren Stunden der Nacht verlaufen ohne Störung. Als der Vorbeter um halb drei wieder das Licht anzündet, mit lauter Stimme zum Aufstehen ruft, da fühlt sich jeder wieder frisch und gestärkt.

„Tummelt euch, tummelt euch!" drängt der Vorbeter. „M'r müssen jetzt gehn, 's is höchste Zeit!" Doch als sich der Zug in Bewegung setzt, haben noch immer einige ihre Siebensachen nicht ganz beisammen und müssen die Beine fleißig unter die Arme nehmen, um ihn nur wieder einzuholen.

In der siebenten Morgenstunde kommt der heilige Berg von Grulich in Sicht. Kaum eine Stunde noch und man ist an seinem Fuße angelangt.

Schon winken das sonnenbestrahlte Dach und die Türme der stolzen Kirche am Muttergottesberg näher und näher. Bald darauf heben die Glocken ein mächtiges Singen an, die fernen Wallfahrer willkommen zu heißen. Musikanten kommen heran, stellen sich an die Spitze des Zuges und laut schmettern ihre Hörner: „Großer Gott, wir loben dich - -!"

Die Jungfrauen, die ihre Zöpfchen über allem Gehen schon aufgeflochten und ihre Kleider in Ordnung gebracht haben, setzen den Blumenkranz, im Körbchen mitgetragen, auf den Kopf, stecken die geweihte Kerze an, die sie im Pinkel verbargen, und gehen zu Paaren im Zuge, dem sich schließlich der Pater mit den Ministranten voranstellt. Er geleitet die fromme Schar den Berg hinan und führt sie durch das weit offen stehende Tor in die Kirche ein, wo alsbald die Frühmesse ihren Anfang nimmt.

Und dann kommt der große, entsagungsvolle Tag, ausgefüllt mit Beten und Singen, Kreuzwegandachten und Predigten. Wer alle Gnaden und Heile suchen will, der muß fleißig und beständig sein, damit er bis zum Abend fertig wird. Darf auch's Marienbrünnel nicht vergessen, muß aus demselben einen Schluck Wasser in den Mund nehmen, und den Berg hinauf tragen, damit er keine Zahnschmerzen bekomme, darf auch nicht versäumen, die Stirne an den Messingknopf des geweihten Steines zu legen, auf daß er von Kopfschmerzen verschont bleibe. Muß aber nicht nur alle Bitt- und Betstationen durchgehen, sondern auch trachten, seine Sünden zusammenzubringen und sich beim vielbelagerten Beichtstuhle ein Plätzchen ergattern.

Auf einem großen Tanzsaale oder auch in einzelne Bauernhäuser zerstreut wird auf Stroh gebettet wieder die Nacht verbracht. Andern Tags, nach der Kommunion, locken die weltlichen Dinge aus den Kaufbuden: Bilder und Rosenkränze, Nippsachen, Brieftascherl, Pfeifen, Kinderspielzeug und andere kleine Andenken. Keiner, der nicht etwas kauft, weil es ja zur Wallfahrt gehört, daß allen Daheimgebliebenen etwas mitgebracht wird. So geht denn bei allen Bauden ein Fragen, Besehen, Handeln und Feilschen los, daß der Vorbeter seine Mühe und Not hat, alle wieder rechtzeitig für den Heimweg zu sammeln.

Endlich ist man so weit, und wieder läuten die Glocken, den Davonziehenden Marias letzten Gruß nachzusenden.

Mähermorgen

Von Karl Franz Leppa

D Herzluka leucht in Fensterlodn,
De Meini nopfazt ba da Wiagn;
Grod wia a guldna Pfnodn
Kimmt d Fruah schoun af da Stiagn.

Ban Stodltor is da Lindenbam
Heunt afblüaht ba da Nocht;
Ih hon s ah gspürt sou liab in Tram,
Daß sih schoun daußt da Summer mocht.

Ma Sengs stroaft ma an Astei o -
s is vuller Blüah! ih steck s hintern Huat . . .
Mir is zan Singan schier danoh.
Da Steig geht wou in Himmel furt,

Und is in Newl tiaf vawaht . . .
Ih woaß nit, wonn ih in s Mahn geh,
Is d Erd inter de Schritt sou stad
Wia spat in Hirscht intern erschten Schnee.

Und s Taub troupft wia a Weihbrunn frei,
Wia wonn de Meini mih eingsprengt hätt.
Gwiß is schoun s Büawei munter, und s Wei
Kniat lochad nebn san Bett!

Do moch ih s Kreuz und bet in s Liacht,
Ner s Gros und d Erdn lousnt ma zua.
A Lerei singt. Daß sih s Vögei nit fürcht
In hohen Himmel in der Ruah!

In Laubat rührt sih schoun da Wind,
Und s Gros blüaht af in uller Stad(d)n;
Und ah da Boh is afgwocht int -
Und ih heb aun zan Mahn . . .

Volkslied aus dem Kuhländchen

Ai Annle, du sost ni boewes gien,
Du wirst dir dei zoete Fißl derfrean!

Ai wie soll ich den ni boewes gien,
Wenn ich ka Schuh hoe ozeziehn?

Ai Annle, willst mai aegen sein,
So kaef ich dir poer Schicherlein.

Wie keint ich aier aegen sein,
Ich bien an oemes Dienstmaederlein.

On wenn du an oemes Dienstmaederlein beist,
Wenn du dein Ehr on Trei ok houst!

Mei Ehr on Trei, die hoe ich noch,
Wie mir se mei Voter gelosse hot.

On Ehr on Trei ies besser wie Geld,
Ich nahm mir a Maedle, wos mir gefellt!

Ar schenkt ihr poer Schtreimp, ar schenkt ihr poer Schuh
On no a gouldenes Reingle derzu.

Aus Meinerts Sammlung (1817)

Flachssegen

Ich grüße dich,
Mei lieber Flachs,
Tu nimmer nix,
Wie immer wachs:
Land wie a Weid,
Klar wie a Seid,
Der Mutter Gottes auf a Kleid!

Aus dem Schönhengstgau

Hopfenpflückerfest

Von Eduard Wagner

Wenn die Früchte des Feldes glücklich geborgen waren, dann feierten die Landleute in vielen Gegenden unseres Heimatlandes das Erntefest. In den Hauptgebieten des Hopfenbaues, vor allem in der Gegend von Saaz, wurde aus diesem Anlasse das „Hopfenpflückerfest" begangen.

Die „Hopfenweiner" schnitten die Reben durch und hoben und zogen die Stangen aus dem Boden heraus. Dann stellten sie dieselben in Reihen oder Gruppen zusammen, so daß kleinere und größere Lauben entstanden, die man mit dem Namen „Wanden" bezeichnete. Sie gaben den Arbeitern Schutz gegen Sonne, Wind und kurze Regenschauer. Unter ihnen saßen die Arbeitsleute an großen, runden Flachkörben und pflückten die würzigen, goldgrünen Hopfendolden. Dabei ging es meist lustig zu: Volkslieder wurden gesungen, Märchen und Geschichten erzählt. Waren die letzten Ziechen und Körbe mit den duftenden Früchten gefüllt, dann wurde der stattliche Hopfenkranz gewunden. Dazu wurden die schönsten Ranken, Gartenblumen und farbige Bänder benützt. Nachdem auch noch Pferde und Wagen Blumenzier erhalten hatten, ging es unter Singen und Jauchzen hinein in das Dorf. Wenn dann der Wagen geborgen war, versammelten sich alle in der großen Stube und der Vorschnitter überreichte dem Bauer den vollen Kranz mit einer Ansprache, die in Glück- und Segenswünsche ausklang. Nach der Kranzübergabe folgte der Ernteschmaus, und dann setzten Gesang, Musik und Tanz die Freuden des Festes fort.

Heimat, du meine Erde,
Du muttereinziger Ort!
Heimat, du wundervolles,
Du starkes, gutes Wort.

Hans Watzlik

Sankt Nikolaus

Nikolaus, sei unser Gost –
wenn du wos ei'm Socke host!
Hosta wos, so setz dich nieder,
Hosta nischt, so pock dich wieder!

Krippenlied

Klanes Kendla, groußer Gout,
dar die Welt ein Handl an hout,
legst du dou, du klaner Schotz
hout so kaum a Meisla Plotz.

Deine Handlan sein so rout,
wie der Krabes nouch der Sout;
ich war da meine Hantschla lein,
steck och dei klan Handla nein.

Deine Fißlan sein so kolt,
wie ein Wold der Schnee rofollt;
ich war da meine Pantschla lein,
steck och dein klan Fißlan nein.

Wenn de wellst, gieh met mehr anham,
ich war dich hendern Afn tran.
Mei Weib, dos werd dich garne sahn,
se werd der a gut's Gaschla gan.

Pottersammeln eigeruhrt,
Pfafferkuchen draufgeschmurt.
Und ist der olles noch zu schlacht,
so moch dir mei Herz geracht.

Aus Nordmähren, Teßtal

Der Heilige Abend im Richterhaus

Von Johann Peter

Das Richterhaus in Buchwald war mein liebes Vaterhaus, wo mir der Stern des Lebens aufgegangen! Es hatte vor den übrigen Dorfhäusern mehr als einen Vorzug. Zur trauseligen Weihnachtszeit strahlte aus seinen Fenstern der helle Lichterschein eines Christbaumes, der den Dorfleuten erst recht ein Wunder deuchte. In jedem andern Haus „legte das Christkindl auf dem Teller ein"; im Richterhause aber ließ es einen Christbaum zurück, der am heiligen Tage den Besuch der ganzen Dorfbevölkerung erhielt.

Mein Großvater, der einen schwunghaften Handel mit Resonanzbodenholz nach Passau und Wien unterhielt, hatte den Weihnachtsbaum in der Kaiserstadt gesehen und seit jener Zeit duftete alljährlich auch im Richterhause die Weihnachtstanne, die nach der Kinder Glauben gradwegs vom Himmel kam. Schon mit dem ersten Schneefall, der auf die Höhe von fast 1200 Metern bereits um Allerheiligen eintrat, begann die weihnachtselige Freude und steigerte sich allmählich zur ungeduldigen, freilich auch zweifelhaften Erwartung, weil wir nicht sicher waren, ob wir denn auch im laufenden Jahre in Christkindls Gnade gestanden.

Endlich war der ersehnte Tag des Heiligen Abends da. Schon in den Morgenstunden machten wir vor dem Hause Schlittenbahn fürs Christkind und bestreuten sie mit Heu, daß es den während des „Einlegens" wartenden Rößlein auch nicht an Futter mangle. Und drinnen im Hause wurde gescheuert und gebacken, daß es eine Freude war.

Das Frühstück blieb uns versagt, da der Heilige Abend als strenger Fasttag gehalten wurde. Zu Mittag vergaßen wir vor freudiger Aufregung das spärliche Mahl. Indessen buk die Mutter die „Striezel" oder „Zöpfe", bereitete die waldübliche „Zwetschgen- oder Kletzenwoika", ein geschätztes, nur am Christ- und Silvesterabend auf den Tisch kommendes Gericht, und machte den Teig zu den „Liwanzen" an, die beim Christabendschmaus nicht fehlen dürfen. Die älteren Brüder holten aus dem Hauswalde die Tannenbäumchen, für jedes Kind eines, weil es um einen gemeinschaftlichen Christbaum wohl Streit gegeben hätte. Doch durften wir Kinder von diesem Geschäfte der Brüder nichts wissen: denn rein und heilig wurde in uns der Glaube an das Christkind erhalten.

Endlich war die Heilige Nacht gekommen, die um so feierlicher waltet, wenn sie im strahlenden Sternengewand erscheint. Die große Lampe wurde angezündet und alle Hausbewohner knieten an den Wandbänken nieder, um die gemeinschaftliche Festandacht zu verrichten. Der Vater machte den Vorbeter. Dann spielte der Bruder Franz auf dem Klavier die „Stille Nacht" und wir sangen mit. Hierauf folgte die Einräucherung des ganzen Hauses und die Einsegung mit Weihwasser, ein frommes, dem Vater obliegendes Geschäft, wobei ich mit der Laterne leuchten durfte.

Vor dem Festschmause wurde ein Stück vom Striezel in den Hausbrunnen, eines in das Herdfeuer und je eines in jeden Viehborn im Stalle geworfen, um dadurch das Versiegen des Wassers, des Feuers und der Milch hintanzuhalten, und jetzt erst setzten wir uns zum Heiligabend-Schmaus zusammen. Zuerst kam der Kaffee mit Striezel, dann Zwetschgentunke mit Striezel und zum Schlusse mit Zucker und Zimt bestreute Liwanzen, mitunter auch ein leckerer Apfel- oder Rahmstrudel auf den Tisch. Und es schmeckte uns besser als vielleicht manchem König seine auserlesensten Gerichte.

Nach der Mahlzeit rüsteten sich die Erwachsenen zum Kirchgange nach Fürstenhut, wo im alten Kirchlein in der Mitternachtsstunde die Christmette gefeiert wurde. Für uns Kinder gab es noch einen aufregenden Augenblick: Das Christkindl meldete sich an. Bald klingelte es vor der Stubentür, bald vorm Haustore, bald vor den Fenstern und wir beteten dabei so überlaut und geschäftig, daß es uns hören und erhören mußte. Gleich darauf mußten wir schlafen gehen.

Ums Morgengrauen, als die Leute aus der Mette zurückkehrten, wurden wir geweckt. Vor der flammenden Pracht der Christbäume blieben wir für Augenblicke sprach- und fassungslos. Dann aber machte sich der Jubel um so gewaltiger Luft. Vater und Mutter teilten unsere Freude, die alte Ahne aber drängte, rasch unser Dankgebet zu verrichten. Kaum war's ordentlich Tag geworden, so erschienen auch schon die Dorfkinder im Richterhause, um die Christbäume zu bewundern, und bevor der „heilige Tag" noch zu Ende war, hatten auch die Weiber und Männer bei uns ihren Besuch gemacht.

Noch heute steht am Christmorgen vor mir das liebtraute Bild des Richterhauses mit seinen strahlenden Weihnachtstannen.

„Faschingsrecht" in Nordmähren

Mummenschanz und der rauschende Lärm in der Zeit, da Prinz Karneval die Schellenkappe schüttelt, ist heute von den Wänden der Tanzsäle eingeschlossen. Einst aber war der Fasching, das störrische Heidenwesen, das sich in die ruhige Bahn des kirchlichen Jahres nicht einfügen wollte, ein allgemeines Volksfest, dem die Mauern der weitesten Räume zu eng waren und das in Dorf und Stadt Gassen, Straßen und Plätze mit tollem Treiben füllte.

Die jubelnde Freude spiegelt sich in vielen Belustigungen wider, die bis in die Gegenwart auch in unserer Heimat, besonders an den drei letzten Faschingstagen üblich waren: eine mimische Darstellung des Kampfes zwischen Sommer und Winter, das Rösselreiten, der Eulen- oder Hahnenschlag, das Baßbegraben um Mitternacht vor Aschermittwoch. Zu diesen Fastnachtsunterhaltungen gehörte auch das „Faschingsrecht". Das Wesen dieses Brauches bestand darin, daß die Gemeindebehörde für einige Tage ihre Gerechtsame an junge Leute abtrat, die davon in komischer Weise Gebrauch machten. In Nimlau bei Olmütz ernannten die Burschen einen Strafmeister, einen Kellermeister und einen Chirurgen. Nach einem lärmenden Umzuge durchs Dorf setzten sie sich im Wirtshause an einen vorgetäuschten Gerichtstisch, über welchem das „Recht", ein mit bunten Tüchern umwundener Säbel, hing. Jedermann konnte eine Klage vorbringen, über die sogleich in scherzhafter Form Recht gesprochen wurde. Die Sühne für das Vergehen bestand in Geldstrafen oder Schlägen.

Dienstag nachts zwölf Uhr schloß die Unterhaltung. Ähnliche Bräuche bestanden auch sonst in Nordmähren und in den deutsch-mährischen Sprachinseln.

Todaustragen und Sommerdocke

Am vierten Fastensonntag, dem Totensonntag (Lätare), wird der Tod ausgetragen. In Falkenau an der Eger trägt frühmorgens eine mit hölzernen Schwertern umgürtete Knabenschar eine mannshohe, mit Papierschnitzeln, bemalten Eierschalen, angefädeltem Häcksel ausgestattete, häßliche Strohpuppe (der „Tod" geheißen) auf eine Stange gesteckt von Haus zu Haus und singt:

Trog'n ma, trog'n ma 'n Toud as
af's Schloggawolla Routhaus,
Mitten in da Fosten
Trog ma an Toud in Kost'n,
Trog m'an unta's Böiafoß,
Wird er tropfet, schüttlet noß,
Trog'n m'an unta d' Schupf'n,
Wird a wieda truckn.
Steck ma an Toud a Fedan af,
Heunt üba drei Wochen is d' Fosten as,
Räisl rout, Räisl rout,
a Oa oda zwoa,
An Kreuza oda zwäi(n),
Nou woll'n ma wieda gäihn.

Ist in einem Hause ein Toter, so wird das Evangelium gelesen und das Lied bleibt weg. Am Schluß des Umzuges erfolgt die Hinrichtung des Todes mit den Holzsäbeln, die dabei gänzlich in Splitter geschlagen werden sollen, kein Holzsäbel soll ganz bleiben.

Vierzehn Tage nach dem Todaustragen ziehen festlich gekleidete Mädchen mit einem geschmückten Tannenwipfel herum, in dessen Geäst eine Puppe, die Sommerdocke, sitzt, die ein schönes Mädchen darstellt. Vor jedem Haus singen sie das Sommerdockenlied:

Dou bring man ran Moia
Mit Scholn u mit Oia,
Dou bring'n wir a Windelstongen,
Daß konn d'Frau die Wind'l afhonga,
Der Winter, der stäihst stille,
Es ist ja Gottes Wille,
Der Herr hat ein hohes Haus,
Schaun drei schöne Jungfern raus,
Die erste, die spinnt Sei(d)n,
Die zweite klaren Lein,
Die dritte, die mochts Fensta af,
Loßt a bisserl Sunn' heraus.

Gründonnerstagsprüchlein

Aus dem Jeschken-Iser-Gau

G'lobt sei's Christ zun Gründorscht!
Wenn a ne grün ös, do ös a weiß.
Ich kumm mit ollen Fleiß. -
Loßt mich ne zu lange stiehn,
ich muß a Hoisl wattr giehn!

Ein Jahrtausend

Die Besiedlung des Sudetenraumes ist das Heldenzeitalter der sudetendeutschen Geschichte. In der Ahnengalerie des Sudetendeutschtums sind nur wenige Männer mit leuchtender Rüstung und Uniform zu sehen, aber Millionen zerfurchter Gesichter, Millionen schwieliger Hände. Eine armselige Ahnenschaft, wie es scheint. Aber von diesen Gesichtern und Händen ging jahrhundertelang ein Leuchten aus, und man nannte dieses Leuchten den Glanz der böhmischen Krone . . .

Kleo Pleyer

Vom Sinn der sudetendeutschen Geschichte

Von Wilhelm Wostry (1937)

Aus allen Zeugnissen ergibt sich als die stärkste und richtigste Grundlage unserer geschichtlichen Stellung die Arbeit, die jahrhundertelange, geduldige und trotz aller Rückschläge unverdrossen weitergeführte Arbeit. Sie ist der Inhalt unserer Geschichte, sie war die treibende und gestaltende Kraft in unserem geschichtlichen Leben. Aus dem Ganzen des deutschen Volkes strömten ihr dauernd neue Säfte zu, durch die Verbindung mit dem Gange der deutschen Kultur erhielt sie sich auf der Höhe ihrer Leistungsfähigkeit. In drei Abschnitten hebt sich dieses unser geschichtliches Leben aus dem Ablauf der Jahrhunderte heraus. Aus dem tiefen Dunkel, welches sich mit der Völkerwanderung auf die germanische Vorzeit Böhmens gesenkt hat, aus den Jahrhunderten der slawischen Fürstenzeit steigt im Hochmittelalter deutsches Volkstum in Böhmen zu seiner ersten Blüte empor. Arbeit war es, welche die deutschen Siedler in und hinter den böhmischen Grenzgebirgen suchten, Arbeit war es, welche die böhmischen Fürsten und Großen von ihnen erwarteten, deren Ruf sie folgten. Arbeit war es, die sie leisteten und durch die sie in jenen fernen Jahrhunderten im Land verwurzelten; durch Arbeit haben sie dem Boden dieses Landes und seiner Geschichte unaustilgbare Züge eingeprägt.

Als Magister Johannes, der Stadtschreiber von Saaz, 1400 sein Dichtwerk ersann, da hatten die Deutschen Böhmens die ersten Jahrhunderte ihrer Arbeit bereits hinter sich; schon zeigte sich das Wetterleuchten und bald folgte der Gewittersturm der Hussitenzeit, welcher die in langer, langer Arbeit aufgebaute Stellung der Deutschen in ihren Tiefen erschütterte. Und als sich das Wetter verzogen hatte, da nahm das Deutschtum, soweit es die schwere Heimsuchung überstanden hatte, seine Arbeit geduldig wieder auf. Und auch was es in diesem zweiten Abschnitte, allmählich wieder erstarkend, schuf, kam wiederum nicht nur ihm, sondern dem ganzen Lande zugute. Über Tschechen wie über Deutsche brach dann das unsagbare Leid des Dreißigjährigen Krieges herein – und wieder ist aus dem Bilde des Landes und aus seiner Geschichte nicht mehr wegzudenken, was Deutsche für den Wiederaufbau aus tiefem Ruin damals und seither geleistet haben. Wiederum, wie einst im Mittelalter und dann im 16. Jahrhundert erfuhren nicht nur die Deutschen Böhmens, sondern namentlich im Zeitalter der Aufklärung und der Romantik auch die Tschechen die Auswirkungen des deutschen Geisteslebens: befruchtet und beflügelt durch die Fülle seiner Gedanken vollzog sich auch die tschechische Wiedergeburt. Und als im Ergebnis der gleichen geistigen und politischen Strömungen auch auf deutscher Seite das so tief schlummernde Volksbewußtsein erwacht war, auch da sind die Deutschen Böhmens unter den schweren nationalen und politischen Kämpfen ihren alten Arbeitsaufgaben nicht untreu geworden: nun brachten sie die Industrie Böhmens zu ihrer Hochblüte.

Und wenn wir nun, seit 1918 mit der neuen staatlichen Gestaltung eingetreten in einen neuen Abschnitt unserer Geschichte, diese in ihrer Gänze erfassen, dann stellt sie sich uns nicht dar als ein Heldengedicht, als eine Epopöe des Ruhmes, der sich um die Schläfen einzelner oder vieler bekannter Großen, Fürsten, Feldherren, Staats- und Volksmänner flicht. Es ist kein Sang von politischer Größe. Aber Politik, so viel sie im Leben der Völker bedeutet und wirkt, ist nicht alles. Die Historie wäre arm, hätte sie nicht auch den Niederschlag des geistigen und kulturellen Lebens der Völker zu verzeichnen. Dieser aber ist enthalten in ihrer Arbeit und Leistung. Und hievon weiß unsere Geschichte vieles und Rühmliches zu erzählen. Ihr schlichter Held ist das Volk selbst, und das Lied, das seinen Ruhm kündet, ist durchpulst vom Rhythmus der Arbeit. Er begleitete den Werdegang des Deutschtums in Böhmen. Und so mag unserer Geschichte das große Pathos fehlen, des hohen Ethos ermangelt sie nicht.

Aus der Geschichte unseres Heimatlandes ergibt es sich, daß es bei aller Schärfe der nationalen Frage und ihrer Spannungen doch nicht immer nur Streit zwischen Tschechen und Deutschen gegeben hat, sondern daß auch auf weiten Strekken und durch lange Zeiten hin beide nebeneinander friedlich ihrer Arbeit nachgegangen sind. Wir Deutschen können mit Stolz darauf verweisen, daß die Blütezeiten des Deutschtums unserer Länder für das Tschechenvolk stets auch Zeiten des Aufstieges, nicht des Niederganges waren. So vollzog sich die Renaissance des tschechischen Volkes in derselben Zeit, in welcher äußerlich betrachtet das Deutschtum Böhmens in stärkster Stellung war, sie vollzog sich, ohne von deutscher Seite feindselige Hemmungen zu erfahren. Diese Zeit, die angesichts der Schärfe der späteren Auseinandersetzungen fast wie eine Spanne nationalen Gottesfriedens erscheinen könnte, ist die gleiche, da das deutsche Geistesleben auf seiner Höhe stand, die Zeit Goethes und Schillers, Mozarts und Beethovens - keiner der Träger dieser Namen, der nicht seine Bedeutung auch für das tschechische Kulturleben hätte, keiner, der nicht in seinem Leben wenigstens einmal auf böhmischem Boden geweilt hätte.

In getreuem Schaffen auf dem Boden der böhmischen Erde haben die Sudetendeutschen nie den geistigen Zusammenhang mit dem deutschen Volke und seiner Kultur verloren. Ausgestattet mit den geistigen Anlagen und Fähigkeiten der deutschen Stämme, aus denen sie hervorgegangen sind, ausgerüstet mit dem Rüstzeug der deutschen Kultur haben sie in jahrhundertelanger Arbeit auf dem Boden der Heimat geschafft und gewirkt, nicht eigennützig und selbstsüchtig nur für sich, sondern auch zum Wohl und zum Nutzen des Landes wie auch derer, die es mit ihnen bewohnen. Die Arbeit war es, die ihnen ihre Stellung geschaffen hat, ihre Leistung ist es, welche ihr Heimatrecht begründet hat auf dem Boden, auf dem nun seit langen Jahrhunderten eine Generation von ihnen die andere ablöst im Werke, eine Generation die andere begräbt und deren Werk weiterführt. Wie der einzelne seinem Leben nur durch Arbeit, durch Leistung und Bewährung Sinn gegeben und Adel verleihen kann, so auch die Völker. Arbeit, redliche und ehrenhafte Arbeit hat unserem geschichtlichen Leben den Sinn gegeben und hat es erhalten über die Schwere der Zeiten hinweg bis auf unsere Tage. Das ist unser Stolz aus der Vergangenheit, das ist unser Trost in ernster Gegenwart und das ist unsere Zuversicht auf eine, so Gott will, schönere und bessere Zukunft.

Abstammung und Mundarten der Sudetendeutschen

Von Ernst Schwarz

Die Einwanderung der Deutschen in die Sudetenländer, die eigentlich eine Rückwanderung ist, vollzieht sich seit dem 13. Jahrhundert so still und andauernd, daß die Urkunden und Chroniken davon schweigen. Es war eine bekannte Tatsache, aber nur äußere Kämpfe hielt man aufzuschreiben für wert. In Böhmen und Mähren fehlt es an unmittelbaren Zeugnissen der Zeitgenossen. Wir sind darauf angewiesen, das Erscheinen der Deutschen aus den Veränderungen zu erschließen, die das Land dadurch erfährt, daß nun die Wälder gerodet werden, deutsche Städte entstehen, deutsches Recht seinen Einzug hält, immer stärker die deutschen Namen in den Urkunden zunehmen, mit einem Wort, daß nun neben den Tschechen Deutsche wohnen.

Der von den slawischen Völkern im 6. Jahrhundert besetzte Raum war so groß, daß er nur äußerst dünn besiedelt war. Die Ackerbau treibenden Stämme, die seit dem 10. Jahrhundert durch die um Prag sitzenden Tschechen geeinigt worden waren, hatten die fruchtbaren Beckenlandschaften des Innern besetzt und sich nur längs der Auslandswege an die Grenze vorgeschoben. Die Wälder zwischen Böhmen und Mähren und an den Grenzen waren menschenleer und brachten keine Einnahmen. Die eigenen Kräfte reichten zur Rodung nicht aus, es fehlte ein geeigneter Pflug für den Waldboden, die tschechischen Bauern hatten zudem keine Lust, in das rauhe Gebirge zu gehen. So entschlossen sich die Herrscher, und die weltlichen und geistlichen Großen folgten bald nach, die Deutschen ins Land zu rufen. Dadurch wurde beiden Ländern gedient. In der Nachbarschaft wurde der Bevölkerungsdruck vermindert, im Sudetenraume die Bevölkerung vermehrt. Man bediente sich der Erfahrung der Deutschen, die für die Überlassung des Bodens Zins zahlen mußten. Von Gewalt konnte keine Rede sein in einem Lande, das christlich und ein Teil des Reiches war. Die Lenkung und Ansiedlung der Deutschen blieb den einheimischen Gewalten vorbehalten. Ein Plan etwa, ein zusammenhängendes deutsches Sprachgebiet zu schaffen, hat nicht bestanden. Man dachte rein wirtschaftlich, strebte die Rodung der Wälder an und ersehnte vermehrte Einnahmen. Die Deutschen sollten auch die Bodenschätze erschließen. Stadtgründungen wurden gefördert, sie vermehrten den Handel und brachten wieder Geld. Daß der tschechische Bauernstand durch das Beispiel der deutschen Lehrmeister gehoben wurde, verstand sich nebenbei. Waren bisher die sozialen Gegensätze zwischen Adel und versklavten Bauern schroff gewesen, so milderten sie sich jetzt, seit sich freie Bauern und Bürger, wenn auch deutscher Sprache, dazwischenschoben. Die Deutschen aber kamen gern, denn ihnen war Selbstverwaltung in Städten und Dörfern, also deutsches Recht, Bau von Kirchen und Schulen zugesichert. Sie blieben frei und hatten nur die Pflicht, den Landesgesetzen zu gehorchen und ihre Abgaben pünktlich zu zahlen. So wurde ihnen die Fremde zur neuen Heimat.

Da nun die Urkunden wenig davon zu erzählen wissen, woher die Deutschen gekommen sind, müssen diejenigen Quellen uns Auskunft geben, die wir zum Sprechen bringen können. Die Deutschen haben den neu gegründeten Orten Namen gegeben und außer ihrem Hausrat, ihrer Tracht auch ihre Mundarten mitgebracht. Gelingt es, diese für unsere Frage richtig auszuwerten, so kann die Frage nach der Abstammung der Sudetendeutschen beantwortet werden.

Es ist unmöglich, die Sudetendeutschen etwa als Nachkommen der Markomannen hinzustellen. Diese haben eine swebische Sprache gesprochen, sind mit den Alemannen nahe verwandt und leben in den Baiern fort. Was aber in den Sudetenländern gesprochen wurde, ist nur im Süden und Westen bairische Mundart gewesen, während im Norden mitteldeutsche Mundarten geherrscht haben. Die bairischen Mundarten aber sind die der österreichischen und bairischen Nachbarschaft. Immer greifen die Mundarten über die Grenze. Es ist kein Zweifel, die deutschen Bauern und Bürger haben ihre Mundarten aus der Heimat mitgebracht. Das deutsche Gebiet Südmährens war also nichts anderes als eine Fortsetzung des niederösterreichischen Landes, das selbst eine bairische Kolonialmundart spricht. Sprachinseln mit bairischer Mundart schoben sich weit nach Mittelmähren vor, so die um Ungarisch-Hradisch, Brünn, Wischau, Kremsier, Kojetein, Holstein, Groß-Bittesch, Tobitschau. Die meisten dieser Inseln sind schließlich tschechisiert worden, ebenso wie das in Mähren besonders zahlreiche Streudeutschtum. Um Deutsch-Pruß nördlich Wischau hat sich deutsches Bauerntum bis ins 18. Jahrhundert gehalten. Aus Waisenbüchern des 16. Jahrhunderts läßt sich der Charakter der Mundart bestimmen. Sie war so wie die Wischauer Inselmundart beschaffen, das heißt Deutsch-Pruß war die Fortsetzung der Wischauer Sprachinsel. Behauptet haben sich von diesen Sprachinseln bis zuletzt nur die Brünner und Wischauer Insel, die eine geringe ostmitteldeutsche Färbung nordmährischer Art zeigten, was bis ins Auspitzer Ländchen reichte. Es waren offenbar neben bairischen Bauern in geringerem Grade auch nordmährische tätig. Diese Sprachinseln waren eine Fundgrube für die Sprachforschung. Mitten in tschechischer Umgebung haben sich viele Eigenheiten der alten Zeit, besonders des 13. Jahrhunderts, erhalten, die das Donautal aufgegeben hatte. Man sprach z. B. für w ein b, für b ein p, für f z. T. noch v. Mit Hilfe dieser Sprachinseln kann die alte Sprache des Donautales wiederhergestellt werden.

Ähnliches galt für die Mundarten des südlichen Böhmerwaldes, die das Rückzugsgebiet der oberösterreichischen Mundart darstellten, wobei wieder die Budweiser Sprachinsel altertümliche Züge bewahrte. Die Grenze zwischen der mittelbairischen (donaubairischen) und nordbairischen (oberpfälzischen) Mundart lag in der Gegend von Eisenstein. Das Egerland und Westböhmen waren sprachlich betrachtet ein Kolonisationsgebiet der Oberpfalz. Da sich auch Ostfranken der Bayreuther und Bamberger Gegend an der Erschließung beteiligt hatten, traten ostfränkische Einflüsse auf, die im Nordegerländischen an Durchschlagskraft gewannen. Auch mitteldeutsche Merkmale machten sich hier geltend. Während die Scheide vom südlichen Apfel: nördlichem Appel in der Gegend von Karlsbad zog, ging die von oberpfälzischem gout: ostfränkischem gut, die eigentliche Ostgrenze des Egerländischen, weiter östlich bei Duppau.

Eine oberpfälzische Mundart wurde auch in der Iglauer Sprachinsel gesprochen, am reinsten in einigen Dörfern im Norden, die den letzten Rest der Deutschbroder Insel darstellten. Statt mpf in Wörtern wie Strumpf und pf in solchen wie Apfel wurde wieder mp, pp gesprochen. Das war neben einigen kleineren Resten von der Sprache der osterzgebirgischen Bergleute übriggeblieben, die den Bergbau in die Höhe gebracht hatten. Die Bauern waren nach den Aussagen der Mundart vom oberen Regen gekommen, also aus der Oberpfalz. Die Sprachinsel hing im Süden ursprünglich durch einen schmalen Gürtel mit dem Mittelbairischen im westlichen Südmähren zusammen, so daß in der Südhälfte der Insel auch mittelbairische Eigenheiten bemerkt wurden.

Das nordwestböhmische Gebiet von Duppau bis Brüx sprach in der Hauptsache eine ostfränkische Mundart, nur daß wieder durch mitteldeutschen Einfluß mp und pp eingedrungen waren. Für mittelhochdeutsches ei und ou wurde a gesprochen, z. B. has heiß, lafm laufen. Es war die Mundart der Bamberger Gegend, die durch Siedler über das westliche Erzgebirge hereingetragen worden war. Die ostfränkischen Siedler waren nördlich des Gebirges schon im Anfang des 12. Jahrhunderts in der Richtung nach Meißen vorgestoßen, ein Teil folgte in der Mitte des 13. dem Rufe nach Böhmen.

Bei Brüx begann eine andere Mundart, die mit dem Osterzgebirgischen und damit dem Obersächsischen zusammenhing und in der Gegend von Böhm.-Kamnitz und Böhm.-Leipa von einer lausitzischen, bei Friedland und Reichenberg von einer schlesischen Mundart abgelöst wurde. Während in Sachsen Sprachströmungen, die von Leipzig und Dresden ausgingen, die Gebirgsmundarten zurückdrängten, wurden in Böhmen wieder z. T. ältere Züge bewahrt. In der Gegend von Auscha und Dauba z. B. wurde statt des auslautenden -e ein -a-Laut gesprochen (fimfa „fünf"). In Nordostböhmen, in den einst deutschen Teilen des Adlergebirges, Nordmähren und dem Kuhländchen sowie im Troppauer Schlesien galten verschiedene schlesische Mundarten, die am reinsten im Braunauer Ländchen und im Kuhländchen waren, während sich sonst ostfränkische Einflüsse beobachten lassen. Im Adlergebirge und in Nordostböhmen gab es Gemeinsamkeiten mit dem Glätzischen, wo hessische Siedlerbeteiligung festgestellt war. Dieselben thüringisch-hessisch-ostfränkischen Elemente, die das Schlesische aufgebaut hatten, sind im nördlichen Sudetenraum wirksam gewesen, nur daß die Ostfranken in Nordmähren unmittelbar eingesetzt waren, also nicht über Schlesien gekommen sind. Die Przemysliden, die mit den Piasten im Ansetzen deutscher Siedler wetteiferten, hatten sich Siedler unmittelbar aus Ostfranken geholt.

Besonders klar traten diese ostfränkischen Elemente in der großen Schönhengster Sprachinsel um Landskron, Mähr.-Trübau und Zwittau hervor. Es fehlte hier zwar nicht an schlesischen Einflüssen um Landskron und bairischen im Südosten, aber der Grundzug war deutlich ostfränkisch, wobei wieder altertümliche Züge aus der Insellage verständlich werden. So wurde für das Hilfszeitwort „ist" it gesprochen, die Mehrzahl der Verkleinerungen lautet auf -lich, z. B. ganslich „Gänslein", für „unser" sprach man unner wie in der Oberpfalz und Teilen von Ostfranken.

In der Olmützer Sprachinsel wurde nordmährisches Schlesisch gesprochen, aber im westlichen Dorfe Nebotein wurde unter ostmitteldeutscher Tünche (wieder mp, pp) eine altertümliche mittelbairische Mundart etwa in der Art der Wischauer Insel gehört. Hier in Mähren ist im Raume Olmütz-Auspitz eine Überschneidung der bairischen und schlesischen Mundart im 13. Jahrhundert eingetreten.

Ähnliche Beobachtungen erlauben die Ortsnamen. Daß Germanenreste bei der Einwanderung der Slawen im 6. Jahrhundert noch vorhanden waren, wird durch Fluß- und Bergnamen bewiesen, die die Slawen übernommen haben. Namen wie Labe für die Elbe, Vltava für die Moldau, Jizera für die Iser, Ohre für die Eger, Morava für die March, Rip für den Georgsberg bei Raudnitz (germanisch rip „Berg") können nur durch germanische Vermittlung zu den Tschechen gedrungen sein. Sonst aber ist das Aussehen der Namen das der Nachbarschaft, wobei beachtet werden muß, daß nur die im 13. Jahrhundert für Neugründungen üblichen Typen mitgenommen worden sind, also nicht z. B. Namen auf -ing oder -heim, deren Mode schon im 9. bis 10. Jahrhundert erloschen war. In Südmähren und der Neuhauser Sprachzunge fanden sich außer Namen auf -dorf solche im bloßen Wesfall, zum Beispiel Riedweiß, alt Rudweins. Solche Namen ziehen sich bis in die Iglauer Insel, und tschechische Namen schlossen sich im deutschen Mund an, indem z. B. Prostejov in Prosteis, später Proßnitz umgestaltet wurde. Daneben setzten um Neubistritz Namen auf -schlag ein, neben die im südlichen Böhmerwalde solche auf -reut traten, beides Rodungsnamentypen, die ähnliche im nördlichen Oberösterreich fortsetzen. Im mittleren Böhmerwalde fanden sich einige wenige Namen auf -ried, die in der Oberpfalz ihre Entsprechung hatten. Im Egerlande standen neben wenigen genetivischen Namen der Art Höflas aus Höveleins hauptsächlich Namen auf -reut und -grün, diese im Zusammenhange mit der nördlichen Oberpfalz und dem Vogtlande. Im großen mitteldeutschen Raume wogen die Namen auf -dorf, -hain, -walde, -au, -bach u. a. vor, den mitteldeutschen Ausbaunamen der gleichen Zeit entsprechend. Dort wo tschechische Namen ins Deutsche übernommen wurden, läßt sich aus der Lautgestalt deutlich feststellen, welche Namen vor und nach 1300 eingedrungen sind, so daß darnach die alte Sprachgrenze gezogen werden kann.

Es war kein eigener deutscher Stamm, der sich im Sudetenlande niedergelassen hatte, sondern es waren Teile hauptsächlich der Nachbarstämme. Sie waren einst, in der Hauptsache im 13. Jahrhundert, ostwärts gezogen, um den Bevölkerungsdruck zu vermindern und um sich durch schwere Arbeit eine neue Heimat zu schaffen. Sie haben entscheidend dazu beigetragen, daß Böhmen und Mähren Länder mitteleuropäischer Art wurden.

Mitteldeutsches Tochtervolk

Von Josef Nadler

Das gemeinsame Siedelwerk der Thüringer und Ostfranken zielte von Natur in die Mitte des Ostraumes. Es hat sich zuerst reichsgeschichtlich ausgewirkt. Ostmitteldeutsche waren sowohl im Norden am niederdeutschen wie im Süden am hochdeutschen Unternehmen beteiligt.

Zwischen der Donau und der Oder baut sich das ebenmäßig gezogene Wall-Lager Böhmen auf. Der Abmarsch der Markomannen aus dieser uneinnehmbaren Herzstellung auf die Hochebene südlich der Donau hat den Gang des deutschen Schicksals vielleicht folgenschwerer beeinflußt als der Einbruch der salischen Franken ins römische Gallien. Denn mit Böhmen ging den Deutschen die unantastbare Vorherrschaft über ganz Mitteleuropa verloren, die Herrschaft über die wichtigste und stromreichste Wasserscheide Europas. Das ostmitteldeutsche Siedelwerk war nichts anders als ein vergeblicher Versuch, diese preisgegebene Schlüsselstellung wieder zurückzugewinnen. Und für dies Unternehmen war die Lage von Haus aus ungünstig genug. Zur Zeit der Gleichgewichtslage zwischen Slawen und Deutschen um das Jahr Tausend lagerten die Bayern mit dem Rücken entlang des südlichen böhmischen Walles. Die Ostfranken hatten erst die Gegend von

Bamberg erreicht. Nur die Thüringer, ringsum an den deutschen Binnengrenzen festgerammt, standen längs der Saale in ihrer natürlichen Angriffsstellung, die Stirn gegen Osten.

In der Gabel zwischen Saale und Elbe bildete sich das Meißner, zwischen Elbe und Bober das lausitzische, in der Gabel zwischen Bober und Oder das schlesische Volk heraus. Erst als das Vorfeld um Böhmen ringsum verdeutscht war oder der Vorgang wenigstens lief, hatte eine deutsche Besiedlung Böhmens Sinn und Aussicht. Wollte man im Bilde bleiben, so müßte man sagen: nach Eroberung des Vorfeldes ließen es die tschechischen Fürsten auf keinen Sturm mehr ankommen, sondern öffneten freiwillig die Tore. Wenn sich auch von allen Seiten deutsche Bauern ins Land schoben, es war das deutsche Gewerbe, das die böhmischen Könige verlockte, die deutsche Besiedlung in klug eingedämmte Bahnen zu lenken. Weit über den bäuerlichen deutschen Randgürtel herein, der seinerseits schon mit den ehernen Schuppen deutscher Städte beschlagen wurde, rückten bürgerliche Gemeinwesen aller Art gegen die tief gelegene Mitte des Landes herab. Gerade dadurch, daß die Przemysliden die Sache des deutschen Siedelwerkes zu der ihren machten, lähmten sie ihm den letzten Sprung und verhinderten, daß die von allen Seiten gegen die Mitte wachsenden Deutschen schließlich am tiefsten Punkt des Bergkessels den gemeinsamen Schlußstein des Werkes setzten.

Trotz der Bayern am Südsaum Böhmens ist die deutsche Grundmasse des Landes im wesentlichen mitteldeutsch. Stark fränkisch abgetönt sind die Oberpfälzer im oberen Egertal, thüringisch-ostfränkisch das Erzgebirge, schlesisch der ganze Nordstreifen des Landes, schlesisch die größeren deutschen Volksinseln im Schönhengster Gau und um Iglau sowie die kleinen um Olmütz und Brünn. Das ostdeutsche Siedelwerk war, soviel der Pflug auch mithalf, kein bäuerliches, sondern ein bürgerliches Werk. Es war die deutsche Pflanzstadt, planmäßig und künstlich angelegt, auf der es beruhte, der Bergmann und Tuchweber, die es ertragreich und den fremden Fürsten verzeihlich machten. Die Bergleute in Meißen, im Erzgebirge, in Oberschlesien, im Innern Böhmens, auch wenn sie den unverwüstlichen Reichtum des Bodens bloß anschürften, das Hausgewerbe in den unerbittlich kargen Bergen, wo kaum eine Hacke zu haften vermochte, hat den ganzen Raum zum reichsten und größten Industriegebiet Mitteleuropas aufgeschlossen.

In der Urkunde des Böhmenherzogs Sobieslaus, 1173 bis 1178, heißt es:

„Ich, Sobieslaus, Herzog der Böhmen, tue kund allen Gegenwärtigen und Zukünftigen, daß ich in meine Gnade und in meinen Schutz aufnehme alle die Deutschen, die im Prager Suburbium leben, und ich will, daß diese Deutschen, wie sie als Nation verschieden sind von den Böhmen, auch von ihnen geschieden seien durch ihr Gesetz und ihre Gewohnheit. Ich gewähre daher diesen Deutschen, zu leben nach dem Gesetz und der Gerechtigkeit der Deutschen, die sie seit den Zeiten meines Großvaters, des Königs Wratislaus (1061-1092), innegehabt haben."

Diese Magna Charta der Deutschen im Lande wurde ergänzt durch König Wenzel I., Przemysl Ottokar II., Johann, den Vater Kaiser Karls IV. So sitzen denn die Deutschen kraft dreifachen Rechtes in den Sudetenländern; durch das des germanischen Vorbesitzes, durch das des königlichen Freibriefes und durch das ihrer erfolggesegneten Arbeit. Das letzte aber ist das größte und nicht verjährbar.

So sind die Deutschen des Sudetenlandes nicht irgend eine soziale Schicht, nicht Splitter in einem fremden Körper, sie sind Volk, in geschlossener Masse siedelnd, nach Breite und Tiefe sozial völlig ausgegliedert und in ihrem vierfachen stammesmäßigen Aufbau ein Abbild des deutschen Gesamtvolkes. Das deutsche Volksgebiet in Böhmen erreichte fast die Größe von Württemberg, an Raumfläche größer als Elsaß-Lothringen oder Sachsen. In der Tschechoslowakei zählte man mehr Deutsche als in der Schweiz. Sie waren von den ersten Tagen ihres Zuzuges-Staatsvolk wie die Tschechen; in Böhmen war jeder dritte, in Mähren jeder fünfte Bewohner ein

Deutscher; im ganzen Staat standen nicht ganz sieben Millionen Tschechen mehr als drei Millionen Deutschen gegenüber; unter den sechs oder sieben Völkern des tschechoslowakischen Staates standen die Tschechen zahlenmäßig an erster, die Deutschen aber an zweiter Stelle.

Von der Stunde an, da sich erwies, daß das ostmitteldeutsche Siedelwerk Bruchstück bleiben werde, drängte sich der einzig mögliche Staatsgedanke diesem Volk mit ursprünglicher Gewalt entgegen: um Böhmen als Binnenkern das gesamte Vorfeld staatlich zusammenzufassen, weil es eine wirtschaftliche, volkhafte, räumliche Einheit ist, und das unverzehrbare slawische Volk an eine deutsche Mehrheit zu binden. Die fränkischen Luxemburger haben seit dem frühen vierzehnten Jahrhundert an diesem ersten großen deutschen Siedelstaate gebaut, der schließlich außer Böhmen und Mähren die Lausitz und Schlesien umfaßte, der freilich an der fremden Mark Brandenburg zuviel hatte und dem nur noch Meißen zum Ganzen fehlte.

Der Staat der Luxemburger, wenn auch zunächst als Völkerstaat und nicht als Volksstaat gedacht, wäre bei ungestörter Entwicklung notwendig zu dem umfassenden deutschen Siedelreich geworden. Böhmen war durch die Luxemburger im 14. und 15. Jahrhundert der Träger der deutschen Kaiserkrone geworden. Und da dieses Fürstengeschlecht zum erstenmal mit dem Machtgerät des Siedelraumes des Deutschen Reiches waltete, legte es durch das ostmitteldeutsche Volk den Grund zur modernen gemeindeutschen Bildung.

Als Hilfsmittel wie als Ergebnisse der modernen Verwaltungskunst und des schöpferischen Staatsgedankens entwickelte sich in Böhmen durch den Zustrom der italienischen Bildung alles, was die neue deutsche Kultur bedingte: die erste deutsche Hochschule zu Prag, der erste geformte Ausdruck des neuen deutschen Menschen, der erste Gedanke kirchlicher Erneuerung, die erste deutsche Bibel, die erste Fassung der gemeindeutschen Schriftsprache. Alles, was die deutsche Einheit des 19. Jahrhunderts vorbereitete und bedingte, steckte mit seinen Wurzeln in dem böhmischen Bereich der Luxemburger.

Drei Ereignisse waren es, die in diesem entscheidenden Raume eine so verheißungsvolle Entwicklung unterbrachen und eine rückläufige Bewegung auslösten. Das tschechische Volksbewußtsein erhob sich zu Anfang des 15. Jahrhunderts gegen die deutsche Reichssendung des Landes, und der Familientod der Luxemburger verewigte die Wirrnisse für ein Jahrhundert. Habsburg kam 1526 in den Besitz des Länderverbandes, entfremdete ihn seiner eigenen Aufgabe und verquickte ihn mit einem ganz anders gerichteten Staatswillen. Und der Länderverband wurde zu einem Rumpf verstümmelt, indem während des Dreißigjährigen Krieges die Lausitz an Meißen und 100 Jahre später Schlesien an Preußen kam. Damit war der ganze ostmitteldeutsche Siedelverband staatlich hoffnungslos zerschlagen und das Deutschtum der Sudetenländer Minderheit geworden. Dreimal im Verlauf ihrer tausendjährigen gemeinsamen Geschichte schien den Deutschen gleichwohl Übergewicht und Herrschaft im Lande zuzufallen: durch ihre Kultur unter Karl IV. sowie unter Josef II. und durch den Sieg der kaiserlichen Waffen 1620 am Weißen Berg bei Prag. Dreimal unternahmen es die Tschechen, den Sinn ihres Landes und seiner Geschichte mit Gewalt zu verneinen: 1418 im Ausbruch des Hussitensturmes, 1618 durch Aufruhr gegen die kaiserlichen Statthalter, 1918 durch Ausruf ihrer nationalen Republik, alle dreimal, indem sie das staatliche Gefüge, dem sie angehörten, zersprengten und weltgeschichtliche Erdbeben auslösten.

In Böhmen vor 1000 Jahren

Als der erste Bischof Böhmens, Dietmar der Sachse, im Jahre 973 in Prag einzog, grüßten ihn die Großen des Landes mit deutschem Gesang:

Christe kinado, Kyrie eleyson
unde die Hallicgen alle helfuent unse.

Diese Worte überliefert der tschechische Chronist Cosmas von Prag.

Unsere frühe Geschichte

Von Rudolf Schreiber

Aufbau und Hussitennot

Eine Geschichte des Deutschtums in Böhmen, Mähren und dem ehemaligen Österreichisch-Schlesien ist nicht Staatengeschichte, politische Geschichte, wie wir sie gewohnt sind, sondern ist Geschichte einer Volksgrupe, Geschichte der deutschen Menschen und ihrer Gemeinschaften, ihrer Verbreitung und ihrer Leistungen in diesem Raume. Sie ist einerseits ein rühmlicher Teil der gesamten deutschen Volksgeschichte, anderseits aber untrennbar verflochten mit der Geschichte des tschechischen Volkes und weiterer andersnationaler Elemente, mit denen zusammen sie in Wechselwirkung und Widerspiel die Geschichte des Sudetenraumes gestaltet hat.

Daß nicht nur Mähren-Schlesien, seit alters ein Durchgangsland von der Donau zur Ostsee, sondern auch das von der Natur so einheitlich mit Bergwällen umgrenzte Kesselland Böhmen von je

Heimat mehrerer Völker

war, ist eine merkwürdige und viel zu wenig beachtete Tatsache. Nicht erst die Ankunft der Deutschen hat diesen Schicksalszug des Sudetenraumes geschaffen. Schon durch die vielen Jahrtausende der Vorgeschichte herauf war Böhmen ein Ort der Begegnung und Überschneidung von Kulturen und Völkern. In der keltischen Periode saßen in Nordböhmen schon Germanen, und als die Sudetenländer um die Zeitenwende von germanischen Stämmen besiedelt wurden, verlief zwischen Böhmen, Mähren und Schlesien die Sprachenscheide zwischen West- und Ostgermanen. Das von Marbod begründete Markomannenreich hat die gleiche Aufgabe an der Donau erfüllt wie Armins Cherusker am Niederrhein: dem Vordringen des Römerreiches und des Romanentums in der entscheidenden Zeit Einhalt geboten zu haben. Nach dem Abzug der Markomannen waren die Sudetenländer mehrfach noch Raststelle verschiedener Germanenstämme. Die germanische Schicht war beim Eindringen der Slawen noch so bodenständig und zahlreich, daß sie ihnen einen beträchtlichen Schatz an alten Fluß- und Bergnamen übermitteln konnte.

Es ist eine lang erörterte Streitfrage, ob die

Wurzeln des Deutschtums der Sudetenländer

unmittelbar in diese germanische Vorzeit zurückreichen. Die eifrige Durchforschung der Bodenfunde und des alten Namenschatzes erwies tatsächlich an einzelnen Stellen - aber auch nur an einzelnen - ein Fortleben germanischer Elemente. Was hingegen die einzigartige Bedeutung des mittelalterlichen Deutschtums der Sudetenländer begründete, seine siedlerisch-wirtschaftliche und kulturell-geistige Leistung, ist unmöglich durch germanische Volksreste, die durch Jahrhunderte still neben und unter den Slawen gelebt hätten, zu erklären, sondern nur im Zusammenhang der großen West-Ost-Bewegung der deutschen Kolonisation verständlich.

Aber auch ohne die Urgermanen-These ist die Geschichte der Deutschen in den Sudetenländern so alt wie die Geschichte des Deutschtums überhaupt, und die Entwicklung des tschechischen Volkes ist mit ihr eng verknüpft. An der Schwelle deutscher Geschichte ragt die Gestalt Karls des Großen auf, der in seinem fränkisch-abendländischen Reiche erstmals die altdeutschen Stämme zusammenführte. Karl hat aber auch die östlichen Nachbarn, die west- und südslawischen Stämme von der awarischen Zwangsherrschaft befreit; dankbarer als diese Völker, die nur ungern daran gemahnt werden, gebrauchen ihre Sprachen noch heute seinen Namen, um den Begriff des Königtums zu bezeichnen (tschechisch Kral, polnisch Król =König). Seit Karls Tagen waren namentlich Böhmen und Mähren dem fränkischen Reiche tributär und im besonderen Bayern unterstellt. Dieser politischen Bindung folgte unmittelbar auch der religiöse und kulturelle Einfluß des abendländischen Christentums durch die bayrische Mission, die auch das Zwischenspiel der - von dem großmährischen Fürsten selbst wieder liquidierten - slawischen Mission Cyrills und Methods überdauerte. Böhmen wurde damit zum entscheidenden Ansatzpunkt der weiteren Entwicklung im Sudetenraum und zum Wirkungsfeld deutscher Einflüsse und ihrer Träger.

Von diesem Wendepunkt an begann Böhmen einen erstaunlichen inneren und äußeren Anstieg - und nicht zufällig, sondern in engster Verbindung damit nahm gleichzeitig auch das frühe Deutschtum der Sudetenländer seine Entfaltung. Es war freilich durch volle drei Jahrhunderte zunächst noch keine volle Volksgruppe im heutigen Sinne, sondern es waren erst

Wegbereiter in der Führungsschicht

der Länder: am Fürstenhof und in der Kirchenleitung. Deutsche Geistliche waren ja schon vorher als Missionäre im Lande. Im zehnten Jahrhundert folgten ihnen weltliche deutsche Einflüsse an den Höfen, besonders durch deutsche Gemahlinnen der Fürsten und ihr deutsches Gefolge. Gleichzeitig wurden deutsche Bischöfe und Äbte, Mönche und Nonnen die Träger neuer Formen eines reicher werdenden kirchlichen und kulturellen Lebens. Auch deutscher Adel wurde durch Hofdienst landsässig, wie etwa das Haus des Rosenbergers Witiko. Als neue soziale Gruppe traten im elften Jahrhundert die deutschen Kaufleute auf, die sich in kleinen Gemeinschaften niederließen, wie um St. Peter vor Prag, und mit ihrem Einfluß den arabischen Sklavenhandel mit Osteuropa ausschalten halfen. Hohe wirtschaftliche Bedeutung gewann auch die Schenkung böhmischer Besitzungen an deutsche Klöster der neuen Rodeorden wie Waldsassen und die Gründung von Tochterklöstern dieser Orden in den Sudetenländern: sie brachten neue Verfahren der Bodenbearbeitung und erste deutsche Rodekräfte ins Land.

Dauernde Wesenszüge des späteren Sudetendeutschtums begegnen uns schon in dieser frühen Zeit. Schon unter Wenzel dem Heiligen trafen sich auf der Prager Burg bayerische und niedersächsische Einflüsse; ein Menschenalter später stand neben der bayerischen Fürstin Hemma als erster Prager Bischof der Niedersachse Dietmar. Im zwölften Jahrhundert war es Judith von Thüringen, die nach Regensburger Muster die erste Prager Steinbrücke bauen ließ. Niederaltaich in Bayern, Zwiefalten in Schwaben, Ebrach in Franken, Dunwald und Steinfeld im Rheinland wurden Mutterklöster junger Gründungen im Sudetenraum. Alle altdeutschen Stämme waren wetteifernd am Werden und Wirken des Deutschtums der Sudetenländer beteiligt.

Diese deutschen Wegbereiter waren maßgebliche Faktoren für Böhmens inneren und äußeren Aufstieg. Die schrittweise Einigung der verschiedenen slawischen Stammesfürstentümer, in welche Böhmen noch um 900 aufgespalten war, unter der Führung des um Prag siedelnden Tschechenstammes, oft mit blutiger Tat vollzogen, gewann erst Wirkung und Dauer durch die Übernahme der deutschen staatlichen und kirchlichen Organisationsformen durch den Prager Hof. Die deutschen Menschen, die sie brachten, standen damit Pate an der Wiege der tschechischen Volkwerdung. Böhmens erstaunlicher Aufstieg an äußerer Geltung, der im Laufe dieser drei Jahrhunderte aus einem Tributärverhältnis zunächst zu einem den anderen Reichsgliedern gleichberechtigten Lehen, zu Kurwürde und Reichsschenkenamt und schließlich mit der Königskrone zu einem einzigartigen Vorrang unter den Kurfürsten führte, war in seinen einzelnen Stufen durch gute Beziehungen und besondere Treue zum deutschen Hof bedingt. Im Investiturstreit erhielt Wratislaw II., der Sohn der Judith von Schweinfurt, durch seine Reichstreue erstmals die Krone für sich, und sein Bruder, Bischof Gebhard, wurde zeitweilig Reichskanzler. Auch um Böhmens zweiten Herzog, der den Kronreif erlangte, um Wladislaw II., steht eine Reihe deutscher Gestalten; seine Mutter Richsa von Berg, seine erste Frau Gertrud von Babenberg, den Saliern und Staufen verwandt, seine zweite Gattin Judith von Thüringen, sein Kanzler Gervasius. Seinem und Judiths Sohn Ottokar Primysl I. war beschieden, Böhmens Königtum auf Dauer zu gründen.

Ein tragisches Los umwittert die Reihe dieser frühen deutschen Wegbereiter im Sudetenraum: als einzelne berufen und eingesetzt, hatten sie Leben und Wirken dem Lande und seinem fremden Volkstum zu widmen; ohne neuen Nachschub deutscher Kräfte aus der alten Heimat wären sie auf verlorenem Posten gestanden. Aber sie kamen ja nicht, um hier deutsche Gemeinschaften zu stiften, sondern um mitzuhelfen und einem höheren Ziele zu dienen: der Gewinnung dieses Ostlandes für die westliche Gesittung, seinem Ausbau zu einem sicheren und wertvollen Gliede des gemeinsamen Reiches. Eben dadurch aber, daß sie sich uneigennützig diesem Werk verschrieben, haben sie hier durch ihre Leistung dem deutschen Namen zu hohem Ansehen verholfen und ihm das erste Heimatrecht erworben, das den ihnen folgenden Massen deutscher Siedler die Tore öffnete und ihr Werk erleichterte.

Dieser neue Abschnitt der Geschichte des Deutschtums in den Sudetenländern, die

volle Entfaltung der Volksgruppe

in Tiefe und Breite setzte etwa um 1200 ein. Viele Ansätze erreichten eine höhere Stufe. Die deutschen Gemahlinnen der böhmischen Könige entstammten nun den deutschen Herrscherhäusern selbst - Kunigunde von Staufen, Margarete von Babenberg, Gutta von Habsburg. Die Reihe der deutschen Geistlichen des Mittelalters gipfelt in dem Olmützer Bischof Bruno von Schaumburg, aus vornehmstem niederdeutschen Hause, dem diplomatischen Helfer Ottokars II. bei seiner Politik von der Ostsee bis zur Adria, und in Wenzels II. Kanzler, Peter Aspelt, dem späteren Mainzer Erzbischof. Deutscher Adel kam ins Land - Bruno von Schaumburg hat westfälische Adlige als Lehensträger des Olmützer Bistums in Schlesien angesiedelt. Aber auch die alteingesessenen Adelsgeschlechter wurden von der ritterlichen Kultur des Westens erfaßt, sie zogen aus den alten Wasserburgen auf neue Bergschlösser, und manches altböhmische Geschlecht übernahm den deutschen Namen seiner neuerbauten Burg.

Bezeichnenderweise wurde die Sicherung der entlegenen Grenzkreise, wie Elbogen, Tachau, Trautenau, Glatz, deutschem Lehensadel anvertraut, und im Böhmerwalde waren die künischen Freibauern neben den alten slawischen Choden als Grenzhut eingesetzt. Ein Weiteres trug zur Schaffung großer deutscher Siedelstrecken im Grenzgebiet bei: wenn von Österreich, Bayern oder Sachsen her deutsche Rodung erfolgreich in den Grenzwald gegen Böhmen vordrang, so war es Böhmens eigenstes Interesse, gleich kundige Hände auch von seiner Seite einzusetzen, damit die Grenze, die man bisher irgendwo „mitten im Wald" angenommen hatte, sich nicht zu Ungunsten Böhmens verschob. So hat die deutsche Rodehacke von beiden Seiten her aus einem breiten Waldsaum eine deutliche Grenzlinie herausgehauen und die gleichen deutschen Rodenamen auf -grün, -reuth, -ried, -schlag, -stift diesseits und jenseits der Grenze bezeugen noch heute die Einheitlichkeit und Gleichzeitigkeit dieses siedlerischen Wettstreites.

Aber auch im Landesinnern konnte die neue Rodetechnik und die Dreifelderwirtschaft des deutschen Bauern manches Stück brach gebliebenen Urlandes zum Kulturboden wandeln und machte ihn zu einem willkommenen Siedler. Gern gewährte der Grundherr, Krone, Kirche oder Adel, ihm das bessere „deutsche Recht": Erbleihe ohne die alten, drückenden Landeslasten und manche Rechtsfreiheit. Dieses bessere deutsche Recht sowie die neuen Wirtschaftsformen, wie etwa auch die Flureinteilung in Hufen, machten sich bald auch die tschechischen Nachbarn zunutze.

Ein völlig neues Element aber brachten die Deutschen mit dem Städtewesen ins Land. Ein immer dichteres und weiter ausgespanntes Netz von Städten zog sich weithin in den Osten und gab dem bäuerlichen Lande Gliederung und Mittelpunkte für Handwerk und Handel. Neue Rechtsformen für diese bisher ungewohnte Ballung von Menschen waren notwendig. Das Übergreifen süddeutscher und mitteldeutscher Stadtrechtskreise, die sich mit einer Grenze quer durch Böhmen und Mähren voneinander schieden, zeigt wieder einmal deutlich den Grundzug des Zusammenwirkens aller deutschen

Stämme bei der Entstehung dieses neuen sozialen Standes in den Sudetenländern.

Eine eigene, wichtige Gruppe davon waren die Bergstädte. Vor allem das Silber, das die Kunstfertigkeit des deutschen Bergmanns bei Kuttenberg oder Iglau aus dem Schoß der Berge förderte, entwickelte sich zur wirtschaftlichen und bald auch politischen Machtquelle nicht nur für die Städte, sondern auch für die Krone.

Gerade dies aber weckte eine bedenkliche Gegenwirkung: der Adel fühlte sich durch das deutsche Bürgertum und die städtefreundliche Politik der Krone in seiner Machtstellung gefährdet, und in die adelige Standesopposition mischten sich alsbald drohende Töne eines tschechisch-nationalen Fanatismus wie etwa in der bekannten Reimchronik des Dalimil. Die gleichzeitigen Geschichtswerke deutscher Geistlicher hingegen, wie die Saarer Chronik des Heinrich von Heimburg oder Königssaaler des Peter von Zittau, atmen durchaus den Geist nationaler Duldsamkeit.

Noch konnte das 14. Jahrhundert manche deutsche Errungenschaft des 13. Jahrhunderts zu letzter Höhe emporführen. Den deutschen Kaisertöchtern auf dem böhmischen Thron folgte in Johann von Luxemburg ein deutscher Kaisersohn als böhmischer König und in seinem Sohne Karl IV. die Vereinigung der deutschen und der böhmischen Krone auf einem Haupte. Johanns Griff nach Böhmen und sein Rechtsgrund, die Verheiratung mit der letzten Przemyslidin Elisabeth, waren ein Werk deutscher geistlicher Politiker, Peter Aspelts und der deutschen Äbte böhmischer Zisterzienserklöster. Aber unverkennbar ist er nur ein Teilzug einer großen Zeittendenz: nachdem die deutsche Besiedlung die Ostgebiete wirtschaftlich erschlossen hatte, folgte dem großen Volkszug auch eine Verlagerung des politischen Schwergewichts im Reiche. Noch immer waren im späten Mittelalter westdeutsche Häuser die Träger der Reichskrone, aber seit den letzten Staufen hat jeder dieser Herrscher versucht, in einem der neuerschlossenen Ostgebiete zwischen Ostsee und Adria Fuß zu fassen. Daß dies nicht ein „deutscher Drang nach Osten" war, beweist die

Tatsache, daß sich im 14. Jahrhundert auch die französischen Anjous in Ungarn und Polen festsetzten, wie denn auch die Luxemburger manche lebendige Verbindung von Paris mit diesem Ostraum vermittelten. Der Gedanke, mehrere dieser Ostgebiete zu einem neuen Machtzentrum zusammenzufassen, hat seit Ottokar II., der Österreich mit den Sudetenländern vereinigte und Ungarn anstrebte, immer wieder das politische Denken bewegt.

Ein anderer neuer Ansatz des 13. Jahrhunderts wuchs im 14. in beträchtliche Ausmaße an: der Anschluß deutscher Nachbargebiete an Böhmen und Mähren. 1212 hatte erstmals der Kaiser den Przemysliden Besitzungen im Reich geschenkt, Ottokar II. hatte nicht nur das Babenberger Erbe, sondern auch das staufische Egerland für Böhmen gewonnen, Wenzel II. wichtige Beziehungen zu Schlesien und Polen geknüpft. Johann von Luxemburg erreichte den Anschluß der Oberlausitz und ganz Schlesiens für mehrere Jahrhunderte, Karl IV. trieb die Erwerbung „deutscher Lehen" für Böhmen nach Westen hin in die Oberpfalz so weit vor, daß er auf eigenem Gebiet bis vor Nürnberg reiten konnte und Stützpunkte bis gegen den Rhein und Neckar zu besaß. Von Dauer war auch seine Erwerbung der Niederlausitz, die Erwerbung des zweiten weltlichen Kurfürstentums Brandenburg aber nur ein zeitweiliger Vorstoß gegen die Ostsee. Die Einverleibung weiter, oft unmittelbar benachbarter deutscher Landschaften in die Krone Böhmens gab der jungen deutschen Volksgruppe in den Sudetenländern einen breiten Rückhalt und rege Querverbindungen zum deutschen Alt- und Neusiedelland.

Ebenso kann man Karls Bestreben, Prag zum politischen und kulturellen Mittelpunkt der luxemburgischen Hausmacht und des Deutschen Reiches und zu einem geistigen wie wirtschaftlichen Umschlagplatz für ganz Mitteleuropa zu machen, als die reifste Frucht der Städteentwicklung des 14. Jahrhunderts bezeichnen. Wie planmäßig er vorging, zeigt eine Auswahl der Persönlichkeiten, die er selber zur Mitarbeit an seinem Werk nach Prag berief. Neben Peter Parler, dem schwäbischen Baumeister, steht da der Hofmaler Nikolaus

Wurmser aus Straßburg und sein Landsmann Johannes Dambach als einer der ersten Lehrer der neuen Universität und der österreichische Sittenprediger Konrad Waldhauser, den die tschechische Reformbewegung als ihren ersten Anreger anerkennt. Wie viele rege deutsche Kräfte aber folgten ihrem Wege von selbst, als erst das von Karl in Prag gestiftete geistige Werk seine volle Anziehungskraft entfaltete - allein die Namen der deutschen Magister von Rang an der Prager Hochschule würden Seiten füllen! Ihnen zur Seite aber stand damals schon eine stattliche Zahl von einheimischen Deutschen, deren Name und Werk weithin über die Landesgrenzen wirkte. Aber auch bei den Tschechen fand ihr Werk Widerhall - selbst wenn es deutsch abgefaßt war wie etwa der „Ackermann aus Böhmen". Karls IV. Bestreben war freilich unverkennbar darauf gerichtet gewesen, die nationalen Spannungen zwischen Tschechen und Deutschen, wie sie im Dalimil aufgekommen waren, zu entschärfen. Erst unter der lässigen Hand Wenzels IV. flammte dieser tschechische Fanatismus wieder hell auf.

Trotz dieser Vorzeichen aber brach unbegreiflich jäh nach dieser Hochblüte der karolinischen Zeit

der Hussitensturm

über das Deutschtum der Sudetenländer herein und fegte einen Gutteil dessen, was in einem halben Jahrtausend opfervoller Arbeit aufgebaut war, in einem Jahrzehnt hinweg. Man wird diese Ereignisse besser verstehen, wenn man sie einerseits vor dem Hintergrund der offenen Krisis des Abendlandes - der Zeit der drei Päpste und der drei Kaiser - und als eine tschechische Reaktion auf diesen Verfall sieht und anderseits auch die Anzeichen einer Erschlaffung der deutschen Spannkraft nach der Hochleistung der deutschen Kolonisation beachtet. Schon in der Aufbauperiode Karls IV. verfiel das deutsche Stadtbürgertum der Sudetenländer bedenklichem Luxus oder der Sucht, in die Kreise des tschechischen Landadels aufzusteigen. Merkliches Abbröckeln der Volkssubstanz zeitigte die Tschechisierung deutscher Familien, so daß mancher spätere Hussit deutsche Großeltern hatte. Daß nicht nur im Sudetenraum dieser deutsche Verfall einriß, beweist deutlich der Umstand, daß fast in der gleichen Zeit, als der Hussitensturm tobte, auch der Deutsche Orden bei Tannenberg den Polen unterlag.

An sich strebte der Hussitismus ein Ziel an, das die besten Geister der Zeit, auch unter den Deutschen, bewegte: einen Ausweg aus der Kirchen- und Gesellschaftskrise. Indem aber Hus und sein Kreis bewußt einen eigenen tschechischen Weg dafür suchten und die Gedanken des Engländers Wicliff zu einer Zeit, da sie in Westeuropa schon offiziell abgelehnt waren, zu den ihren machten, verbauten sie sich ein Zusammengehen mit den deutschen Magistern und mußten sich den Ruf der Ketzerei gefallen lassen. 1409 erreichten sie zwar bei Wenzel IV. die Entrechtung der Deutschen an der Universität durch das Kuttenberger Dekret und veranlaßten damit deren Abwanderung, aber schon in den nächsten Jahren wandten sich immer mehr Tschechen, darunter auch seine alten Lehrer und Anhänger, von Hus ab. Seine heftigsten Ankläger in Konstanz waren nicht Deutsche, sondern Tschechen. Umgekehrt hatten sich schon durch Jahre neben anderen Sektierern aus verschiedenen Ländern auch deutsche Waldenser Hus angeschlossen, sie hatten ihm im Ablaßstreit eine wirksame papstfeindliche Bildpropaganda beigesteuert und waren maßgeblich bei der Einführung des Laienkelches als des einprägsamen Kampfsymbols der Bewegung beteiligt.

Trotzdem traf die Wucht des hussitischen Schlages das Deutschtum mindestens ebenso schwer wie die Kirche. Soweit in Innerböhmen und in Teilen Mährens die Macht der Hussiten reichte, wurde das Deutschtum in den Städten und in Sprachinseln ihr Opfer. Als echte Revolutionäre nahmen die Hussiten weder auf Einbuße an Kulturwerten noch auf wirtschaftliche Notwendigkeiten Rücksicht und vernichteten bedenkenlos das Erbe von Generationen. Nur die Randgebiete, schon seit der Kolonisation mehr geschlossenes deutsches Gebiet, konnten sich ihres Ansturms erwehren; sie fanden Anlehnung bei den benachbarten Reichsgebieten. Auch Schlesien, die

Lausitzen und große Teile Mährens lehnten den Hussitismus ab. Aber letztlich beendeten weder die Kreuzheere noch der Widerstand der Deutschen und Katholiken im Lande die Hussitenkriege, sondern die Auseinandersetzung zwischen dem gemäßigten Adel und den radikalen Volksheeren.

Aber auch die nichthussitischen Gebiete konnten sich dem tiefen sozialen Umschwung nicht verschließen, der als unbeabsichtigte Folge der Hussitenkriege sich durchsetzte: dem Machtaufstieg des Adels, welcher Krone und Kirche beerbte und dadurch auch den Städten gegenüber die Vormacht errang. Was an Kronbesitz und Klostergut die Hussiten nicht erlangten, mußte der König selbst verpfänden, um seine vergeblichen Kriege gegen die Hussiten zu bezahlen. So erwarb Siegmunds Kanzler Kaspar Schlick weite Gebiete in Nordwestböhmen, und die Meißner Markgrafen die Pfandschaft über Brüx und Aussig.

Spätere Phasen der hussitischen Bewegung haben oft praktisch die Deutschenfeindschaft der ersten Jahrzehnte nicht mehr wiederholt. Der hussitische Adelskönig Georg von Podiebrad hat sich zum Mißfallen seiner Anhänger mit den deutschen Nachbarfürsten verglichen und sogar verschwägert. An seinem Hof wirkten Deutsche als Berater, selbst als er in offenen Gegensatz zur Kurie geriet. Nicht die Deutschen, sondern der katholische Herrenbund und sein ungarischer Standesgenosse Matthias Corvinus wurden seine bittersten Feinde. In diesem Kampfe kam es schließlich dazu, daß für zwei Jahrzehnte Mähren, Schlesien und die Lausitzen von Böhmen getrennt und Ungarn angeschlossen wurden. Als Böhmens neuer König, der Jagellone Wladislaw II.. - auch er ein Katholik - 1490 Corvinus beerbte, war die Folge nur, daß oft genug auch Böhmen seine Angelegenheiten vor den Hof nach Ofen-Pest bringen mußte, - alles Umstände, die auch für die Deutschen jener Zeit recht bedeutsam sein mußten.

Auch die zu Georgs Zeiten entstandene letzte Ausgliederung des Hussitentums, die Böhmischen Brüder, waren eher deutschfreundlich und hielten namentlich gute Verbindung zu den deutschen Waldensern, von denen sie ganze Gemeinden in den Sudetenraum hereinholten. Aber alles dies hinderte nicht, daß weithin noch die alte Deutschenfeindschaft in der Kelchnerbewegung weiter lebte und in den Bestimmungen der neuen Landesordnung verankert wurde. Damit aber besiegelten die Hussiten nur die wirtschaftliche Isolierung und Stokkung, die besonders lähmend auf dem Wirtschaftsleben der Städte lag, und die Atmosphäre kultureller Inzucht, die sich am deutlichsten an der Bedeutungslosigkeit der hussitisch gewordenen Prager Universität offenbarte. Das geistige Leben der Sudetendeutschen muß sich in jenem Jahrhundert notwendig den deutschen Nachbarländern zuwenden. Immerhin hatten die Randgebiete in Bohuslaus Lobkowitz von Hassenstein oder Augustin Käsenbrod in Olmütz Persönlichkeiten, denen Prag niemand Gleichbedeutenden entgegenstellen konnte. Auch in der Baukunst brachte erst ein deutscher Meister wie Benedikt Rieth von Piestling wieder Werke von europäischer Höhe zustande. Aber die Spärlichkeit bedeutender Persönlichkeiten und Leistungen erweist sprechend, wie sehr der Hussitenkampf auch die deutschen Schaffenskräfte in den Sudetenländern gelähmt hatte.

*

Durch das ganze Mittelalter herauf hatten Deutsche aller Stämme und Landschaften und aller sozialen Schichten wesentliche Aufbauarbeit in den Sudetenländern geleistet. Ohne ihre Mitwirkung wäre der überraschende Aufstieg der Sudetenländer in ihrer politischen Geltung und ihre fruchtbare Einbeziehung in die Welt der abendländischen Christenheit nicht denkbar, ja sogar die tschechische Volkwerdung im Mittelalter vollzog sich unter ihrer wesentlichen und bereitwilligen Mithilfe. Es war auch kein Werk deutscher Gegenwirkung, daß tschechisch-nationale Ansätze von Cyrill und Method bis zum Hussitentum scheiterten, sondern eine Folge inneren tschechischen Zwistes.

Am Ende eines halben Jahrtausends, in dem das Wachsen und Wirken des Deutschtums im Sudetenraum aufs engste Hand in Hand ging mit der kulturellen und wirtschaftlichen Erschließung des Landes und mit der Höherentwicklung des tschechischen Volkes, in einem Augenblick, da die deutsche Spannkraft zeitweilig nachließ und das ganze Abendland in schweren Krisen lag, versuchte der tschechisch-nationale Fanatismus, die Deutschen bewußt auszuschalten und das ganze Aufbauwerk in die eigenen Hände zu nehmen. Aber ein Großteil des Kulturerbes zerbrach bei dem wilden Griff darnach, und die Hände waren auch nicht geschickt genug, das weiterzutragen, was sie übernehmen konnten. Der Zwist, der damit entfacht war, zog tiefe Risse durch das Land und verurteilte es zu politischer Bedeutungslosigkeit, geistiger Unfruchtbarkeit und wirtschaftlichem Verfall. Es ist ein Hohn auf die geschichtliche Wahrheit, daß dieses an Grausamkeit und Zerstörung so reiche Jahrhundert in der tschechischen Geschichtsschreibung seit Palacky als ein Höhepunkt der Humanität hingestellt wird. Der harte Schlag gegen sein Deutschtum hatte dieses zwar zurückweichen lassen, aber nicht zu Tode getroffen. Wohl aber hatte er der hohen Blüte des Landes ein jähes Ende bereitet und seine schöpferischen Kräfte in eine unfruchtbare Opposition gebannt.

Das älteste Vorkommen des Namens Böhmerwald

Der Name Böhmerwald, und zwar in der üblichen Schreibweise - ein Wort - findet sich zuerst bei Arnold von Lübeck in seiner Slawenchronik VI, 8. Arnold berichtet, wie im Jahre 1204 der Böhmenkönig Ottokar als Verbündeter Ottos IV. von Braunschweig dem Landgrafen Hermann von Thüringen zu Hilfe kommen will, aber angesichts der überlegenen Heeresmacht des Königs Philipp sich fluchtartig zurückzieht; Pfalzgraf Otto von Wittelsbach nimmt die Verfolgung der böhmischen Streitkräfte auf; und hier heißt es: „persecutus est usque ad silvam, quae Boemerwald dicitur" - „er folgte bis zu dem Walde, welcher Böhmerwald genannt wird". Der Name Böhmerwald ist somit mindestens ein Dreivierteljahrtausend alt.

Deutsches Recht in Böhmen

Schon Wratislaw I. (1061-1092), der wegen seiner unbedingten Treue von Kaiser Heinrich IV. die Königswürde erhalten hatte, hat der deutschen Gemeinde in Prag einen Rechtsbrief ausgestellt. Er ist uns in einer Bestätigung durch seinen Enkel Sobieslaw II. erhalten. Die wichtigsten Sätze aus dieser bedeutsamen Urkunde sind die folgenden:

„Ihr sollt wissen, daß die Deutschen freie Leute sind."

„Ich bewillige ihnen einen eigenen Priester, den sie sich für ihre Kirche frei wählen mögen, und ebenso einen Richter. Sie sind zu keiner Heerfahrt heerbannpflichtig, außer wenn es sich um die Verteidigung des Landes handelt."

„Hat ein Tscheche mit einem Deutschen einen Rechtsstreit, in dem Zeugen für den Wahrheitsbeweis nötig sind, so soll der Tscheche gegen den Deutschen zwei Deutsche und einen Tschechen, aber verläßliche Männer, als Zeugen bringen. Und umgekehrt."

„Wenn ein Tscheche oder ein Wälscher oder wer immer einen Deutschen anklagt, so soll der oberste Richter eine Botschaft an den Richter der Deutschen senden, und der Richter der Deutschen selbst wird in jener Sache Recht sprechen, und hiebei kommt dem Kämmerer nichts weiter zu."

„Welcher Ankömmling oder Gast, aus welchem Lande er immer kommt, mit den Deutschen in ihrem Gemeinwesen wohnen will, der soll das Gesetz und Recht der Deutschen annehmen."

„Was immer die Deutschen begehen mögen, sie werden nicht gefangen noch in den Kerker geworfen, wenn sie Bürgen oder ein eigenes Haus haben."

„Mögen die Deutschen, in welcher Sache immer, angeklagt oder schuldig befunden werden, so sollen ihre Söhne und Frauen keinen Schaden an Habe oder Ehre erleiden."

Von der deutschen Sprache in Böhmen

Ein Chronist erzählt von Karl IV.:

„Also Kaiser Karle der vierde und Wenzeslaus sin Sun das Rich beslossent und Kunige worent zu Behem, und doch worent von dütschen Geslechte und sin mustent von dütschem Geslechte."

„Der Kaiser war auch wohlgelehrt in allen Künsten und kunnte die schwarzen Bücher (Schwarzkunst, die magischen Bücher), also Etliche sprechen. Und kunnte sechs Sprachen, unter denen hätte er tütsche Sprache allerliebest, davon hat er tütsche Sprache fast (sehr) gemehret; dann zu Prage und in andern Städten durch alles Böhemenland übet man allermeist tütsche Sprache."

Im Jahre 1334 kam Karls IV. erste Gemahlin, Bianka, eine Nichte des Königs von Frankreich, nach Prag; der Abt Peter berichtet darüber (aus dem Lateinischen übersetzt):

„Es ist uns allen sehr beschwerlich, daß sie nur französisch spricht. Ihr ganzer Hofstaat, welchen sie aus Frankreich und Luxemburg mit sich nach Böhmen gebracht hatte, wurde nach einem Monat mit einem Kostenaufwand von 2000 Schock Groschen wieder zurückgesandt und ihr dafür ein Hofstaat von Einheimischen gegeben. Um aber mit ihrer Umgebung besser zusammenleben zu können, begann sie die deutsche Sprache zu erlernen, und übte sich in ihr mehr als in der böhmischen; denn in fast allen Städten des Königreiches, und vor dem Könige, ist gegenwärtig die deutsche Sprache mehr im Gebrauch als die böhmische."

Es können Tage erscheinen, da die Macht und das Ansehen eines Stammes schwindet, aber sie können wieder auferstehen, wenn nur der Stamm selber nicht ausgelöscht ist.

Adalbert Stifter

Die Gründung der Prager Universität

Die älteste Hohe Schule Mitteleuropas

„In der Erkenntnis, daß die geistigen Güter besser, trefflicher und vornehmer seien als die Gaben der Natur und des Glückes, errichtete Kaiser Karl IV. ein Generalstudium in Prag." So vermerkte ein Zeitgenosse die Gründung der ersten Hohen Schule für das Reich, der Prager Universität, im Jahre 1348. Diese älteste deutsche Universität war bei ihrer Gründung in vier Fakultäten gegliedert: die theologische, die juristische, die medizinische und die artistische.

Schon in Kürze fanden sich Studierende des ganzen Abendlandes in Prag ein, da Karl IV. eine päpstliche Bulle erwirkt hatte, die der ganzen Christenheit empfahl, ihre jungen Ordensleute ans Prager Generalstudium zu schicken. Die am Studium Teilnehmenden gruppierten sich landsmannschaftlich. Die böhmische Nation umfaßte alle Einheimischen, Deutsche wie Tschechen, die unter der Krone Böhmens lebten, ferner die Ungarn und Siebenbürger. Zur bairischen Nation zählte ganz Süddeutschland: Österreicher, Baiern, Franken, Schwaben, die aus Kärnten und Krain, aus der Schweiz und aus Tirol und aus Reichsitalien, die Hessen, die Rheinländer und Westfalen. Zur polnischen Nation gehörten außer den Polen, meist deutschen Kolonisten, noch die Litauer, die Preußen und die Schlesier. Zur sächsischen Nation zählte das ganze übrige Norddeutschland. Jede Nation verfügte bei wichtigen Entscheidungen der Fakultät über eine Stimme. Der Rektor wurde wechselnd aus den verschiedenen Nationen gewählt.

Wir können uns das Leben an der damaligen Universität nicht bunt genug vorstellen. Studierende aus aller Herren Ländern, aus allen Lebensaltern und Lebenslagen, Geistliche und hoher Adel und Bürgersöhne und Vaganten aus Böhmen und Italien, aus Frankreich und England, vor allem aber aus den deutschen Ländern fanden sich in dieser Republik des Geistes zusammen. Karl IV. hatte für weitestgehende

Geleitsicherungen gesorgt. Außerdem hatte der Kaiser das Generalstudium zu Prag mit so weitreichenden Machtbefugnissen ausgestattet, wie er es nimmer als bloßer böhmischer König, wie er es nur als Herrscher über das Reich, als deutscher Kaiser verwirklichen konnte. So überragte Prag als Reichsuniversität dann auch die anderen Studien, die bald darauf in Krakau und später in Wien durch Rudolf IV. als Landesuniversitäten gegründet wurden. Lange Zeit blieb das Prager Studium das besuchteste Generalstudium des Abendlandes. Auch bei vorsichtiger Schätzung muß man annehmen, daß die Zahl der Teilnehmer die tausend weit überschritt. Das Zusammen so vieler Geistesbeflissener ließ ein höchst lebendiges Treiben erwachen, das nicht nur im Geistigen sich betätigte: Prag war eine Studentenstadt geworden.

Eine weltweite Sendung zerbricht am Nationalitätenhaß

Von Egon F. Rothmantel

Man nannte Böhmen einst die Zitadelle Mitteleuropas. Das war zur Zeit Kaiser Karls IV., der Prag zur kaiserlichen Residenz und durch die Gründung der ersten deutschen Universität zum kulturellen Mittelpunkt Zentraleuropas erhob. Daß er diese Gründung nicht als König von Böhmen, sondern als Kaiser des Reiches in einer Kaiserurkunde mit dem für diese Dokumente charakteristischen Siegel der „Goldbulle" am 7. April 1348 vollzog, hatte seinen Grund darin, daß das „studium generale" zu Prag abendländisch-universalen Charakter haben mußte. Im Sinne der alle Gegensätze überwölbenden Idee der „res publica Christiana" sollte an der jungen Heimstatt westlichen Geistes die Elite des geistigen Nachwuchses Europas gebildet werden. Es war der Wunsch des tief im Humanismus verwurzelten klugen und weitblickenden Kaisers, die universitas darüber hinaus zur Bildungsstätte der Intelligenz des slawischen und pannonischen Ostens und Südostens zu machen.

Bereits ein Mannesalter später erließ König Wenzel IV., der unfähige Sohn Karls IV., auf Betreiben des national verblendeten Glaubenseiferers Hus das folgenschwere „Kuttenberger Dekret" von 1409, durch das die deutschen Professoren und Studenten der Universität, obwohl sie vier Fünftel der akademischen Bürger ausmachten, völlig entrechtet und schließlich vertrieben wurden. Hus aber riß die berühmte Hohe Schule mit sich in den Strudel der Hussitenkriege, so daß sie, wie ein späterer tschechischer Historiker schrieb, zum „verrosteten Kleinod" ward.

Als der Hussitensturm sich gelegt hatte und deutsche Studenten und Professoren wieder nach Prag zurückkehrten, erlangte die Universität bald wieder ihren einstigen hohen Ruf. Allein auch der Dreißigjährige Krieg riß sie in seinen Bann. Prager Studenten und Lehrer waren es, die während des Krieges später heldenmütig die Karlsbrücke gegen die anstürmenden Schweden verteidigten. Sie aber, Deutsche wie Tschechen, setzten im Sturmjahr 1848 auf den Barrikaden ihr Leben für die zu erkämpfende Freiheit des Individuums ein, nachdem eine Studentenlegion sich bereits in der Schlacht bei Wagram gegen Napoleon ausgezeichnet hatte. Deutsche akademische Bürger der alten Karlsuniversität waren es, die sich dann unter dem Einfluß der Ideen Herders und Schlözers unvergängliche Verdienste um das Entstehen einer neuen tschechischen Führungsschicht und um die Geburt der neutschechischen Schriftsprache erworben haben. Sie waren es auch, die eingedenk des gemeinsamen Kampferlebens energisch die Gleichberechtigung der Tschechen an der Universität in sprachrechtlicher Beziehung forderten, die diesen auch am 5. April 1848 gewährt wurde.

Der tschechische Frühnationalismus vergalt die ihm zuteil gewordene Förderung schlecht, indem er wenige Jahre später eine eigene tschechische Universität forderte. Die Regierung der Monarchie war bereit, diese Forderung zu erfüllen. Allein, man wollte auf tschechischer Seite der deutschen Universität die Tradition der alten Karlsuniversität nicht überlassen. Deshalb stellte im Jahre 1882 der tschechische Universitätsprofessor Dr. Kvicala im Wiener Parlament den Antrag, die Karlsuniversität in eine deutsche und eine tschechische Universität zu teilen, wodurch beide Universitäten Rechtsnachfolgerinnen der von Karl IV. gegründeten universitas sein sollten. Diesem Antrag stimmten sämtliche deutschen Abgeordneten zu, so daß das Teilungsgesetz am 28. Februar 1882 Rechtskraft erhielt.

Diese unumstößliche historische Tatsache hinderte das tschechische Revolutionsparlament nach 1918, dem kein einziger deutscher Abgeordneter angehörte, nicht, mit der zum Gesetz gewordenen berüchtigten „Lex Maresch" vom 19. Februar 1920 die Geschichte willkürlich zu beugen, die deutsche Universität der Rechtsnachfolgeschaft der Karlsuniversität zu berauben, ihr zu verbieten, den alten Namen zu führen, der allein der tschechischen Universität zugesprochen ward, ihr die historische Kaiserurkunde ihrer Gründung mit der Goldbulle wegzunehmen, die Archivalien und die Insignien des Rektors und der Dekane und schließlich auch das historische Gebäude des Karolinums sowie die Universitätssternwarte zu „enteignen". Auf legislativem Wege wurde die Geschichte „korrigiert", indem jenes Parlament beschloß, daß Kaiser Karl IV. im Jahre 1348 in Prag keine Reichs-, sondern eine böhmische Landes-Universität gegründet habe.

Die westliche Welt aber erkannte nicht, daß hier die bedeutendste Geistesposition abendländisch-westlicher Prägung Gefahr lief verlorenzugehen.

Von der „Lex Maresch" bis zur totalen Liquidierung der deutschen Karlsuniversität in Prag, die 27 Jahre später erfolgte, war es nur ein kleiner Schritt. Der Untergang der ältesten Universität Mitteleuropas wurde besiegelt, als der kommunistische Unterrichtsminister am 600. Jahrestag der Gründung der Universität einen Regierungsbeschluß verlas, demzufolge die kaiserliche Gründungsurkunde, deren Text in lateinischer Sprache abgefaßt war, fortan nur noch in tschechischer Fassung zu gelten habe . . .

Rampholt Gorenz

Von Johannes Leonis von Brüx (1493)

Als die Hussiten 1421 die feste Stadt Bilin genommen hatten, war ihnen dabei auch deren Verteidiger, der Ritter Rampholt Gorenz, in die Hände gefallen. Er war der Bruder des Hauptmanns der Veste Landeswart bei Brüx. Und als sie nun vor diese Stadt und Veste zogen, haben sie eine gar schreckliche Bosheit ausgedacht und versucht. Sie nahmen den Rampholt Gorenz aus seinen Fesseln und banden ihn ganz nackt auf das Schirmdach des Belagerungsgerätes. Sie meinten, die Verteidiger würden, aus Barmherzigkeit gegen den edlen Ritter, davon Abstand nehmen, ihre Wurfgeschosse gegen den Sturmbock zu richten, oder der Hauptmann der Landeswarte würde die Veste übergeben, um den Bruder zu befreien.

Und freilich war das ein erbarmungswürdiger Anblick für die Schloßbewohner und sie waren lange im Zweifel, was sie denn tun sollten. Es mußte für den Bruder, der das Schloß verteidigte, das Unerhörteste sein, daß er gegen den allerliebsten Bruder sollte seine Geschosse richten.

Als nun die Belagerer wiederum ihr Sturmgerät vorschoben mit dem nackten Ritter auf dem Schirmdach, da schrie dieser zu den Belagerten hinauf: „Bruder, ich weiß, daß ich dieser grausamen und treulosen Peinigung nicht entrinnen kann. Du aber und Deine Getreuen im Schlosse und in der Stadt, ihr könnt mit Gottes Hilfe Heil und Rettung erhoffen. Deshalb ist es besser, daß ich allein sterbe, als daß so viele Getreue verderben sollen. Schone mich also nicht, aber verschaffe mir einen raschen Tod!"

Als der Bruder auf der Mauer das hörte, da verwandelte sich die Bruderliebe in grimmige Entschlossenheit. Auf Befehl des Schloßhauptmanns durchschoß ein erprobter Schütze mit seinem Pfeil die Brust des gefesselten Bruders.

So geschah hier eine ruhmwürdige Tat. Gott segnete das Opfer. Die Stadt hielt allen Kriegsgreueln stand.

Die Rüstkammer des Dreißigjährigen Krieges

Von Friedrich von Schiller

Der Krieg hatte die kaiserlichen Lande viel zu sehr erschöpft, um die unermeßlichen Kosten einer solchen Kriegsrüstung bestreiten zu können. Unter diesen Umständen konnte Kaiser Ferdinand nichts willkommener sein als der Antrag, womit einer seiner Offiziere ihn überraschte.

Graf Wallenstein war es, ein verdienter Offizier, der reichste Edelmann in Böhmen. Er hatte dem kaiserlichen Hause von früher Jugend an gedient und sich in mehreren Feldzügen gegen Türken, Venezianer, Böhmen, Ungarn und Siebenbürgen auf das rühmlichste ausgezeichnet. Der Prager Schlacht hatte er als Oberster beigewohnt und nachher als Generalmajor eine ungarische Armee in Mähren geschlagen. Die Dankbarkeit des Kaisers kam diesen Diensten gleich, und ein beträchtlicher Teil der nach dem böhmischen Aufruhr konfiszierten Güter war seine Belohnung. Im Besitz eines unermeßlichen Vermögens, von ehrgeizigen Entwürfen erhitzt, voll Zuversicht auf seine glücklichen Sterne und noch mehr auf eine gründliche Berechnung der Zeitumstände, erbot er sich, für den Kaiser auf eigene und seiner Freunde Kosten eine Armee auszurüsten und völlig zu bekleiden, ja selbst die Sorge für ihren Unterhalt dem Kaiser zu ersparen, wenn ihm gestattet würde, sie bis auf 50.000 Mann zu vergrößern. Niemand war, der diesen Vorschlag nicht als die schimärische Geburt eines brausenden Kopfes verlachte, aber der Versuch war noch immer reichlich belohnt, wenn auch nur ein Teil des Versprechens erfüllt würde. Man überließ ihm einige Kreise in Böhmen zu Musterplätzen und fügte die Erlaubnis hinzu, Offiziersstellen zu vergeben.

Wallenstein war immer geschäftig und von großen Entwürfen bewegt; er entsagte allen leeren Zerstreuungen. Einen durch ganz Europa ausgebreiteten Briefwechsel besorgte er selbst; die meisten Aufsätze schrieb er mit eigener Hand nieder, um der Verschwiegenheit andrer so wenig als möglich anzuvertrauen.

Wenige Monate, so standen 20.000 Mann unter den Waffen, mit welchen er die österreichischen Grenzen verließ; bald darauf erschien er schon mit 30.000 an der Grenze von Niedersachsen. Der Kaiser hatte zu der ganzen Ausrüstung nichts gegeben als seinen Namen. Der Ruf des Feldherrn, Aussicht auf glänzende Beförderung und Hoffnung der Beute lockte aus allen Gegenden Deutschlands Abenteurer unter seine Fahnen, und sogar regierende Fürsten, von Ruhmbegierde oder Gewinnsucht gereizt, erboten sich jetzt, Regimenter für Österreich aufzustellen.

Ganz Deutschland wurde auf diese Art ein Proviantmagazin für die Heere des Kaisers, und er konnte mit allen Territorien wie mit seinen Erblanden schalten . . .

Schloß Eger

Von Theodor Fontane

Lärmend, im Schloß zu Eger,
über dem Ungarwein
sitzen die Würdenträger
Herzogs Wallenstein:
Tertschka, des Feldherrn Schwager,
Illo und Kinsky dazu,
ihre Heimat das Lager,
und die Schlacht ihre Ruh.

Lustig flackern die Kerzen;
aber der Tertschka spricht:
„Ist mir's Nacht im Herzen,
oder vorm Gesicht?
Diese Lichter leuchten
wie in dunkler Gruft,
und die Wände, die feuchten,
hauchen Grabesluft."

Feurig funkelt der Unger;
aber der Kinsky spricht:
„Draußen bei Frost und Hunger
schüttelte so mich's nicht,
hielte lieber bei Lützen
wieder in Qualm und Rauch;
wolle Gott uns schützen,
oder - der Teufel auch."

Illo nur, Herz wie Kehle
hält er bei Laune sich,
dicht ist seine Seele
gegen Hieb und Stich,
trägt ein Büffelkoller
wie sein Körper traun,
lustiger und toller
war er nie zu schaun.

Und vom Trunke heiser,
ruft er jetzt und lacht:
„Das ist erst der Kaiser,
wer den Kaiser macht;
Eid und Treue brechen,
taten wir's allein?
Hoch der König der Tschechen,
Herzog Wallenstein!"

Burg- und Schloßbewohner
ruhen . . . Da sieh, in Stahl,
Buttlersche Dragoner
dringen in den Saal;
Buttler selbst, im Helme,
tritt an den Illo: „Sprich,
seid ihr Schurken und Schelme,
oder gut kaiserlich?!"

Hei, da fahren die Klingen
wie von selber heraus,
von dem Pfeifen und Schwingen
löschen die Lichter aus;
weiter geht es im Dunkeln,
nein, im Dunkeln nicht:
ihrer Augen Funkeln
gibt das rechte Licht.

Tertschka fällt; daneben
Kinsky mit Fluch und Schwur;
mehr um Tod wie Leben
ficht selbst Illo nur,
schlägt blindhin in Scherben
Schädel und Flaschen jetzt,
wie ein Eber im Sterben
noch die Hauer wetzt.

Licht und Fackel kommen,
geben düstren Schein:
ineinander verschwommen
blinken Blut und Wein;
überall im Saale
Leichen im bunten Gemisch,
stumm, vor seinem Mahle,
sitzt der Tod am Tisch.

Buttler aber, wie Wetter
donnert jetzt: „Laßt sie ruhn!
Das sind erst die Blätter,
an die Wurzeln nun."
Bald in Schlosses Ferne
hört man's krachen und schrein; -
schau nicht in die Sterne,
rette dich, Wallenstein!

Die heilige Saat

Eine Erzählung aus dem Dreißigjährigen Krieg

Von Hans Watzlik

Tief im Notwald hatte der Eibenstöcker einen kleinen versteckten Fleck Erde umgebrochen, dort wollte er heuer sein Korn bauen. Jahr für Jahr hatten ihm die Kriegsleute die Ernte verdorben, heuer sollten sie seinen Acker nimmer aufspüren.

Er wischte sich den beißenden Schweiß aus den Stirnrunzeln und half der müden Kuh, die ihm den Pflug durchs Unwegsame gegen das Dorf hin zog. „Halt dich still, Schelhorn!" warnte er das Tier. „Die Bauernschinder dürfen uns nicht hören."

Wo vormals das Dorf gewesen, lag nur mehr Asche und verkohltes Gebälk. Im vergangenen Herbst hatten durchziehende Kroaten das, was nach langer Kriegszeit noch geblieben war, ausgebrannt und ausgemordet bis auf Wurz und Stengel; die letzten Leute waren aus dem unglückseligen Dorf geflohen.

Nur der alte Eibenstöcker hielt sich. Von aller Habe besserer Tage hatte er nur die dürre Kuh gerettet, die ihm am Acker half und ihn tröstete mit ihren stillen, geduldigen Augen.

Auf verwildertem Steig zogen Mensch und Tier den Pflug durch ein Dickicht in eine windschiefe, geborstene Scheuer. Dort drin hatten die Bauern während der übeln Jahre ihr Korn verborgen. Jetzt war die Scheuer leer.

Der Alte band die Kuh an einen Pfosten und legte ihr ein Bündlein Heu vor. Hernach kroch er auf den Boden hinauf unters Bretterdach. Droben lag ein Sack mit Saatgetreide, den öffnete er und wühlte mit dem Arm tief hinein und ließ die Körner durch die Finger rieseln und freute sich des Spieles. Schließlich schnürte er den Sack wieder sorglich zu, ließ sich mit ihm auf die Tenne hinab und lud ihn auf die Schulter. „Heut schlaf ich bei euch, meine lieben Körnlein", redete er. „Ich trau nit, ein Schalk könnte euch mir stehlen."

Auf krummem Rücken schleppte er den Schatz zu seinem Schlupf, einer elenden Holzhütte, sie war den Soldaten zu schlecht zum Anzünden gewesen.

Davor stand ein Kreuz. Der Eibenstöcker hatte es aus dem öden Dorf her verpflanzt: der Herrgott hat gern Leute um sich, und auch der Alte war froh, daß er jemand bei der Hand hatte, mit dem er dann und wann reden konnte. Dem Gekreuzigten war der eine Arm abgeschlagen, nicht einmal die bittere Rast am Kreuz hatten sie ihrem Herrgott vergönnt, und so hing er mit wilder Gebärde vom Kreuz nieder, als wolle er sich davon lösen.

Der Bauer rückte den Hut. „Einen neuen Acker hab ich aufgerissen, Herrgott. Eine heimliche Stelle ist es, du selber tätest sie nit finden. Und morgen bau ich das Korn. Die Zeit ist da: der Wiedehopf ist schon kommen, und der Saft steigt aus den Wurzeln ins Holz."

Der am Kreuz droben klapperte traurig im Wind.

„Was greinst du, Herrgott? Sei nit verzagt! Ich bleib schon bei dir im Notwald, ich laß mich nit auswurzeln. Ich nit. Siebzig Jahr schon haus' ich da. Und wo in aller Gotteswelt find' ich ein so mildes Wasser und eine so linde Luft wie daheim? Nein, mein Herrgott, wenn du glaubst, ich renn davon, da irrst du dich. Ein Bauer, wenn er schon zum Abdürren ist, er schlagt wieder aus wie eine Felberstaude. Das merk dir, Herrgott!"

In der finsteren Stube legte er ächzend den Sack ab.

Dann stellte er Wasser auf den verfallenen Ofen und brockte in den Topf ein erdschwarzes, fast eisenhartes Brot. Das Feuer lebte auf, und Rauch erfüllte den Raum.

Der Bauer zog eine breite, plumpe Wiege herfür und trat sie, daß sie langsam schaukelte. „Darfst deinen Gang nit vergessen, Wiege", mahnte er. „Die Zeit kommt, da liegen wieder kleine Bauern drin, da wachsen die Kinder wie das Grummet, das Land wird nit leer."

Er ließ die Wiege gehen und dachte seiner Brut, die einst drin gelegen und nun verdorben war vor lauter Krieg und verschollen, und er summte, und um den verwitterten Mund spielte ein halbverlerntes Lächeln. „Ei ja, Flachs will ich auch bauen, den Kindern sollen wieder Hemdlein wachsen", nickte er.

Da lärmte es draußen. Ein Reiter klirrte vom Gaul herab und stieß das Haus auf. Ungestüme Augen brannten in einem zerfetzten, argen Gesicht.

„Was siedet auf deinem Ofen?" rief der Fremde. „Rupf mir auch eine Henne, Spitzbub!"

Der Alte nahm demütig die Haube ab. „Vergelt dir Gott den Gruß, Herr Schwed!"

„Her mit dem Geld, oder ich hau dich, daß du elftausend schreist!"

„Bin ich der Talerschmied, Herr Reiter? Kann ich das Geld speiben? Ich hab nix mehr. Fünfmal schon haben mich die Blutschinder ausgeraubt."

Der Schwede bog sich den Bart. „He, schiltst du meinesgleichen? Verleugne dein Geld nit! Sonst soll dir das Mark aus dem Schädel heraushängen!"

Dem Alten flog eine schier schwarze Röte übers Gesicht und er hob den Hut wie zum Schlag. Doch der Reiter stand prahlerisch in seiner üppigen Kraft und lachte: „Du machst mich nit blutrünstig. Sieben wie dich steck ich mir um den Hut. Jetzt, Kerl, tritt her und greif mir mein Fleisch und Blut an!" Sein Eisen fauchte durch die Luft. Und er hielt dem Alten den Schwertknauf unter die Nase. „Da, schmeck! Da hinein sollt ihr Bauern noch beißen, bis euch die Zähne brechen!"

Der Eibenstöcker setzte sich schweigend zur Wiege hin.

Der Soldat aber riß den Topf vom Feuer und roch daran. „Bauernfraß!" sagte er und spie darein. Hernach warf er sich in die Wiege, daß sie krachte. „Zum Fressen hast du nix, Alter. So wieg mich! Säum dich nit, runzel nit das Hirn! Wieg mich und sing!"

Da trat der Alte die Wiege, knarrend bewegte sie sich unter der ungewohnten Last, und er sang eintönig dazu:

> „Ist allweil wie g'wesen,
> wird wieder wie sein.
> Ist alles vergangen,
> wird das auch vergeihn."

Der Reiter in der Wiege rang um den Atem vor lauter Lachen. „Du, Narrentanz, ist das ein seltsam Wiegenlied! Aber die Bauernzeit kommt nimmer, der Soldat ist ein ewiges Ding. Und nit ein Zaunstecken darf stehen bleiben in Deutschland."

„Deutschland?" fragte der Alte. „Was für eine Gegend ist das?"

„Haha, du grauer Schelm, Deutschland, das ist das Land, das jetzt unter dir verbrennt."

Mitten im Wiegen fuhr der Bauer auf und lauschte starr wie in etwas Furchtbares. Dann rannte er davon.

Draußen plärrten und muhten rauhe Kehlen waldeinwärts, und des Eibenstöckers Kuh erwiderte in Heimweh nach Geschöpfen ihrer Art und verriet ihr Versteck.

Der Bauer kam gerade recht, zu schauen, wie die Schweden das Tier mit sich trieben. „Ihr Kriegsleut, ihr guten Kriegsleut", bettelte er, „die eine Kuh laßt mir! Wie kann ich sonst leben?"

„Friß Erde, wenn du Hunger hast!"

„Eggen muß ich mit ihr, Korn eineggen! Bitt euch, laßt mir das Viehlein!"

„Spann Wölfe vor die Egge!" entgegnete einer, legte auf den Alten an und schoß.

Aufheulend vor Leid und Wut entrann der Bauer. Die Nährerin war ihm genommen, die Helferin, an deren warmen Leib er sich oft trostsuchend gelehnt hatte im schweren Winter!

Der Abend sank, Raben durchstöberten den Wald, darüber der Mond wie ein goldenes Kuhhörnlein leuchtete.

Durch die Wildnis glomm ein roter, wilder Schein, Rauch düsterte durch das Dämmer. Den Mann griff eine arge Ahnung, er keuchte heimzu.

Er hörte es prasseln und knallen. Seine Hütte brannte lichterloh. Er sprang hinein, die brennende Wiege riß er heraus. Hinter ihm brach das Dach sprühend ein, die Wände neigten sich, das Haus sank in Glut.

Mit verwirrtem Blick folgte der Mann den Gebärden des Feuers. Die Hände hingen ihm müd. „Jetzt hab ich kein Dach mehr, muß schlafen auf unserem Herrgott seinem Laub und Gras."

Eine jähe Erkenntnis überrannte ihn. „Ach weh und überweh, mein Getreid verbrennt, meine gelben Saatkörnlein!" Verzweifelt drang er gegen das Haus vor. Glut und zuckendes Licht wiesen ihn zurück.

„Das letzte Brot haben sie mir vom Maul gerissen", winselte er. „O meine guten Saatkörnlein! Jetzt ist es aus mit mir."

An das hohe Kreuz trat er, den einarmigen Heiland riß er herunter, reckte ihn gegen das Feuer. „Da schau her, Herrgott, das ist deine Ordnung!"

Aber er erschrak vor seinem Wort, er legte den Gekreuzigten auf den Rasen, warf sich hin und betete wirr und heftig. Die zerschundenen, geplagten Hände, die Hände mit den wilden Aderstriemen hob er gefaltet empor, als hielte er sein Gebet weit von sich. „Herr, verzeih mir die Sünd! Aber ich trag viel. Sechsmal im Feuer! Das letzte Korn hin! Ich trag es nimmer."

Der Wind hob ihm das graue Haar. Die Flammen trieben ihr grausames Spiel.

„Hätt ich die Saat in den Schnee gestreut, der harte Winter hätt sich erbarmt, hätt sie aufgehen lassen! O weh, um die liebe Saat!" Er legte den Kopf auf das Heilandsholz und schluchzte.

„Irgendwann hat es Korn geregnet. Aber das geschieht nimmer, die Welt hat die Wunder verscheucht mit ihren blutigen Waffen. Waldauf, waldab ist das Land öd und keinen Nachbar hab ich mehr. Wer soll mir denn helfen?"

Er richtete sich auf. Die Sterne begannen den hellen, stillen Wandel.

Er murmelte: „Es ist alleweil etwas, was den Himmel hält. Vorzeiten, wie der Tod im roten Mantel sich hat über die Moldau fahren lassen und die Pestilenz mitgebracht hat in den Wald, da hat mancher gemeint, die Welt hört auf. Sie steht heute noch. Aber mir hilft nix mehr. Ich muß davonrennen aus dem Notwald."

Sterne kreisten, Wald sauste, und der Bauer saß die lange Nacht vor dem schwelenden Haus.

Doch als der Morgen im Gewölk glühte, sprang er von der Erde auf, wie eine gebogene Rute aufschnellt. Die alte Scheuer suchte er heim.

Drin kniete er hin und tastete und spähte. Da lag ein Körnlein auf der Tenne, dort ein zweites, ein drittes. Er legte sie in seinen Hut. Dort barg sich eines in jener Fuge, unter einem grauen Brett fand er ein vergessenes Häuflein.

Auf allen Vieren kroch er herum und sammelte. Er kletterte auf den Boden und holte aus allen Ritzen die kärglich verstreuten Reste alter Ernten, und als es Abend wurde, war der Hut fast voll.

Und dann kniete er tief im Notwald auf dem aufgetanen Feld, er stach mit dem Finger kleine Löcher in den Grund, legte in jedes zärtlich ein Korn und bedeckte es sanft und sorgsam mit Erde. Der Frost sollte kein einziges Körnlein davon töten, kein Vogel eines finden, kein Wind eines verwehen.

Zwei rauhe Tage kniete er gebückt über dem mühseligen Werk, und da es vollbracht war, sagte er:

„Herrgott, ich dank dir, daß du mir langsamem Mann die Geduld gibst. Und so soll es nit unter mir verderben, mein Flecklein Deutschland."

Aus dem Gewölk fuhr ein lichter, starker Sonnenstrahl und berührte den Bauer; da war ihm, Gott senke ihm ein starkes Samenkorn in die Seele, und ihn schauderte.

Wo ich nicht lieben kann, mag ich nicht leben.

Adalbert Stifter

Vier Jahrhunderte Gemeinsamkeit mit den Alpenländern

Von Rudolf Schreiber

Es ist eine eigentümliche Fügung, daß gleichzeitig mit der großen weltgeschichtlichen Wende zu Beginn des 16. Jahrhunderts auch für das Deutschtum in den Sudetenländern eine neue Geschichtsepoche anhebt. Es trat in sie mit besseren Voraussetzungen als zu Beginn des Mittelalters ein. Trotz der schweren Einbußen der Hussitenzeit bestand nun in den Rodelandschaften der Grenzgebirge rund um Böhmen und Mähren noch ein weithin geschlossenes Deutschtum als Volksgruppe, die alle sozialen Schichten umfaßte. Es hatte einen kräftigen Rückhalt an dem Deutschtum der Nachbarländer, namentlich auch der Lausitz und Schlesiens, mit denen es politisch enger verbunden war. Die deutschfeindliche Einstellung der Hussiten, die dem deutschen Wort und Einfluß in den zentralen Stellen und im Landesinnern keinen Raum mehr geben wollte, hatte eine stärkere Anlehnung an diese deutsche Nachbarschaft herbeigeführt.

Um 1520 aber wurde fühlbar die Zeit reif für einen Abbau der Schranken um das Hussitentum, zumindest in der Praxis, wenn auch die alten Gesetze und die tschechische Amtssprache noch weiter galten. Wieder einmal wirkten ober- und mitteldeutsche Einflüsse dabei zusammen, gleichzeitig arbeiteten von Nord und von Süd zwei ganz verschiedene geschichtliche Kräfte darauf hin. Die geistigen Einflüsse der deutschen Reformation von Norden zogen das Hussitentum in weltweite Zusammenhänge mit, von Süden her aber wurde die politische Vereinigung mit den deutschen Alpenländern wirksam, nachdem die Landstände der Sudetenländer 1526 angesichts der Türkengefahr freiwillig die Krone dem Habsburger Ferdinand I. übertragen hatten. Reformatorische Gemeinsamkeit und Habsburgerhof wirkten aber keineswegs bewußt für das Deutschtum, sondern öffneten und ebneten deutschen Kräften nur wieder den Weg in den Sudetenraum. Die wirklich treibenden Motive für dieses

d e u t s c h e   W i e d e r e r s t a r k e n

lagen vielmehr auf dem Gebiete der Wirtschaft. Der Hochstand der deutschen Stadtkultur und des deutschen Handwerks und Handels im 16. Jahrhundert bewirkten, daß um ihrer Leistung willen unvermerkt immer mehr Deutsche auch in innerböhmische Städte wieder aufgenommen wurden und daß sich dort unter der Decke einer tschechischen Amtssprache ein neues deutsches Bürgertum bildete.

Dieser stillen städtischen Kolonisation wirkte auch nun wieder ein neuer Bergbauaufschwung zur Seite. Vom sächsischen Erzgebirge aus stiegen Silberschürfer über den Kamm auch auf den böhmischen Hang herunter, wo aus einer Wüstung die neue Silberbergstadt St. Joachimsthal entstand. Bis zum unwirtlichen Gebirgskamm hinauf erschloß der Bergbau neuen Siedelraum, und die Bewohner blieben dort, auch als die Erzadern versiegten. Das Erzgebirge aber sandte seine Bergleute auch weiter ins Land hinein nach Schlaggenwald, Mies und bis Rudolfstadt bei Budweis. Ähnlich wie der Bergbau trug auch ein neuer Ausbau des Glashüttenwesens die Siedelgrenze tief in die Bergwälder hinein und hinterließ neue Rodungen mit kleinbäuerlichen Anwesen. Diesen rührigen, auf Nebenerwerb angewiesenen Siedlern kam nun auch mancher andere halbindustrielle Erwerbszweig zu Hilfe, der von den kleinen Städten und den Grundherren auch auf die Dörfer hinaus verpflanzt wurde, wie etwa die Leinenweberei. Der Nürnberger Großhandel des 16. Jahrhunderts nahm nicht nur an Böhmens Bergschätzen Anteil, sondern auch an dem guten nordböhmisch-schlesischen Leinen.

Auch das kulturelle Leben blühte merklich auf, vor allem auch in den Städten und an Adelssitzen. Musikfreude erwachte allenthalben. Die Regsamkeit der Landstädte und des Landadels wurde aber gegen Ende des Jahrhunderts durch das Kulturleben Prags als des neuen Hofsitzes weit überflügelt. Hatte der Habsburgerhof ohne alle Absicht das Wiedererstarken des Deutschtums gedeckt und erleichtert, so war anderseits doch die Entstehung einer beachtlichen deutschen Schicht in Prag und im Lande wieder eine Voraussetzung dafür, daß im letzten Viertel des 16. Jahrhunderts Rudolf II. noch einmal Prag zur Reichsresidenz machen konnte. Diese bunte Welt von Gelehrten, Künstlern, Politikern und Abenteurern aus allen Ländern, die sich an Rudolfs Hof sammelten, wäre hundert Jahre vorher in der fremdenfeindlichen hussitischen Atmosphäre undenkbar gewesen. Rudolfs Kulturpflege aber war nicht wie einst bei Karl IV. einem großen politischen Ziele zugeordnet, sondern war ihm Liebhaberei, Zuflucht, in die er sich vor den politischen Spannungen rettete, die er nicht bewältigen konnte.

Die großen Zeitanliegen waren die konfessionellen Gegensätze einerseits, das Ringen zwischen der alten Ständemacht und einem neu erstarkenden Herrschertum anderseits. Beide Fronten gingen quer durch alle Staaten und Völker Mitteleuropas, die nationalen Spannungen traten ihnen gegenüber zurück. Daß in Böhmen jene beiden europäischen Fronten in eins verschmolzen, daß im böhmischen Aufstand 1618 sich die evangelischen Bekenntnisse mit dem alten Ständeprinzip fest verbündeten, war eine Entwicklung, die von

gemeinsamen Konfessionsfronten der Deutschen und Tschechen

betrieben wurde. Fenstersturz und Absage an Habsburg waren gemeinsam geplant und durchgeführt. Gemeinsam war aber auch die Niederlage auf dem Weißen Berge 1620 und die Bestrafung durch den siegreichen Habsburger Ferdinand, dem auch wieder Deutsche wie Tschechen zur Seite standen. Das erste Opfer des Prager Blutgerichtes von 1621 war der greise deutsche Graf Joachim Andreas Schlick; unter den geflüchteten Rädelsführern hat der deutsche Graf Heinrich Matthias Thurn den Kampf gegen Habsburg am hartnäckigsten fortgesetzt. (Grimmelshausen hat diesen weit herumgekommenen Kämpen zum illegitimen Vater seiner „Courage" gemacht.) Den freiwillig geflohenen Schuldigen aber folgten nach wenigen Jahren Zehntausende ihrer glaubenstreuen evangelischen Landsleute, wieder Deutsche und Tschechen, ins Exil - durchwegs aufrechte und tüchtige Menschen. Unter den Siegern aber und den Nutznießern des Sieges waren ebenso Tschechen wie einheimische Deutsche, daneben aber recht viele Auswärtige und Ausländer, vor allem romanischer Adel aus habsburgischem und bayrischem Dienst.

Der Schlag von 1620 traf also beide Volkstümer in gleicher Wucht; dennoch war seine Wirkung auf beide verschieden. Die deutschen Exulanten gingen zwar den Sudetenländern verloren, kamen aber meist in deutsche Umwelt und blieben so Deutsche. Die tschechischen Exulanten aber gerieten wo immer in eine national fremde Umgebung, in der sie trotz langer, zäher Selbstbehauptung endlich doch aufgingen, - sie gingen der Heimat und ihrem Volke verloren. Unter den neu zuwandernden Kräften, die diese Lücken in den Sudetenländern ersetzen mußten, gab es begreiflicherweise wohl viele Deutsche, aber nur wenige Slawen und wohl keinen Tschechen. Dies ist der reale Hintergrund für die ständigen tschechischen Klagen über eine „Germanisierung" nach 1620. Sie wären berechtigt, hätte das Deutschtum aus dem Absinken der Tschechen, das durch ihre Raumlage und durch eine Periode innerer Schwäche bedingt war, bewußt für sich Nutzen gezogen. Das war aber keineswegs der Fall, vielmehr hat im 18. Jahrhundert deutsche Hilfe wesentlich dazu beigetragen, das Tschechentum, das schon von seinen eigenen Söhnen verloren gegeben wurde, mit neuem Selbstbewußtsein zu erfüllen.

Es sei aber auch nicht übersehen, welche große Umstellung die Rekatholisierung auch für das Deutschtum der Sudetenländer bedeutete: die Konfessionsgrenze gegen das evangelische Mitteldeutschland wurde fest abgedichtet, die engen Beziehungen des 16. Jahrhunderts zerschnitten und diese Tendenz noch durch die Abtretung der Lausitzen verstärkt. Ersatz dafür boten katholische Gegenden der Alpenländer, Oberdeutschlands und der Rheinlande. Das Aufstreben der deutschen kolonisatorischen Tätigkeit im Grenzgebiet wie im Landesinnern, wie wir sie im 16. Jahrhundert sahen, wurde hier im 17. Jahrhundert nicht unterbrochen, sondern nur zeitweilig gehemmt. Mitten im Kriege hatte Wallenstein Handwerk und Kleinindustrie in seinem Herzogtum Friedland zu einem großen Zusammenwirken für die Heeresrüstung aufeinander abgestellt und hoch entwickelt. Dies alles aber war um so verwunderlicher, als doch die soziale Umwälzung nach 1620 den Grundherren, vor allem dem Adel mehr Macht als je verlieh, gegenüber den in langen Krisen hinsiechenden Städten und den ganz entrechteten Bauern.

Aber selbst auf geistigem Gebiete überraschen uns Parallelen einer über den Konfessions- und Bevölkerungswechsel hinwegdauernden Landesüberlieferung: so wirkte etwa die platonische Naturphilosophie des Protestanten Kepler, des großen Astronomen an Rudolfs II. Hof, weiter bei heimischen Vertretern katholisch-barocken Denkens, von Markus Marci von Kronland bis in die Skepsis des Strahower Abtes Hieronymus Hiernhaim.

Diese Beobachtungen mögen uns auch die gleichermaßen erstaunliche Tatsache erklären, daß schon eine Generation nach Kriegsende das Kunstleben der Sudetenländer eine beachtliche Höhe aufwies. Die siegreichen Mächte von 1620, Krone, Adel und katholische Kirche, begnügten sich beim Wiederaufbau nicht mit schlichten Zweckbauten, sondern liebten den Prunkstil der Zeit, den Barock. Schlösser und Palais, Klöster und Kirchen erstanden nach südlichen Mustern, anfangs auch noch durch romanische Künstler; aber noch vor Ende des Jahrhunderts waren auch deutsche Kräfte mit hohen Leistungen daran beteiligt; wieder wirkten verschiedenste deutsche Landschaften daran mit. - Jeder, der die Sudetenländer kennt, weiß, wie stark dort Barockkunst das Bild von Stadt und Landschaft noch heute bestimmt.

Auch auf dem zweiten Lieblingsgebiete der barocken Kunst, der Musik, ist Böhmens Anteil nicht zu unterschätzen. Fehlten auch dem Lande die großen Pflegestätten dafür und wanderten daher oft seine besten Musiker auswärts an Höfe und Dome, so blieben doch die kleinen Hütten in den Bergen die

Heimat der „böhmischen Musikanten" wie der Kunst des Instrumentenbaues.

Trotz des tiefen geistigen Wandels, der um 1740 einsetzte, zeigte noch das folgende Jahrhundert bis 1848 die gleiche Grundrichtung in der Entwicklung des Sudetendeutschtums: Ausbau von Siedlung und Wirtschaft sowie beachtliche kulturelle Leistungen im

fortschrittlichen Humanismus der Aufklärung.

Obwohl die Zerspaltung Schlesiens 1740 dem Sudetendeutschtum einen weiteren Teil des deutschen Hinterlandes nahm, war die deutsche Siedlerkraft auch nachher noch aktiv: bei der Aufteilung staatlicher und kirchlicher Güter entstanden auch im Landesinnern deutsche Kolonien, und überschüssige Kräfte aus den Sudetenländern waren am jungen deutschen Ostsiedelwerk in Ungarn und Galizien beteiligt. Die schrittweise Hebung des Bauerntums war eine Zeittendenz des 18. Jahrhunderts, die vom Wiener Hofe und durch verständnisvolle Grundherren wie den Tepler Abt Trauttmannsdorff gefördert wurde.

Mindestens ebenso bedeutsam als Zug der Zeit ist die soziale und wirtschaftliche Belebung der Städte. Für ihren Neuaufschwung, der ihren alten Mauerkranz wieder füllte, ja bald sogar sprengte, war von entscheidender Bedeutung die Entwicklung der Industrie, deren verschiedene Ansätze im Grenzgebiet stärker entwickelt waren und durch die Gründung von „Manufakturen" der Stadt- und Grundherren schon von der Wende des 17. zum 18. Jahrhundert fortschreitend vermehrt wurden. Viele gute Fachkräfte aus den deutschen Nachbarlandschaften wurden dazu mit herangeholt, aber auch das heimische Deutschtum hat beachtliche Leistungen beigesteuert, nicht zuletzt durch die Schaffung der Prager Technischen Hochschule 1806, der ersten im deutschen Sprachgebiet.

Die besondere Leistung der Aufklärung nach der romanisch-übernationalen Barockkultur war eine neue Pflege der

Muttersprache und eine Hebung des Schulwesens. Neue Einflüsse der geistigen Zentren Mitteldeutschlands, wie etwa Leipzigs, wirkten in einer Richtung mit der vom Wiener Hof angestrebten Reform. Der Lausitzer Karl Heinrich Seibt brachte an der Prager Universität die deutsche Sprache und Literatur zu hohen Ehren. Einheimische als seine Schüler und Helfer, wie der Braunauer Abt Stefan Rautenstrauch und der spätere Leitmeritzer Bischof Kindermann, schufen mit ihm zusammen die Grundlagen eines modernen Schulwesens. Kritische Wissenschaft blühte auf; von westdeutschen Anregungen ausgehend, wurde der einheimische Piarist Gelasius Dobner zum Vater der kritischen Geschichtsschreibung Böhmens. Um Josef von Petrasch in Olmütz wie um Ignaz von Born in Prag gruppierten sich die ersten Gesellschaften von Gelehrten. Wie reich und selbstverständlich flutete um 1800 deutsches Geistesleben nach Böhmen und Mähren herein! Mozart fand in Prag sein dankbarstes Publikum, Beethoven freundliche Förderung, Goethe und die deutsche Romantik gaben und empfingen hier Anregung. Und ebenso selbstverständlich wirkten Sudetendeutsche in allen Teilen der Donaumonarchie schaffend und aufbauend mit.

Diese deutsche Tätigkeit aber regte auch die noch schlummernden tschechischen Kräfte wieder zu nationalem Schaffen an. Seibts Ruf nach einer deutschen Sprach- und Literaturpflege fand auch tschechische Schüler und Nachahmer, die reformierte Schule trug neuzeitliche Bildung auch in breite tschechische Schichten. Im Geiste des alten böhmischen Landespatriotismus und des neuen humanistisch-weltbürgerlichen Denkens boten die Deutschen gern brüderliche Hilfe bei diesem tschechischen Wiedererwachen, das aber bald in deutschfeindliche Tendenzen mündete und sogar vor Fälschungen nicht zurückschreckte.

Aus der Verkennung des tschechischen Nationalismus wurde das Deutschtum der Sudetenländer durch das Sturmjahr 1848 rauh geweckt. Nachdem die liberalen Forderungen gemeinsam durchgesetzt schienen, stellten die tschechischen Politiker offen nationale Forderungen voran. Sie verlangten ein slawisch geführtes, von Deutschland gelöstes Österreich, sie drängten damit die Deutschen der Sudetenländer in eine immer härter

umkämpfte Verteidigungsstellung.

Selbst die gemeinsamen Stiftungen der Vergangenheit, die Hochschulen, das Landesmuseum und die Gesellschaft der Wissenschaften wurden aus Stätten des friedlichen Wetteifers zu Streitobjekten, an denen sich die Wege der beiden Volkstümer im Mißtrauen voneinander trennten.

Das deutsche großbürgerliche Unternehmertum, das nicht so wie die tschechische Volksbewegung die kleinen Handwerker und die Arbeiter mit sich zu ziehen vermochte, trug immer noch keine Bedenken, billige tschechische Arbeitskräfte ins geschlossene deutsche Gebiet zu holen und damit auch dort Vorposten des Nationalitätenkampfes zu schaffen.

Die kampfgeladene Atmosphäre verleidete vielen schöpferischen deutschen Kräften das Wirken in der Heimat; die Weite der Donaumonarchie, das deutsche Mutterland boten bessere Bedingungen. Bezeichnend ist, daß noch in den letzten Jahrzehnten der Donaumonarchie in Prag das Deutschtum seit 1887 durch tschechische Praktiken ohne Vertretung in der Stadtverwaltung blieb und das offene Bekenntnis der deutschen Nationalität von der Gasse verwehrt werden konnte. Die nationalistische Frontstellung, in die so das Deutschtum von außen gedrängt wurde, verleitete zu überspitzten Programmen wie Arierparagraph und Los-von-Rom-Bewegung, die den äußeren Abwehrkampf wiederum durch innere Gegensätze erschwerten. Unverkennbar aber stieß der tschechische Vorstoß auf ein Deutschtum, gegen dessen innere Schwäche und äußeres Abbröckeln die Schutzvereinsbewegung mühsam ankämpfte. Die Blutverluste des Sudetendeutschtums im ersten Weltkrieg waren nächst denen von Kärnten die höchsten der Monarchie; Hunger und Kriegsentbehrungen lasteten schwerer auf den deutschen Gebirgsgegenden als auf den fruchtbaren tschechischen Ebenen. In so kritischer Lage wurde das Sudetendeutschtum in den Zerfall Altösterreichs 1918 mit einbezogen.

Der Wiederaufstieg der Tschechen mit deutscher Hilfe

Von Fritz Koberg

Ohne führende deutsche Mitwirkung ist der tschechische Wiederbeginn nicht zu denken. Die Deutschen, Born in Prag und Petrasch in Olmütz, haben mit den von ihnen gegründeten gelehrten Gesellschaften ihm die Wege bereitet. Herder hat zu einer Zeit, als niemand in Europa der Tschechen sonderlich gedachte, in einer Studie auf den auch sonst gerade in Deutschland ungemein geschätzten Comenius hingewiesen, und er hat im vierten Abschnitt des sechzehnten Buches seiner „Ideen zur Philosophie der Geschichte der Menschheit" das Slawentum sehr gepriesen. Er sagte den slawischen Völkern: „. . . da diese Nationen größtenteils den schönsten Erdstrich Europas bewohnen, wenn er ganz bebaut und der Handel daraus eröffnet würde; da es auch wohl nicht anders zu denken ist, als daß in Europa die Gesetzgebung und Politik statt des kriegerischen Geistes immer mehr den stillen Fleiß und den ruhigen Verkehr der Völker untereinander befördern müssen und befördern werden, so werdet auch ihr so tief versunkene, einst fleißige und glückliche Völker, endlich einmal von eurem langen trägen Schlaf ermuntert, von euren Sklavenketten befreit, eure schönen Gegenden vom Adriatischen Meer bis zum karpatischen Gebirge, vom Don bis zur Mulda (Moldau) als Eigentum nutzen und eure alten Feste des ruhigen Fleißes und Handels auf ihnen feiern dürfen."

Herder wünscht sodann „zur Geschichte dieses Volkes", wie er sagt, daß „die immer mehr verschwindenden Reste ihrer Gebräuche, Lieder und Sagen gesammelt und endlich eine Geschichte dieses Völkerstammes im ganzen gegeben würde, wie sie das Gemälde der Menschheit fordert".

Wie stark Herder mit diesem Werk gewirkt hat, ist bekannt; wenn Kant ihm vorwarf, daß er in seiner Völkerübersicht „auf einseitigen Nachrichten fuße, ohne vorher die Berichte anderer genau abgewogen zu haben", und im allgemeinen „kühne Einbildungskraft, verbunden mit der Geschicklichkeit, für seinen immer in dunkler Ferne gehaltenen Gegenstand durch Gefühle und Empfindungen einzunehmen", so hat doch Goethe sich „des Buches außerordentlich gefreut", und gleich ihm empfand weitaus die Mehrzahl aller gebildeten Deutschen; es hat weitergewirkt in die breitesten Schichten, auf die wissenschaftliche Forschung und auf die allgemeine Geisteshaltung, was Goethe vorausgesagt hatte.

Daß Herders Auffassung in der ersten Hälfte des 19. Jahrhunderts Gemeingut nahezu aller gebildeten Deutschen geworden ist, hat wesentlich dazu beigetragen, Hanka und Palacky in der ganzen deutschen Öffentlichkeit Gehör und beinahe durchwegs gläubige, ja begeisterte Aufnahme zu schaffen.

Der Geschichtsforscher Schlözer (1735-1809) trug als Professor für Politik in Göttingen seit 1767 wesentlich dazu bei, nicht nur den Slawen überhaupt, die er in mehrjährigem Aufenthalt in Rußland näher kennengelernt hatte, sondern insbesondere auch den Tschechen Beachtung zu sichern. Daß alle Völkergruppen von je aufeinander gewirkt hätten, das Slawentum wieder aus dem Dunkel emporsteigen werde, und daß man ihm dabei helfen müsse, wofür er seine Zeitschriften zu öffentlichen Beschwerden zur Verfügung stellte, waren Grundüberzeugungen, denen er eifrig diente. Als einer der Väter der neueren Geschichtsforschung, als Lehrer wie auch als Schriftsteller und Schriftleiter hatte er einen in ganz Mitteleuropa spürbaren Einfluß, und als er starb, da schrieb der Südslawe Kopitar, Dobrowskys treuer Kampfgenosse, der von Wien aus die von diesem begründete Slawistik vertrat: „Seit Schlözer sind wir also ohne Sprecher in Deutschland." Schlözer wurde von Kopitar auch „Slawenpatron" benannt.

Durch Herder, Schlözer und den Zeitgeist getrieben, drängte sich ein Teil der deutschen Humanität zur Wiederaufrichtung des Slawentums. Am nächsten lagen die Westslawen und von diesen wieder die in Böhmen. Hier galt es nach Herders Lehre altes Unrecht gutzumachen, zu sammeln, was noch zu sammeln ging, die Geschichte zu erforschen und slawisches Volkstum zu befreien und zu beleben.

Die ersten, die ein Tschechentum zu wecken und zu bilden unternahmen in einer Zeit, in der die Tschechen schon völlig aufgehört hatten, in Literatur, Kultur, Politik und im Handel und Wandel der Städte überhaupt etwas zu bedeuten, waren zum guten Teil Deutsche. Selbst Josef Dobrowsky, der Vater der Slawistik, hat sich ein Jahr vor seinem Tode ausdrücklich als Deutschen bezeichnet, hat fast alle seine Werke und Schriften in deutscher Sprache verfaßt und hatte, wie sogar Franz Palacky feststellt, nahezu keine Hoffnung auf ein Wiederaufleben einer tschechischen lebendigen Kultureinheit und Nationalliteratur, sondern war und blieb der Ansicht, „daß dieselbe sich höchstens nur als gemeine Volksliteratur ausbilden könne". Ihm war die Slawistik nicht Dienst an einem lebendigen Volk, sondern sie, die dann zur Neuschöpfung der tschechischen Schriftsprache geführt hat, sollte als strenge, sprachvergleichende Wissenschaft das Slawische aufspüren, wobei ihm die Brüder Grimm und die Germanistik Anregung und Vorbild boten. Sein Briefwechsel - auch mit dem Südslawen Kopitar - war vorwiegend deutsch, seine Umgangssprache deutsch, wenngleich er auch noch einige slawische Mundarten neben dem Russischen und dem Französischen meisterte. Der Göttinger Bibelforscher und Orientalist Michaelis hat ihn auf die Wichtigkeit der alten slawischen Bibelübersetzungen hingewiesen. Auch dem deutschen Sprachforscher Adelung und Germanisten wie Fr. K. Fulda hatte er viel zu verdanken, wie Palacky und, ihm folgend, die Geschichte der tschechischen Literatur der tschechischen Universitätsprofessoren Jakubec und Novak ausdrücklich zugeben. Auch seine Zeitschrift „Slawin", für slawische Literatur und Geschichte, gründete 1806 Dobrowsky über Drängen des Deutschen Karl Gottlob Anton, der als erster die slawische Volkskunde dargestellt hat.

Da auch die tschechische Geschichtswissenschaft im letzten Drittel des 18. Jahrhunderts ohne die Deutschen Voigt und Dobner und ohne den nach Blut und Erziehung mindestens halbdeutschen Pelzel nicht zu denken ist, Graf Kaspar von Sternberg aber, der als Pate an der Wiege der Wiedergeburt stand, der hochherzige Stifter, Gelehrte und Forscher, der zu den Vätern des Nationalmuseums gehört, in seinem später von Palacky gefälschten Brief aus Regensburg vom 17. September 1806 sich ausdrücklich als Deutschen bekennt, so darf man ruhig sagen: Nicht zuletzt starkem Bemühen deutscher Kreise ist es gelungen, Grundlagen neuer tschechischer Kultur und eines neuen tschechischen Nationalbewußtseins zu schaffen; selbstlos und selbstaufopfernd haben Deutsche das Tschechentum geweckt, gepflegt, gefördert.

Da ist noch gar nicht davon die Rede, daß ohne die von Josef II. begonnene und von dem sudetendeutschen Bauernsohn Hans Kudlich vollendete, im Aufstieg der vom westfälischen Deutschen Raiffeisen ausgesonnenen Genossenschaften aber erst endgültig gesicherte Bauernbefreiung der tschechische Aufstieg ebensowenig geglückt wäre, wie ohne das später vom rein deutschen Bürgerministerium Österreichs geschaffene Reichsvolksschulgesetz.

Festzuhalten ist, daß selbst Masaryk sagt: „Es ist bemerkenswert, daß die tschechischen Wiedererwecker die Grundideen der deutschen Philosophie angenommen und auf das Slawentum angewandt haben. Wo Herder vom Deutschtum spricht, dort schreibt Kolár vom Slawen- bzw. Tschechentum. Palacky ist Kants, Smetana Fichtes Anhänger. Ursprüngliches gibt es nur wenig in der Philosophie unserer Wiedererwecker."

Also selbst die blutstschechischen, bewußt tschechischen Wiedererwecker bewegten sich in deutschen Bahnen. Daß der dem Deutschtum spinnefeindliche Palacky, der einmal gesagt hat, der Schlüssel zur Geschichte Böhmens liege „in dem vom neunten Jahrhundert an bis zum Ende des elften immer neu aufgereizten Nationalhaß zwischen Deutschen und Slawen", die ersten Auflagen seiner Geschichte Böhmens lediglich in deutscher Sprache erscheinen ließ, da sie in tschechischer damals noch keine Leser gefunden hätte, daß deutsche wissenschaftliche Zeitschriften und deutsche Gelehrte ihn lobten, ermutigten und nach allen Richtungen förderten, Hankas Fälschungen von Goethe und anderen führenden Deutschen begeistert aufgenommen und in deutschen Blättern ausführlicher als die Nibelungenhandschriftenfunde behandelt worden sind, das sind alles Beispiele dafür, daß die sagenhafte „Unterdrückung" der Tschechen durch die Deutschen nicht so arg gewesen sein kann, sondern daß im Gegenteil das deutsche Volk zur machtvollen Erhebung des tschechischen wesentlich vorgearbeitet und mit beigetragen hat.

Überall, auch in Südamerika, wo es galt, für kleine oder staatlich unterdrückte Völker zu kämpfen, waren Deutsche, z. B. versprengte und verbannte Burschenschafter, unter den Freiheitskämpfern, selbst an der Spitze polnischer Banden gegen preußische Truppen um die Mitte des 19. Jahrhunderts. Bismarck hat voll Bitterkeit darüber gesprochen.

Ehrlichster deutscher Idealismus hat z. B. den Polen im Jahre 1832 in Freiburg im Breisgau im Stadttheater begeisterte Huldigungen dargebracht, die Universitätshörer haben die Wagen der polnischen Helden, deren Pferde man ausspannte, eigenhändig im Triumphzug durch die Straßen gezogen, wobei Fahnen mit den polnischen Farben geschwenkt wurden, das Offizierskorps hat die Polen eingeladen und bewirtet. Ganz Südwestdeutschland war in einem Rausch der Begeisterung. Ähnlich begeistert hat man in den gleichen Jahren deutscherseits sich des eben entdeckten Tschechentums angenommen: Vor rein deutscher Zuhörerschaft sang ein deutscher Sänger in Prag, wie die „Wiener Zeitung" berichtete, unter stürmischem Beifall eine Opernarie tschechisch, was er mühsam gelernt hatte - und die deutsche Zuhörerschaft entdeckte voll Freude, wie musikalisch doch die tschechische Sprache sei! Der deutsche Leitmeritzer Meinert, eine Zeitlang Lehrer für Ästhetik an der Prager Universität, zudem ein tüchtiger Geschichtsforscher, der auch die treffliche Sammlung alter deutscher Volkslieder des Kuhländchens in Mähren „Der Fylgie" durchgeführt hat, gab 1801 und 1802 seine Zeitschrift „Der böhmische Wandersmann" zugleich auch tschechisch heraus, und ihre Nachfolgerin 1802 und 1804 nannte er „Libussa".

Manche Deutschen verkündeten damals und später eine große Zukunft der Slawen, so der durch seine griechischen und orientalischen Reiseberichte berühmte Fallmerayer, der 1830 in seiner „Geschichte der Halbinsel Morea" schrieb, die Herrschaft über das menschliche Geschlecht scheine von den lateinischen und germanischen Völkern zu weichen und auf die große Nation der Slawen überzugehen.

Weil nach dem Wiener Kongreß der Deutsche Bund nur beharrende Macht und nicht, wie Stein und später List und schließlich Bruck es vergebens erstrebten, Quellpunkt der deutschen Einheit und Anbeginn für ein lebendiges Mitteleuropa war, so flog die deutsche Sehnsucht erneut stärker in die Fremde und vergaß des Aufstiegs der deutschen Befreiungsidee und wirkte als dynamische Macht für die Erhebungen und Kämpfe der anderen Völker. In Böhmen diente sie den Tschechen, deren Geschichte nun deutsche Dichtung ihre Stoffe und Helden entnahm. Grillparzers „Ahnfrau" schon, noch mehr aber „Libussa" und „König Ottokars Glück und Ende" beschworen Böhmens Sage und Geschichte, die Romantik wob zahlreiche Blütenkränze um die Tage der Przemysliden und der Hussiten, und insbesondere die deutschen Dichter aus Böhmen gerieten aus einer Ergriffenheit von der tschechischen Geschichte in die andere. Ob sie der liberalisierenden Aufklärung oder der Romantik näherstanden, darin waren sie eines Sinnes. Tschechen mußten die Helden sein, während natürlich der Zugang zu diesen Stoffen den anderen, von Böhmen fernen deutschen Dichtern fremder war.

Wenn der in Prag gebürtige Herlossohn (1804-1849), dessen von Abt schön vertontes Lied der Wehmut „Wenn die Schwalben heimwärts ziehn" heute noch lebt, in seinen Romanen „Der letzte Taborit" und „Böhmen von 1414-1424" einigermaßen rührselig, der Trautenauer Uffo Horn (1817 bis 1860) vor 1848 in „Horimir", „Ottokar" und in manchen seiner Gedichte, der von Goethe freundlich ermutigte Ebert (1801-1882) mit „Wlasta", später mit „Cestmir", „Bretislaw und Jutta" und vielen Gedichten, und wenn insbesondere Alfred Meißner (1822-1885) in „Zizka" (1846) und Moritz Hartmann (1821-1872) in der Gedichtsammlung „Kelch und Schwert" Saiten aus der tschechischen Geschichte erklingen lassen, obwohl all die genannten aus Böhmen stammenden Dichter sich dem deutschen Kulturkreise und der deutschen Sprachgemeinschaft zuzählten, und wenn von 1837 bis 1848 in Prag die Zeitschrift „Ost und West", von deutschen Schriftstellern geleitet, unermüdlich für die slawische und insbesondere die tschechische Literatur warb, so wird man es wohl verstehen, daß der tschechische Universitätsprofessor Krofta Gewährsmänner hat für seine Feststellung, daß auch führende Deutsche Böhmens damals für die tschechische Forderung nach Anerkennung der staatlichen Sonderstellung und „Einheit der Länder der böhmischen Krone" eingetreten sind.

Daß der Deutsche Meißner die tschechische Anteilnahme an Zizka „zu neuem Leben erweckt" hat, bezeugt ausdrücklich der tschechische Geschichtsforscher Josef Pekar, aber auch der tschechische Literarhistoriker Arnost Kraus, wenn er anerkennt, was Meißners Zizka ihm selbst in seiner Knabenzeit für das nationale Bewußtwerden bedeutet hat. Daß der Priester Anton J. Puchmaier (1769-1820) schon um 1800 eine tschechische Ode auf Zizka gesungen hat, ändert daran gar nichts. Palackys Schwiegersohn Rieger, der berühmte Tschechenführer, bekannte 1888 als betagter Mann: „Meine Jugend fiel in eine Zeit, in der die nationalen Kämpfe noch nicht jene Höhe erreicht hatten, die sie, leider Gottes, heute erklommen haben. Ich stand in freundschaftlichen Beziehungen zu einigen deutschen Schriftstellern jener Zeit, zu meinem Freunde Meißner, zu Uffo Horn und auch zu dem gottbegnadeten Dichter Ebert. Damals waren unsere deutschen Landsleute noch gute, eifrige Patrioten. Sie besangen stolz und begeistert die Ruhmestaten unserer Vorfahren, beklagten den Verfall unserer Kultur und des Ruhmes unserer Heimat. Ich bekenne gerne und es freut mich, es hier aussprechen zu können, daß mir und vielen anderen tschechischen Landsleuten von diesen deutschen Männern zahlreiche Anregungen zuteil wurden und daß sie mit ihren Schriften unseren Nationalstolz und unsere patriotische Gesinnung gehoben haben."

Die Königinhofer Handschrift

Von Hans Schmidt

Es gab geniale Bilderfälscher, es gab geniale Dokumentenfälscher. Dem tschechischen Volke blieb es vorbehalten, einen Poesiefälscher aus nationalistischen Beweggründen hervorgebracht zu haben. Fälschungen entstehen zumeist aus persönlicher Gewinnsucht. Hier handelte es sich um mehr. Hier kam es darauf an, der Welt vorzutäuschen, daß es eine tschechische Literatur gegeben habe, die in ferne Jahrhunderte zurückreichte und die schon meisterhaft war. Herder, Goethe hatten sich für mundartlich-tschechische Dichtung neuerer Zeit begeistert gezeigt - wie konnte man sie erst in Bewunderung versetzen, wenn man ihnen gar so viel ältere Proben tschechischer Poesie vorlegte! Welches alte Kulturvolk war da unterdrückt worden! - Solchen Glauben zu erwecken, war schon eine Fälschung wert.

Wenzel Hanka war der Fälscher. 1791 in der Nähe von Königgrätz geboren, wurde er nach Studien in Prag schon 1818 Bibliothekar und trat auch mit eigenen kleinen Gedichten hervor, die seinen Ehrgeiz beflügelten, aber kaum Aussicht hatten, ein Weltaufsehen zu erwecken. So „entdeckte" er bei einem Ausflug nach Königinhof im Kirchturm die Königinhofer Handschrift, eine Sammlung „altböhmischer Gedichte", zwölf zierlich mit kleiner Handschrift bedeckte Blätter und zwei Bruchstücke, zusammen zwölf Gedichte und zwei Fragmente, vorgeblich aus dem 13. Jahrhundert. 1815 veröffentlichte Hanka seinen „Fund", dazu kam eine neutschechische Übersetzung von Hanka und 1819 eine deutsche von Swoboda. Das erwartete Aufsehen war da, Goethe, Grimm, Chateaubriand, andere noch gaben ihre große Freude kund.

Ist man einmal erfolgreich, versucht man es mit einer zweiten Fälschung. Schon 1818 wurde auf dem Schloß Grünberg die sogenannte Grünberger Handschrift „gefunden", vier Pergamentblätter, gleich aus dem 9. Jahrhundert! Sie bargen zwei epische Fragmente „Der Landtag" und „Libussas Gericht". Hankas, des Bibliothekars, Ruhm stand fest – welch ein Triumph für die tschechische Kulturgeschichte, die mit einem Male da war! In alle Sprachen wurden diese Denkmäler der ältesten Literatur Mitteleuropas übersetzt. Doch allmählich tauchten Zweifel an der Echtheit auf. Lange ging der Streit darum, bis selbst Professoren der Prager Universität, darunter Masaryk, den Anstand aufbrachten, ihre Anklage gegen Hanka zu erheben. Dobrowsky, der schon 1824 die Echtheit bestritt, behielt recht. Hanka war ein Fälscher, aber wohl auch der wesentliche Urheber des tschechischen Wiederaufstiegs.

Adalbert Stifter 1848

Aus einem Briefe an seinen Verleger und Freund Gustav Heckenast

Ich bin ein Mann des Maßes und der Freiheit – beides ist jetzt leider gefährdet, und viele meinen, die Freiheit erst recht zu gründen, wenn sie nur sehr weit von dem früheren Systeme abgehen, aber da kommen sie an das andere Ende der Freiheit. Nicht in der Alleingewalt, sondern in der Verteilung liegt sie. Solange die Leidenschaft forthastet und nie genug gegen den Gegner getan zu haben meint, ist meine Stimme nicht vernehmlich und sind Gründe nicht zugänglich. Deshalb bin ich stumm, bis man Meinungen überhaupt sucht, nicht mehr bloß Meinungsgenossen. Das wenige, was ich mir durch mannigfaltige Staats- und Geschichtsstudien zu eigen gemacht habe, möchte ich gerne als Gabe auf den Altar des Vaterlandes niederlegen, aber ich muß gestehen, daß entweder vieles, was ich mir als Resultat aus den Geschichten und Verfassungen der Völker gezogen habe, falsch ist, oder daß vieles andere, was jetzt praktisch oder theoretisch gilt, irrtümlich sei. Bis ich diesen Zwiespalt in meinem Innern ausgeglichen habe, muß ich ebenfalls das Urteil aufschieben. Betrübend ist die Erscheinung, daß so viele, welche die Freiheit begehrt haben, nun selber von Despotengelüsten heimgesucht werden; es ist auch im Gange der Dinge natürlich; wer den Übermut anderer früher ertragen mußte, wird, sobald er frei ist, nicht etwa gerecht, sondern nur seinerseits übermütig; das ist der große Unterschied, aus Gehorsam gehorchen, oder aus Achtung vor dem Gesetze. Die früher bloß gehorsam waren, die werden nun willkürlich und möchten, daß man ihnen gehorsame; die ihrem Innern, eigenen Gesetze Genüge taten, tun es auch jetzt und sind gerecht. Solche sind Männer der Freiheit, die anderen müssen es erst werden. Erst, wenn die Anzahl Männer, die sich selbst zügeln können und die ihnen im Übermaße zuströmende Gewalt als Gleichgewicht in irgend eine andere Schale zu legen vermögen, sehr groß wird, ist das konstitutionelle Leben fertig. Und das ist schwerer, als man denkt. Die Edelsten, welche lange Jahre gehorsamt haben, kennen nur Gehorsam und kommen, wenn sie selber anzuordnen haben, ins Befehlen statt ins Organisieren, so wie Kinder, wenn sie Eltern spielen, nur die ihrigen kopieren können. Durch Überwachung seiner selbst, durch fleißiges Studieren der Engländer, die die längste Schule haben, und durch Ergründung der Ursache mancher Gleichgewichtsanstalten der Geschichte können wir den Lernweg abkürzen, sonst wird er lang und enthält alle Fehler, die unerfahrene Vorgänger schon früher gemacht und gebüßt haben. Und es sind schon, meine ich, bedeutende Fehler in unserem neuen konstitutionellen Gebaren vorgefallen. Eine andere für den Menschenbeobachter merkwürdige Tatsache kommt auch jetzt zum Vorscheine: mancher Ehrenmann ist jetzt plötzlich von bösen Leidenschaften und gierigen Gelüsten beherrscht - er war nämlich nie ein Ehrenmann, sondern seine Triebe waren bloß gehemmt, jetzt führt er den Damm weg, und sie strömen aus. Wer ein echter, innerer Ehrenmann war, ist es auch jetzt noch, ja, sein Gold hat Gelegenheit, noch mehr zu leuchten als früher. Er gab sich auch im alten Systeme seine Gesetze selber, und diese bestehen noch. Darum ist die Freiheit allein der Probestein der Charaktere, und sie macht auch allein die großen Menschen möglich. Selbstbeherrschung bis zur Opferung des Lebens, Maß bis zur Verleugnung der heißesten Triebe ist nur in der Freiheit möglich; denn sonst kann es nur als Gebundensein, nicht als Selbstbestimmung vorliegen. Unter manchen, die ich kannte, sind die sprudelndsten Stürmer jetzt die, die früher die Schwächsten waren. Sie können eben sich selbst nicht widerstehen. Das ist der Stoff zu Tyrannen. Der feste, freie Mann läßt dem anderen auch Festigkeit und Freiheit, ja, er achtet ihn nur, wenn er beides hat; seine Waffe ist gegen den Freien das Wort und der Grund, gegen den Angreifer das Schwert. Möge ein günstiger Gott alle unsere deutschen Männer segnen, daß sie bei so vielen herrlichen Eigenschaften unserm uralten Fehler der Uneinigkeit nicht wieder unterliegen und die Ohnmacht des schönen Landes forterben. Möge Europa sich bald in der teils neu errungenen, teils schon länger bestandenen Freiheit festigen und ordnen - sonst gehen wir bei dem Auftauchen so vieler nicht meßbaren Gewalten einer düsteren Zukunft entgegen . . .

Stifters „Witiko"

Aus einem Vortrag von Josef Nadler

Jede Erziehung heißt: ein Vorbild setzen und zu seiner Verwirklichung aneifern. Das Seiende ist ein stummes, das Werdende ein redendes Beispiel. Indem man ein Vorbild sich zu seiner vorbildlichen Art entwickeln läßt, zeigt man am wirksamsten, wie es gemacht werden soll. Das ist der Sinn der schönsten Abschnitte in dem Roman „Witiko", wo Stifter seinen Helden im deutschen Böhmerwald eine bäuerliche Volksgemeinschaft aufbauen und als wirkende Kraft in das Getriebe des Staates einsetzen läßt. Wir wissen wohl, der Roman fällt schon in die Zeit, da der Menschenhunger der Fabriken die bäuerlichen Dörfer leerzufressen begann. Und wir leugnen nicht, daß Stifter, dem späteren Peter Rosegger voran, in seiner unauffälligen Art ein Mahnzeichen setzen wollte gegen die Entvölkerung des Landes, indem er Rückkehr in den Wald predigte. Doch das konnte nur mitgemeint sein. Adalbert Stifter gehört neben Wilhelm Riehl. Gegen den rasch fortschreitenden Zerfall aller willkürlichen Gesellschaftsgebilde, der Stände und Klassen, pries er das Vorbild der natürlichen Gemeinschaft, Rückkehr zur Gemeinschaft mit Natur und Acker, mit Wald und Dorf, eiferte er zur Rückbesiedlung des verwucherten Landes und stellte er im „Witiko" das verlockende Vorbild eines solchen Kreuzzuges in den Wald auf: eine neue deutsche Gemeinschaft des Beils und der Rodung, der Pflugschar und des Schwertes, der Arbeit und des Kampfes, des Väterbrauches und der frommen bäuerlichen Sitte. Das ist nun auch die Dichtung, in der er sich durch redendes Vorbild und nicht mit eifernder Lehre der Lösung zuwendet, die Staat heißt. Indessen Staat bedeutet ja nicht nur letztes Ziel und Erfüllung alles natürlichen Gemeinschaftswillens. Der Gedanke der nationalen Gemeinschaft stößt überall, wohin er auch von seinem Mittelpunkte her ausgreift, an die Grenzen seiner selbst, an entgegenkommende Kreise andersnationaler Gemeinschaften. Und wie könnte er sich der Frage einer menschlichen Gemeinschaft entziehen. Stifter verlegte, zunächst aus ganz anderen Gründen als diesen, seinen dichterischen Spielraum in das Böhmen des zwölften und dreizehnten Jahrhunderts. Das war die Zeit, da sich eine böhmische Großmacht zu bilden begann aus der aufdringenden Kraft des tschechischen und aus dem Zuschuß an deutschem Volke. Und so wurde „Witiko" aus dem ursprünglich geplanten kulturgeschichtlichen Böhmerwaldroman ein großer Staatsroman. Unverkennbar haben die Verfassungskämpfe der Donaumonarchie auf die Gedankenführung dieses Buches sehr stark eingewirkt. Doch das vermag seinen Ewigkeitsgehalt nicht anzutasten. Staat ist dem Dichter keine willkürliche, sondern eine natürliche Form höherer Ordnung, in der sich verschiedene nationale Verbände zu einer Gemeinschaft binden bei voller Eigenständigkeit und Lebensfreiheit der einzelnen nationalen Verbände. Und es gehört zu dem Schönsten, was Stifter geschrieben hat, wie er in diesem Buch Deutsche und Tschechen, ohne daß der Volksname beider

Stämme fällt, mit überzeugender Kunst der Unterscheidung ackern und ernten, arbeiten und feiern, sich bewegen und sich kleiden, sprechen und kämpfen läßt und wie er sie das gemeinsame Schicksal ihres Landes und Staates erfüllen läßt. Stifters Gemeinschaftsgedanke steht hier auf der Höhe seiner Idee und der große Erzieher vor seiner letzten und schwersten Aufgabe. Man darf über der zeitlosen und allgemeinen Gültigkeit dieses Gedankens das nicht vergessen, was an ihm der Zeit und dem Raume angehört. Stifter ist ein Kind des Landes Böhmen. Seine Jugend fiel in jene kurzen Jahre, da von den Deutschen des Landes viele und da nicht wenige Tschechen Böhmen nicht als Staat, sondern als gemeinsame Heimat erlebten, da man von Böhmen deutscher und tschechischer Zunge sprach und da man es vermied, von Deutschen und Tschechen im Lande zu sprechen. Diese Jugend, die über der gemeinsamen Heimat nicht den Unterschied, aber den Gegensatz der Sprachen vergessen wollte, hat Stifter in seine reifen Mannesjahre mit hinübergenommen. Und diese Jugend, die eine Gesinnung, aber keine Idee war, lebt im „Witiko" fort und in der menschheitlichen Ordnung, in die Stifter den Gedanken der nationalen Gemeinschaft eingliederte. Adalbert Stifters Gedanke der Gemeinschaft ist von lauterer Deutschheit und wurzelt im Erlebnis seiner böhmischen Heimat. Diese Wurzel macht, daß sein Gemeinschaftsgedanke so volkhaft bewußt wie menschheitlich offen, so warmherzig für das eigene wie achtungsvoll für das fremde Volkstum ist. Es ist eine Gemeinschaftsgesinnung von bajuvarischer Bäuerlichkeit, die seit Jahrhunderten die Grenzen dreier Staaten nicht verändert haben.

Nur wieder empor nach jedem Sturz aus der Höhe! Entweder fällst du dich tot, oder es wachsen dir Flügel.

Marie von Ebner-Eschenbach

Der Bauernbefreier Hans Kudlich

Von Otto Wenzelides

Hans Kudlich, der Sohn eines Robotbauern, geboren am 23. Oktober 1823 zu Lobenstein im österreichischen Schlesien, 1848 in den österreichischen Reichstag gewählt, machte sich einen Namen, als er am 26. Juli des gleichen Jahres die Aufhebung des Untertänigkeitsverhältnisses des Bauernstandes und aller daraus erwachsenden Leistungen wie Robot und Zehnt beantragte. Am 7. September ist sein Antrag Gesetz geworden. Nach Auflösung des Reichstages von Kremsier mußte er nach Deutschland fliehen, wo er sich 1849 am Aufstand in der Pfalz beteiligte. In Österreich, dann auch in Bayern in contumaciam zum Tode verurteilt, hatte er in der Schweiz Zuflucht gesucht, begab sich aber bald nach Amerika, wo er sich in Hoboken bei New York als Arzt niederließ. 1872 kehrte er vorübergehend nach Österreich zurück, und Wien verlieh ihm das Ehrenbürgerrecht. Hier folgen Erinnerungen an den Bauernbefreier.

Es wird nur noch wenige Menschen in Europa geben, die den Bauernbefreier Hans Kudlich persönlich gekannt haben. Ich freue mich, zu ihnen zu gehören. Als ich im Sommer des Jahres 1892 in Teplitz weilte, lernte ich Hans Kudlich kennen. Er war zu jener Zeit schon 69 Jahre alt, aber noch sehr rüstig und von strammer Haltung, herzlich und liebenswürdig in seinem Wesen.

In seinen Briefen ließ Kudlich seinem frischen, starken, urwüchsigen Humor freien Lauf und versah sie oft mit köstlichen, selbstgezeichneten Scherzbildern. Ebenso bieten seine „Rückblicke und Erinnerungen" ein prächtiges Zeitbild, das Kudlichs Jugend auferstehen läßt.

Kudlich erzählt, daß sein Vater, wenn er auf dem beladenen Erntewagen in seinen Hof zurückfuhr, immer dankerfüllt das Lied „Großer Gott, wir loben dich" anstimmte. Einmal sollte der Vater, der ein zwar gutgestellter, aber darum nicht minder gepeinigter Robotbauer war, eines geringen Vergehens wegen eine Arreststrafe im Lichtensteinschen Schloß zu Jägerndorf absitzen. Der kleine Hans, damals noch Volksschüler, lief zu Fuß nach Jägerndorf, nachdem er sich vorher daheim zuversichtlich geäußert hatte: „Sie werden mir ihn schon herauslassen!" Als er mit großem Ungestüm beim fürstlichen Torhüter sein Verlangen vorbrachte, erwiderte ihm dieser lächelnd: „Sei still! Dein Vater ist bei mir." Er hatte ihn tatsächlich nicht im Arrest, sondern bei sich untergebracht.

Von seinem Vater erbte er seine Liebe zur Heimat und zur Natur. Ein schöner Sonnenuntergang konnte den Vater in die glückseligste Stimmung versetzen, auch war er ein bedeutender Bienenzüchter; er besaß 99 Beuten. Im Sommer schlief er mit seinen Kindern auf einem Strohlager unter einem großen Birnbaum im Freien. Kam ein Regen, so trug er die Kinder auf dem Rücken in die Scheune. Er besaß eine gemischte Hausbücherei wie selten ein Bauer zu seiner Zeit; am liebsten las er im „Wilhelm Tell".

Hans Kudlich wollte nur Bauer werden. Als er aber nach einem Mißerfolg in der Schule diesen Wunsch seinem Vater mitteilte, schüttelte der den Kopf und meinte: „Wenn du nichts lernen willst, taugst du auch zum Bauer nicht. Zum Wirtschaften gehört gar viel Verstand. Du mußt etwas lernen, wozu du kein Nachdenken brauchst. Am besten, du wirst Schuster." Tatsächlich kam Hans Kudlich damals zum Schuster Schöps in die Lehre. Aber die Mißhandlungen mit dem Knieriemen brachten ihn schon nach zwei Wochen auf den richtigen Weg, und er bat den Vater, ihn weiterstudieren zu lassen.

Als noch nicht fünfundzwanzigjährigen jungen Studenten stellten im Jahre 1848 die Bauern seiner Heimatgemeinde Hans Kudlich als Wahlwerber für das neue Wiener Parlament auf. Die Wahl fand im kleinen schlesischen Städtchen Bennisch statt. Wenig bekannt ist die feierliche Szene, die ihr folgte. Der Gewählte dankte unter Tränen für das Vertrauen. Dann sprach der tschechische Bauer Mitschka aus Slatnik und legte seine Hände auf Kudlichs Haupt, um den Segen Gottes auf ihn herabzuflehen. Ebenso unbekannt ist, daß sich im Anschluß an die Wahl eine Abordnung der im Bennischer Bezirk wohnenden Juden bei Hans Kudlich meldete, um ihn zu bitten, für die Sonderstellung „ihres Volkes" zu wirken, wie die Abordnung wirklich sagte.

Kudlichs politische Tätigkeit war nur kurz, wir kennen sie aus seinen eigenen Schriften zur Genüge. Verhältnismäßig rasch wurde die Bauernbefreiung, das größte Werk der österreichischen Revolution, Tatsache. Ein glänzender Fackelzug war der Lohn, aber keine unbedingte Gefolgschaft, als Hans Kudlich die befreiten Bauern für die weitere Sache der Revolution gewinnen wollte. Bekannt sind auch die folgenden Ereignisse, der Aufstand in Wien, die Ermordung des Kriegsministers Latour, an der Hans Kudlich völlig unschuldig war, obwohl man ihm die Schuld zuschob, die Verlegung des Reichstags nach Kremsier, die gewaltsame Auflösung des Reichstags und die gefahrvolle Flucht Kudlichs zunächst nach Bennisch und sodann nach dem Ausland. In der Mittermühle in der Aue von Bennisch, die im Eigentum seines Schwagers Alois Krommer stand, verbrachte Kudlich seine letzte Nacht in der Heimat und überschritt am nächsten Tage bei der Sterzmühle in Skrochowitz die Oppa, die dort die Grenze bildet. Im preußischen Dorf Branitz nahm er von seinem Vater Abschied, seine schwer gebrochene Mutter konnte nicht mehr dahin kommen. Von Preußen wandte sich Hans Kudlich nach Süddeutschland; er wurde in Baden Sekretär eines freisinnigen Ministeriums. Aber auch dies hatte nur kurzen Bestand. Seiner Verurteilung zum Tode in Österreich folgte das gleiche Urteil in Baden, und der zweimal zum Tode Verurteilte mußte schleunigst die Schweizer Grenze überschreiten, ohne auch dort Ruhe zu haben. Die österreichischen Behörden ließen nicht locker und erwirkten, daß er unstet von Kanton zu Kanton wandern mußte, bis er im Hause des Leiters der medizinischen Klinik in Bern, Professor Vogt, freundliche Aufnahme und wenigstens zeitweilig Ruhe vor den österreichischen Behörden fand.

In demselben gastlichen Hause gewann er auch in Luise, der Tochter seines Gastfreundes, seine Lebensgefährtin. Zunächst versuchte er in Bern, sich für die Laufbahn eines Rechtsanwaltes vorzubereiten, dann wandte er sich jedoch der Medizin zu. In erstaunlich kurzer Zeit vollendete er sein Studium. Der noch immer fortgesetzte österreichische Druck hinderte ihn aber an der Annahme einer Arztensstelle in der bekannten Berggemeinde Davos und ließ in ihm den Entschluß reifen, nach Amerika auszuwandern. Vorher vermählte er sich mit Luise Vogt. Doch kein Geistlicher wollte die Trauung vornehmen; solche Angst bestand in der freien Schweiz vor Österreich! Angeblich fand sich dann endlich der spätere Bundespräsident Pfarrer Schenk dazu bereit, nachdem alle Beteiligten hatten versprechen müssen, vor seinem Tode davon nichts zu verraten.

Die Überfahrt nach der neuen Welt dauerte vier Wochen. Nur der Gedanke, dort endlich von den unablässigen Verfolgungen Österreichs frei zu sein, war ausschlaggebend für seinen Entschluß. Außerdem waren schon zahlreiche bewährte Männer aus der Bewegung des Jahres 1848 dahin vorangegangen, die an der Zukunft ihrer Heimat und ihres Vaterlandes verzweifelt waren.

In Amerika ließ sich Hans Kudlich in Hoboken nieder, das ihm seiner ländlichen Art wegen besser gefiel als die Weltstadt New York. Seine Rechtlichkeit und Überzeugungstreue sowie seine Geschicklichkeit als Arzt erwarben ihm Volkstümlichkeit, bald war er auch in Amerika eine allgemein hochgeachtete Persönlichkeit und blieb es bis zu seinem Tode. Leider hörte man in der Zeit des Weltkrieges nicht auf den hochbetagten erfahrenen Mann. Ich selbst habe Briefe gelesen, aus denen hervorgeht, wie sachlich und überzeugend er sich damals für das deutsche Volk eingesetzt hat.

Oft ließ er seine Stimme von Amerika in Briefen und Zeitungen vernehmen. Als er merkte, daß sein bekannter Ausspruch „Deutsche, haltet den Nacken steif!" vielfach so aufgefaßt wurde, daß man sich alles ohne Widerstand gefallen lassen solle, schrieb er aufklärend über das Weltmeer herüber: „Deutsche, haltet den Nacken steif, aber werdet keine Ochsen!"

Im Jahre 1925 wurde seine Asche in der Kudlichwarte auf dem Wachberg bei Lobenstein beigesetzt, seinem Wunsche auf dem Sterbebett entsprechend: „Ich möchte heim in die Heimat!"

Die große Tragödie

Die Sudetendeutschen und Wien

Von Hans Hübner

Stellt sich heute der Sudetendeutsche die Frage, was die Ursachen des furchtbaren Schicksals sind, das ihn traf, so wandert sein Blick weiter zurück in die Geschichte des deutschen Volkes und er verspürt auch für sich die Tragik der großen Spaltung, die es ursächlich schwächte und die aus der Reformationszeit zu zwei Staatsreligionen führte, in der politischen Auswirkung zum doppelten Kaisertum, dem Wiens und Berlins. Nahm der Preußenkönig Friedrich der Große der Kaiserin Maria Theresia Schlesien, traf dies die in Böhmen heimischen Deutschen schwerer noch als die anderen unter der Habsburger Krone lebenden in Österreich. Sie ahnten die zunehmende Kraftverminderung des doch kulturell überragenden deutschen Volkstums in der Doppelmonarchie.

Kein Wunder, daß bei aller angestammten Treue zu Wien der abnehmende Schutz von Seiten Wiens die Sudetendeutschen den Blick auf das neugeschaffene Deutsche Reich richten ließ, das mit dem Bündnis wohl dem österreichischen Kaiser den Rückhalt bot, aber auf die innere Entwicklung des habsburgischen Reiches keinen Einfluß übte. Der alte Kaiser Franz Joseph nannte sich einen deutschen Fürsten, ohne zu verhindern, daß seine Ministerpräsidenten der slawischen Überzahl Zugeständnis auf Zugeständnis machten, vornehmlich in Böhmen. Der Thronfolger Franz Ferdinand, verheiratet mit der Gräfin Chotek, tschechischen Adels, wurde in Sarajewo das Opfer des Attentats, weil, wie neueste Forschung ergab, er gerade wegen seiner Slawenfreundlichkeit als eine Gefahr für die völlige Befreiung der Slawen von Österreich-Ungarn und ihre nationale Selbständigkeit betrachtet wurde. Der letzte Kaiser Karl wollte noch weniger als ein deutscher Fürst angesehen werden.

Nannte man es Verrat an dem Kaiserhause in Wien, wenn Sudetendeutsche gar in Bismarck als Schöpfer des starken

Deutschland ihr Idol sehen wollten, so machten führende Tschechen schon lange kein Geheimnis daraus, daß sie im Ausland systematisch gegen den Fortbestand der Doppelmonarchie arbeiteten. Je höher die tschechischen Hoffnungen stiegen, je mehr die Jungtschechen in ihrem Selbständigkeitsdrang von außen bestärkt wurden, desto mehr wurden im Wiener Reichsrat, dem Völkerparlament Österreichs, die in ihrer kulturellen und wirtschaftlichen Stellung zurückgedrängten Sudetendeutschen beschuldigt, deutsche Chauvinisten zu sein.

Und doch, was verdankte Wien diesen Sudetendeutschen, diesem starken Menschenschlag? Immer neue beste Blutzufuhr kam aus Deutschböhmen. Die Reihe von Männern, die in Wissenschaft und Kunst, in Industrie und Handel für Österreich Bedeutendes geleistet, war groß. Wenn nach dem zweiten Weltkrieg die sudetendeutschen Flüchtlinge nicht als Österreicher betrachtet, sondern als DP's behandelt wurden - im Jenseits würden heute Stifter oder Lueger wegen ihrer deutschböhmischen Abstammung als DP's zu gelten haben. Doch auch der Wiener Kardinal Innitzer und der Bundespräsident Karl Renner hatten ihre Wiege im Sudetenland. Die vertriebenen Menschen dieses Heimatgebietes, die nicht den Weg nach Deutschland nahmen und in der zweiten Republik Österreich verblieben, werden sich mit der Zeit schlecht und recht durchsetzen, dank ihrer Arbeit und Beharrlichkeit, und eines Tages wird ihnen die Anerkennung dennoch werden, wie sie diese schon vielfach in Westdeutschland gefunden haben - wobei ihre Sehnsucht und Hoffnung dem Recht auf die Heimat gelten werden.

Das Ende der Doppelmonarchie

Was mit Österreich-Ungarn zerschlagen wurde, weiß heute mancher westliche Staatsmann und bedauert, daß seine Vorgänger diese Kurzsichtigkeit gezeigt hatten. Der Schrei einzelner Nationalitäten nach Unabhängigkeit führte irre. Entstand daraus Wilsons These vom Selbstbestimmungsrecht, das dann aber für Millionen Deutsche nicht gelten sollte, so hatte Wilson selbst noch von einem bundesstaatlichen Zusammenhalt im Raume der Doppelmonarchie sprechen wollen. Die Feindschaft unter diesen Völkern war jedoch bereits so hochgezüchtet worden, daß nicht einmal etwas von den wirtschaftlichen Zusammenhängen gerettet werden konnte, geschweige denn von den politischen. Schon lange hatte man nur Hohn für den alten österreichischen Reichsrat, in dem sich Nationalitätenkämpfe austobten.

Man sah nicht, wie dieses vielhundertjährige Reich ein sich aus allen Teilen ergänzender Wirtschaftskörper war, zum Segen für Europa und die Welt. Man wollte keinen Dank dafür wissen, daß von Wien Kultur nach dem Osten ausstrahlte; man hielt diese erzieherische Mission für beendet, die einzelnen Nationen Österreich-Ungarns für mündig, zur Selbständigkeit zu gelangen, und man tat alles, sie untereinander zu verfeinden, um aus machtpolitischen Gründen diesen Dreibundstaat zu vernichten.

Der hochgetriebene Nationalismus machte das Einzige, was noch Mitteleuropa hätte erretten können, unmöglich: die Nationalitäten hätten in einem Bunde sich die alten Segnungen der wirtschaftlichen Gemeinschaft erhalten, ja sie mehren können. Voraussetzung wäre aber gewesen, daß in den gemischtsprachigen Gebieten ein kulturelles Zusammenleben ermöglicht worden wäre - die Sudetendeutschen aber erfuhren nach dem ersten Weltkrieg nichts von dem, was man unter einem demokratischen Frieden hätte verstehen können. Die Hochfluten der vierziger Jahre warfen darum alles über den Haufen - die letzte Entwicklung, die ein Allslawentum unter sowjetischem Vorzeichen brachte, ist die beinahe logische Folge der gerade vom Westen seit 1900 betriebenen Politik, zu seinem und des gesamten Abendlandes unermeßlichem Schaden.

Der Kampf im Reichsrat

Versucht man, sich die stufenweise Entwicklung zum Chaos in die Erinnerung zu rufen, ist dieser Reichsrat der vornehmlichste Schauplatz, wo sich Kampf auf Kampf abspielte.

1880 die Sprachenverordnungen für Böhmen und Mähren und ihr tobendes Echo im Parlament; 1882 die Zweiteilung der Prager Universität, die Slawisierung zahlreicher Mittelschulen, Auflösung des böhmischen Landtags, wonach dann Tschechen und feudaler Grundbesitz das Übergewicht erlangten; 1884 Abwehr der Deutschen im Abgeordnetenhaus, doch der Gesetzentwurf über das Deutsche als Staatssprache verschwindet in der Versenkung; 1886 Exodus aus dem Prager Landtag; 1890 scheitern Ausgleichsverhandlungen, Wahlen; die noch gemäßigteren Alttschechen verlieren im Reichsrat alle Mandate an die Jungtschechen.

Graf Taaffe als österreichischer Ministerpräsident schwankt zunächst zwischen Deutschen und Tschechen, Klerikalen und Liberalen; 1891 bis 1893: das Lavieren endet mit dem Schiffbruch des Taaffeschen Systems der angeblichen Nationalitäten-Versöhnung; die Gewaltlösung wird im allgemeinen Wahlrecht gesucht, und bald danach entläßt Franz Joseph Taaffe, nach 14jähriger Amtsdauer.

Kasimir Badeni folgt; auch dieser Graf gewinnt nach den Reichsratswahlen 1897 die Jungtschechen durch neue Sprachenverordnungen für Böhmen und Mähren, zur großen Erregung der Deutschen - Stürme im Reichsrat. Der große deutsche Volksrat tagt in Eger, der Anklageantrag gegen Badeni wird mit 161 gegen 141 Stimmen abgelehnt, Polizei marschiert im Parlament auf, Badeni wird entlassen, der Reichsrat vertagt.

1898 neuer Ministerpräsident Gautsch, in Prag Unruhen und Deutschenverfolgung, Standrecht; Graf Clary-Aldringen wird Ministerpräsident, erläßt erneut Sprachenverordnungen, die Gautsch aufgehoben hatte - tschechische Obstruktion. - Es kommt der diplomatisch gewandte v. Körber ans Ruder, Neuwahlen 1901, inmitten allgemeiner Radikalisierung -; der Vorschlag Körbers, Böhmen in fünf tschechische, drei deutsche und zwei gemischtsprachige Kreise einzuteilen, wird von den Tschechen erbittert abgelehnt, in Prag Obstruktion der Deutschen, in Wien der Tschechen -; Körber tritt zurück. Wieder Gautsch, der das allgemeine Wahlrecht voranstellt. Es folgen Hohenlohe-Schillingsfürst, dann v. Beck, dieser schon Vertrauensmann Franz Ferdinands - sie setzen die Politik des Fortwurstelns, Abhandelns, der Zugeständnisse an die Slawen fort, bis in den ersten Weltkrieg hinein und bis Ministerpräsident Graf Stürgkh, der den Reichstag vertagt hatte, von der Kugel Friedrich Adlers getötet wird.

Diese Zeittafel zeigt wie in Schlagworten den Gang des Verhängnisses. Was konnte noch die Wiedereinberufung des Parlamentes bedeuten, was das Bemühen der drei einander folgenden Ministerpräsidenten Kaiser Karls, der Seidler, Hussarek, Lammasch, die verzweifelt noch auf ein föderalistisches Österreich hinsteuern wollten - der Reichsrat schien in letzten Zuckungen nur noch die Aufgabe zu haben, den Untergang des Reiches mit wüstem Lärm zu begleiten!

Als der erste Weltkrieg sich seinem Ende näherte und der Zusammenbruch der beiden Mittelmächte vor der Tür stand, konnte man nirgends besser als in dem Wiener Parlamentsgebäude den ganzen Umfang der gewaltigen Götterdämmerung ermessen, die da kommen sollte. Noch gingen dort in der weiten Marmorhalle des griechisch stilisierten Riesentempels die deutschen, tschechischen, polnischen, ruthenischen, slowenischen, kroatischen, serbischen, italienischen, rumänischen Abgeordneten wie aus alter Gewohnheit zusammen, wenn sie sich im Reichsratssaale mit Pultdeckel- und Injurienkonzerten unparlamentarisch und obstruierend müde gemacht hatten. Man sah dann den tschechischen Sozialisten Tusar mit dem sudetendeutschen Lodgman höflich sich über die Probleme der drängenden Entwicklung aussprechen - man hegte unter Gemäßigten noch Hoffnungen auf irgend ein Einvernehmen der Nationalitäten, auch nach dem Auseinanderbruch des Vielvölkerstaates. Es gab eben in allen Lagern noch verständige Leute; aber sie waren bereits nicht mehr im Bilde - schon hatten die Emigranten ihre weitgehenden Forderungen bei Clemenceau und Lloyd George wie bei Wilson angemeldet, schon hatten Masaryk und Benesch ihre Vergewaltigung der Sudetendeutschen sicher in der Tasche. Versailles, St. Germain - die Pariser Vororte-Verträge, Zwangsverträge für die Besiegten, zwangen die Sudetendeutschen in den weit aufgeblähten Staat der Tschechoslowakei, entgegen ihrem Selbstbestimmungsrecht.

Noch saßen die ja nach demokratischem Wahlrecht gewählten Vertreter der Sudetendeutschen in der Provisorischen Nationalversammlung zu Wien, noch erhoffte Karl Renner als Staatskanzler der ersten Republik Deutschösterreich, daß er als Führer der österreichischen Friedensdelegation in Saint Germain für sie ein Wort werde sprechen dürfen - Benesch hatte nach dem Muster der Königinhofer Handschrift kühn seine Bevölkerungskarte tschechisch ausgestaltet - kein Wilson hatte ein Ohr für diese Minderheiten, die Grenzen des tschechischen Staates waren festgelegt - der Wilson des Selbstbestimmungsrechtes hatte ausgespielt. Für die treuesten Söhne der völkerverbindenden österreichisch-ungarischen Doppelmonarchie wurden zur grausamen Wirklichkeit die Worte Clemenceaus: „Was übrig bleibt, heißt Österreich!"

Die Bezeichnung „Sudetendeutsch"

Als die Deutschen in Böhmen, Mähren und Österreichisch-Schlesien nach der Zerschlagung Österreich-Ungarns der neugegründeten Tschechoslowakei einverleibt wurden, war das Bedürfnis gegeben, diese Deutschen einer besonderen Schicksalsgemeinschaft mit einem gemeinsamen Namen zu bezeichnen. Man bediente sich des Namens Sudetendeutsche, als man das Recht dieser Deutschen auf Selbstbestimmung anmeldete, und die deutschösterreichische Abordnung in Saint-Germain führte diese Bezeichnung in den amtlichen diplomatischen Sprachgebrauch ein. Vor allem war es der aus Südmähren stammende Kanzler Dr. Karl Renner, der, selber ein Sudetendeutscher, mit dieser Bezeichnung vorging.

In der Folge haben nicht nur Politiker, sondern auch Männer des kulturellen Lebens und des Volksschutzes den Namen

Sudetendeutsch sehr bald volkstümlich gemacht, besonders der Verleger Franz Kraus in Reichenberg.

Der Urheber der Bezeichnungen „Sudetenländer" und „Sudetendeutsche" ist der Wanderlehrer des Bundes der Deutschen in Böhmen, und spätere Abgeordnete und Senator, Dr. h. c. Franz Jesser. Er hat als erster die Bezeichnung „Sudetenländer" für Böhmen, Mähren und Österreichisch-Schlesien und „Sudetendeutsche" für die in den Sudetenländern lebenden Deutschen bewußt angewandt, und zwar in einem Aufsatz des Wochenblattes „Deutscher Volksbote" in Prag im Jahre 1902.

Um die verhängnisvolle Blickverengung nach Böhmen hin zu bekämpfen, suchte Jesser nach einem Sammelnamen für die Deutschen in Böhmen, Mähren und Österreichisch-Schlesien. Er ging dabei von einer bekannten geographischen Gegebenheit aus. Im wissenschaftlichen Sprachgebrauch wurde seit vielen Jahrzehnten das System der nördlichen Randgebirge vom Tillenberg bei Eger bis zum Odergebirge als sudetisches Gebirgssystem oder kurz als die Sudeten bezeichnet. Der Ursprung des Namens liegt in einer griechischen Karte, auf der innerhalb dieses Systems ein Waldgebirge den Namen sudeta hyle (Wildschweingebirge) trägt. Der mährische Teil dieses Gebirgssystems hieß seit Jahrhunderten „Sudetengebirge". Jesser fand zunächst den Sammelnamen „Sudetenländer" als Entsprechung zu Donauländer (Nieder- und Oberösterreich), Alpenländer, Karstländer und Karpatenländer, welch letztere Bezeichnung der Historiker Kaindl eingeführt hat.

In den drei Sudetenländern wohnten neben einer kleinen Anzahl Polen (in Ostschlesien) Tschechen (mit Slowaken im Osten) und Deutsche. Da aber die Tschechen der alten Habsburger-Monarchie fast ausschließlich in den Sudetenländern saßen, die Deutschen jedoch in fast allen Ländern der Monarchie vertreten waren, bestand keinerlei Notwendigkeit, einen Sammelnamen für die Tschechen zu gebrauchen, - für die Deutschen dieser Länder ergab sich ganz zwanglos der

Name Sudetendeutsche neben dem Sammelnamen Donaudeutsche, Alpendeutsche, Karpatendeutsche.

Die Bezeichnung Sudetendeutsch ist von Haus aus der Name einer Schicksalsgemeinschaft so sehr, daß bisweilen auch das Karpatendeutschtum mit seiner weit geringeren Zahl in dieser Bezeichnung mit aufging als Deutschtum in der Tschechoslowakei.

Die Verpflichtung unter diesem Schicksal benannte Herbert Cysarz: „Sudetendeutsch heißt unverfälscht und unbezwinglich deutsch unter sudetischem Schicksal." Und in diesem Sinne und Geiste ist auch die Geschichte des Namens Sudetendeutsch noch lange nicht Geschichte.

Sudetendeutscher Volksschutz

Von Emil Breuer

Die Selbstverwaltung der Länder Österreich-Ungarns ermöglichte es den Polen in Galizien und den Tschechen in den Sudetenländern, die dortigen Deutschen als Minderheiten zu behandeln. Auch im Süden und Westen der Monarchie gerieten die Deutschen in Abwehrstellung. Da die oftmals slawisch bestimmte Wiener Regierung den Deutschen keinen Schutz gegen das stetige Vordringen des Slawentums bot, sahen sich diese schließlich genötigt, sich Selbsthilfeeinrichtungen zu schaffen, die ausschließlich dem Schutz des eigenen Volkes dienten. Es waren deutsche Schutzvereine, ihr Wirken hieß später nur „die Schutzarbeit". Als erster entstand der „Deutsche Schulverein" in Wien. Er stellte sich die Aufgabe, in Orten, wo deutsche Kinder ohne deutschen Unterricht lebten, deutsche Schulen zu schaffen. Bald folgten ihm wirtschaftliche Schutzvereine, wie die „Südmark", die „Nordmark", der „Bund der Deutschen in Böhmen" und andere.

Nach dem Zerfall der alten Monarchie erkannten die Deutschen der Tschechoslowakei sehr rasch ihre Gefahrenlage und gingen sogleich daran, sich im Rahmen der gesetzlichen Möglichkeiten neue Selbstschutzeinrichtungen zu schaffen. An die Stelle des Deutschen Schulvereines trat der Deutsche Kulturverband mit dem Sitze in Prag. Überall versuchte er, das deutsche Volksbewußtsein wachzuerhalten oder wiederzuerwecken. Wo deutsche Schulen vom Staate geschlossen wurden oder fehlten, dort errichtete er Kulturverbandsschulen. Besonders verdient machte er sich um die deutschen Sprachinseln in der Slowakei. Dort hatten die Magyaren fast das ganze deutsche Schulwesen vernichtet, und viele Deutsche waren zu Magyaronen geworden. Der Deutsche Kulturverband rettete diesen deutschen Volkszweig vor dem Untergange.

Von den wirtschaftlichen Schutzvereinen wurde in der Tschechoslowakei die „Nordmark" sehr bald aufgelöst. Nur der „Bund der Deutschen in Böhmen", der seinen Sitz von Prag in das deutsche Sprachgebiet nach Teplitz-Schönau verlegte, und der Deutsche Böhmerwaldbund, Sitz Budweis, konnten ihre Tätigkeit fortsetzen. An Stelle der „Nordmark" traten die Bünde der Deutschen in Südmähren, Nordmähren und Schlesien.

Im Jahre 1933 erfolgte der Zusammenschluß aller Bünde der Deutschen von Böhmen, Mähren und Schlesien zu einem einzigen Bund der Deutschen. Vorkämpfer dieses Gedankens der Zusammenfassung aller Kräfte waren der Gauobmann des Jeschken-Iser-Bundesgaues Emil Breuer und Dr. Emil Lehmann. Sitz dieses Gesamtbundes blieb Teplitz-Schönau. Seine Arbeitsgebiete waren Volkswirtschaft, Volkskultur und Volkspflege. In wenigen Jahren wurde er der machtvollste deutsche Schutzverein mit über 500.000 Mitgliedern. Auf dem Arbeitsgebiete Volkswirtschaft trat er für die Erhaltung deutschen Grundbesitzes, für die Förderung des deutschen Handwerks, der Industrie und des Handels ein. Die Heimarbeiter wurden in der Genossenschaft „Heimwerk" vereinigt, ihre Erzeugnisse vertrieben und ihnen Arbeit vermittelt. Eine umfangreiche Stellenvermittlung versuchte die übergroße Arbeitslosigkeit der Deutschen zu mildern. Das gefährdete St.-Margareten-Bad bei Prachatitz wurde vom

Bund erworben und als Kaltwasser-Heilanstalt betrieben. Wirtschaftlich bedrohten Gebieten suchte er durch Förderung des Fremdenverkehrs und durch Schaffung von Bundessommerfrischen zu helfen. Er bemühte sich auch um die Einführung neuer Wirtschafts- und Industriezweige. Im Arbeitsgebiet Volkskultur stand das Vortragswesen und die Errichtung von Büchereien im Vordergrunde. Die kleineren Orte versorgte eine Wanderbücherei, gleichzeitig wurde die „Sudetenbühne" als Wanderbühne geschaffen. Besonderen Anklang fanden die „Sudetendeutschen Monatshefte". Das Arbeitsgebiet Volkspflege umfaßte vor allem die „Sudetendeutsche Volkshilfe".

Die volkswirtschaftliche Betreuung der sudetendeutschen Gebiete erfolgte aber nicht nur durch den Bund der Deutschen. Ein reiches Netz von Sparkassen, Kreditgenossenschaften, Wirtschaftsverbänden usw. ergänzte seine Arbeit. Besonders erwähnt sei die vom Bund der Deutschen in Böhmen gegründete Kreditanstalt der Deutschen in Prag, später in Reichenberg, die unter ihrem Oberdirektor Anton Kiesewetter sich zur größten Genossenschaftsbank entwickelte; 1944 überschritt ihr Verwaltungsvermögen eine Milliarde Reichsmark.

Die kulturelle Arbeit unterstützten verschiedene Verlagsanstalten, wie der Sudetendeutsche Verlag Franz Kraus in Reichenberg, Adam Kraft in Karlsbad-Leipzig und andere, der „Sudetendeutsche Bücherbund", die Gesang- und Musikvereine, aber auch die verschiedenen Heimatverbände, so besonders die „Egerländer Gmoin", die Gebirgsvereine, der Wandervogel und viele andere Jugend- und Wandervereine. Sie alle bemühten sich, die Liebe zur Heimat zu pflegen. Jugendherbergen, Gebirgsbauden und Bergwirtschaften entstanden in allen Teilen des schönen Sudetenlandes. Die „Anstalt für sudetendeutsche Heimatforschung" vertiefte die Heimatliebe im Wege wissenschaftlicher Arbeit. Universitätsprofessor Dr. Erich Gierach war der Gründer zweier besonders wichtiger Einrichtungen, der „Gesellschaft für deutsche Volksbildung" und der „Bücherei der Deutschen". Die Gesellschaft für deutsche Volksbildung gab viele

Schriften heraus und befruchtete das sudetendeutsche Geistesleben in reichem Maße. Die Bücherei der Deutschen wurde in Reichenberg als wissenschaftliche Bücherei der geplanten sudetendeutschen Universität angelegt und zählte bereits nach wenigen Jahren weit über 100.000 Bände an Werken aller Wissensgebiete.

Auf dem Gebiete der Volkspflege hatte sich das Sudetendeutschtum mannigfache Einrichtungen geschaffen. Der körperlichen Ertüchtigung diente vor allem der Sudetendeutsche Turnverband. Daneben bestanden zahlreiche Sportvereine.

Auf rein fürsorgerischem Gebiete sind vor allem die Landeskommissionen für Kinderschutz und Jugendfürsorge zu erwähnen. Sie haben besonders in Mütterberatung, Säuglings- und Waisenpflege und in Berufsberatung und Jugendbetreuung viel Gutes gestiftet.

Im Jahre 1938 wurden fast alle sudetendeutschen Bünde, Verbände, Organisationen und Einrichtungen im Wege einer öden Gleichschaltung aufgelöst. Der Geist aber, der sie durchdrungen hatte, konnte nicht vernichtet werden. Möge er heute erst recht für unseren Bestand und eine bessere Zukunft wirken!

Tschechoslowakei und Sudetendeutsche

Von Rudolf Schreiber

Von der Entrechtung zur Vertreibung

Bei dem von den tschechischen Politikern so angestrengt und erfolgreich mitbetriebenen Zusammenbruch Österreich-Ungarns schien mit Wilsons Versprechen nationaler Selbstbestimmung den Sudetendeutschen ein Ausweg aus den jahrzehntelangen nationalen Reibungen geöffnet. Nicht einen Anschluß ans Deutsche Reich, sondern ein Verbleiben in der jahrhundertelang erprobten Schicksalsgemeinschaft mit dem Alpendeutschtum wünschte damals die Volksstimmung der sudetendeutschen Landschaften. Aber ihre deutsche Eigenverwaltung wurde von Prag aus mit Gewalt ausgeschaltet und der Protest der Wehrlosen durch das Blutbad vom 4. März 1919 erstickt. Die Verbindung zu Österreich wurde durch den tschechischen Eingriff zerschnitten und als staatsgefährlich diffamiert. Die Pariser Konferenz, von der Amerika sich zurückzog, billigte den Wunsch Prags, den Sudetendeutschen ohne Befragung die Selbstbestimmung zu versagen. Eben jene zwei Punkte, in denen man Wilsons Versprechen in Paris nicht einhielt, die deutschösterreichische und die sudetendeutsche Frage, sollten die unverheilten Risse bleiben, aus denen zwanzig Jahre später ein neuer Abgrund sich öffnete.

Die frischgegründete Tschechoslowakei hatte die Pariser Diplomaten mit dem Versprechen beruhigt, eine „zweite Schweiz" zu schaffen. Aber auch dieses Wort blieb uneingelöst. Was geschah, war das Gegenteil von Duldsamkeit und Förderung. Deutsche Mitwirkung wurde schon bei der Staatsverfassung ausgeschaltet, das deutsche Schulwesen wurde stark gemindert, die Deutsche Universität durch Gesetz entrechtet, der deutsche Beamtenstand wurde abgebaut, eine „Bodenreform" zur Schwächung des deutschen Großgrundbesitzes und zur Schaffung weiterer tschechischer Vorposten im Grenzland benützt. Die staatliche Wirtschaftspolitik zielte darauf ab, aus der Krise der deutschen Industrie, die doch noch immer die beste Steuerquelle des Staates war, den tschechischen Bestand zu vergrößern, auch wenn die Staatswirtschaft darunter leiden mußte. Nach 1930 deckte sich die Hauptverbreitung der Arbeitslosigkeit mit einer Karte des deutschen Sprachgebietes! Die Beteiligung von deutschen Mittel- und Linksparteien an der Regierung nach 1926 wurde nicht zum Anlaß, die deutschen Beschwerden abzustellen, sondern wurde nur dazu mißbraucht, dem Ausland zu demonstrieren, daß alles in Ordnung sei. Als die Sudetendeutsche Partei Konrad Henleins, die noch durchaus loyal zur Tschechoslowakei stand und ein Autonomieprogramm für die Sudetendeutschen vertrat, bei den Wahlen 1935 die meisten Stimmen im ganzen Staate erhielt, blieb ihr dennoch die

Regierungsbeteiligung versagt und ein geschichtlicher Augenblick ungenutzt.

Die tschechische Verherrlichung ihres Kampfes gegen Altösterreich und des Staatsverrates ihrer Legionen im Weltkrieg, durch Lehrbücher und die offizielle Presse auch den Deutschen immer wieder vor Augen gestellt, mußte bei diesen unwillkürlich merkwürdige Schlüsse auf die eigene Lage wecken und ihre altererbte Staatstreue untergraben. Die tschechische Furcht vor Österreich hatte die Sudetendeutschen gezwungen, die alten Beziehungen dorthin abzubauen und sich geistig und kulturell mehr an das Deutsche Reich anzulehnen. Der erstaunliche Machtaufstieg Hitlers und die internationale Anerkennung, die er gerade auch mit seinen Aktionen gegen die Friedensbestimmungen von 1919 erlangte, wirkten auch auf viele der langen Bedrückung müden Sudetendeutschen faszinierend. Aber noch in der Septemberkrise 1938 war die Zahl der Sudetendeutschen, die, Henleins Ruf ins Freikorps folgend, über die grüne Grenze flohen, weitaus geringer als die ihrer Landsleute, die dem Mobilmachungsbefehl Prags gehorchten.

Die Münchner Entscheidung 1938, die damals auch von den Politikern der Westmächte als eine Friedensrettung begrüßt wurde, mußte so den Sudetendeutschen als ein international gebilligter Ausweg aus einem verzweifelten jahrzehntelangen Kampf um die nationale Selbsterhaltung willkommen sein und als eine Einlösung des 1919 unterschlagenen Wortes Wilsons gelten. Es war freilich ein schmerzlicher Schnitt, daß im Herbst 1938 manchen der bisherigen sudetendeutschen Mitkämpfer, der dem Regime Hitlers nicht tragbar galt, der Weg ins Dunkel und Exil führte. Vielleicht spürte man im voraus, daß man sich unvermerkt dem wechselvollen Spiel der großen Weltpolitik anvertraut und Mächten verschrieben hatte, die dem Sudetendeutschtum in eigensten Belangen keine Entscheidung lassen würden. Die Befreiung, die ihm als ein Schlußstrich unter einen langen aufreibenden Existenzkampf schien, erwies sich zu bald als Etappe einer Entwicklung, die unheilvoll auf einen neuen Krieg hinzielte.

Auch wenn diese Verstrickung in Verblendung und Schuld rechtzeitig und klar erkannt worden wäre, die Entwicklung aufzuhalten, die Volksgruppe aus ihr herauszuhalten, war nicht möglich.

Die weltpolitische Verflechtung, in die das Sudetendeutschtum 1938 geraten war, riß es 1945 mit in die

T i e f e d e s d e u t s c h e n Z u s a m m e n b r u c h s.

Nirgends war diese Wende so jäh wie im Sudetenraum. In den letzten Kriegswochen wurde die unglaubliche Situation Wirklichkeit, daß das von den Deutschen besetzte Innerböhmen, das die Schrecken des Luftkrieges nur am Rande erlebt hatte, sich ruhig zu einer der letzten deutschen Bastionen ausbauen ließ, daß seine Rüstungsindustrie zu einer Zeit noch arbeitete, als Wien und Berlin, Stuttgart und Frankfurt, Leipzig und Dresden bereits von den Alliierten besetzt waren, daß Prag, die letzte Großstadt in deutscher Hand, erst eine Woche später als München einen reichlich späten Aufstand wagte. Aber sofort nach der deutschen Kapitulation nützten die Tschechen die ihnen günstige Machtkonstellation zu einem Schlage aus, der an Rücksichtslosigkeit, Grausamkeit und Härte dem Hussitensturm nicht nachstand, an Breite und Tiefe ihn aber weitaus übertraf.

Von dreieinhalb Millionen Sudetendeutschen blieben kaum 200.000 noch im Land - die meisten von ihnen als mittellose und entrechtete Zwangsarbeiter. Etwas mehr als zwei Millionen wurden aus dem Lande gejagt oder „korrekt und human ausgesiedelt" - aller ihrer Habe, des wohlerworbenen Erbes von vielen Generationen, mit einem Federstrich beraubt, Abertausende von ihnen gemartert, geschändet, verstümmelt und umgebracht, ohne daß man nach ihrer persönlichen Schuld oder Unschuld gefragt hätte. Schaudernd aber stehen wir vor der Tatsache, daß über eine halbe Million Sudetendeutscher überhaupt verschollen ist - stumme Opfer der Todesmärsche, Schreckenslager und Gefängnisse, Opfer unglaublicher Ausbrüche verbrecherischer Unmenschlichkeit und eigener letzter

Verzweiflung. Die verwehten Spuren dieser namenlosen Hunderttausende, von deren letzten bitteren Stunden uns mancher Augenzeugenbericht Kunde gibt, sind unauslöschliche Schandflecken im Antlitz unseres Jahrhunderts.

Gegenwart und Ausblick

Wieder wie einst in der Hussitenzeit ist heute der Niederbruch des Deutschtums in den Sudetenländern auch von gleichen Erscheinungen im gesamten deutschen Osten begleitet, aber sie sind heute umfassender und schwerer als vor einem halben Jahrtausend. Und wie in der Hussitenzeit ist auch heute der Schlag gegen das Deutschtum verbunden mit tiefgreifender Zerstörung des Werkes, das diese Deutschen geschaffen haben. Schon sind in den Bergen Böhmens und Mähren-Schlesiens große Strecken Kulturlandes, die einst die deutsche Rodung dem Wald abgerungen hatte, unbewohnt, ihre Siedlungen verfallen, Acker wird zu Weide und Busch, und der Wald schickt sich an, die Berghänge wieder herunterzusteigen. Tausende kleiner Industrieunternehmen, Stätten deutschen betriebsamen Fleißes, sind aufgelassen, die Maschinen verrostet, demontiert und verbracht. Über Kirchen und Klöstern, die, einst von Deutschen gebaut, sich ihnen nun verschlossen, hängt wie eine Wetterwolke die bange Frage nach der weiteren Existenz des westlichen Christentums in diesen Ländern.

Denn unheimlich schnell hat sich an den Tschechen eine ungeahnte Wendung vollzogen: die politischen Gewalten, denen sie sich verschrieben, um 1945 einen leichten Sieg zu erringen, reißen sie auf Bahnen fort, die ihnen wohl selbst unheimlich werden. Austreibung und Beraubung der Sudetendeutschen erwiesen sich nicht als Schluß des langen tschechisch-deutschen Ringens, sondern zugleich als Anfang einer völligen sozialen Umgestaltung des Landes. Der geraubte Besitz der Deutschen kam nicht, wie erhofft, den einzelnen Tschechen zugute, sondern wurde Ausgangspunkt und Anlaß, auch das tschechische Privateigentum weithin zu „nationalisieren" und die Wirtschaft kollektiv zu gestalten. Die Ausschaltung der Deutschen hat nicht nur die lebendigsten

Brücken der Sudetenländer zum Westen zerstört, sondern mit ihren Begleiterscheinungen auch das tschechische Volk dem Westen entfremdet und um so enger dem Osten verpflichtet.

Unter dem Eindruck der grauenvollen Erlebnisse unserer Tage erheben wir unsere Stimme nicht zum Ruf nach Rache und Wiedervergeltung, sondern zu ernster Mahnung, diesem blinden Völkerhaß ein Ende zu bereiten und ihn an seinen Wurzeln auszurotten. Das heißt aber, die Lebensmöglichkeit der Nationen so gegeneinander abzugrenzen, daß ein dauerndes friedliches Zusammenleben möglich wird.

Wir glauben, daß die wechselvolle Geschichte der Sudetenländer mit der heutigen Ausschaltung der Deutschen nur in eine neue Phase trat, nicht aber zu einer Lösung von Dauer gekommen ist. Wir können nicht glauben, daß die uns mit Gewalt genommene Heimat auf immer verloren sein soll. Wir bekennen uns aber zu der Lehre, die sich in den Jahrhunderten unserer Geschichte bewährt hat: daß nicht Krieg und politischer Zwang, sondern immer wieder Arbeit, Leistung und opferwilliger Einsatz die Grundlagen für die deutsche Existenz in den Sudetenländern geschaffen haben. Es wird an uns liegen, nicht naheliegender Verbitterung oder vagen Hoffnungen und Gerüchten untätig nachzuhängen, sondern in unverdrossener Tätigkeit unsere Kenntnisse und Fähigkeiten zu mehren.

Die Mär von Sobieslaw und Eduard

Von Rudolf Lodgman von Auen

Es war einmal ein Fürst. Er wohnte in einer Burg auf einem steilen Felsen, der zum Himmel aufragte, dort wo die Moldau zur Elbe fließt, um sich, mit dieser vereint, ins Meer des Abendlandes zu ergießen. Er hieß mit Namen Sobieslaw, seines Namens der Zweite. Sein Volk hatte zwar schon vor mehr als drei Jahrhunderten die christliche Taufe empfangen, war aber an Kultur und in der Wirtschaft zurückgeblieben, und so sann er darüber nach, wie er es an den Segnungen westlicher Zivilisation teilnehmen lassen könnte. Nachdem er ein Jahr, einen Monat, eine Woche und einen Tag nachgedacht hatte, erließ er das folgende Dekret:

„Ich, Sobieslaw, Herzog der Böhmen, mache allen Gegenwärtigen und Kommenden kund, daß ich die Deutschen, so unter der Burg von Prag siedeln, in meine Gunst und unter meinen Schutz nehme, und ich will, daß diese Deutschen eine besondere, von den Böhmen unterschiedene Nation bleiben sollen, wie sie sich auch in ihren Gesetzen und Bräuchen von diesen unterscheiden. Ich ermächtige diese Deutschen, entsprechend den Gesetzen und der Rechtsordnung der Deutschen zu leben, wie sie dessen sich schon seit den Zeiten meines Großvaters, des Königs Wratislaw, erfreuten. Wer aber diesem Gebot zuwiderhandelt, der sei verflucht in alle Ewigkeit.

Sobieslaw II.

Gegeben auf meiner Burg zu Prag im Jahre 1174 nach unseres Heilands und Seligmachers Geburt."

Herolde durcheilten das Land, die Botschaft zu verkünden, und unter den Deutschen war Freude über den Entschluß des Herzogs. Sie bestellten den Acker, lehrten die Tschechen Künste und Handwerk, das Land ward unter Sobieslaw und seinen Nachfolgern immer mächtiger und reicher, und es herrschte Friede im Lande. Viele, viele Jahrhunderte versanken im Schoß der Ewigkeit, da war wiederum ein Herzog im Lande, nannte sich aber nicht so, sondern Präsident der Republik und hieß mit dem Namen Eduard, in der Reihe der Präsidenten der Zweite, seines Namens der Erste. Auch er sann darüber nach, wie er sein Volk glücklich machen könnte, und da er dieses Mittel im Westen nicht fand, so unternahm er eine weite Reise nach Osten und holte sich Rat bei einem östlichen Volk, und als er wiederum in seiner Heimat war, da erließ er das folgende Dekret:

„Die Deutschen des Landes sind vogelfrei! Ihr sollt sie töten, ihr Besitztum gehört euch, verjagt sie über die Grenzen des Landes! Wer einen Deutschen tötet oder foltert, wer ihn seiner Habe beraubt, begeht eine gute Tat, denn die Deutschen sind unsere Feinde."

Auf den Wellen des Äthers, durch Rundfunk und Presse ward die Botschaft verkündet, es herrschte Jubel und Freude im Volk und Jammer und Elend unter den Deutschen, die, soweit sie nicht der Verfolgung zum Opfer fielen, mit Schimpf und Schande von der Scholle getrieben wurden, die sie vor tausend Jahren urbar gemacht und bebaut hatten, Mann, Frau, Kind und Greis. Und an ihrer Statt strömten beutegierige Menschen aus dem Innern des Landes, Zigeuner und andere herein, die sich an dem verlassenen Hab und Gut der Deutschen bereicherten. Und als die Deutschen ausgetrieben waren, da wollte Eduard dem Morden und Plündern Einhalt gebieten, doch siehe! der Geister, die er aus dem Osten gerufen hatte, ward er nicht mehr ledig, der Terror, das Morden und Plündern richtete sich immer mehr gegen sein eigenes Volk. Und als Eduard sah, was er angerichtet hatte, da versuchte er seinem Volke begreiflich zu machen, daß sein Dekret nur gegen die Deutschen vermeint gewesen war – es war aber zu spät, die Saat aus dem Osten war nicht mehr zu tilgen, und sein Volk wandte sich nunmehr auch gegen ihn. So mußte er dem Thron entsagen, an seine Stelle kam ein neuer Herzog, und Eduard ging in die Verbannung.

Zu Hause hatte er aber einst folgenden Traum: Ihm träumte, er säße an seinem Schreibtisch, da öffnete sich die Tür und herein trat gerüstet in alter Tracht, das Schwert an der Seite und umflossen vom himmlischen Licht, Herzog Sobieslaw II. und sprach:

„Unseliger, was hast du getan? Kennst du nicht das ewige Geheimnis des böhmisch-mährischen Raumes? Weißt du nicht, daß wir dereinst als Troßknechte und Sklaven der mongolischen Awaren ins Land gekommen, daß unsere Frauen die Beute der Sieger wurden und daß seit dieser Zeit in unseren Adern asiatisches Blut fließt? Seit dieser Zeit ist unsere Seele gespalten, ein Teil neigt nach dem Westen, der andere strebt nach den unendlichen Weiten des Ostens. Mein Ahnherr Wenzel, genannt der Heilige, wußte schon um dieses Geheimnis, er wollte die östliche Seele unseres Volkes durch den christlichen Glauben an das Abendland ketten; er fiel durch die Hand seines östlich gesinnten Bruders, aber es gelang, die östliche Hälfte unserer Seele wiederum zu bändigen. Erstorben war sie nicht. Immer wieder lehnte sie sich gegen den Westen auf, obschon unsere Fürsten im achten Jahrhundert nach des Heilands Geburt in der Emerankapelle zu Regensburg die heilige Taufe empfangen hatten, immer wieder mußte sie gebändigt werden; so auch, als die Taboriten das heilige Zeichen des Kelches zu ihrem Symbol erkoren hatten und Europa bis an die Ostsee plünderten und verwüsteten, bis ihnen in der Schlacht bei Lipan Halt geboten wurde. Auch der Fenstersturz in Prag, der den Dreißigjährigen Krieg ausgelöst hat, nicht der erste und der einzige Fenstersturz in unserer Geschichte, war das Zeichen des Aufbäumens der östlichen Seele.

Ich hatte alles wohl bedacht, daher erließ ich mein Dekret und nahm die Deutschen im Lande in meinen Schutz, denn sie waren die Klammer und das Unterpfand, mit dem unser Volk mit dem Abendlande verbunden war; du aber, Unseliger, hast diese Klammer gesprengt, indem du die Deutschen, verblendet in namenlosem Haß, vertriebst! So hast du dem Osten, so hast du Asien die Tür in unser Land weit geöffnet, und es versinkt im Asiatentum. Betrogener Betrüger! Wie konntest du glauben, daß die Seele Asiens sich mit einem Teil begnügen werde?

Du hast die Deutschen, die ich unter meinen Schutz genommen hatte, ins tiefste Unglück gestürzt, du hast aber auch dein eigenes Volk an Asien verhandelt, dich trifft mein Fluch für alle Ewigkeit!"

So hatte Herzog Sobieslaw gesprochen. Ein Gewitter war am Himmel aufgezogen, ein Blitz durchzuckte das Zimmer, ein Donnerschlag zerriß die Luft, und als die Partisanen, die bei Eduards Bett standen, um seinen Schlaf zu bewachen, sich über ihn beugten, da war er tot.

Vom Ewigen

Bild, Klang und Wort

Meinten doch viele, die Kunst sei dem Ernst und der Größe der Zeit gegenüber unbedeutend, und auf viele Jahre hin würden sich die Menschen mit dieser Spielerei nicht mehr abgeben. Ich sagte darauf, die Kunst sei nicht nur höher als alle Welthändel, sondern sie sei nebst der Religion das Höchste, und ihrer Würde und ihrer Größe gegenüber seien die eben laufenden Dinge nur törichte Raufhändel; wenn die Menschen nicht alles Selbstgefühles bar geworden sind, werden sie sich bald von dem trüben und unreinen Strudel abwenden und wieder die stille, einfache, aber heilige und sittliche Göttin anbeten.

Adalbert Stifter

Deutsche bildende Kunst in den Sudetenländern

Von Erich Bachmann

Die romanische Kunst

Die frühgeschichtliche Kunst Böhmens ist charakterisiert durch den Holzbau und eine ornamentale, von germanisch-wikingischen und osteuropäischen Elementen durchsetzte Kleinkunst. Das Jahr 930 ist der entscheidende Wendepunkt. In diesem Jahr wird die unter Herzog Wenzel dem Heiligen auf der Prager Burg erbaute Veitsrotunde vollendet. Es ist von symbolischer Bedeutung, daß dieser erste Steinbau Böhmens dem Hl. Veit, dem Schutzherrn der sächsischen Kaiser geweiht war und die Weihe selbst der Regensburger Erzbischof vollzog, das Oberhaupt jenes Bistums, das wie das altsächsische Land in den folgenden Jahrhunderten seinen Einfluß auf Böhmen und seine Kunst geltend machen sollte. Politisch und künstlerisch ist die Brücke zum Reich geschlagen, Böhmen tritt in den Kreis der abendländischen Kultur.

Die Veitsrotunde, eine freie Nachbildung der um 100 Jahre älteren Palastkapelle in der Aachener Pfalz Karls des Großen, war ein Zentralbau, mit rundem Hauptraum, Umgang und vier byzantinischen (hufeisenförmigen) Apsiden. Zahlreiche weitere Zentralbauten, die sogenannten böhmischen Rundkirchen (rundes Schiff mit Apsis), folgen noch in romanischer Zeit. Es sind freilich ausnahmslos Kleinkirchen. Ungleich wichtiger für den kirchlichen Monumentalbau der romanischen Zeit ist die Basilika. Wie im Reich, so sind auch in Böhmen und Mähren die Klosterkirchen basilikale Längsbauten mit dem Portal im Westen und dem Chor im Osten, die unter dem Eindruck der süddeutschen Bauten zumeist über dem querschifflosen Dreiapsidengrundriß errichtet wurden (Ostrow, Kladrau, Mühlhausen, Trebitsch, Strahow u. a.). Allein auch die doppelchörigen Anlagen (mit je einem Chor im Osten und im Westen) sind hier vertreten. So der romanische Veitsdom in Prag (1060) und die Georgskirche auf der Prager Burg (um 1000). Der Veitsdom folgt süddeutschen und rheinischen Vorbildern, die Georgskirche sächsischen (Gernrode). Die monumentale kirchliche Baukunst beweist, daß die Sudetenländer nicht nur politisch, sondern auch kulturell dem deutschen Kulturkreis angehören, aber diese Länder ordnen sich gleichwohl keiner der großen deutschen Kunstlandschaften ausschließlich und dauernd zu. Die Kunst dieser Länder vermittelt zwischen dem niederdeutsch-sächsischen und dem donauländisch-bayerischen Bereiche. So herrscht am Anfang Sachsen vor, im 12. Jahrhundert gewinnt Bayern bedeutenden Einfluß, in staufischer Zeit der Rhein und Mitteldeutschland und in der Neuzeit der Donauraum. Dies gilt für alle Bezirke der bildenden Kunst. Im Kleinkirchenbau etwa verbindet sich der niederdeutsche Westturm mit der süddeutschen Saalkirche mit Apsis, doch kommt auch die west- und mitteldeutsche Chorturmkirche vor. Im 11. und 12. Jahrhundert ist die Plastik wie die Malerei (Krönungsevangeliar Wratislaws II. um 1065, Flores Sancti Bernardi u. a.) von der bayerischen Kunst abhängig und im 13. von nord- und mitteldeutschen Einflüssen bestimmt (Kleinseitner Brückenturmrelief um 1260, die thronende Madonna in St. Georg zu Prag um 1230, die Wandmalereien in Pisek und Iglau).

Die Frühgotik

In Böhmen steht keiner der großen ostdeutschen Dome der Stauferzeit, aber in der Stauferpfalz von Eger wird immerhin eine der schönsten Burgkapellen jener Zeit im deutschen Osten errichtet; zisterziensische Bauleute bringen die Frühgotik nach den Sudetenländern und errichten in Ossegg einen Kapitelsaal und in Klingenberg eine Burgkapelle in den prachtvollen Rundformen der Frühgotik, in Tischnowitz einen Kreuzgang, der an dekorativer Schönheit und Fülle im Reich kaum seinesgleichen hat. Die wandernden Bauhütten der ostdeutschen Dome hinterlassen in Trebitsch und Tischnowitz glänzende Beispiele der südostdeutschen Prachtportale. Doch liegt nicht hier die Bedeutung der böhmisch-mährischen Baukunst des 13. Jahrhunderts; in der ersten Hälfte dieses Jahrhunderts erscheint zum erstenmal die Hallenkirche im Sakralbau Böhmens. Er verdrängt bis zum Ausgang der Spätgotik die hochkirchliche Basilika in Mitteleuropa. Die böhmisch-mährischen Kirchenbauten mit gleichhohen Schiffen setzen den romanischen Hallenbau Bayerns fort. Dadurch ergibt sich im deutschen Südosten eine ununterbrochene Hallentradition von der hochromanischen Zeit bis zum Ausgang der Spätgotik. Es folgen aufeinander: Tepl (geweiht 1232), Münchengrätz, Kolin, Iglau, Eger, Brünn, Olmütz, Kremsier und andere.

Noch ein anderer Bautypus erscheint damals zum erstenmal in Böhmen. 1290 bis 1304 errichten die Zisterzienser in Sedletz eine fünfschiffige (!) Kathedrale. Es ist die erste im deutschen Südosten.

Die Blütezeit unter Karl IV.

Der Sudetenraum, der bis dahin ungleich mehr empfangen als gegeben hatte - noch die Plastik in der ersten Hälfte des 14. Jahrhunderts ordnet sich mehr den angrenzenden Gebieten als der böhmischen Mitte zu -, wird unter Karl IV. nach einer unerhört raschen Entwicklung zur führenden Kunstlandschaft im Reich.

Am Kaiserhofe Karls IV. versammeln sich Künstler aller Nationen: Deutsche, Tschechen, Italiener und Franzosen, aber die Deutschen und Tschechen dominieren am Ende durchaus.

Wie viele große Staatsmänner, war auch Karl IV. ein leidenschaftlicher Bauherr. Unter ihm erwachte die seit einem Jahrhundert verschollene staatliche Baukunst, die Machtkunst des Reiches, zu neuem Leben. So errichtet er, ähnlich wie Heinrich VI. den Trifels, die Burg Karlstein als Gefäß für die Reichskleinodien und Reliquien und in Prag einen Zentralbau (die ehemalige Fronleichnamskapelle auf dem Karlsplatz), in dem alljährlich die Reichskleinodien zur Schau gestellt wurden. Einen anderen Zentralbau, die Karlshofer Kirche, errichtet er im Rückblick auf die Aachener Palastkapelle Karls des Großen als achtseitige Anlage, die vermutlich wie Ettal einen Mittelpfeiler mit einem Sterngewölbe besaß. Als dauernder Mittelpunkt des Reiches, das bis dahin zwar zahlreiche Pfalzen, aber keine Hauptstadt besessen hatte, war Prag ausersehen, das Karl IV. in wenigen Jahren fieberhaften Bauens zur Weltstadt machte. Sein architektonisches Hauptwerk ist zweifellos der Veitsdom, den Matthias von Arras als Kathedrale begann und Peter Parler aus Gmünd in der Chorpartie vollendet. In Parler gewann Karl IV. mit glücklichem Griff den kongenialen Architekten. Parler entwickelte sich an dieser Aufgabe zum bedeutendsten Baukünstler und Bildhauer seines Jahrhunderts. Seine architektonische Hauptleistung ist die Erfindung des Netzgewölbes, das die eintönig gereihte Jochfolge der Hochgotik überwindet und den Raum als Ganzes wirken läßt; die Voraussetzung für den Aufstieg des spätgotischen Hallenbaues ist damit geschaffen. Parler hat u. a. auch die Karlsbrücke und den Chor der Bartholomäuskirche in Kolin gebaut und den Bau der Barbarakirche in Kuttenberg begonnen. Das bildhauerische Werk Peter Parlers hat ähnlichen Rang wie seine Baukunst. Es bedeutet innerhalb der Plastik des 14. Jahrhunderts etwas Ähnliches wie die Naumburger in der spätstaufischen Kunst. Parler beginnt mit den Tumben, wie jener großartigen Ottokars I., und krönt sein bildhauerisches Werk zwischen 1374 und 1385 mit den Bildnisbüsten des Domtriforiums. Es sind die ältesten Bildnisbüsten Deutschlands und wahrscheinlich des Abendlandes, voraus gehen nur Bildnisse aus der Schule des Theoderich von Prag, so das Bildnis Rudolfs IV. von Österreich (vor 1365), das älteste selbständige Bildnis der deutschen Malerei. Meister Theoderich überwindet um die Jahrhundertmitte die hochgotische Linienkunst durch eine breite, pastose Malerei. Seine massigen Figuren, die über die Bilderränder quellen, sind unverkennbar böhmisch. In den siebziger Jahren gipfelt die böhmische Malerei in den Gemälden des Meisters von Wittingau. Diesem großen Maler und Koloristen gelingt - ähnlich wie Parler - mit einem künstlerischen Handstreich, was ein halbes Jahrhundert nach ihm Massaccio verwirklicht, nämlich der totale Bildraum. Er ist freilich noch nicht perspektivisch gestaltet, er schafft sich selber aus dem Helldunkel.

Aber nicht nur aus dem Westen und Süden wandern Künstler zu und verstärken die einheimische Künstlerschaft, auch die volksdeutschen Kolonien des Südostens entsenden ungewöhnliche Begabungen nach Prag. Den Brüdern Martin und Georg von Klausenburg verdankt die abendländische Kunst den Hl. Georg auf der Prager Burg, das erste monumentale Reiterstandbild aus Bronze seit der Antike. Das Außerordentliche der Leistung der Klausenburger, zumal wenn man an ihr Reiterdenkmal des Ladislaus von Großwardein denkt, erhellt daraus, daß die italienische Renaissance erst Generationen später die klassische Lösung dieses Themas findet.

Die späte Gotik

Karl IV. stirbt 1378. Unter seinem ganz anders gearteten Nachfolger Wenzel verwandelt sich die monumentale Wirklichkeitskunst der karolinischen Zeit in eine musikalische und ideale Linienkunst von hohem Raffinement. Es ist die Kunst um 1400. Sehr rein zeigt sich der Wandel in einer Gruppe von Prachthandschriften des Königs Wenzel. Es sind erlesene Kunstwerke von juwelenhafter Leuchtkraft mit romantisierenden Landschaften und frivolen Badeszenen. - Schon beginnen sich die nationalen Gegensätze zu verschärfen. 1415 bricht der Hussitensturm los. Zahlreiche Künstler verlassen das Land. Nicht mehr Böhmen, sondern Österreich führt die Entwicklung an, und Prag wird von Südböhmen und Südmähren überflügelt. Unter den ausgewanderten Künstlern muß auch jener große Bildhauer gewesen sein, der den Typus der „schönen Madonna" schuf, der vielfach kopiert und bis nach Frankreich, Italien, Holland und Ungarn ausgeführt wurde. Von seiner Person wissen wir nichts. Er hat wahrscheinlich in Prag gelernt und später im Ordensland und in Schlesien, in Österreich und Südböhmen gearbeitet. Der weitaus größte Teil dieser schönen Madonnen, deren kapriziöseste vielleicht die „Krummauerin" ist, ist nicht mehr in Böhmen entstanden, aber die böhmische Plastik der zweiten Jahrhunderthälfte und die böhmische Malerei (Gnadenbilder) schufen viele Voraussetzungen dafür. Auch in der Malerei und in der Baukunst tritt die böhmisch-mährische Kunst noch einmal bedeutend hervor. So wirkt die Kunst des Meisters von Raigern (bei Brünn), eines Schülers des großen Wittingauers, weit über die Landesgrenzen hinaus nach Österreich, Bayern und Schlesien. Nicht nur Deutschland, sondern auch Frankreich und Spanien, Italien und sebst Skandinavien haben von hier Impulse empfangen. Wien, Nürnberg, Regensburg, das Ordensland und Schlesien sind die Haupterben; der „Steffl", das Wahrzeichen Wiens, ist im wesentlichen von Parlerischen Meistern begonnen und vollendet worden.

Mit Benedikt Rieth tritt gegen das Jahrhundertende am Hofe Wladislaws II. ein Baumeister hervor, der als künstlerische Persönlichkeit neben den großen Malern und Bildhauern der Dürerzeit genannt werden darf. In seinen Bauten gipfelt der spätgotische Gewölbebau Deutschlands. Rieth schließt 1502 den größten Saal seiner Zeit, den Wladislawsaal der Prager Burg, mit einem Gewölbe von außerordentlicher Gewagtheit. 1512 beginnt er den Umbau der Kuttenberger Barbarakirche. Er verwandelt das Langhaus in eine Halle mit Emporen und wölbt sie mit einem der schönsten Netzgewölbe der Spätgotik.

Aus Böhmen kommt keiner der großen Maler der Dürerzeit, aber es erscheint mit zwei Künstlern in der ersten Reihe der deutschen Bildhauer jener Zeit. Anton Pilgram aus Brünn vertritt beispielhaft den weltlichen Geist und das neue, nahezu renaissance-mäßige Körpergefühl der Plastik um 1500, der Budweiser Andreas Morgenstern die visionäre und erregte Kunst der Reformationszeit. Pilgram hat am Oberrhein gelernt und in Deutschland, Österreich und Mähren Werke hinterlassen. Er hat sich auf der Kanzel und dem Orgelfuß des Wiener Stephansdoms mit Selbstbildnissen verewigt. Von ihm stammt möglicherweise die erste und vielleicht volkstümlichste Renaissanceskulptur der deutschen Kunst: der Münchner Astbrecher. Während Pilgram die Renaissance in Deutschland einleitet, endet in den spukhaft-wilden schnitzerischen Visionen

Morgensterns, den Altären von Adamsthal bei Brünn und Mauer, die Überlieferung der süddeutschen Riesenschnitzaltäre und die Spätgotik.

Renaissance und Barock

1534, im Todesjahr Benedikt Rieths, wird der erste vollkommene Renaissancebau Deutschlands, das Lustschloß Belvedere bei Prag, von Italienern begonnen; deutsche Architekten, Hans von Tirol und Bonifaz Wolmuet, vollenden diesen Bau. Wolmuet ist mit den klassischen Formen Bramantes und der römischen Antike vertrauter als irgend ein anderer deutscher Meister seiner Zeit. Er beherrscht zwar noch die spätgotische Kunst des Wölbens, aber er strebt keine Synthese zwischen diesen wesensverschiedenen Welten an, er kontrastiert sie. Von ihm stammt die Orgelempore im Prager Veitsdom und die prachtvolle Front des Ballhauses in Prag, die an Monumentalität die meisten Bauten der deutschen Renaissance hinter sich läßt.

Rudolf II. macht Prag zur Residenz und zu einem Vorort der deutschen Kunst um 1600, aber es ist eine internationale Kunst landfremder Wanderkünstler, die weder einheimische Überlieferungen fortsetzt, noch neue begründet.

Die Schlacht am Weißen Berg 1620 und die Gegenreformation haben ein halbes Jahrhundert unbedingter Vorherrschaft der italienischen Kunst in ganz Süddeutschland im Gefolge. Gegen das Jahrhundertende gewinnt zum erstenmal seit dem 14. Jahrhundert wieder die französische Architektur mit den noblen, klaren und lebhaft rhythmisierten Bauten Matheys Einfluß in Böhmen. Aber schon in den siebziger Jahren kämpfen sich auch die deutschen Architekten durch und brechen die Vorherrschaft der Fremden. So Abraham Leuthner. Zunächst freilich gerät Böhmen und vor allem Mähren für kurz in den Bann der großen österreichischen Architekten Fischer von Erlach und Lukas von Hildebrandt. Vor allem Hildebrandt schlägt in den Raumdurchdringungen der Kirche von Deutsch-Gabel zum ersten Male das Leitmotiv der böhmischen Barockarchitektur an. Raumdurchdringungen, polyphone Raumgefüge sind kennzeichnend für das Werk Christoph Dientzenhofers (geb. 1655) und seines Sohnes Kilian Ignaz (geb. 1685). Von Christoph stammen das Langhaus der Kleinseitner Niklaskirche, die Klosterkirche in Braunau und einige weitere Kirchen, darunter St. Klara in Eger. Santin Aichel, der andere große Baumeister dieser Generation, stammt aus einer eingedeutschten Familie von italienischen Steinmetzen. Er hat von Fischer gelernt, aber charakteristisch für sein Schaffen sind mehr seine gotisierenden Umbauten mittelalterlicher Klöster und Kirchen (Kladrau, Plaß, Saar und Sedletz). Er ist ein kühner Einzelgänger, dessen Visionen an den Expressionismus denken lassen. Auch der eingedeutschte Broggio und der Iglauer Paul J. Bayer ist hier zu erwähnen.

Die böhmische Barockarchitektur gipfelt in den Bauten Kilian Ignaz Dientzenhofers, der seinen Vater zwar an Phantasie und Bildungsweite übertrifft, aber keineswegs dessen große Auffassung erreicht. Kilian Ignaz versieht die Städte halb Böhmens mit Plänen. Sein Hauptwerk ist die Chorpartie der Kleinseitner Niklaskirche, deren Kuppelturmgruppe an städtebaulicher Wirkung kaum übertroffen ist. Er stirbt 1751. Die Stunde der böhmischen Baukunst ist vorbei, wenngleich bis zum Jahrhundertende zäh in Barockformen weitergebaut wird. Anders als in Franken oder Bayern, zeigt sich das Rokoko in Böhmen nur vereinzelt.

Die böhmisch-mährische Architektur hat entscheidend nach Franken und Schlesien gewirkt, europäische Bedeutung aber erlangt sie durch den Egerer Balthasar Neumann. Dieser geniale Baukünstler faßt die Entwicklungen der großen europäischen Baubewegungen in Italien, Frankreich und Deutschland in einer wahrhaft abendländischen Synthese zusammen und krönt sie mit zahlreichen Kirchen- und Palastbauten im Main- und Rheingebiet.

Die Barockplastik wird, anders als die Architektur, früh von einheimischen Künstlern beherrscht, vor allem von der Familie Bendl. Gegen das Jahrhundertende wandert der Karpatendeutsche Johann Brokoff in Prag ein, von dem das Gußmodell des Hl. Johann von Nepomuk auf der Karlsbrücke stammt, das Urbild unzähliger Brückenheiliger. In dieser Zeit verwandelt sich die Karlsbrücke in ein Denkmal böhmischer Barockplastik. Fast alle bedeutenden Bildhauer jener Zeit tragen zum Schmuck dieser einzigartigen Brücke bei, so Johann und Ferdinand Maximilian Brokoff, Matthias Braun, Kohl, Josef Mayer und Jäckel. Zwei von ihnen, Ferd. Max. Brokoff und Matthias Braun, gehören zu den bedeutendsten Bildhauern Mitteleuropas. Der Tiroler Matthias Braun kommt durch den Grafen Sporck nach Böhmen und entfaltet hier eine bildhauerische Tätigkeit von erstaunlichem Reichtum. Nicht alles ist eigenhändige Arbeit. Seine besten Arbeiten sind einige Skulpturen bei Kukus, die Hl. Luitgard auf der Prager Brücke und die Innenausstattung der Clemenskirche in Prag. Kein Bildhauer seiner Zeit hat die Auflösung der plastischen Form so weit getrieben wie er. F. M. Brokoff hat von Braun gelernt, aber er ist ihm nicht, wie viele andere, verfallen. Seine besten Arbeiten entstehen in der Zusammenarbeit mit dem großen österreichischen Architekten Fischer von Erlach (Grabmal Mitrowitz, Karl-Borromäus-Kirche in Wien und Breslauer Dom). Auch in der Provinz schaffen bemerkenswerte Bildhauer, so Eberle und Waitzmann im Egerland, in Nordböhmen und Schlesien Kuen und Lehnert, in Mähren Hiernle und Schweigl.

Die Skulpturen Platzers in Prag und Innerböhmen zeigen, daß nach der Jahrhundertmitte und dem Tode Brauns die mächtige und leidenschaftliche Bewegtheit auch aus der Plastik entwichen ist. Der geniale Braunschüler Ferdinand Dietz geht wie Neumann nach Franken und entwickelt sich dort zum bedeutendsten Gartenplastiker des Rokoko in Deutschland.

Es charakterisiert die Lage der böhmischen Kunst nach der Schlacht am Weißen Berg, daß eine befremdend große Anzahl einheimischer Maler das Land verläßt. Schon vorher war Georg Flegel nach Frankfurt ausgewandert und hatte dort die deutsche Stillebenmalerei begründet. Hollar, dessen Mutter aus deutschem Adel gebürtig war, ein bedeutender Stecher, stirbt nach einem abenteuerlichen Leben in London; der Bildnismaler Daniel Preißler geht nach Nürnberg und wird dort zum Stammvater einer großen Künstlerfamilie; der Karpatendeutsche Spillenberger arbeitet als gesuchter Historienmaler in Wien und Augsburg, und noch Johann Kupezky flüchtet aus Wien nach Nürnberg. Dieser elementare Künstler hat die deutsche Bildnismalerei bis auf Graff befruchtet.

In der ersten Hälfte des 18. Jahrhunderts treten auch in Böhmen bedeutende einheimische Maler hervor. So der Tafelmaler Peter Brandl, der den Bolognesen entscheidende Anregungen verdankt und dessen Vitalität bezeichnend böhmisch ist, und Wenzel Lorenz Reiner, der Freskomaler, der neben den großen österreichischen und bayerischen genannt werden darf. Es kennzeichnet die böhmische Vorliebe für den Barock, daß der einzigartige Feinmaler Norbert Grund, einer der bedeutendsten Maler des deutschen Rokoko, in Armut verkommt. In seinen Gemälden sind nicht die Figuren wesentlich, sondern die erregende Buntheit, die durchglänzte Atmosphäre und der nervöse, impressionistische Pinselstrich.

Das beginnende 19. Jahrhundert

Böhmen, das am Barock länger und leidenschaftlicher festhielt als irgend ein anderes Land in Mitteleuropa, stellt in der Malerei und Kunsttheorie auch einige Anführer der Reaktion gegen den Barock. Sie wandern bezeichnenderweise aus. Nicht in Böhmen, sondern in Deutschland werden ihre Leistungen fruchtbar. Der in Preßburg geborene Oser geht nach Dresden und wird dort zum Anreger der epochemachenden Erstlingsschrift Winckelmanns und in Leipzig zum Lehrer Goethes; Auliczek geht nach München, wo er nach dem Tode des genialen Bustelli der führende Porzellanplastiker der Nymphenburger Manufaktur wird; und Raffael Mengs, der Begründer der klassizistischen Malerei, geht zuerst nach Dresden und später nach Rom und Madrid.

Nach der Jahrhundertwende freilich dringt auch der Klassizismus nach Böhmen ein. 1812 baut der Wiener Georg Fischer das Zollamtsgebäude in Prag, das die Berliner Münze von Gentz voraussetzt und selbständig ins Monumentale steigert. Auch die Brunnenbauten der westböhmischen Bäder bewahren viel vom Geist der Goethezeit. Im ganzen bleibt die kühle Kunst des Klassizismus der heißen und bunten Landschaft Böhmens fremd.

1800 wird in Prag die Kunstschule, die spätere Akademie gegründet. Zu den Schülern des ersten Direktors Josef Bergler zählen Führich und die Brüder Josef und Emanuel Max. Führich schließt sich nicht der norddeutschen Landschaftsmalerei der Romantik, sondern den katholischen „Nazarenern" an. Dieser große Künstler übertrifft den Begründer des nazarenischen Kreises Overbeck an Kunst der Komposition und der Zeichnung. Er ist ein Zeichner und Illustrator von europäischer Geltung. Nazarenisch im Wesen sind auch die Bildhauer Josef und Emanuel Max; ihr bedeutendstes Werk ist zweifellos das Radetzkydenkmal (ehemals auf der Prager Kleinseite).

Andere Ziele verfolgt Adalbert Stifter als Maler. Dieser bedeutende Landschafter nimmt als Kolorist und Maler atmosphärischer Stimmungen manche Entwicklungen der zweiten Jahrhunderthälfte vorweg. Seine Landschaften sind ohne Zweifel selbständige Kunstwerke. Stifter wird an den Riesenschnitzaltären des Donautales zum ersten Denkmalpfleger und Bewahrer der altdeutschen Kunst.

Das Ende der „böhmischen" Kunst

Mittlerweile hat sich unter dem Einfluß Herders und der Romantik der kulturelle Aufstieg der Tschechen vollzogen. Prag wird nach der Jahrhundertwende tschechisch. Die böhmische Kunst tritt in eine deutsche und tschechische auseinander, wenngleich auch die tschechische Kunst bis zur Gegenwart gesamtdeutsche Anregungen empfangen hat. Das Ergebnis dieser verhängnisvollen Entwicklung ist, daß die großen deutschen Begabungen fortan das Land verlassen. Nicht in Prag, sondern in Wien und München, in Dresden und Darmstadt, in Berlin, Hamburg und Stuttgart reifen die entscheidenden Leistungen sudetendeutscher Künstler. So schon von der Generation der vierziger Jahre Gabriel Max, der mit Makart und Lenbach zu den Historisierenden gehört. Max erringt in München sensationelle Erfolge. Der „Rubenist" Hans Canon besticht in Wien durch seine Vitalität, und der virtuose Bildhauer Tilgner schafft das Wiener Makartdenkmal aus dem Geiste tiefer Wahlverwandtschaft. Die Theaterdekorateure Josef und Johann Kautsky haben in ihrer Zeit internationale Geltung. Auch Emil Lauffer und Julius von Payer sind hier zu nennen.

Andere Künstler wenden sich vom Historismus ab, so der feine Kolorist und bedeutende Landschafter Wilhelm Riedel, der ähnlich wie das starke malerische Temperament seiner Nichte Hermine Laukota für Deutschland erst noch entdeckt werden muß, oder der Landschafter Franz Rumpler, der wie Riedel die Schule von Barbizon und die französische Freilichtmalerei kennt.

Sudetendeutsche in der modernen gesamtdeutschen Kunst

Zwischen 1860 und 1880 wird im Sudetenraum eine Generation von Künstlern geboren, die in allen Zweigen der deutschen bildenden Kunst Führendes leistet. Nur wenige und keineswegs die bedeutendsten bleiben im Lande. Vor allem Wien, das um 1900 in vieler Hinsicht vorangeht, wird zu einer Domäne sudetendeutscher Künstler. Weder die weltberühmten „Wiener Werkstätten" noch die Wiener Sezession ist ohne die Sudetendeutschen denkbar. Die Architekten Josef Olbrich und Hoffmann bilden zusammen den Jugendstil aus und verabschieden ihn. Olbrich geht später nach Westdeutschland und gewinnt dort maßgebenden Einfluß auf die deutsche Wohnkultur. Hoffmann begründet die Wiener Werkstätten. Ausstellungsbauten in den Hauptstädten der alten und neuen Welt verschaffen ihm Weltruf, und seinem Palais Stoclet in Brüssel verdankt nicht nur die deutsche, sondern auch die französische, belgische und holländische Architektur Anregungen. Zusammen mit Gustav Klimt, dessen Vater aus der Gegend von Leitmeritz in Böhmen stammt, entwickelt er einen spezifisch „wienerischen" Stil der Innendekoration. Klimt, zweifellos eine der großen zeichnerischen und dekorativen Begabungen der deutschen Kunst, erhebt die österreichische Malerei um die Jahrhundertwende zu europäischer Geltung. In Wien fand auch das vielseitige Schaffen Richard Teschners eine rechte Heimat. Von den bedeutenden Architekten dieser Generation sei noch Josef Zasche genannt.

Die Bühnenkunst verdankt Strnad, dem Brünner Alfred Roller und Emil Pirchan, die Kunstpädagogik Cizek entscheidende Anregungen, und der Preßburger Rudolf von Laban begründet den modernen Kunsttanz. Seine theoretischen Schriften sind grundlegend. Aus seiner Schule geht alles hervor, was irgend Bedeutung erlangte, von Mary Wigmann und Palucca, von Feist und Klamt bis zu dem Sudetendeutschen Harald Kreutzberg.

Die Revolution der modernen Architektur von 1900 führt der Brünner Adolf Loos an, der zum erstenmal verwirklichte, was schon ein Jahrhundert vorher der Revolutionsarchitekt Ledoux theoretisch vertreten hatte, nämlich das unbedingt ornamentfreie sachliche Bauen. Loos war überdies ein geistvoller Schriftsteller. Sein Hauptwerk trägt den bezeichnenden Titel „Ins Leere gesprochen". Manche seiner Schriften erschienen in Paris und wurden unverzüglich in alle Weltsprachen, ausgenommen die deutsche, übersetzt.

Von den Bildhauern dieser Generation sind die bedeutendsten Lederer, Metzner, Hanak, der Kleinplastiker und Schnitzer Barwig und Heinrich Kautsch, einer der bedeutendsten europäischen Medailleure der Gegenwart. Metzner ist durch die Skulpturen zum Leipziger Völkerschlachtdenkmal bekannt geworden. Aus seinen mitunter überstilisierten Körpern brechen Gebärden von unerhörter Wucht. Ergreifend ist seine letzte Arbeit „Zusammenbruch", die er 1919, kurz vor seinem Erschöpfungstod in Berlin schuf. Dem dreißigjährigen Lederer fällt 1901 der bedeutendste Monumentalauftrag seiner Zeit, das Hamburger Bismarckdenkmal, zu. Diese Arbeit bedeutet eine Wende im deutschen Denkmalstil. Der Brünner Hanak ist eine elementare plastische Begabung und ein vollendeter Handwerker, der mit großartiger Besessenheit seine Plastiken frei und ohne Tonmodell aus dem Stein herausschlägt. Anders als die zumeist architektonisch gebundene Plastik Metzners wirken seine Einzelfiguren durch die eingeborene Monumentalität.

Die Maler und Graphiker stehen solchen Leistungen nicht nach. Nennen wir die bedeutendsten: die Maler Heinrich Hönich, Emanuel Hegenbarth, Hölzel, Krattner, Thiele, Brömse, und von den jüngeren Josef Hegenbarth, Kolig, Dobrowsky und Kokoschka; die Graphiker Richard Müller, Jettmar und der phantasievolle Staeger, vor allem Alfred Kubin, Hönich und Walter Klemm. In der Graphik hat die sudetendeutsche Kunst ihr Bestes gegeben. Der Karlsbader Klemm lernt vom japanischen Holzschnitt und entwickelt sich zum Illustrator der Weltliteratur. Heinrich Hönich ist weder auf Neuerungen noch auf schrankenlose Selbstaussage aus. Er bewahrt mit vollendetem Handwerk die besten Überlieferungen deutscher Kunst, aber er lebt nicht von ihnen. Die deutsche Kunst verdankt ihm Gemälde und Graphiken von bleibendem Wert. Er hat seinen zahlreichen Schülern - der unbestechlichste von ihnen ist Dietze - echte Maßstäbe gegeben. Während sich so die verantwortungsvollen Geister auf bewährte Traditionen und das Handwerk zurückziehen und die feineren sich durch Stilisierungen schützen, brechen die labilen unter dem Druck der herannahenden Katastrophen in dunkle prophetische Visionen aus, wie denn überhaupt die Erschütterungen der abendländischen Kultur von der Kunst mit der Empfindlichkeit eines Seismographen angezeigt werden. Jettmar nimmt das Unheimliche und Vorweltliche in die heroisch-romantische Landschaft auf. Josef Hegenbarth ist an die Welt der Getriebenen, Besessenen und Trunkenen und an die pathologische Nachtseite des Lebens gebunden. Hölzel endet bei der gegenstandslosen „absoluten" Malerei. Kubin ist verdammt, in einer Dämonenwelt zu leben, von der er sich durch seine visionäre Graphik befreit; seine Feder spinnt wirre Netze, der Strich schnellt, kriecht und verstrüppt sich bisweilen zu einem qualvollen Gekritzel, das lemurische Wesen und apokalyptische Visionen gebiert.

Überschauen wir den Anteil der Sudetendeutschen an der deutschen bildenden Kunst, dann dürfen wir mit Genugtuung feststellen, daß die böhmischen Länder im dauernden, lebendigen Zusammenhang mit der gesamtdeutschen Kunst standen, ja in gewissen Epochen, so zur Zeit Karls IV., die Führung übernahmen und im Barock gleichwertig neben Österreich, Bayern und Franken traten. Alle die Künstler, seien sie nun ins Land gerufen worden oder dem Raum selbst entwachsen, haben sich der Eigenart der Landschaft hingegeben und ihr die gemäße künstlerische Form aufgeprägt. Und die vielen Künstler, die am Anfang des 15., im 18. und 19. Jahrhundert aus dem Sudetenland ins Reich strömten, haben in reichem Maße zurückgegeben, was Deutschland in früheren Jahrhunderten zur künstlerischen Erweckung des Landes getan hatte.

Auf der Kleinseite zu Prag

Von Rainer Maria Rilke

Alte Häuser, steilgegiebelt,
Hohe Türme voll Gebimmel, -
In die engen Höfe liebelt
Nur ein winzig Stückchen Himmel.

Und auf jedem Treppenpflocke
Müde lächelnd - Amoretten;
Hoch am Dache um barocke
Vasen rieseln Rosenketten.

Spinnverwoben ist die Pforte
Dort. Verstohlen liest die Sonne
Die geheimnisvollen Worte
Unter einer Steinmadonne.

Prager Dom

Von Gertrud Fussenegger

Nun bin ich schon einige Tage hier, habe Regen und Sonnenschein und kühles Wolkentreiben über den tausend Türmen und Kuppeln Prags wechseln gesehen. Heute morgen liegt dichter Nebel über der Moldau, und auch das ist schön, gedämpft gluckend ziehen die schwärzlichen Fluten, über ihnen steigen und gleiten große Vögel im weißen Dampf. Da fängt sich auf den blaugrauen Schwingen der Möwen der erste Sonnenblitz, und gleich darauf ist der Fluß, sind Kai und Turm von silbernem Licht überrieselt. Der Nebel weicht, die gewaltige, braunschwarze Bogenreihe der Karlsbrücke liegt im strahlenden Schein, auch die Burg enthüllt sich, und wieder erscheint sie mir wie eine königliche Frau, die lang hingestreckt auf ihrem Felsen ruht, in vollkommener Gelassenheit und Würde, die zackige Krone des Veitsdomes auf dem Haupt.

Der Dom soll heute mein Ziel sein, ich beschleunige meine Schritte, bald habe ich die Brücke hinter mir und steige durch schmale, steile Gassen über die Kleinseite auf, erreiche die Burghöhe. Die Stadt, ein flimmernder See von metallischem Gefunkel und blauem Rauch, liegt unter mir, doch nehme ich mir heute nicht die Zeit, sie länger zu betrachten, in Eile grüße ich die großartige Fassade des Hradschin und seine Höfe, in denen Legionäre in französischer und russischer Uniform Posten stehen, den Reiter Georg, die riesige Schauseite des Domes, die wohl imponieren, aber nicht erwärmen kann. Im nächsten Augenblick wird es dunkel, doch das währt nur ein paar Sekunden, dann löst sich die Dunkelheit in golddurchströmte Dämmerung, in abendlich warmes honiggelbes Licht, das von hohen gotischen Strebepfeilern erfüllt ist. Aber gewitzt von früherer Erfahrung vermeide ich es, den Blick freier schweifen zu lassen: ein verwildertes Zeitalter hat schrecklich in diesem Dom gehaust, indem es alte Künste schändete und den Zuchtlosgewordenen Fenster, Wand und Altarnische preisgab. Hastig strebe ich an den Fratzen vorbei; in der Mitte der

Kirche hält ein Schwarzberockter über einem Tischlein Wacht, auf dem Ansichtskarten und Heiligenbilder zum Verkauf ausgelegt sind. Meiner ansichtig geworden, nickt er mir zu, kramt in seinem Sack und zieht einen Schlüssel hervor. Er kennt mich schon, ich habe ihn und seine Amtsbrüder oft genug mit meinen Bitten geplagt und gestern endlich die gnädige Erlaubnis erhalten, ein abgelegenes Kunstwerk, eine heimliche Schönheit dieses weltbekannten Domes zu besichtigen, eine verborgene Kostbarkeit inmitten der von Tausenden bestaunten Baedeker-Kostbarkeiten. Es war nicht leicht, die wackeren Hüter zu überreden, meine bescheidenen Kenntnisse der tschechischen Sprache hatten mich vor ihrer Standhaftigkeit erst recht ins Unrecht gesetzt. Aber nun steht mir endlich das Sanktuarium offen; man sperrt mir ein Pförtchen auf und weist mich eine finstere Wendeltreppe empor.

Warum habe ich keine Laterne bei mir? Hätte mir doch denken sollen, daß mich der Weg durch dunkle Winkel führt. Aber nein, sogleich werde ich dessen froh, denn es ist schöner, blind voranzutappen, als die alten Quader mit dem kalten Blick der elektrischen Lampe zu betasten. Nach ein paar Windungen kommt mir auch schon das kühle, klare Frühlingslicht entgegen, da eine Tür ins Freie! Eine Sekunde stocke ich erschrocken, denn Haus und Turm und das unabsehbare Dächergeglitzer der Stadt liegen schwindlig tief mir zu Füßen. Aber dann vertraue ich mich dem schmalen Wandelgang an, der ein Stück außen am Dom läuft und durch einen schmalen Schluff wieder ins Innere mündet.

Du glaubst einen Wald zu kennen, wenn du ihn durchwandert, wenn du unter seinen Kronen gerastet hast, und du glaubst gleichermaßen einen Dom zu kennen, wenn du von Altar zu Altar gegangen, wenn du in Haupt- und Nebenschiff, in Apsis und Krypta gewesen bist. Aber wie anders kennen Eichhorn und Vogel denselben Wald, der dir so vertraut erscheint. Die Wipfel der Bäume wölben sich ihnen zum Raum im Raum. Das Astgewirr ist ihnen Weg und Steg, von denen sich die Welt in der Tiefe schön besehen läßt. Auch der Dom ist ein Wald, auch er hat verborgene Brücken und

Galerien, Schlupfwinkel und Ausluge in seinem gewaltigen und vielgliedrigen Leib, auch er hat sein eigenes Gesicht für den, der in das Innere seines Gefüges dringt, der das kühne Steigen und Miteinanderverknüpftsein von nächster Nähe erlebt; dem Maßwerk und Verstrebung sich nicht nur als ein Spiel von Licht und Dämmerung, sondern als Bau-Werk, als Hand-Werk darstellt.

Tief unter mir glänzen die rötlichen Rosen, die buntes Glas und Sonnenschein in die Kirche zaubern. Tief unter mir wimmeln Menschen um den Altar, nur undeutlich dringen ihr Murmeln und ihre Schritte zu mir herauf; hier pfeift der Wind mit hohen, harten Tönen durch das luftige Gewölb, Schwalben kreuzen durch den Raum, der ihnen dem Himmel verwandt erscheinen mag: kein Auge drunten wird die sausenden Vögel gewahren.

Nun stehe ich auf dem Triforium, einer beinahe unscheinbaren Galerie, die, in halber Höhe rings um das Dominnere geführt, zwischen die Pfeiler steinerne Balustraden spannt. Sie ist schmal und verschmälert sich hinter den Streben noch mehr, vor einigen Jahrzehnten war sie noch gänzlich vermauert, und auch jetzt scheint sie kaum einmal betreten zu werden. Auf der Treppe habe ich einen nistenden Turmfalken aufgeschreckt, und hier sperren mir großgespannte Spinnweben den Weg mit ihren luftigen Netzen, doch auch sie sind mir willkommene Zeichen, daß sich selten jemand hierher verirrt und daß mir deshalb, was ich nun sehen werde, in einem innigeren Sinn gehören wird. Soweit ich nämlich Umfrage in Prag hielt, wußte niemand von diesem Triforium und seinen Kunstwerken, den Konsolenbüsten der weltberühmten Parlerschule.

Untrennbar ist Prags grandiose Baugeschichte mit dem Namen der Parler verknüpft. Als Karl IV., der größte Bauherr seiner Zeit, über den Heiligtümern Böhmens, den Gräbern Wenzels und Adalberts, über den Grundmauern des romanischen Przemyslidendomes den gotischen Dom von St. Veit aufzurichten begann und Matthias von Arras von dem erst begonnenen Werk hinwegstarb, rief der Kaiser den erst dreiundzwanzigjährigen Peter Parler aus Schwäbisch-Gmünd an seinen Hof. Wie der kaum dem Jünglingsalter Entwachsene seine Aufgabe meisterte, den Genius des Welschen übertreffend, wie er den alten Baugedanken zu seinem eigenen erhöhte, wie er den Zentralbau zum Hallenbau weitete und die Fundamente der Türme folgerichtig in das Ganze einband, mußte Karl tief beeindruckt haben, denn er überließ Peter und seinem Kreis eine Aufgabe um die andere, die Errichtung der Karlsbrücke, die Brückentürme und endlich den Bau der Burg Karlstein, der Hüterin der Reichskleinodien. Doch nicht nur die Architektur dieser Zeit sollte parlerisch sein, auch das eingeborene Kind der mittelalterlichen Baukunst, die Plastik. Da sind vor allem die großartigen Königsgräber zu nennen, die Figuren der Brückentürme und endlich die Konsolenbüsten am Triforium von St. Veit, welche die undankbare Stadt Prag über der Fülle ihrer Schätze vergessen zu haben scheint.

Noch einmal begegnet mir hier im neueren Teil des Domes die geglättete Larve einer mißverstandenen Moderne. Warum haben sie sich auch in diesen abgelegenen Winkel gedrängt und Bildnisse an Stellen gesetzt, an denen sie kaum einer wahrnimmt? Sie haben es damit der alten Zeit gleichtun wollen und sind so nur ihre Affen geworden. Die alten Geschlechter haben in Stein gedient und gebetet und nicht für menschliche Augen geschaffen, sondern nur für das Auge ihres Gottes, den sie allgegenwärtig wußten.

Und endlich wird mir die Begegnung, auf die ich lange hoffte und die mich doch überwältigt. Ich stehe vor stillen Steingesichtern, gehe - angehaltenen Atems und auf Zehenspitzen - von einem zum andern, bange der Schönheit, die meiner beim nächsten warten mag, beglückt von der Fülle, die aus zuchtvollster Form zu mir spricht. Es sind Könige und Fürstinnen, Stifter und Meister, die Schöpfer dieses Domes, die heimlichen Herren über diese Räume, diese Mauern, die ganze so alte und immer neue lebensvolle Pracht.

Den einen oder den anderen Kopf meine ich schon im trüben Spiegel einer Photographie erblickt zu haben. Da ist vor allem Karls IV. breites Seehundgesicht, seine Vorfahren Johann und Johann Heinrich von Luxemburg, die dumpfe Großheit Ottokars I. Da sind die Frauen des Kaisers, die berückende Anmut der Anna von Schweidnitz, die herbere Würde der Johanna, der Blanka von Kastilien, der Elisabeth von Pommern. Da sind die Erzbischöfe unter ihren Infuln, und da sind die Meister: Peter selbst und seine Helfer. Wer könnte den durchgeistigten Kopf des Parler einmal vergessen, den erstaunlichen Kapuzenträger Nicolaus Holubec oder das harte Asketengesicht des Wenzel von Radez, das Barbarei oder Zufall der Nase beraubt hat; dennoch: aus der teilweisen Zerstörung spricht noch die grundsätzliche Form laut genug, um fraglos zu überzeugen.

Nicht ein Meister - auch das Laienauge vermag das wahrzunehmen - hat die Reihe geschaffen, die Kunstgeschichte unterscheidet vier Hände, und in der Tat, die innere Spannung von den frühen Königsbüsten zu den spätesten, der des Wenzel von Radez, ist viel zu groß, als daß sie im Ablauf eines einzigen Lebens denkbar schiene. Dort ist noch alles gebunden, die Gestaltung der Konsole als Baukörper wirkt tektonisierend in das Lebensgesetz der Plastik ein. Der Kopf wird, dem Charakter des 14. Jahrhunderts gemäß, ins Tierhafte stilisiert, er ist wie ein Gefäß behandelt, klar und rund, in der herrlichen Großzügigkeit echter Plastik.

Dagegen wirken die späteren Bildnisse trotz aller Strenge dem Malerischen angenähert. Das architektonische Prinzip des Gefäßes ist entglitten. Das Gesicht ist zur Landschaft geworden, zu einer rätselhaften zerrissenen Landschaft, in der Licht und Schatten wesenhaft werden, in der ein Schicksal geschrieben hat, in der eine Persönlichkeit Form geworden ist. Doch immer ist sie, die Form, der Alltäglichkeit, der naturalistischen Zufälligkeit entkleidet. Und immer kann sie zum Zeugen eines großen Zeitalters aufgerufen werden.

Hier ist es keine Vermessenheit mehr, an Naumburg zu denken. Meisterliches ist da wie dort getan, und doch spricht hier der Ausdruck einer anderen, uns um ein Jahrhundert näher gerückten Welt. Da war das Staufferreich längst Vergangenheit, Italienzüge und Weltkaisertum abgetane Träume. Eine große Ernüchterung, die zugleich eine Gesundung war, steht zwischen diesen Bildnissen und Hemma, der edlen, zerbrechlichen Schwester der Naumburger in St. Emmeran zu Regensburg. Zwischen ihr und diesen steht das Erwachen der bürgerlichen Welt.

So bin ich an das Ende der Reihe gelangt. Unwillkürlich sucht der Blick wieder die Tiefe des Domes. Es ist drunten still geworden, die Menschen haben sich verlaufen, die bunten Strahlenbalken der Sonne stehen jetzt steil im rötlich dämmernden Raum. Da klingt die Glocke an, ihr erster Schlag durchfährt mich fast wie ein Schreck, die Glocke ist nah und ihre erzene Stimme dröhnt, als wollte sie das Gefüge der Wände sprengen. Es ist Mittag.

Benommen von dem allzu mächtigen Geläut kehre ich zurück und begegne dem Steingesicht eines Jünglings, dem schwebenden, kaum merklichen Lächeln des halbwüchsigen Thronfolgers Wenzel. Dieses Antlitz - fühle ich - ist das ewige Antlitz erster Jugend, von zärtlichem Jubel ergriffen und verewigt. Und jetzt packt es mich: daß diese still gewordenen, verschollenen, nur in Stein gebliebenen Menschen D e u t s c h e sind, von deutscher Hand über den Wandel der Zeit erhoben; Landsleute in einem jetzt entfremdeten Land. Daß sie Wächter sind eines alten, jahrtausendealten Erbes, von dem selbst die Grundfesten des Domes laut genug reden. Daß sie Zeugen sind, die dauern, des großen deutschen Saatgangs dem Sonnenaufgang entgegen. Daß sie Vermächtnis sind einer verpflichtenden Vergangenheit.

Jetzt schweigt die Glocke. Es summt und schwingt noch eine Weile metallisch in den Lüften, die Glocken über Prag haben ausgeläutet. Wieder habe ich den schmalen Wandelgang an der Außenseite von St. Veit betreten, wandere rings um das erhabene Steingehäuse und blicke hinaus in die frühlingslichte, schimmernde Welt. Dort glänzen die Türme von Strahow, wo Mozart Organist war, hier steigt bläulicher Rauch von den Dächern des Waldsteinpalais, in dem, vom größten deutschen Krieg, dem Dreißigjährigen, umloht, der stolze Traum eines kaiserlichen Feldherrn seine todbringenden Blüten entfaltete. Drüben gleißt das Kupferdach des Belvedere, in dem einst ein umnachteter Herrscher alle Kunstschätze der Welt zusammenraffte, bange der grausigen Vergänglichkeit der Dinge.

Dort wieder ragt die Teynkirche mit ihren Türmen, wie ein Mann in Waffen - in ihrer Glockenstube hat Kepler gestanden, in den Anblick des gestirnten Himmels versunken, und in der Tiefe liegt das dunkle Band der Karlsbrücke über dem Silberlauf der Moldau. Krieg und Friede, Glück und Verderben sind hundertmal über diese Brücke geritten, auf dem dampfenden Rappen des Aufruhrs, auf dem sanften Schimmel der Versöhnung. Wieviel Schicksal schwebt über dieser Stadt, und es ist manchmal, nein, es ist zumeist auch deutsches Schicksal gewesen, Vermächtnis und Verheißung.

Frühlingsnacht in Prag

Von Leo Hans Mally

Von alten Terrassen rankt
das helle Frühlingsgestrauch,
um graue Paläste schwankt
der Bäume mondblühender Teich.

Verwunschene Standbilder sind
an bröckelnde Stiegen gestellt
und plötzlich erwacht, wenn der Wind
aus den rauschenden Zweigen fällt.

Und dämmernde Gassen stehn
in verlassenen Höfen still,
wo uralte Brunnen gehn,
die niemand mehr schöpfen will . . .

Eine Iglauer Gasse

Von Karl Hans Strobl

Das ist die alte Gasse, mein Reich.

Wenn man einen Stuhl nimmt, ans Fenster schiebt und hinaufklettert, so hat man gerade gegenüber den heiligen Johannes von Nepomuk, in verklärtem Zustand die Hand aufs Herz gedrückt, den Blick himmelwärts gewandt. Der Märtyrer des Schweigens, der Held des Beichtgeheimnisses schwebt von der Stätte seines Brückensturzes geradewegs der ewigen Seligkeit zu. Unter ihm liegt der Prager Hradschin, die Karlsbrücke, die Moldau, alles schon in erdenferner Entrücktheit, heroisch überwunden. Noch trägt er den Priesterrock, aber um sein Haupt sind schon die fünf Sterne zum Reigen geordnet. Das ist das Wandgemälde, das dem Jungen das Webersche Haus entgegenhält, die gemalte Legende, der kein Blick aus dem Fenster ausweichen kann, über dem Haustor kolossalisch bis zum zweiten Stockwerk aufgebaut. Zugleich erster Eindruck heiliger Kunst und ein Hinweis auf das ferne Prag, das mir einst schicksalswichtig werden sollte. Das Herrlichste an dem Bilde aber waren die fünf Sterne um das Haupt des böhmischen Landespatrons, denn sie waren nicht bloß gemalt, wie das übrige, sondern plastisch aufgetragen und vergoldet. Wenn die Sonne in die Gasse sank, glänzten sie, jeder mit fünf Zacken, wie die fünfzackigen Sterne einer himmlischen Ingwerbäckerei.

Später, nicht mehr bloß schauend, sondern sehend geworden, fand ich, daß der heilige Vorgang dem irdischen Verfall ausgesetzt sei. Die Farben blätterten im Regen und Schnee von der Wand, die Sterne verloren den goldenen Glanz. Übrigens war dieses heilige Legendenbild nicht die einzige künstlerische Darbietung der Gassenseite des Weberschen Hauses. Ein Blick aus dem Fenster gab mir auch Anschauungsunterricht im Allegorischen. Über den vier Fenstern des Stockwerkes stellten sich nämlich in schnörkelhafter Umfassung, sauber stuckiert, die vier Jahreszeiten vor: der Frühling mit Blumen, der Sommer mit Garben, der Herbst mit Früchten und der Winter mit einem kleinen Feuerchen, je zwei Putten in der lieblichen Unbefangenheit leichtverständlicher Symbolik. Die Fenster des Stockwerkes darüber aber trugen auf ihren Simsen die vier Erdteile, denn zum Glück für die allegorische Symmetrie des Hauses war zur Zeit der Erbauung des Hauses Australien noch gar nicht entdeckt.

Es war ein stattliches Haus aus jener Zeit, die viele stattliche Häuser in die alte Stadt Iglau hineingestellt hatte. Damals, als das Iglauer Tuchmachergewerbe auf der Höhe stand, als sein Schwanenboy bis tief in die Türkei hinein seinen guten Ruf hatte und die Tuchknappen noch den Degen an der Seite tragen durften. Das war im Maria-Theresianischen Österreich gewesen, als es erst vier Erdteile gab. Das Barocke klang an den damals entstehenden Häusern der wohlhabendsten Meister breitspurig und behäbig aus mit Schildereien und Stuckornamenten. Ein solches Meisterhaus öffnete sich gegen die Gasse mit einem ungeheuren Flur, so weit und breit, daß man fast mit einem Wagen hätte einfahren können. Da lagen unter den Gewölben die gewaltigen Tuchstapel, oder die Farbbottiche hüteten im weitgeschwungenen hölzernen Rund in dunkler Flut die künftige Buntheit. Oft genug liefen diese Gewölbe mit scharfen Rippen zu spitzen Scheitelpunkten zusammen; dann war der gotische Kern des Hauses in längstverwichenen Jahrhunderten gegründet, und der Hausherr hatte sich damit begnügt, bloß die Außenseite dem Zeitgeschmack anzupassen. Ein solches Haus war mein Gegenüber: von dem weitläufigen Flur unter dem Spitzgewölbe ging es aber in keine Tuchmacherwerkstatt, sondern rechts in eine Gaststube und links in einen Fleischerladen. Dieses Doppelgeschäft war gesund und einträglich, die Bauernschaft besonders fand sich an Markttagen scharenweise ein. Da saßen sie in der Gaststube, alle Bänke voll, und unter dem Haustor war ein Gedränge von geschmierten Röhrenstiefeln, Tuchjankern und Filzhüten mit den zwei hinten herabbaumelnden Quasten, während darüber der heilige Johannes von Nepomuk mit seinem plastischen Sternenkranz von der Prager Karlsbrücke aus seine Himmelfahrt antrat.

Ein kleines Lied

Von Marie von Ebner-Eschenbach

Ein kleines Lied! Wie geht's nur an,
Daß man so lieb es haben kann,
Was liegt darin? Erzähle!

Es liegt darin ein wenig Klang,
Ein wenig Wohllaut und Gesang
Und eine ganze Seele.

Von deutscher Musik in den Sudetenländern

Von Karl Michael Komma

Die Musikalität lag den Deutschen und den Tschechen allezeit im Blut. So verschieden sie sich auch äußerte, so war sie doch eine der Gemeinsamkeiten, die gegensätzliche Volkstümer in entscheidenden Zeiten der Kulturblüte zu verbinden vermochte. Der „böhmische Musikant", ein weltbekannter Typus, hat seine Vertreter in beiden Völkern gehabt. Daß die Führung in der Kunstmusik bis zum Ende des Habsburger-Reiches bei den Deutschen lag, ist aus der kulturellen Überlieferung dieses einzigartigen Staates und der Geltung der deutschen Musik überhaupt zu erklären.

Die Deutschen in Böhmen, Mähren und dem ehemaligen Österreichisch-Schlesien, Angehörige des bayrischen, des oberfränkischen, des obersächsischen und des schlesischen Stammes, haben durch die Jahrhunderte ein reiches Liedgut bewahrt und Volkstänze und Spielmusik überliefert, die im Binnendeutschtum nur noch in abgeschwächter Form erhalten wurden. An den Sprachgrenzen gab es gewiß Übergänge und Überschneidungen. Besonders das Rhythmische, das sich im slawischen Raum von altersher anders ausgeprägt hatte, hinterließ seine Spuren in Liedern und Tänzen der Deutschen. Es ist bezeichnend, wie verschieden jeweils von den Deutschen die Volksmusik der Tschechen beurteilt wurde. Rainer Maria Rilke, der Prager, hatte noch im Besitz der altösterreichischen Empfindungsweite gedichtet: „Mich rührt so sehr böhmischen Volkes Weise, schleicht sie ins Herz sich leise, macht sie es schwer." Später, aus der neuen Spannung im ersten tschechischen Staat entstand Hans Watzliks Gedicht vom „schwermutsvollen Lied der Tschechenmägde", dem der „trotzige" Sang des deutschen Hirten entgegengehalten wird: „Fremd begegnen hier sich die Gesänge, Volk von Volk steht finster abgewandt." Es muß aber gerade heute festgestellt werden, daß das lange Neben- und Miteinanderleben bei den deutschen Kunstmusikern ein tiefes Empfinden für die slawische Weise und ihre eigenartige Bewegung geweckt hat. Nur Außenstehende konnten darin etwas wie Fremdtümelei erblicken. Die Werke der tschechischen Kammermusik und Symphonik des 19. Jahrhunderts wurden tatsächlich von den deutschen Künstlern in den Sudetenländern am echtesten nach der eigenvolklichen Darstellung geboten. Das ist eine der Gemeinsamkeiten, die schon der nächsten Generation fehlen wird. Die Tschechen freilich hatten längst vor der Vertreibung der Deutschen diese schöne Verbindung aufgegeben. In einer immer stärker werdenden Isolierung ihrer Nationalmusik waren sie in der ersten Republik bewußt allen deutschen Anregungen aus dem Wege gegangen. Der österreichische Kulturraum war zerrissen, und wie die politische Entwicklung zu kleinen, sich scharf abgrenzenden „Nationalstaaten" führte, so war aus dem einst beglückenden Zusammenklang einer europäischen Kunstmusik im Zeichen Mozarts und Beethovens ein fast beziehungsloses Spiel von folkloristisch getönten Einzelstimmen geworden.

Die Länder, in denen gleich tektonischen Beben immer wieder politische und religiöse Wirren entstanden, aus deren Mitte wie aus einem Sturmzentrum viele Kriege hervorbrachen, boten dem Aufblühen der zartesten Kunst nur in bestimmten Zeitabschnitten ein günstiges Klima. Wirkte im Deutschen Reich eine die Musik fördernde Strömung, dann zog sie die Talente aus den Randlandschaften hinaus. Herrschte in Prag ein kunstsinniger König oder Kaiser, so wanderten von weit her deutsche und fremde Künstler an seinen Hof.

Die Musik der Reformation gewann durch den Leipaer Pastor Balthasar Resinarius, den Egerländer Clemens Stephani, den Reichenberger Christoph Demantius, den Brüxer Andreas Hammerschmidt und den Ascher Sebastian Knüpfer bedeutende Persönlichkeiten. Während diese Meister sich vor allem der sächsischen Musikpflege der Reformationszeit anschlossen, zog die aus der kaiserlichen Bergstadt Joachimsthal stammende Musikerfamilie der Haßler nach dem protestantischen Süden. Von den Künstlern, die im Raume der österreichisch-katholischen Überlieferung der Barockzeit zu hervorragender Wirkung gelangten, muß besonders der Nordböhme Ignaz Franz Biber genannt werden, der zu den größten Geigern seiner Zeit zählte und in Kremsier und Salzburg wirkte. Seine Solo-Violin-Sonaten werden heute noch wegen ihrer Pracht und Gedankenfülle sehr geliebt. - Die hohe Zeit der deutschen Musik in Böhmen unter Rudolf II. führte Vater und Sohn Haßler sowie Jakob Gallus nach Prag. Und wie mit dem Deutschen Kepler der Däne Tycho de Brahe am Prager Hof wirkte, so zogen mit den deutschen Meistern der Musik die Niederländer Jakob Regnard und Philipp de Monte ein.

In der „Allgemeinen musikalischen Zeitung" berichtete 1800 ein anonymer Korrespondent über den Zustand der Musik in Böhmen. Der Inhalt seines Briefes ist wegen seiner rückblickenden Art sicher für das 18. Jahrhundert, aber wohl auch für die Zeit des Spätbarock zutreffend. Fünf Ursachen werden für die große Blüte der Musik in Böhmen angegeben: die ausgesprochene Musikalität der Bevölkerung, die Chorstiftungen der „Literatenbruderschaften", die Kantoren als Lehrer des Nachwuchses, die Grundherren als Gönner und Freunde der Musik und das Eindringen der italienischen Oper in Prag und in den Kronländern.

Von der auffallenden Musikbegabung war schon eingangs die Rede. Der in aller Welt bekannte Erzgebirgsmusikant und der Fiedler in den Gassen und Durchhäusern von Prag, sie sind nicht von gestern auf heute gewachsene Typen, sondern Erben einer uralten Überlieferung.

Die „Literatenbruderschaften" sind im 16. Jahrhundert im Zuge der Reformation entstanden. Im Gegensatz zu den Meistersingschulen übten ihre Chöre nicht handwerkmäßiges Singen und Dichten, sondern widmeten sich ausschließlich der Pflege der Kirchenmusik. Ihre Kanzionale erhielten sich bis in die Zeit Josephs II. in den Kirchen und Bibliotheken des Landes.

Die Kantoren waren in den Städten Leiter der geistlichen Chöre. Auf dem Lande übten sie hauptberuflich das Schullehramt aus. Damit war eine gründliche musikalische Schulung der aufwachsenden Jugend gegeben. Die Ausbildung der Lehrer ging nach der Gegenreformation in der Regel in einem der vielen Jesuitenkollegien vor sich. Vor dem Antritt des Lehr- und Kantorenamtes begaben sie sich zunftgemäß auf Wanderschaft und brachten oft eine reiche Sing- und Spielerfahrung mit auf ihr Dorf.

Die Orden wurden in dem oben genannten Bericht nicht eigens als Musikträger erwähnt. Und doch schufen sie durch planmäßige musikalische Ausbildung in ihren Kollegien eine nicht zu übersehende Grundlage für das Musikleben gerade in Böhmen und Mähren. Bei der Aufnahme ins Kolleg wurden musikalische Zöglinge bevorzugt. Chor und Orchester waren oft ansehnlich. So hatte die Komotauer Jesuitenschule um 1700 30 Kapellisten. Dabei wurde nicht nur geistliche Musik gepflegt. Ständchen, Tafel- und Tanzmusik und die Begleitung der Schulspiele rundeten den Aufgabenkreis dieser Kapellen ab.

Der böhmische und mährische Adel war in dieser entscheidenden Ära der Musikkultur des Spätbarock längst an Wien gebunden. Die Fürsten und Grafen richteten auf den heimatlichen Stammschlössern den Musikbetrieb so ein, wie sie ihn in Wien kennengelernt hatten. Man ließ es sich etwas kosten, eine möglichst gute Kapelle zu haben, und musizierte in der adeligen Gemeinschaft selbst leidenschaftlich und gut. Beispielhaft wirkte der Graf Franz Anton von Sporck. Er war der Prototyp eines deutschen Adeligen der Barockzeit, ein Mensch von fabelhafter Vielseitigkeit und wahrhaft kultursüchtig. Seine Musiksammlung weist durchwegs Italiener, besonders Werke von Vivaldi, auf. Concerto grosso und Triosonate waren die beliebtesten Gattungen. Sporck pflegte aber auch Beziehungen zu Johann Sebastian Bach, der ihm 1737 das Sanctus seiner h-moll-Messe übersandte und Sporcks eigene „St.-Huberti-Aria" in der Bauernkantate verwendete. Die Hauptbedeutung dieses Mannes für die Musikpflege in Böhmen beruht auf der Einführung der italienischen Oper in Prag. Dadurch kam die europäische Modemusik des frühen 18. Jahrhunderts nach Böhmen.

Das Jahr 1723 brachte für Prag durch die Königskrönung Karls VI. auch einen kulturellen Höhepunkt. Die berühmtesten Musiker der Zeit, die Deutschen Fux, Quantz, Graun, Gottlieb Muffat und die Italiener Caldara, Tartini und Veracini wirkten bei den Festaufführungen mit. Ein Jahrzehnt später war Christoph Willibald Gluck Hörer der Universität Prag und auf Kirchenchören und Tanzböden musikalisch tätig. Er hatte die Kindheits- und Jugendjahre auf den Kinskyschen Schlössern zu Eisenberg und Böhmisch-Kamnitz verbracht.

Mit Gluck setzt die Reihe der großen deutschen Meister der Musik ihre lebendigen und bedeutsamen Bindungen zu den Sudetenländern fort, die auch für die beiden Großmeister des Spätbarocks, für Bach und Händel, nachgewiesen werden können. Johann Sebastian Bach weilte mit seinem Köthener Herzog in Karlsbad. Händels Mutter stammte aus Böhmen. Joseph Haydn trat nach der Zeit seiner freien Lehrtätigkeit in Wien zuerst in die Dienste des Grafen Morczin und schrieb auf dessen Schloß Lukawetz bei Pilsen seine erste Sinfonie. Viel wichtiger wurde der Aufenthalt in diesen Ländern für Karl Ditters von Dittersdorf, der zum Abschluß seiner Tätigkeit im Dienste des Fürstbischofs von Breslau sogar als Amtshauptmann von Freiwaldau (Österreichisch-Schlesien) wirkte. Seine Kapelle auf Schloß Johannisberg war berühmt. Sein Ruf als Komponist ging rasch durch die musikalische Welt. Heute ist von der liebenswürdigen, an Haydn und Mozart gewachsenen Musik nur noch eine Reihe von Streichquartetten und ein entzückendes Klavierkonzert beliebt.

Ehe ich nun von Mozart in Böhmen erzähle, soll noch eine Gruppe von genialen Musikern genannt werden, die von der Elbe, der Moldau und der March hinauszogen und die großen Musikzentren suchten. Es sind die Vorklassiker, die durch ihr vollblütiges Musizieren wesentlich zur Begründung des Stiles der Wiener Klassiker beigetragen haben. Der Brüxer Florian Leopold Gaßmann schuf am Wiener Hofe seine Singspiele und Kammermusik. Johann Stamitz aus Deutschbrod begründete in Mannheim eine weithin berühmte Geigerschule; Charles Burney, der englische Musikgelehrte, nannte sein Orchester eine „Armee von Generälen". Das sinfonische Werk Stamitzens übte eine erst von Hugo Riemann voll erkannte mächtige Wirkung auf die Kompositions- und Orchesterpraxis in Deutschland und Österreich, aber auch in Frankreich aus. In Paris begeisterte der aus Österreichisch-Schlesien stammende Johann Schobert in den Salons den musikalischen Adel durch seine aufwühlenden Kammermusiken. Anton Rosetti aus Leitmeritz, Haydns gelehrigster und begabtester Epigone, Hofkapellmeister beim Fürsten zu Öttingen-Wallerstein, war in Westdeutschland und Frankreich bald ähnlich beliebt wie Haydn selbst.

Die Hoforchester des 18. Jahrhunderts setzten sich zum großen Teil aus Sudetendeutschen und Tschechen zusammen. Die „Heimat der Musik" gab ihre begabtesten Söhne her und half so mit, die Vorherrschaft der italienischen Musiker in Deutschland allmählich zu brechen.

Wir denken zuerst an Salzburg und Wien, wenn Mozart genannt wird. Doch müßten Böhmen und Prag vor allen Landschaften und Städten gerühmt werden, wenn man nach der glücklichsten Zeit in seinem kurzen Leben fragt. Als die Dämonen sein Leben schon zu stören begannen, kam inmitten betrüblicher Zeit die Botschaft vom Sieg des „Figaro" in Prag. Der Jubel um diese Oper in Böhmens Hauptstadt muß unbeschreiblich gewesen sein. Die Arien klangen auf allen Gassen und in den Gärten; Harfenisten und Fiedler spielten sie in den Schenken. Die Sängerin Josepha Duschek wollte Mozart nach Prag ziehen. Er entschloß sich zur Reise und wurde mit Begeisterung empfangen. „Die Prager haben", so schrieb er, „meine Musik in lauter Kontertänze und Deutsche verwandelt." Ein halbes Jahr später reiste der Meister wieder nach Prag, den unvollendeten „Don Giovanni" in der Tasche, der dann die Prager aufs neue hinriß. Sie wollten Mozart halten. Aber er blieb nicht. Mörike hat diese Reise in seiner herrlichen Novelle verklärt. Mozarts letzte Prager Fahrt ist umdunkelt von Krankheit und Sorge. In wenigen Tagen mußte er sich die Krönungsoper, den „Titus", abringen. Dann kam der Mißerfolg. Die Tränen, die der vom Tode Gezeichnete weinte, als der Wagen die vom Festlärm erfüllte Stadt verließ, galten dem gesunkenen Stern. Mozarts Glück war dort geschwunden, wo es am reinsten aufgeblüht war.

Ludwig van Beethovens Beziehungen zu Böhmen und Mähren gipfelten 1812 in dem Zusammentreffen mit Goethe in Teplitz. Die beiden gewaltigsten Deutschen fuhren hinaus nach Bilin und öffneten sich im Gespräch, im Musizieren und Hören. Auch in Karlsbad und Franzensbad hat der leidende Beethoven Kur genossen und konzertiert. Mit Prag verband ihn seine Neigung zu einer Gräfin Clary, der er reizvolle Stücke für Mandoline und Cembalo widmete. Die Handschriften wurden bis 1945 im Archiv der Gräfin Clam-Gallas in Friedland aufbewahrt. Die „Missa solemnis" kam 1830 nach der Petersburger Uraufführung zum erstenmal ganz in der nordböhmischen Stadt Warnsdorf zum Vortrag, Musiker und Sänger aus dem ganzen böhmischen Niederland waren vereint zu dieser künstlerischen Tat, die der hervorragende Chorregent Richter wagte.

Der „Fidelio" wurde den Pragern durch Carl Maria von Weber vermittelt, der am „Ständetheater" mehrere Spielzeiten lang die Oper mit der nur ihm eigenen Gründlichkeit leitete. Freilich war damals die führende Musikerschicht der goldenen Stadt in einem unfruchtbaren Mozartkult erstarrt, der Weber bald allen Enthusiasmus verleidete. Das „Freischütz"-Geschehen ist vom Dichter des Librettos in die böhmischen Wälder verlegt. Ob aber die Stolpich-Schlucht im Isergebirge oder der Böhmerwald Weber zu seiner ewig jungen Musik begeisterte, bleibe dahingestellt. Um diesen Ruhm streiten viele Landschaften.

Franz Schuberts Eltern haben noch in Österreichisch-Schlesien geheiratet. Der Vater stammte aus Neudorf in Nordmähren, die Mutter aus Zuckmantel. In dem Wiener Lehrerhause klangen sicher viele der schlesischen Heimatweisen, die das junge Paar mitgebracht hatte, den Kindern ins Herz. Bis heute ist es noch nicht unternommen worden, dieses volksmusikalische Erbe im Werk Franz Schuberts wissenschaftlich nachzuweisen. Geschieht es einmal, dann wird man wohl über die Fülle der Beziehungen staunen. Aus Nordmähren stammt eine ganze Reihe wundervoller Wanderlieder, in jener ruhig schreitenden, schlesisch verträumten, gefühlsinnigen Weise, die bei Schubert, dem Meister und musikalischen Gestalter des „Wanderns", oft aufklingt. Auch die harmonischen Eigenheiten, z. B. der vom Meister geliebte Wechsel von Dur und Moll, besonders aber die eigenartige, schon ans Östliche gemahnende Rhythmik voll graziös-sinnlicher Beschwingtheit stammen aus der Volksmusik Nordmährens und Schlesiens.

Robert Schumann hat 1835 in Asch beglückende Jugendtage erlebt. Seiner Neigung zu Ernestine von Fricken verdankt die Welt die überschäumende Szenenfolge des „Carneval", in der immer wieder die Tonbuchstaben AS-C-H auftauchen und in ein betörendes Spiel gezogen werden.

Richard Wagner war als Knabe von Dresden nach Prag gewandert. Er ging diesen Weg noch einmal im Geiste, als er die „Pilgerfahrt zu Beethoven" schrieb. Durch den Mund des reisenden Beethovenverehrers spricht er in dieser Erzählung den Erzgebirgsmusikanten ein höchstes Lob aus.

Bruckners geliebter Lehrer Simon Sechter, ein Organist und Kontrapunktiker von Gottes Gnaden, war Böhmerwäldler und Erbe einer ehrwürdigen Überlieferung. Brahms kam mit Böhmen erst durch sein Leiden in Berührung, als er Karlsbad aufsuchte und dort Heilung erhoffte. Aber sein Werk strahlte hinein in das nun zu eigener musikalischer Leistung erwachte

Tschechentum. Anton Dvořák genoß die gewaltige geistige Anregung und die selbstlose Gönnerschaft Brahms', während Smetana aus dem Kreise der jungdeutschen Revolutionäre um Franz Liszt hervorgegangen war.

Auch zwei der letzten Künder der inzwischen nach schweren Krisen abgeschlossenen Musikkultur der klassischen und romantischen Epoche sind mit Böhmen und Mähren verbunden. Die Ahnen von Max Regers Mutter saßen auf der Hammermühle im Egertal an der Grenze des Landes, und Gustav Mahler verlebte seine Kindheit im mährischen Kalisch.

Die Zahl der gerade im vergangenen Jahrhundert aus den musikalisch so fruchtbaren Landschaften stammenden deutschen Orchestermusiker und Dirigenten, Instrumentalsolisten, Sänger und Lehrer ist außerordentlich groß. Eine Rundfrage bei den großen deutschen Orchestern vor etwa zehn Jahren ergab noch für die jüngste Zeit das überraschende Ergebnis, daß Bläser und Streicher immer wieder aus Böhmen geholt wurden. Bei den Berliner Philharmonikern waren von den ersten Geigern vier Sudetendeutsche, darunter der Konzertmeister. In der Zeit der bürgerlichen Musikkultur wirkten diese hochbegabten Musiker nicht nur in Deutschland und Österreich; sie spielten in Petersburg, Sidney, Konstantinopel, Kairo, New York, und waren überall erfolgreich. Heute ist einer der hervorragendsten deutschen Orchesterklangkörper fast ausschließlich aus sudetendeutschen Musikern gebildet. Die Bamberger Symphoniker, früher Angehörige des Deutschen Philharmonischen Orchesters in Prag und der berühmten Kurorchester von Karlsbad, Marienbad und Teplitz, sind überhaupt die erste kulturelle Vereinigung der Ausgewiesenen, die in der neuen Heimat mit ständig steigendem Erfolg zur Wirkung gelangt ist. Von den namhaften deutschen Dirigenten der Gegenwart sind Franz Konwitschny und Fritz Rieger Sudetendeutsche. Das Erbe der großen Solisten und Lehrmeister aus der Zeit vor den Kriegen, von denen nur der Geiger Hans Sitt und der Pianist August Stradal genannt seien, wird heute von den Pianisten Franz Langer und Magda Rusy und vom Köckert-Quartett weitergetragen. Die reiche

Sängertradition der Tichatschek, Gura, Slezak, Destinn, Jeritza, Maria Müller setzen Julius Patzak, Rudolf Watzke und Gertrude Pitzinger fort. Die ältere Komponistengeneration ist durch Fidelio Finke, den Sohn jenes Reinowitzer Lehrers, Rektor der Deutschen Musikhochschule in Prag, ferner durch Felix Petyrek und Egon Kornauth vertreten. Finke hat in Jahrzehnte währender Erziehung eine Schar junger Tonsetzer herangebildet, die, der Entwicklung der jungen deutschen Musik folgend, dem Romantischen absagten und, von Bach angeregt, eine neue Handwerklichkeit anstrebten. Aus den Reihen dieser, auch der Wissenschaft dienenden Komponisten sind Heinrich Simbriger und der Verfasser dieses Berichtes weiter am Werk, während vielversprechende Gesinnungsfreunde, wie Ernst Brabec, Hans Feiertag und andere, gefallen, vermißt oder noch gefangen sind.

Das Musikschulwesen war im Sudetenland reich entwickelt und von den einfachen Volksmusikschulen über die Orchesterschulen und Instrumentenbau-Fachschulen bis zur Hochschule in Prag vielfältig gestuft. Der Geigenbau und die Herstellung von Blasinstrumenten blühten in den Erzgebirgsstädten Graslitz und Schönbach, in Nordböhmen wurden ausgezeichnete Klaviere, in Jägerndorf in Schlesien gute Orgeln hergestellt.

Das schönste Geschenk des Sudetenlandes an die gesamtdeutsche Musikkultur der letzten Jahrzehnte ist die „Finkensteiner Singbewegung". Die Wandervögel hatten schon vor dem ersten Weltkrieg den hohen Wert des Liedes erkannt und hundert Jahre nach dem Ertönen von „des Knaben Wunderhorn" gleichsam die musikalische und damit erst ganze Wiedererweckung des Volksgesanges nachgeholt. Hans Breuer gab den „Zupfgeigenhansl" heraus. Das Singbuch des österreichischen Wandervogels folgte 1912, und seit 1913 ist Walther Hensel immer mehr als Singemeister des ganzen Volkes bekannt geworden. Aus seiner Heimat im nordmährischen Schönhengstgau und aus Kärnten brachte er die ersten, noch kaum bekannten Liedschätze. Mit dem „Prager Spielmann" gingen sie bald von Mund zu Mund. Die liederreichen Grenzlande waren auf einmal durch die Liebe und Sangesfreude eines begnadeten Musikers im Bewußtsein der jungen Sänger. Hensel stritt für das echte Lied, er widersagte dem Kitsch und dem süßlichen volkstümlichen Lied, dem Schlager. Endlich war ein Maßstab für das Ewige im Volkslied gegeben. Die junge Schar, die ihm besonders seit der ersten Singwoche in Finkenstein bei Mährisch-Trübau folgte, setzte seine Wertungen und die neuen Grundsätze des Singens aus dem Geiste von Wort und Weise tatkräftig durch. Einer der ersten Finkensteiner war Karl Vötterle, der Gründer des Bärenreiter-Verlages in Kassel. Von Hensels Sammlungen fanden außer den „Finkensteiner Liederblättern" „Der singende Quell", „Wach auf", „Das aufrecht Fähnlein", „Strampedemi" und „Spinnerin Lobunddank" weite Verbreitung. In diesen Liederbüchern ist das wertvollste Liedgut aller deutschen Gaue gesammelt und zum lebendigen Gebrauch bereitet. Hensel sieht in der Musik ein „Menschenbildungsmittel ersten Ranges". Er meint im Singen nicht den schönen Schein, sondern eine geistige Wirklichkeit, ein Schöpferisches. Die deutsche Jugend, die heute trotz Not und herbem Leid wieder in Schulen und Bünden singt, möge nicht vergessen, daß viele ihrer geliebten Lieder von Hensel aufgezeichnet und aus der Stille der weltentlegenen Sprachinseln wieder ins Bewußtsein der ganzen deutschen Singgemeinde gebracht wurden. So haben die Schneegebirge ihre Brünnlein nicht umsonst springen lassen, daß wir daraus trinken sollen, nimmer alt werden und allzeit jung bleiben.

Die Gemeinden sind zerrissen; die miteinander sangen und musizierten, wohnen in getrenntesten Landschaften. Vielen hat das Leid die Kehle zugeschnürt. Aber manche von den Ausgewiesenen singen sich wieder frei, vertrauen sich dem erlösenden Klang an, der durch lange Zeiten das Zusammenleben in der alten Heimat verschönte. Die Künstler haben fast alle ihre Instrumente zurücklassen müssen. Aber ihre musikseligen Herzen trugen sie über die Grenzen und brachten sie dem Binnenvolk, für das sie gelitten und gebüßt haben, zum Geschenk.

Volksweise

Von Rainer Maria Rilke

Mich rührt so sehr
böhmischen Volkes Weise,
schleicht sie ins Herz sich leise,
macht sie es schwer.

Wenn ein Kind sacht
singt beim Kartoffeljäten,
klingt dir sein Lied im späten
Traum noch der Nacht.

Magst du auch sein
weit über Land gefahren,
fällt es dir doch nach Jahren
stets wieder ein.

Erlebnis mit böhmischen Musikanten

Von Richard Wagner

... So zog ich in das schöne Böhmen ein, das Land der Harfenspieler und Straßensänger. In einem kleinen Städtchen traf ich auf eine Gesellschaft reisender Musikanten; sie bildeten ein kleines Orchester, zusammengesetzt aus einem Baß, zwei Violinen, zwei Hörnern, einer Klarinette und einer Flöte; außerdem gab es eine Harfnerin und zwei Sängerinnen mit schönen Stimmen. Sie spielten Tänze und sangen Lieder; man gab ihnen Geld, und sie wanderten weiter. Auf einem schönen schattigen Plätzchen neben der Landstraße traf ich sie wieder an; sie hatten sich da gelagert und hielten ihre Mahlzeit. Ich gesellte mich zu ihnen, sagte, daß ich auch ein wandernder Musiker sei, und bald wurden wir Freunde. Da sie Tänze spielten, frug ich sie schüchtern, ob sie auch meine Ga=

lopps schon spielten. Die Herrlichen! Sie kannten meine Galopps nicht! Oh, wie mir das wohl tat!

Ich frug, ob sie nicht auch andere Musik als Tanzmusik machten. „Ei wohl", antworteten sie, „aber nur für uns und nicht vor den vornehmen Leuten." - Sie packten ihre Musikalien aus - ich erblickte das große Septuor von Beethoven; staunend frug ich, ob sie auch dies spielten. „Warum nicht?" entgegnete der Älteste; - „Joseph hat eine böse Hand und kann jetzt nicht die zweite Violine spielen, sonst wollten wir uns gleich damit eine Freude machen."

Außer mir, ergriff ich sogleich die Violine Josephs, versprach, ihn nach Kräften zu ersetzen, und wir begannen das Septuor.

O welches Entzücken! hier an einer böhmischen Landstraße, unter freiem Himmel das Beethovensche Septuor von Tanzmusikanten mit einer Reinheit, einer Präzision und einem so tiefen Gefühle vorgetragen, wie selten von den meisterhaftesten Virtuosen! - Großer Beethoven, wir brachten dir ein würdiges Opfer!

Wir waren soeben im Finale, als - die Chaussee bog sich an dieser Stelle bergauf - ein eleganter Reisewagen langsam und geräuschlos herankam und endlich dicht bei uns still hielt. Ein erstaunlich langer und erstaunlich blonder junger Mann lag im Wagen ausgestreckt, hörte unserer Musik mit ziemlicher Aufmerksamkeit zu, zog eine Brieftasche hervor und notierte einige Worte. Darauf ließ er ein Goldstück aus dem Wagen fallen und weiter fortfahren, indem er zu seinem Bedienten wenige englische Worte sprach, woraus mir erhellte, daß dies ein Engländer sein müsse.

Dieser Vorfall verstimmte uns; zum Glück waren wir mit dem Vortrage des Septuors fertig. Ich umarmte meine Freunde und wollte sie begleiten, sie aber erklärten, daß sie von hier aus die Landstraße verlassen und einen Feldweg einschlagen würden, um für diesmal zu ihrem Heimatdorfe zurückzukehren. Hätte nicht Beethoven selbst meiner gewartet, ich würde sie gewiß auch dahin begleitet haben. So aber trennten wir uns gerührt und schieden.

Dagegen hat ein Vöglein

Von Franz Karl Ginzkey

Mir winkt aus tausend Büchern
Die Weisheit vieler Welten,
Die Sehnsucht vieler Völker,
Ihr Frühling und ihr Tod,
Doch hat mir all dies Wissen
Nicht viel an Trost geboten
In Nächten, da die Seele
Aufschrie in ihrer Not.

Dagegen hat ein Vöglein
Auf einem Ast im Walde
Mir jüngst ein Lied gesungen
So töricht, schlicht und klar,
Daß alle Zweifel schwanden
Aus meiner wunden Seele
Und mir so wohl zumute
Wie einem Kinde war.

Das dünkt mir wirklich seltsam!
Wie kann ein kleines Vöglein
Mir mehr an Tröstung bieten
Als all die weise Welt?
Das wird nur jener wissen,
Von dem die Frommen sagen,
Daß seine Hand die Sterne
Und die Geschicke hält.

Vom sudetendeutschen Schrifttum

Von Adalbert Schmidt

Landschaftlicher und geschichtlicher Raum der Dichtung

Vielleicht hat sich schon mancher die Frage vorgelegt, wie sich die großen Völkerwanderungen des letzten Weltkrieges einmal in sprachlich-mundartlicher Beziehung auswirken werden. Geschlossene Sprachlandschaften verschwinden über Nacht vom Erdboden, Menschen eines geschichtlich gewordenen Raumes werden wie Flugsand in alle Winde verweht, in Gegenden verschlagen, wo andere Dialekte herrschen. Verschiedene Idiome deutscher Zunge gehen Verbindungen und Mischungen ein, deren weitere Entwicklung man gar nicht absehen kann.

In solchen Zeiten ist das dichterische Wort der verläßlichste und untrüglichste Zeuge für das, was einmal war und in gleicher Art und Artung wohl nie wieder sein wird. Darum tut geschichtliche Besinnung doppelt not.

Das Sudetenland hat nicht geringen Anteil an der Geschichte deutscher Dichtung. Hier war ein bereiter Boden für den höfischen Roman des Mittelalters, wie Ulrich von Eschenbach bezeugt, der am Hofe Wenzels II. um 1284 die 28.000 Verse seines Alexanderepos schrieb, das er seinem königlichen Gönner widmete. Der bedeutendste Dichter Böhmens im gleichen Jahrhundert war Heinrich von Freiberg, der um 1290 Gottfried von Straßburgs Tristan vollendete, ein großer Kenner des zeitgenössischen Schrifttums, dem die Epiker des höfischen Romans, wie Wolfram von Eschenbach und Konrad von Würzburg, ebenso vertraut sind wie der Lyriker Walther von der Vogelweide. Die Vielfalt seines Könnens zeigt sich in der Vielfalt seiner Motive. Er verfaßt das religiöse Gedicht vom „Heiligen Kreuz", daneben den Schwank vom Schrätel (Kobold) und vom Wasserbären. Er ist einer der großen Könner der spätmittelalterlichen deutschen Epik.

Nach dem Verfall der höfischen Dichtung blühen Mystik, religiöse Lyrik und Meistergesang. Die zahlreichen Klöster des Landes überliefern Predigten und geistliche Traktate, die Marienverehrung bekundet sich in lateinischen und deutschen Marienliedern, in Krippen- und Auferstehungsliedern, deren schönste das Hohenfurter Liederbuch sammelt. Der Meistergesang regt sich allenthalben, von Eger und Elbogen bis nach Trautenau und weit nach Mähren hinein. Das geistliche Spiel wird gepflegt, so im Egerer Fronleichnamsspiel (Ende des 15. Jahrhunderts), dem ersten deutschen Schauspiel in Böhmen, einem der umfangreichsten seiner Art, dessen weiträumige Handlung von der Erschaffung der Welt bis zur Auferstehung Christi nicht weniger als drei Tage zur Aufführung benötigte. Wir kennen eine ganze Reihe ähnlicher Spiele, so ein Auferstehung-Christi-Spiel aus dem nördlichen Böhmen und ein Osterspiel aus Schlesien.

Als dann die große Bewegung des Humanismus das Abendland erfaßte, war der Prager Hof die erste bedeutsame Pflegestätte des neuen Geistes in deutschen Landen. Karl IV. (1346-1378) wurde selbst ein eifriger Förderer humanistischer Bestrebungen und stand mit Petrarca in persönlicher Verbindung und in brieflichem Verkehr. Des Kaisers Kanzler, Johann von Neumarkt, folgte den Spuren seines Monarchen und betätigte sich selbst als vorbildlicher Übersetzer und Stilist. Durch die Gründung der ersten deutschen Universität (1348) wurde Prag zum geistigen Zentrum des Reiches. Die kostbarste Frucht dieser Kulturbewegung um die Mitte des 14. Jahrhunderts ist das Streitgespräch „Der Ackermann aus Böhmen", das Gervinus das vollkommenste Stück Prosa nennt, das wir in unserer älteren Literatur besitzen. Ein großer Meister des Wortes führt hier Klage gegen den Tod, der ihm die über alles geliebte Frau entrissen hat. Der Tod wird vor Gottes Richterstuhl zitiert, und Gott selbst fällt die Entscheidung: der Tod behält recht, doch nur, weil ihm von Gott die Macht über alles Leben verliehen ist. Menschlich und künstlerisch ergreift diese Dichtung gleichermaßen. Sie steht in einer doppelten Tradition: Sie schöpft einerseits aus dem volkstümlichen Gut der Fabeln und weltlichen Spiele, der Spruchweisheit und der Rechtssprache, andererseits spiegelt sich in ihr die rhetorische Stilkunst des neuen Welt- und Lebensgefühls, das mit dem Humanismus heraufzieht. Die Forschung hat sich gerade mit diesem Werk eingehend beschäftigt und in den letzten Jahren auch auf die Verfasserfrage neues Licht geworfen. So wissen wir heute, daß der Verfasser dieser kühnen Phantasie um Tod und Leben Johannes von Tepl war, der aus Schüttwa in den Vorbergen des nördlichen Böhmerwaldes stammte, dann in Tepl tätig war (er benannte sich, wie damals üblich, nach dem Orte seines Wirkens), schließlich Rektor der Lateinschule in Saaz wurde (seit 1383) und 1411 als Notar nach Prag-Neustadt kam, wo er wahrscheinlich 1414 starb.

Auch in den kommenden Jahrhunderten meldet sich die Dichtung dieses Raumes zu manch bedeutsamem Wort. Im Reformationszeitalter erstehen ihr Streiter im Lied und im Kampfgespräch, auf der Kanzel und auf der Bühne. Noch bevor Luther seine Gesangbücher schuf, besaß man in Böhmen und Mähren eine Fülle religiöser Lieder, die allenthalben im Volke lebendig waren. Sie sammelte erstmals Michael Weiße in seinem „Neuen Gesangbüchlein" (1531), von denen die meisten des Herausgebers Eigentum sind. Die Sekte der Böhmischen Brüder fand hier die ihr gemäße Gemeinschaftslyrik, die ihr religiöses Gefühl trug und stärkte. Der wortgewaltige Paul Speratus, einer der eifrigsten Parteigänger Luthers, wirkte von 1522-24 als Stadtpfarrer und Prediger in Iglau und gewann die Stadt für den Protestantismus. Der bedeutendste Liederdichter des Sudetenraumes aber und zugleich einer der namhaftesten der evangelischen Kirche war der Joachimsthaler Lehrer und Kantor Nikolaus Herman, ein gebürtiger Altorfer, der jedoch von 1518 bis zu seinem Tode (1561) die Seele seiner Joachimsthaler Bergleute war, deren Gemüt und Ohr er durch seine von ihm selbst komponierten geistlichen Lieder beglückte, die dank ihrer Sangbarkeit bald in alle Gesangbücher übergingen. Das katholische Kirchenlied vertritt würdig Michael Vehe in seinem „Gesangbüchlein"

(1537), das der Olmützer Domdechant Johann Leisentritt 1567 erneuerte. Auch Christoph Hecyrus hat sich durch sein „Gesangbuch" (1581) einen Namen gemacht. Neben dem Kirchenlied blüht das Volkslied reich und vielgestaltig in den Sudetenländern. Hervorgehoben zu werden verdienen die sogenannten Bergreihen, die den Segen des Gebirges preisen. Mit der Bergwelt und insonderheit mit Joachimsthal verknüpft ist der Name des Johannes Mathesius, der als Pfarrer von Joachimsthal seine Bergpredigten („Sarepta oder Bergpostill", 1562) verfaßte. Er, der Tischgenosse Luthers und Autor der bedeutendsten Lutherbiographie seiner Zeit, war gewaltig im Worte und riß die Herzen seiner Bergleute durch die volkstümliche Kraft seiner Leichen- und Hochzeitspredigten (1559 und 1563) mit. Das Vorwort zu seinem „Leben Luthers" schloß er zwei Tage vor seinem Tode, am 5. Oktober 1565, in Joachimsthal ab. Nach seinem Heimgang erschien noch sein „Ehespiegel" (1591).

Auch das Drama dieses Säkulums fand seinen Widerhall. Aufführungen dramatischer Werke sind uns bezeugt in Prag, Brünn, Iglau, Eger, im Erz- und Riesengebirge. Der bedeutendste Dramatiker stammt aus dem Egerlande und heißt Clemens Stephani. Er wurde um 1530 in Buchau geboren, erwarb sich höhere Bildung, studierte in Leipzig und ließ sich dann als Buchdrucker in Eger nieder, wo er 1592 starb. Seine Kenntnis des lateinischen Schrifttums erwies er schon als Student durch Übersetzungen zweier Stücke des römischen Komödiendichters Terenz („Andria" und „Eunuchus"). In den Spuren des Hans Sachs wandelt er in seiner sechsaktigen Tragödie „Historia von einer Königin aus Lamparden" (1551), während seine „Geistliche Aktion" (1568) in der Tradition der religiösen Mysterienspiele steht und die vielgestaltete Geschichte vom Sterben des reichen Mannes darstellt, den alle seine Freunde verlassen und nur die guten Werke auf dem Wege in die Ewigkeit begleiten. Es ist der Jedermann-Stoff, wie er uns in der englischen, holländischen und deutschen Dichtung der Zeit, zum Teil auch in humanistischem Latein geschrieben, immer wieder begegnet. Auch ein herzhafter Humor stand Stephani zu Gebote, wie sein volkstümliches „Satyra oder Bauernspiel" (1568) zeigt, der beliebte Schwank vom fahrenden Studenten. Neben ihm ist als zweiter Dramatiker des Jahrhunderts Johannes Krüginger aus Joachimsthal hervorzuheben, ein gelehrter Mann, der in Wittenberg und Tübingen studierte, 1543 Schulmeister in Krimitschau und später Diakon in Marienberg war. Er starb 1571. Erhalten ist von ihm eine „Komödie von dem reichen Mann und dem armen Lazarus" (1543), gleichfalls ein beliebter und vielfach dramatisierter Stoff jener Zeit, und eine „Tragödie von Herode und Johanne dem Täufer".

Auf das von religiösen Spannungen zerrissene Reformationszeitalter folgt das Barockjahrhundert, das Jahrhundert der Gegenreformation. Es ist auch im Künstlerischen ein Jahrhundert der Antithese, der Gegensätzlichkeit von Diesseits und Jenseits, von Irdischem und Göttlichem, von Schein und Sein. Probleme der Form werden zu Hauptproblemen, eine förmliche Formsucht wirkt sich in allen Künsten aus, in der bildenden Kunst wie in der Musik und in der Dichtung. Das Sudetenland weist in der Gestalt des Sigmund von Birken aus Wildenstein an der Eger einen wortgewandten Lyriker auf, der sich auf alle Formen und Formeln der Wortkunst, auf alle Klang- und Reimwirkungen seines Handwerks versteht. Als Mitglied des Pegnitzordens lebte er später zumeist in Nürnberg, wo er auch 1681 starb. In seinen lyrischen Sammlungen „Geistliche Weihrauchkörner" (1652), „Ostländischer Lorbeerhain" (1657), in seinen „Passionsandachten" (1653) wie in seiner „Deutschen Redebind- und Dichtkunst" (1679) prägte er seinen Namen den Zeitgenossen ein. Die ganze Prunkliebe des Barocks aber entfaltete sich im Drama der Jesuiten. Alle Künste, neben der des Wortes auch die der Musik, der Malerei und der Architektur, werden in den Dienst der Bühne gestellt, mit allen optischen und akustischen Mitteln der Bühne wird auf Theaterwirksamkeit hingearbeitet. Hier ist das von der Romantik und von Richard Wagner geforderte Gesamtkunstwerk längst verwirklicht. Die Namen der Dichter solcher Fest- und Feierstücke, solcher Märtyrerdramen und Herrscherglioriolen bleiben meist anonym, die Verfasser kennen keinen literarischen Ehrgeiz, ihr Werk ist ganz in den Dienst ihrer gegenreformatorischen Ideen gestellt. Wir besitzen ein glanzvolles Musterstück dieser Gattung in dem am 6. Dezember 1627 zur Feier der Krönung Eleonorens, der Gemahlin Ferdinands II., und zur Krönung Ferdinands III. aufgeführten Spiel „Tragödie vom Kaiser Constantin dem Großen samt seinen zwei von ihm gekrönten Söhnen", einem mit allem Pomp der Inszenierung ausgestatteten Werk. Auch eine Aufführung der Tragödie „Maurus imperator" im Prager Konviktgarten ist uns 1636 bezeugt.

Das kommende Jahrhundert ist das Jahrhundert Goethes. Es ist bekannt, wie sehr Goethe Böhmen liebt, seine Landschaft und seine Menschen, seine Geschichte und Kultur. Nicht weniger als siebzehnmal weilte er in Böhmen, und wenn man die Tage zusammenzählt, die er insgesamt in diesem Lande verbrachte, so ergeben sich nahezu drei Jahre seines Lebens. Des Dichterfürsten Kuraufenthalte in Karlsbad, Teplitz und Marienbad waren nur der äußere Anlaß für ein grundlegendes Vertrautwerden mit Land und Leuten. Der Geologe und Botaniker in ihm fand hier ein reiches Betätigungsfeld, seine mineralogischen Kenntnisse wurden hier wesentlich vertieft, sein naturwissenschaftliches Weltbild entscheidend bestimmt. Doch auch sein Interesse für böhmische Geschichte, für Volks- und Brauchtum des Landes, ja selbst für Wirtschaft und öffentliche Angelegenheiten wird immer wieder deutlich. Nicht zu reden von seinem Bemühen um Sprache und Kunst, um Literatur und Wissenschaft dieses Raumes. Die Kurorte Böhmens, die Goethe immer wieder besuchte, waren, nach seinem eigenen Wort, „am allgemeinsten und unmittelbarsten mit dem Ausland verbunden" und damit für ihn das Tor zur Welt. Hier traf er mit Beethoven zusammen und mit der österreichischen Kaiserin Maria Ludovica, mit Naturforschern von internationalem Namen, wie Berzelius und Kaspar Graf Sternberg, mit Musikern und Künstlern und mit dem Adel aus aller Welt. Hier gewann er Einblick in die Institutionen der römischen Kirche durch seine persönlichen Beziehungen zu dem Tepler Abt Reitenberger, dem Gründer Marienbads, hier fand er auch Kontakt mit den tschechischen Kreisen des Landes, deren Gelehrten- und Künstlerwelt den weltoffenen Dichter hoch verehrte. Goethe lernte sogar Tschechisch und interessierte sich sehr für das Schrifttum dieser Nation. Was die Tschechen selbst dem Dichter der Iphigenie und des Faust verdanken, gehört auf ein anderes Blatt. Es ist oft genug betont worden, daß Geister wie Palacky, Dobrovsky, Jungmann, Kollar und Safarik, die man die Erwecker der tschechischen Nation nennen kann, in allem, womit sie aus dem Nationalen ins Menschheitliche aufsteigen, auf Goethe und Herder fußen. Und man darf an ein Wort Thomas G. Masaryks, des Schöpfers der ersten tschechischen Republik, erinnern, welches sagt: „Unsere Denker schöpfen aus der deutschen Literatur . . . Unsere Erwecker fanden ihre philosophische Grundlage in der deutschen Philosophie . . . Trotz allem Enthusiasmus für die Russen und alle Slawen, trotz allen Widerstreits gegen die Deutschen bleiben die Deutschen dennoch unsere tatsächlichen Lehrer." Es mag seltsam berühren, solche Sätze zu lesen in einer Zeit, da unter dem Sohne dessen, der diese Erkenntnis niederschrieb, alle Menschen, die Goethes Sprache sprechen, geschlossen aus der Heimat ihrer Väter vertrieben wurden . . .

Goethes Beziehungen zu Böhmen haben mit seinem letzten Aufenthalte im Jahre 1823 ihren krönenden Abschluß gefunden durch die aus seiner letzten leidenschaftlichen Liebe zu Ulrike von Levetzow geborene „Marienbader Elegie", das Unvergänglichste, was Goethe für immer mit diesem Lande verbindet.

Prag als dichterisches Ereignis

Prag, die Stadt der Mitte, liegt auch geistig im Schnittpunkt von vier Himmelsrichtungen: Östliche Gelöstheit und westliche Bewußtheit, nordische Selbstversunkenheit und südliche Weltoffenheit stehen gleichermaßen in dem vielgesichtigen Antlitz dieser unvergleichlichen Stadt. Das Rom des

Nordens und das Moskau des Westens, das böhmische Paris und das Nürnberg an der Moldau - dies alles zugleich und noch viel mehr ist diese schicksalsträchtige, dämonische, unergründliche Stadt. Mythus und Sage raunen von ihr, und unablässig kreist die Dichtung, seitdem sie mündig geworden ist, um sie. Schon der Hof Wenzels I. (1230-1253) wird zu einem Hort des Minnesangs. Reinmar von Zweter sang hier in den sechs Jahren seines Aufenthaltes seine besten Lieder, der oberdeutsche Meister Sigeher und der Tiroler Friedrich von Sonnenburg preisen die Freigebigkeit des Prager Hofes. Auch unter dem Nachfolger Wenzels auf dem Throne, unter Ottokar II. (1253-1278), hat die Dichtung hier eine Heimstatt. Der fahrende Tannhäuser weilt als flüchtiger Gast in der Moldaustadt, und der Bruder Wernher beklagt in einem rührenden Liede den Tod seines königlichen Herrn auf dem Marchfelde. Auch Wenzel II. (1278-1305) erweist sich als ein Gönner der Sangeskunst, ja er ist selbst ein Minnesänger, und unter seinem Namen sind uns in den Handschriften Liebeslieder überliefert. Wie dann Prag unter dem Luxemburger Karl IV. zum bereiten Boden des Humanismus wurde, der als schönstes Reis den „Ackermann aus Böhmen" hervorbrachte, ist schon im Eingangskapitel berichtet worden. Auf dem gleichen Boden erfolgten entscheidende Schritte zur Vervollkommnung und zur Wirkensweite der neuhochdeutschen Schriftsprache. Noch im achtzehnten Jahrhundert bemüht sich ein Karl Heinrich Seibt an der Prager Hochschule nach dem Vorbild Gottscheds um eine gereinigte deutsche Schriftsprache, und das Prager Deutsch rühmt sich seit dieser Zeit, das „reinste Deutsch" zu sein.

Zu Beginn des folgenden Jahrhunderts, während der Befreiungskriege, kommen fast alle bedeutsamen Stimmführer der Romantik nach Böhmen und Prag: Ludwig Tieck und die Brüder Schlegel, Heinrich von Kleist und Zacharias Werner, Joseph von Eichendorff und Clemens Brentano, dem die Wunder der Moldaustadt die Melodien zu seiner mythischen Dichtung „Die Gründung Prags" eingeben, ebenso wie später Franz Grillparzer zu seiner „Libussa".

Wie Prag räumlich die Mitte Europas ist, so hat diese magische Stadt mit ihrer sinnlichen und mystisch-hintergründigen Schönheit jenen Dichter erweckt, der im zwanzigsten Jahrhundert zum Herzpunkt der europäischen Dichtung wurde: Rainer Maria Rilke (1875-1926). Dem Erben einer reichen geistigen Ahnenschaft und eines alten, vielfach gemischten, müden und überkultivierten Blutes wurde Prag zum dichterischen Grunderlebnis. In wechselnden Bildern und Gestalten ist es immer wieder die Moldaustadt, die das Ingesicht, die Ton und Farbe seiner Lyrik bestimmt. Sein erstes Larenopfer gehört diesem rätselhaften, in ein seltsames Zwielicht getauchten Prag, aus dem es bald wie Moder und Fäule weht, bald in tagheller Bewußtheit grüßt. Böhmischen Volkes Weise rührt schon den Jüngling Rilke, slawische Weichheit und Melodie liegt ihm im Blut. Nur diesem Prager Rilke konnte sich der Osten so auftun, daß Verwandtes derart verwandt an seine Seele klang. Die Unendlichkeit der Ebene Rußlands öffnet ihm das Erlebnis Gottes, von dem das „Stundenbuch" (1905) singt, altdeutsches Mystikergut dichterisch erneuernd.

Das Prager Urerlebnis ist überall spürbar, in der lyrischen Gelöstheit der „Weise von Liebe und Tod des Cornets Christoph Rilke" (1906) wie in dem impressionistischen Bekenntnisbuch der „Aufzeichnungen des Malte Laurids Brigge" (1910), die den inneren Erlebnisweg Rilkes nachzeichnen, eines Menschen, der als Letzter seines Geschlechtes mit einem überfeinerten Empfindungsvermögen der äußeren wie der inneren Welt gegenübersteht, dessen Leben in Einsamkeit und Verlorenheit dahingeht, bis es der Tod wandelt und erlöst.

Prager Luft umweht auch die Dichtungen eines Franz Werfel (1890-1946), der aus den Prager Anfängen den Weg in die Weite der Welt fand, gleich Franz Kafka (1883-1924), der als Einzelgänger und fast Unverstandener durch sein kurzes Leben schritt.

Diese Prager Luft ist auch sonst vielfach spürbar, in Gedichten, Erzählungen und Erlebnisbüchern von Leo Hans Mally, Bruno Brehm und Franz Hauptmann, in den Studentenromanen Karl Hans Strobls, in manchen geschichtlichen Romanen Watzliks und Wackenreuthers und in den lyrischen Visionen vieler Jüngeren und Jüngsten. Und die Liebe zu dieser unvergleichlichen Stadt, sie lebt noch fort im Sehnsuchtsgestammel so vieler Verstoßener und in alle Welt Verschlagener, die sich in unnennbarem Heimweh nach dem goldenen Prag verzehren . . .

Adalbert Stifter als geistige Lebensmacht

Von allen sudetendeutschen Dichtern hat wohl Adalbert Stifter (1805-1868) die breiteste und tiefste Wirkung geübt. Nach den Erfolgen der ersten Bände seiner „Studien" (1844 bis 1850) mit ihrer fein ziselierten Landschafts- und Stimmungskunst zunächst fast ein Modeschriftsteller, in seinen Hauptwerken jedoch verkannt und verfemt, wuchs er in den Jahrzehnten nach seinem Tod immer mehr zu einer geistesgeschichtlichen Gestalt von europäischen Maßen, die der Weltliteratur angehört. Der Dichter der Käfer und Butterblumen, wie man ihn höhnte, der über dem Kleinen das Große übersieht, wie Friedrich Hebbel lästerte, stellt heute eine Lebensmacht dar, die ihn weit über das Ort- und Zeitbedingte seines landschaftlichen und geschichtlichen Herkommens hinaushebt. Es ist kein Zufall, daß die bedeutendsten Stifterbücher der Nachkriegszeit von Nichtdeutschen stammen, von einem Dänen (Erik Lunding, Kopenhagen, 1946) und von einem Engländer (Eric A. Blackall, Cambridge, 1948).

Stifter ist keineswegs bloß der große Schilderer der Natur, in die der Mensch nur als Staffage hineingestellt ist; der Mensch lebt in seinen Dichtungen nicht außer oder neben der Landschaft, sondern immer nur in und mit ihr als Teil des Kosmos, der von einer göttlichen Ordnung durchwaltet ist. Der Mensch ist der Mittelpunkt von Stifters Dichtung, der Träger seines Ethos, das dem sanften Gesetze folgt in der sittlichen Welt des Menschen wie im Naturgeschehen. Zu einer Zeit, da überall das harte Gesetz herrscht, verkündet dieser Dichter des Leisen und Stillen, der die Stiefkinder des Schicksals liebt, jenes sanfte Gesetz, das er in der Vorrede zu den

„Bunten Steinen" (1852) klassisch formuliert, in seinen Dichtungen selbst aber immer neu verlebendigt und verwirklicht hat. Erzieher ist Stifter gewesen, Erzieher der ihm Anvertrauten ebenso wie sein eigener, Erzieher im Menschlichen wie im Künstlerischen, unablässig an sich arbeitend. Um die Geheimnisse der Form und künstlerischen Formung wußte er wie wenige, seine Dichtungen waren Studien in einem tieferen Sinn, mit einer handwerklichen Sorgfalt geschliffene Kunstwerke, an denen er unablässig feilte, wie die zahlreichen Fassungen seiner Erzählungen, mit denen er selbst nie zufrieden war, bekunden. Man spürt den Schweiß nicht, den es kostete, bis die granitene Schlichtheit, die lapidare Einfachheit vieler seiner Dichtungen erreicht war, etwa die klassische Sachlichkeit in der Erzählung vom sanftmütigen Obristen aus der „Mappe meines Urgroßvaters". Stifter vermag ins Lautlose zu lauschen, das Unhörbare hörbar zu machen: Denken wir an das unendlich Leise einer Schneelandschaft („Bergkristall"), an die majestätische Gewalt des Raumes („Der Kondor"), an den atmosphärischen Duft einer Landschaft oder einer Seelenstimmung („Abdias").

Stifters Prosa hat die kristallklare Diktion Goethes und ist bei aller Sachlichkeit doch umspielt von malerischen Lichtern, von musikalischen Wort- und Klangwirkungen getragen. Der „Nachsommer" (1857), das Buch von der edlen Einfalt und stillen Größe des Menschenherzens, ist in Gehalt und Formgebung der klassische Roman der deutschen Literatur. Es ist keine „Poesie des Luxus", wie Stifters literarhistorischer Zeitgenosse Julian Schmidt gemeint hatte, kein unsozialer Quietismus, sondern ein Buch vom werktätigen Menschentum, ein Buch der Erziehung zur Kunst, zum höchsten Begriffe der Kunst. Neben dem „Nachsommer" steht der Roman „Witiko" (1864-1867), von dem der Dichter selbst sagte, daß man ihn erst hundert Jahre nach seinem Tode verstehen würde. Dieses vielgeschmähte und verlästerte Werk, dessen homerische Maße der Nachwelt erst spät bewußt wurden, ist der eigenwilligste, seltsamste und vorbildloseste geschichtliche Roman der Weltliteratur, ein Gemisch aus Mythus und heiliger Sachlichkeit, an dessen letztem Sinn man bis in unsere Tage hinein immer noch deutet.

Stifter hat keine ausgesprochenen Schüler gehabt trotz Peter Rosegger, der ihm nachstrebte, und Ferdinand von Saar, der ihn verehrte. Und doch kann man von einer dichterischen Nachfolge sprechen, nicht im Sinne einer literarischen Abhängigkeit, sondern einer geistigen Verwandtschaft und Verbundenheit. Das sanfte Gesetz haben im zwanzigsten Jahrhundert, dem Jahrhundert der wachsenden Wirkung Stifters, so manche Dichter auf ihre Fahne geschrieben und sich damit im Herzen zu Stifter bekannt, Dichter, die ebensowenig wie ihr geistiger Ahne abwegige Träumer sind, sondern voll eines tatbereiten Menschentums, denen die Andacht zum Kleinen kein Vergessen des Großen ist, keine Flucht vor der Wirklichkeit, sondern demütiger Dienst an ihr. Von Hans Carossa und Max Mell, von Ernst Wiechert und Karl Benno von Mechow - um nur die Nichtsudetendeutschen zu nennen - bis zu den Jüngeren und Jüngsten führt die Spur Stifters, der Kundige kann sie sehen, der Aufnahmebereite auf sich wirken lassen. Stifter ist uns Heutigen längst nicht mehr bloß der Dichter des Böhmerwaldes, dieses letzten deutschen Urwaldes, er ist ein Dichter der Menschheit und einer ihrer großen Erzieher.

Von Adalbert Stifter zur Gegenwart

Stifter wurde den Sudetendeutschen zum Bannerträger der Humanitas im Sinne Goethes und Herders, der sein Volk in der Liebe zum Kleinsten und Nächsten das Große und Ewige verehren lehrt. Sein Gegenpol ist Charles Sealsfield (Karl Postl, 1793-1864) mit der in farbige Fernen gewandten und doch so zeitnahen Kunst seiner Amerikabücher. Als der junge Mönch 1822 aus dem Prager Kreuzherrenkloster entfloh und hartnäckig verschollen blieb, da wußte niemand, daß sich unter dem Namen des bald darauf zu literarischem Ruhm gelangten amerikanischen Schriftstellers Charles Sealsfield der entlaufene Priester und Sohn eines Kleinbauern aus

Poppitz bei Znaim verbarg. Der englischen wie der deutschen Sprache gleich mächtig, machte er zunächst durch ein politisches Buch aufhorchen: „Austria as it is" (1828), das wegen der scharfen Kritik an österreichischen Zuständen sogleich in der Donaumonarchie verboten wurde. Das Interesse an völkischen Schicksalen und politischen Ereignissen bleibt weiter wach in Sealsfield und spornt ihn zu neuen literarischen Zielen. Er will brechen mit dem hergebrachten familiengeschichtlichen Roman mit seinen privaten Herzensnöten, er will nichts Geringeres, als den Roman des nordamerikanischen Volkes schreiben, das hohe Lied seines Werdens und Werkens, aus dem sein soziales und völkisches Gefüge sichtbar wird, seine Vergangenheit, Gegenwart und Zukunft. So wird in seinen Romanen („Der Legitime und die Republikaner", 1833, „Der Virey und die Aristokraten", 1834, „Das Kajütenbuch oder Nationale Charakteristiken", 1841, „Süden und Norden", 1842/43 u. a.) das ganze Volk zum handelnden Helden, das Geschehen entfaltet sich in dramatisch geschauten Massenszenen von großer Eindringlichkeit. Der Zusammenprall zwischen Weißen und den Naturvölkern ist eines der Grundmotive, die vielfache Durchflechtung ihrer materiellen, politischen und religiösen Beziehungen. Er führt uns zu den Wachtfeuern der Prärien, in die Sklavenhütten der Elenden, in den Wigwam des roten Mannes. Die Pracht und Farbenglut der tropischen Landschaft hat er der deutschen Literatur erschlossen mit einer unerhörten Kraft der Naturdarstellung.

Neben Sealsfield mit seinem Drang nach Ferne und Fremde und literarischem Neuland steht Marie von Ebner-Eschenbach (1830-1916) als die Dichterin des Nahen und Nächsten mit der fraulichen Güte ihres mütterlichen Herzens, das den Erniedrigten und Beleidigten schlägt, den Enterbten des Lebens. Die Welt ihrer Bücher liegt zwischen Dorf und Schloß der mährischen Heimat. Es ist eine Welt, in der Deutsches und Slawisches einander begegnet, aber auf eine übervölkische Art. Das Bild reinen Menschentums überall aufzurichten, dem Guten zum Siege zu verhelfen, ist das Anliegen ihrer stark erzieherischen Bücher. Sie fühlt mit den Unterdrückten und

Mißachteten („Bozena", 1876), sie ist eine Kennerin der Kinder- und Tierseele („Der Erstgeborene", „Krambambuli", „Die Spitzin", „Meine Kinderjahre"). Auch ein goldener Humor steht ihr zu Gebote, wie in der Meisternovelle „Die Freiherren von Gemperlein", mit der sie sich getrost neben dem Besten von Gottfried Keller behaupten kann. Marie von Ebner-Eschenbach ist die dichterische Verkörperung jenes letzten Lebensalters der Monarchie, das mit Franz Joseph begraben wurde.

Altösterreichs Erbe lebt in reichem Maße auch in dem Werk Richard von Schaukals (1874-1943). Hatte die Ebner-Eschenbach die sudetendeutsche Dichtung um östliche Stimmen bereichert, so war durch ihn westlichen Stimmen Eingang verschafft worden. Dieser Dichter schulte seinen kultivierten Stil früh an Übersetzungen der französischen Symbolisten: Verlaine, Baudelaire, Mallarmé prägten entscheidend das neuromantische Antlitz seiner ersten Lyrik. Schaukals Geburtsstadt ist Brünn, zur damaligen Zeit eine Vorstadt der Wiener Kunstmetropole. Im Wiener Impressionismus war das müde Lebensgefühl des sterbenden Donaustaates zum letzten Male Stil geworden. Und Schaukal ist den Weg von Brünn nach Wien nicht nur künstlerisch gegangen: ihm ist Wien zweite Heimat geworden. Künstlerisch freilich kam der Dichter über die blassen Früchte des Wiener Impressionismus bald hinaus. Die späteren Sammlungen seiner Lyrik („Ausgewählte Gedichte", 1924, „Gezeiten der Seele", 1926, „Herbsthöhe", 1933) zeugen von wachsender Reife und Einkehr in einer Wendung zur Herzenseinfalt und Glockeninnigkeit des Volksliedes. Des Dichters Rückschau auf die entschwundene Welt seiner Jugend birgt der aus seinen Prosabüchern zusammengestellte posthume Band „Frühling eines Lebens" (1949), ein kulturgesättigtes, auf Goldgrund gemaltes Gegenbild zur barbarischen Gegenwart.

Neben solcher Hinneigung zur geistigen Metropole an der Donau leben natürlich die literarischen Provinzen des Sudetenraumes ihr dichterisches Eigenleben. Nicht im Sinne einer engstirnigen Heimatkunst, die über ihre Grenzpfähle nicht hinaussieht und in ihrer idyllischen Versponnenheit den Ausblick ins Gesamtmenschliche vergißt.

Doch aus der heimatlichen Landschaft und ihrem lebendigen Brauchtum zieht diese Dichtung ihre beste Kraft. Mensch und Erde - im dichterischen Gebild läutert sich ihre Wechselbeziehung aus dunklem Drang und heißem Verlangen zu letzter Sinnhaftigkeit. Da ist die mythische Bergwelt des Isergebirges in den Dichtungen Gustav Leutelts (1860-1947), der nach stillen, unbeachteten Anfängen erst spät mit seinen Romanen („Die Königshäuser", „Das zweite Gesicht", „Der Glaswald") die Anerkennung fand, die seinem großen Können gebührt. Im „Buch vom Walde" hat Leutelt das klassische Buch seiner Waldheimat geschrieben, wie es nur einmal geschrieben werden kann. Jeder Atemzug des grünen Meeres ist in dieses wunderbare Buch eingegangen.

Aus sagenträchtigen Tiefen steigt der böhmische Urwald im Werke Hans Watzliks (1879-1948), mit einer barocken, bilderreichen Sprache beschworen. Eine Landschaft voll Wald und Felsenstille schlägt ihre dunklen Augen auf, aus deren Grund es wetterleuchtet von Grauen und Krieg, vom Nebellicht der Sage und vom Goldglanz der Legende. Unerschöpflich ist die Erfindungsgabe des Dichters, unübersehbar die Vielfalt seiner Gestalten. Neben der barocken Böhmerwaldlandschaft Watzliks steht die fruchtschwere, in Sonnenglut versunkene Saazer Ebene in den Büchern von Emil Merker (geb. 1888), namentlich in seinem Roman „Der Weg der Anna Illing". Die Dämonie dieser um kleine Lieblichkeiten nicht bemühten Landschaft ist auch in ihre Menschen eingegangen, die von einer leidenschaftlichen Aufgewühltheit sind.

Auch an Merkers eigenwilliger, klobiger Lyrik haftet die schwere Saazer Ackererde. Die mährische Landschaft ersteht in Josef Mühlbergers (geb. 1903) Roman „Die große Glut", in den die sengende Glut der Sommersonne eingegangen zu sein scheint, die über den Feldern brütet. Das Egerland vertritt Hermann Ritter (geb. 1877) mit seinem Roman „Des Felberbauern erstes Ehejahr", um dessen Fabel ein grüner Kranz egerländischen Brauchtums gewunden ist. Auch Robert

Lindenbaums (geb. 1898) Romane weisen hierher, eines an Hamsun geschulten Erzählers, eines sudetendeutschen Waggerl, wenn man so sagen darf. Den Bauern des Braunauer Landes schildert Hugo Scholz (geb. 1896) in seinen Büchern, in schlesisches Land führen Bruno Hanns Wittek (1895-1935) mit seinem Roman vom Bauernbefreier Hans Kudlich („Sturm überm Acker"), Ernst Wolfgang Freißler (1884-1937) und Edith Schmettan mit ihrer köstlichen Familiengeschichte „Das Schwaigerhaus". In das Elbetal mit seinen sonnigen Weinbergen und Obstgärten weist Willi Lang (geb. 1892, „Frühling im Elbtal").

Die Bindung des Menschen an die heimatliche Scholle führt notwendig auch zu einer landschaftlich bedingten sprachlichen Tönung, letzten Endes zur Mundart. Das künstlerische Schwergewicht liegt im Süden, beim bayrischen Stammesteil. Da ist vor allem Karl Franz Leppa (geb. 1893) mit der taufrischen Ursprünglichkeit seiner böhmerwäldischen Mundartgedichte („Kornsegen"), der Südmährer Karl Bacher (geboren 1884), die Egerländer Josef Hoffmann (1858-1943) und Otto Zerlik (geb. 1907). Unter den Mundartdichtern des Erzgebirges lebt Anton Günther (1876-1937) durch seine Heimatlieder fort, auch Max Tandler (geb. 1895) hat schon seine Gemeinde gefunden. Aus dem Jeschken-Isergau sind Julius Vatter (1846-1920) und Adolf Wildner (geb. 1882) zu nennen, aus dem Friedländischen Erich Weber (geb. 1898) und Adolf Scholz (geb. 1903). Den Schönhengstgau vertritt würdig Karl Hübl (geb. 1892).

Wie sich die sudetendeutsche Dichtung ihrer Verbundenheit mit den Mächten der heimatlichen Landschaft bewußt ist, so auch der formenden Kraft ihres geschichtlichen Erbes, ihrer blutmäßigen und geistigen Ahnenschaft. Im historischen Roman kommt dies sinnfällig zum Ausdruck. Hier hat das Sudetenland in Erwin Guido Kolbenheyer (geb. 1878) den über die deutsche Welt hin ragenden Vertreter. Voll Verantwortungsgefühl und im Vertrauen zu seiner Sendung führt er weltanschauliche Krisen unserem geistigen Auge vor; durch die Art seiner Menschen- und Umweltgestaltung und durch zuchtvolle

Sprachkunst macht er Lebensform und Daseinsinhalt früherer Jahrhunderte unerhört lebendig, hebt Versunkenes aus dem Abgrund der Vergangenheit. Das reiche Holland des 17. Jahrhunderts mit seinen malerischen, grachtendurchzogenen Städten steigt vor uns in dem Spinoza-Roman „Amor Dei" empor. Über die heimelige Enge des alten Breslau, über die gotterfüllte Mystik Jakob Böhmes, über Kriegs- und Friedenszeiten wölbt die Geschichte von „Meister Joachim Pausewang" ihren Bogen. Die drei mächtigen Bände des „Paracelsus" umfassen ein deutsches Schicksal, das des großen Arztes und Naturforschers, der ein Bahnbrecher neuen Geistes war: in steilem Aufstieg, in schmerzhaftem Mißlingen, in nie ermüdender Forscherarbeit und kühner Gedankentat, in tapferem Aufruhr gegen alte Mißstände läuft zwischen schweizerischer Heimat und schwedischen Schlachtfeldern, zwischen Litauen und Salzburg, zwischen den Universitäten Bologna und Basel, zwischen Straßburg und Klagenfurt ruhelos und faustisch sein Leben ab, Sinnbild und Gleichnis des ewig strebenden Bemühens der deutschen Seele.

Den historischen Roman und den Künstlerroman pflegt die Kunst Robert Hohlbaums (geb. 1886), namentlich in seinem großen Roman aus der Französischen Revolution „König Volk", in seinem Goethe-Roman „Sonnenspektrum" und in seinem Bruckner-Roman „Tedeum" sowie in zahlreichen feingetönten Musiker-Novellen. Walter von Molo (geb. 1880) ist der Verfasser geschichtlicher Romane um Luther, Friedrich den Großen und Schiller, während Karl Hans Strobl (1877 bis 1945), ein Vertreter des phantastischen Realismus, nur gelegentlich in historische Bereiche weist („Bismarck", „Die Fackel des Hus"). Franz Spunda (geb. 1890) führt gerne in die Grenzbezirke geschichtlicher und mythischer Welten („Wulfila", „Minos").

Eine Sonderart des geschichtlichen Romans sind die zahlreichen Bücher um den ersten Weltkrieg, und hier sei an Stelle von vielen Bruno Brehm (geb. 1892) genannt, der in seiner Trilogie („Apis und Este", „Das war das Ende", „Weder Kaiser noch König") der sterbenden Doppelmonarchie und der alten Armee ein unvergängliches Denkmal setzte, ein Thema, das auch in seinen heiter-besinnlichen Romanen und Erzählungen immer wieder emportaucht.

Das aufwühlende Schicksal der Heimat nach 1918 klingt wider in den Romanen und Erzählungen eines Friedrich Bodenreuth (geb. 1894), Gottfried Rothackers (geb. 1901) und vor allem Wilhelm Pleyers (geb. 1901). Ließ schon sein Roman „Der Puchner" aufhorchen, so boten seine folgenden Romane, Novellen und Erzählungen ein ebenso künstlerisches wie menschlich reifes Bild jenes Kampfes an den Rändern Böhmens, der der deutschen Binnenwelt bis dahin fast unbekannt geblieben war.

Auch der dramatischen Tätigkeit der Sudetendeutschen muß kurz gedacht werden. Sie ist in den Jahren nach dem ersten Weltkrieg erstarkt und hat die Legende von einer Armut an dramatischen Begabungen im Sudetenraum zerstört. Besonders die Laienspielbewegung erhielt starken Auftrieb. Man knüpfte an religiöse und bäuerliche Überlieferungen wieder an und nahm altes, an Brauchtum und Stammesart gebundenes Volksspielgut erneut in Hut und Hege. Von hier empfangen der schon genannte Rothacker und Franz Lorenz (geb. 1901) Anregungen zu ihren dramatischen Spielen, die unmittelbar aus den Tiefen bäuerlichen Brauchtums und seiner mythischen Verwurzelung schöpfen. Das Volksstück hat Vertreter in den ebenfalls bereits erwähnten Adolf Wildner und Karl Bacher. Als die stärkste dramatische Kraft der sudetendeutschen Gegenwartsdichtung muß wohl Franz Hauptmann angesprochen werden.

Einen kurzen Hinweis verdienen noch jene Sudetendeutschen, die seit Jahrzehnten in Österreich Wurzel gefaßt haben und schon ganz mit Mensch und Landschaft ihrer zweiten Heimat verwachsen sind. Hierher gehört der wortgewaltige Suso Waldeck (1873-1943) aus dem Egerland, der in Wien als Seelsorger wirkte, ein begnadeter Lyriker mit einem dämonischen Naturgefühl und dem tiefen Gotterlebnis des Mystikers. Wir nennen von den Lebenden im besonderen Franz Nabl (geb. 1883), einen - das darf ohne Übertreibung gesagt werden - der größten Erzähler im deutschen Sprachraum, einen der Stillen im Lande, die ferne von literarischer Geschäftigkeit ihrer Kunst dienen. Den Gipfel seiner Meisterschaft erreicht Nabl in den beiden Büchern „Das Meteor" und „Kindernovelle", die wahre Perlen novellistischer Erzählkunst enthalten. So wie Nabl ist auch Karl Adolf Mayer (geb. 1889) die Steiermark zur Wahlheimat geworden. Er wandert ebenso auf Stifterschen Spuren und hat in dem letzten seiner feinsinnigen und kultivierten Bücher, im „Verklärter Herbst", die Erinnerung an die alte nordostmährische Heimat in eindringlichen Bildern festgehalten. Hierher gehören schließlich noch Robert Michel (geb. 1876), dessen feine Prosa von der Volksepik wirksam befruchtet wird, und Hans Deißinger (geb. 1890).

Damit beschließen wir unsere Überschau, die in solch knapper Fassung nur einen Querschnitt durch den vielfältigen Reichtum der dichterischen Erscheinungen geben konnte. In alle Himmelsrichtungen sind heute die Dichter des Sudetenraumes zerstreut, schwer lastet auf ihnen der Fluch der Fremde und der Heimatlosigkeit. Das namenlose Leid von Millionen, das über die Welt gekommen ist, wie muß es nicht, mehr als jeden anderen, den Dichter ergreifen, der seinem innersten Berufe nach ein Anwalt der Menschheit sein soll! Der größte Schmerz, dessen Tiefe kein Maß ermißt, mag starr und stumm sein. Und gegen das Wort, dem solche Gewalt gegeben ist über die Menschen, ist man mißtrauisch geworden, denn man hat es zu oft entweiht und geschändet während der furchtbaren Jahre, die hinter uns liegen. Und doch kann allein das dichterische Wort das Unsagbare benennen, und nur der heilige Geist der Sprache vermag die Herzen zu öffnen und uns vom Übel zu erlösen.

Der Ackermann aus Böhmen

Schluß des Streit- und Trostgespräches aus dem Jahre 1400

Von Johannes von Saaz

Der Tod:

„Wir haben gesagt und sagen es noch und wollen damit ein Ende machen: die Erde und alles, was sie enthält, ist auf Unstetigkeit aufgebaut. In dieser Zeit ist sie erst recht wandelbar geworden, denn alle Dinge haben sich verkehrt: das Hintere nach vorn, das Vordere nach hinten, das Untere nach oben, das Obere nach unten, das Verkehrte ins Recht hat die große Menge des Volkes verdreht. Ich aber habe das ganze Menschengeschlecht in die Stetigkeit der Feuerflamme gebracht. Einen guten, treuen, hilfreichen Freund zu finden, ist auf Erden fast ebenso möglich geworden, als einen Lichtschein zu greifen. Alle Menschen sind mehr zum Bösen als zu gutem Wesen geneigt. Und tut jemand etwas Gutes, so tut er es aus Furcht vor uns. Alle Menschen sind mit ihrem ganzen Handeln voll leeren Wesens. Ihr Leib, ihre Frauen und Kinder, ihre Ehre, ihr Besitz und alle ihre Macht fliegt dahin, in einem Augenblick verschwindet es, mit dem Winde verwirbelt es; nicht der Schein noch der Schatten kann bleiben.

Beachte, prüfe, sieh und schau, was nun die Menschenkinder auf Erden haben: wie sie Berg und Tal, Stock und Stein, Gefilde, Alpen und Wildnisse, des Meeres Grund und der Erden Tiefe um irdischen Gutes willen ergründen; wie sie Schächte, Stollen und tiefe Gruben in die Erde hineingraben, der Erde Adern durchwühlen, Glanzerze suchen, die sie wegen ihrer Seltenheit über alle Dinge liebhaben; wie sie Holz fällen, Wände, Zäune, Häuser, den Schwalben gleich, zusammenkleben, Baumgärten pflanzen und belzen; das Erdreich ackern, Weinreben bauen, Mühlen errichten, Zinsen aufhäufen, Fischerei, Weidwerk und Wildwerk betreiben, große Herden Vieh aufziehen, viele Knechte und Mägde halten, stolze Pferde reiten, von Gold, Silber und edlen Steinen, von reichen Gewändern und allerlei anderem Besitz ihre Häuser und

Kästen gefüllt haben, Wollust und Wonne genießen, wonach sie Tag und Nacht zielen und trachten - was ist das alles? Alles ist Eitelkeit und eine Schädigung der Seele, vergänglich wie der gestrige Tag, der vergangen ist. Mit Krieg und mit Raub gewinnen sie es; denn je mehr besessen, je mehr geraubt. Zu neuem Streit und Zerwürfnis lassen sie es als Erbe.

Oh, die sterbliche Menschheit lebt stets in Ängsten, in Trübsal und Leid, in Sorge, in Furcht und Grauen, in Wehtagen und Siechtagen, in Trauer, Betrübnis, Jammer und Kummer und in mancherlei Widerwärtigkeit. Und je mehr ein Mensch an irdischem Gute besitzt, um so mehr Widerwärtigkeit wird ihm zuteil. Dennoch ist dabei das Allerschwerste, daß kein Mensch wissen kann, wann, wo und wie Wir über ihn urplötzlich herfallen und ihn jagen, den Weg der Sterblichen zu gehen. Diese Bürde müssen tragen Herr und Knecht, Mann und Weib, reich und arm, gut und böse, jung und alt. O schmerzlich sichere Aussicht, wie wenig achten die Toren darauf! Wenn es zu spät ist, wollen sie alle fromm werden. Das ist alles Eitelkeit über Eitelkeit und eine Beschwerung der Seele.

Darum laß dein Klagen sein und tritt in welchen Stand du willst, du findest überall darin Gebrechen und eitles Wesen. Aber kehre dich vom Bösen und tue das Gute; suche den Frieden und übe ihn immer; über alle irdischen Dinge aber stelle ein reines, lauteres Gewissen. Und auf daß Wir dir recht geraten haben, darum kommen Wir mit dir vor Gott, den Ewigen, den Großen und den Starken."

Das Urteil Gottes:

„Der Frühling, der Sommer, der Herbst und der Winter, die vier Erquicker und Helfer des Jahres, wurden uneins in großem Streite. Jeder von ihnen rühmte sich seines guten Willens in Regen, Wind, Donner, Hagel, Schnee und in jeder Art Witterung, und es wollte jeglicher in seiner Wirksamkeit der Beste sein.

Der Frühling sprach, er erquicke und mache üppig alle Frucht; der Sommer sprach, er mache reif und zeitig alle

Frucht; der Herbst sprach, er bringe und schaffe den beiden anderen in Stadel, in Keller und in die Häuser alle Frucht; der Winter sprach, er verzehre und verbrauche alle Frucht und vertreibe alles giftige Gewürm. Sie rühmten sich und stritten eifrig, sie hatten aber vergessen, daß sie sich unabhängiger Herrschaft rühmten.

Genau so tut ihr beide: Der Kläger beklagt seinen Verlust, als ob es sein rechtes Erbe wäre; er denkt nicht, daß es von Uns verliehen worden. Der Tod wieder rühmt sich berechtigter Herrschgewalt, die er doch nur von Uns zu Lehen empfangen hat. Jener beklagt, was nicht sein ist; dieser berühmt sich einer Gewalt, die er nicht aus sich selber hat. Jedoch der Krieg ist nicht ganz ohne Sinn, ihr habt beide wohl gefochten: jenen zwingt sein Leid zur Klage, diesen der Angriff des Klägers, die Wahrheit zu sagen. Darum, Kläger, habe Ehre, du Tod aber, habe den Sieg! Jeder Mensch ist dem Tode sein Leben, den Leib der Erde, die Seele Uns zu geben verpflichtet!"

O Mensch, vernimm der Armen Plag!

Auf dem Titelblatt von Johann Krügingers „Historia vom reichen Man vnd armen Lazaro" (1554) steht folgende Mahnung:

Wer seine Ohren verstopfft vor dem
Schreien des Armen, der wird auch ruffen
und nit erhöret werden.

O Mensch, vernimm
Der Armen Plag!
Erhör jhr Stim,
Betracht jr Klag!

So wird auch Gott
Dich lassen nicht
Inn deiner Not,
wenn dir gebricht.

Denn wer nit hört die Stim der Armen,
Sich jhre Not nit lest erbarmen,
den wird Gott auch erhören nicht,
wenn jm in Nöten was gebricht
vnd so er kompt vor Gots Gericht.

Franz Anton Graf von Sporck

Von Guido Glück

Einer der großzügigsten und glanzvollsten Förderer von Kunst und Wissenschaft in Böhmen war Franz Anton Graf von Sporck, der als Sohn des berühmten Reitergenerals Johann Grafen von Sporck am 8. Mai 1662 aus reichsdeutschem Geschlecht in Hermanmestec geboren wurde.

Er wurde bei den Jesuiten in Kuttenberg erzogen, besuchte bereits als Dreizehnjähriger die Prager Universität, an der er Rechtswissenschaft und die schönen Künste studierte, und machte seine Kavaliersreise nach Deutschland und Frankreich. In Paris begeisterte ihn das neuerfundene Waldhorn dermaßen, daß er kurzentschlossen zwei musikalische Leute seines reichen Gefolges in ihm unterrichten ließ und es auf diese Art als erster in Böhmen einführte. Im Jahre 1690 wurde der vielseitig begabte Mann kaiserlicher Kammerherr, 1691 Statthalter von Böhmen und 1692 Wirklicher Geheimer Rat.

Sein riesiges Vermögen verwendete er in großzügigster Weise zur Förderung der Künste und Wissenschaften. Er berief zahlreiche Künstler nach Böhmen, wie den Kupferstecher Michael Renz, den Bildhauer Matthias Braun von Praun, den Maler Peter Brandl, von denen er seine zahlreichen Schlösser, Paläste, Kirchen und Gärten in verschwenderischester Weise ausschmücken ließ, gründete in Lissa seine berühmt gewordene Buchdruckerei, die vor allem seine und seiner Töchter Erbauungsschriften zur unentgeltlichen Verteilung unter die Bevölkerung, aber auch tschechische Bücher herstellte, schuf im Jahre 1693 das prachtvolle Kukusbad bei Gradlitz, erbaute hier ein prunkvolles Theater, in dem er mit größtem Aufwand herrlich ausgestattete Opern zur Aufführung brachte.

In großzügiger Weise betätigte er sich auch auf dem Gebiet der Armenpflege: während der großen Hungersnot im Jahre 1695 ließ er 900 Strich Korn zu 8 fl., auf einer einzigen Reise nach Karlsbad 3000 fl. unter die Armen verteilen, gründete im Jahre 1711 ein großes Hospital in Kukus mit einem Aufwand von 300.000 fl., widmete dem Invalidenhaus in Prag 60.000 fl. und stiftete mehrere Klöster, wie das der Barfüßer-Augustiner in Lissa und das der Cölestinerinnen in Gradlitz. So kam es, daß er trotz seines ungeheuren Reichtums einmal in geldliche Verlegenheit geriet und dreizehn Wochen zu Prag in der Daliborka in - Schuldhaft saß.

Als großer Jagdliebhaber gründete er den berühmten Jagdorden des heiligen Hubertus, in den Kaiser Karl VI., seine Gemahlin, die Könige von Preußen und Polen, die Kurfürsten von Mainz, Köln und Trier und zahlreiche Reichsfürsten als Mitglieder eintraten. Als Nimrod hatte Graf von Sporck ein Erlebnis, das das farbige Bild dieses freimütigen Barockedelmannes aufs bezeichnendste ergänzt: Aus dem benachbarten kaiserlichen Gut Brandeis war ein weißer Hirsch in die Wälder von Lissa gewechselt. Graf Sporck verfolgte ihn bis auf das kaiserliche Gebiet und erlegte ihn, wofür er mit einer hohen Geldstrafe belegt wurde. Bei einem der nächsten Hoffeste erschien er in seiner Geheimratsuniform, doch mit hirschlederner Hose; er erklärte: „Jeder trägt heute das Kostbarste, was er besitzt, und diese Hose ist mein Kostbarstes. Ich habe es mit 500 Dukaten an den kaiserlichen Säckel bezahlt!"

Barockes Theaterleben in Prag

Aus Lust an den Komödien und aus Ehrgeiz, Mittelpunkt der adeligen Gesellschaft Prags zu sein, baute Franz Anton Graf von Sporck im Garten seines Palais in der Neustadt, unweit Sankt Joseph, ein Haustheater, das am 4. Oktober 1701 eröffnet wurde. Die besten deutschen Wandertruppen bewarben sich darum, auf dieser Prager Privatbühne, die später zum ersten Opernhaus des Landes erweitert wurde, auftreten zu dürfen. Gleich einem gekrönten Staatshaupt warb Sporck in Venedig ein Opernensemble, für dessen Ausstattungsbedürfnis er Maler, Baumeister und Ingenieure beschäftigte. Außer dem Sold für eine ganze Spielzeit bewilligte der Graf den Komödianten, als Zubuße für die Wohnungsmiete in Neustädter Bürgerhäusern und ihre Kleidung ein „wenig Geld vor die Hineinlassung" einzuheben. Die Musik besorgte die aus seinen Bedienten gebildete Hauskapelle.

Vom Schauspiel verlangte der Graf, daß „dem Pöbel durch Fürstellung entweder einer belohnten Tugend oder eines gestraften Lasters eine sittliche Lehre gegeben wird". Wie eindrucksvoll diese Lehren verabreicht wurden, kündet ein Theaterzettel vom 4. Juli 1713:

Mit gnädiger Bewilligung der hohen Obrigkeit wird unsere Compagnie, die nunmehro in 24 Persohnen bestehen wird, eine vortreffliche Hauptaction aufführen, von uns betitult: Das Leben und der Tod des großen Welt=schröckenden Attilae. N. B. ist hierbey zu sehen: 1. Der Triumph=Wagen so von 6 Könige gezogen wird. 2. Der große Comet so im Feuer praesentirt. 3. Wie das Bett von einem Geist in einen Sarg verändert wird. 4. Wie guldene Cron sich in einen Toden=Kopff verstelt. 5. Die Entleibung des Attilae. - Nach dieser Haupt=Action ein lustige Nach=Comoedi genandt: Arlequin kunstlicher Zauber=Stock.

Auch Jongleur= und Wurstelvorstellungen erfreuten die Besucher des gräflichen Opernhauses, in dem für den höheren Adel zwei Logenreihen eingerichtet wurden. Besondere Beachtung fand auch ein Marionettentheater „mit Figuren anderthalb Ellen hoch, die mit den schönsten Opera=Maschinen und allerhand poetischen Göttern praesentiret wurden."

Graf Sporck stand mit den meisten großen Gelehrten seiner Zeit in regem Briefwechsel und stellte seine drei großen Büchereien zu Prag, Lissa und Kukus allen Liebhabern der Wissenschaften zu freier Verfügung.

Sporck gehörte auch der aufblühende Kurort Kukus, in dem er für die Sommermonate ein „Comedien Hauss" errichtete, dessen Besuch wie der des Bades selbst jedermann offen stand. Die erste Kukuser Opernsaison eröffnete eine Vene=

zianer Truppe, die aus 23 Personen, darunter sieben Sängern und sechs Sängerinnen, bestand.

In dem Prager Opernhaus des Grafen wurde während des Faschings dreimal wöchentlich gespielt, dreimal fanden Maskenbälle statt. Die Oper begann um halb sieben und dauerte bis elf Uhr, so lange, „daß etwelche, so die vorhergehende Nacht bis gegen anbrechenden Tag sich in denen Redoutten mit Tantzen erlustiget, oder besser gesagt abgemattet haben, des Schlaffens sich kaum enthalten können".

Zweimal ließ Graf Sporck sein Prager Theater „von Grund auf neu und nach der wälschen Manier mit dreifachen Loggien umbauen und zieren". Bürger der Prager Neustadt erhoben bei der Statthalterei Einspruch wegen angeblicher Feuergefährlichkeit. Daher ließ der Graf außer dem Haupteingang noch zwei Nottüren anbringen, acht Wasserbottiche und vier Spritzen aufstellen, die von einer eigenen Theaterfeuerwehr bedient wurden.

Mit dem Tode Sporcks versank die von ihm nach Böhmen verpflanzte Flitterwelt. Prag sank zu einer Provinzstadt der Kultur hinab. Nur so ist es zu verstehen, daß Graf Anton Nostiz-Rhineck, der Gründer des Prager Landestheaters ein Menschenalter später, im Jahre 1780, einen Aufruf erließ, in dem es heißt:

„Sollten wir in Böhmen allein eine Ausnahme machen und weniger deutsches Blut in unseren Adern fühlen? Diesen Vorwurf zu vermeiden, wird das Nationalspektakel in unserer Muttersprache mein Hauptaugenmerk sein."

Die Freundschaft schließt erst völlig den Ring des Glückes und gibt uns, wie edel und gut auch der Freund sei, doch die Versicherung eigenen Wertes; der Unwürdige hat nur Spießgesellen, nicht Freunde.

Adalbert Stifter

Begegnung in Teplitz

Von Wilhelm Schäfer

Als Goethe wieder einmal in Karlsbad war, rief ihn sein Herzog nach Teplitz hinüber, weil die Kaiserin Maria Ludovica nach ihm verlangte. In Teplitz aber weilte Beethoven zur Kur, der sich eine Begegnung mit dem Dichter seit langem sehnsüchtig erhoffte. Denn Goethe war für Beethoven mehr als sonst ein Mensch auf der Erde; wie den Wind der Nacht, wie Mond auf den Wellen, wie einen Gebirgsbach, wie den Morgenstern und die Abendröte liebte er die Zauberhand seiner Sprache um der Musik willen, die sie weckte.

Darum, als der Dichter in seine Stube trat, vergaß Beethoven den Groll, daß ihm der Geheime Rat seine Musik zum Egmont kaum mehr als förmlich verdankt hatte, auch legte er die Widerborstigkeit ab, mit der er sich sonst gegen Besucher wehrte; kein Knabe hätte sein Glück unverstellter zeigen können, als es das große Kind Beethoven tat, da ihm der stolze Wunsch dieser Begegnung durch die Zuvorkommenheit Goethes erfüllt wurde.

Er stand erst im Anfang seiner mißgünstigen Taubheit; er konnte noch hören und der drohenden Stille mit dem Ruf seiner Hände begegnen: den Dichter aus der gemessenen Haltung des Geheimen Rates zu wecken und also sein Glück zu vollenden, spielte Beethoven vor Goethe. Er spielte nicht, was auf einem Notenpapier stand; wie hätte er dem Dichter Dinge wiederholen können, die schon gesagt waren? Er grüßte ihn, daß die Schöpfung noch einmal in ihrer beiden Tagewerk war, da der Menschengeist sich aus den dunklen Gründen des Leides über die strahlenden Gipfel der Freude erhob, selig im Trotz und Aufbegehren dem Schicksal gewachsen zu sein.

Wie eine Braut dem Geliebten zu leuchten beginnt, so spielte Beethoven vor Goethe.

Der Dichter jedoch, der zeitlebens am Rand der Abgründe gegangen war, die Nachtviolen und Himmelsschlüssel seiner Begabung zu pflücken, erschrak vor den Tönen, als ob eine

Mure über die Bergwiese käme, ihr Blumenwerk zu verschütten.

Sie haben köstlich gespielt! sagte er, einen Deich gegen den Sturz der Gefühle zu bauen, und schämte sich nicht seiner Abwehr, daß er bis zu Tränen erschüttert war.

Beethoven aber hatte nicht am Sitz der Götter gerüttelt, daß einer seiner Hände Werk lobte; und daß Goethe gerührt war, verzieh er ihm nicht. Von welchem Bettelpack soll ich mich denn verstehen lassen, wenn Ihr mir romantisch kommt wie die Berliner! grollte er und hätte den Geheimen Rat am liebsten in seine Fäuste genommen, den Dichter zu wecken.

*

Am andern Tag gingen die beiden spazieren, und Beethoven strahlte. Weil die Kaiserin mit ihrem Hof in Teplitz weilte, hatten sich viele Fremde angesammelt, von denen manche wußten oder erfuhren, wer die Männer waren. Namentlich die Wiener kannten den im Zylinderhut, wie er mit eingezogenen Ellbogen durch die Straßen ging, als ob er sich gegen einen Sturm durchkämpfen müsse; sie freuten sich, der wohlbekannten Gestalt hier in Teplitz wieder zu begegnen, und grüßten ihn als ein berühmtes Stück Wien.

Ihre Grüße hätten Beethoven auch sonst wenig ausgemacht, weil seine Seele meist auf einer andren Suche als der seiner Sinne war; nun der verehrte Dichter neben ihm ging, gab es nichts in der Welt, das ihm außerdem der Beachtung wert gewesen wäre. Gegen die Neugier, die ihn begaffte, war er sowieso grimmig gefeit. Dafür mußte er bald wahrnehmen, daß Goethe empfänglicher war. Nach seiner Gewohnheit in Weimar erwiderte er jeden Gruß bedachtsam, und soweit es Ehrenbezeugungen waren, verdankte er sie mit Bedeutung.

Wenn wir nur erst in der Landschaft wären! seufzte er, der seinen Hut zuletzt nicht mehr aus der Hand ließ, sich barhäuptig zu verneigen. Weil aber die Luft in der Nacht blank geregnet war und die Wolken knallweiß am blauen Himmel schwammen, hatte der Julitag die Fremden scharweis hinausgelockt, so daß die Begrüßungen auch draußen nicht aufhörten und Goethe gern die Gelegenheit einer Aussichtsbank wahrnahm, zumal sein Begleiter ihm unrastig vorausgestürmt war.

So sehen die Leute mein Gesicht nicht! schelmte er, mit dem Rücken zur Straße sitzend, und fügte selbstgefällig hinzu, daß die Berühmtheit mehr eine Last denn eine Lust sei. In Rom war ich inkognito glücklich! sagte er.

Da kam in Beethoven, der seinen Zylinderhut unberührt durch die Begrüßung hindurch getragen und sich an der geheimrätlichen Wichtigkeit seines Dichters geärgert hatte, der rheinische Schalk an den Tag: Regen sich Euere Exzellenz nur nicht auf! Es könnte auch mir gelten! sagte er fröhlich. Und das große Kind Beethoven konnte nicht aufhören, über den Spaß zu lachen, als er sich dreist neben den Geheimen Rat auf die Bank setzte.

*

Nach einer Weile, als Goethe ausgeruht war und den Groll verwunden hatte, ließ er es lächelnd geschehen, daß Beethoven seinen Arm nahm. Sie schritten gemächlich gegen den Berg und es schien sich ein Gespräch geben zu wollen, als schon wieder Spaziergänger kamen. Wie über den Rand der Welt tauchte eine muntere Schar aus der Mulde des Weges auf, und Goethe erkannte sogleich, daß es der Hof war.

Es ist die Kaiserin selber! warnte er, gegen das Ohr seines Begleiters geneigt, und wollte sich sacht von ihm lösen. Aber Beethoven hielt ihn ingrimmig fest: Bleibt nur in meinem Arm hängen! Sie müssen uns Platz machen, wir ihnen nicht! trotzte er und war bereit, Arm in Arm mit dem Dichter das Jahrhundert in die Schranken zu fordern. Wo der Genius der Menschheit geschritten kam, hatten weder die Kaiserin Maria Ludovica noch die Herzöge und Kammerherren ihres Gefolges ein Vorrecht.

Auch wenn Goethe nicht der Minister seines Herzogs gewesen wäre, hätte er keinen Raum für solchen Hochmut gehabt. Er trat artig zur Seite, den Hut in der Hand, die Kaiserin zu erwarten, und wollte Beethoven nötigen, desgleichen zu tun. Aber so wenig sich Goethe zu einem unpassenden titanischen Tun hinreißen lassen konnte, so unmöglich war es für Beethoven, sich seiner höfischen Sitte zu fügen. Er durfte nicht neben ihm dastehen und seinen Zylinderhut lüften. Wegzustürmen riß er sich los, und da er nicht wie ein Knabe davonlaufen konnte, geriet er gegen die Kaiserin.

Er stürmte gegen sie an, wie die Wiener ihn kannten, mit eingezogenen Ellbogen, als ob er sich gegen einen Sturm durchkämpfen müsse. Nur vor der Kaiserin lüpfte er seinen Zylinderhut, an den andern, die ihm lächelnd Platz machten, fegte er finster vorüber, bis er, gleichsam ins Leere durchgestoßen, sich selber hinter dem Rand der Welt in der Mulde des Weges fand, erbittert auf Goethe zu warten.

Er dachte in seinem Verdruß, ihn hart zu empfangen, daß er denen vom Hof zu viel Ehre angetan habe; aber wie sich die hohe Gestalt gemessen über den Rand der Welt gegen ihn hob, mußte er denken, daß sie den alten Herrn nicht umsonst den Olympier nannten.

Sage ich nun, kam Goethe heiter heran: Ich habe Euch warten lassen? Oder Ihr seid mir davongerannt?

Und als Beethoven vor dem warmen Blick seiner Augen ungewiß wurde, seufzte er wieder wie vordem über seine Berühmtheit: Es ist ein schweres Geschäft mit der Grammatik, weil jeder die eigene hat: Ihr seid mir davon gerannt, und ich habe Euch warten lassen!

Aber es war Schelmerei, daß seine Miene sich verdüstert hatte; denn sie hellte sich gleich wieder auf: Deshalb, denke ich, wollen die Frommen so gern in den Himmel kommen, weil es vor Gott keinen Unterschied der Grammatik mehr gibt!

Da könnten wir ja einander keine Fehler mehr anstreichen! mußte Beethoven aus seiner Verdrießlichkeit lachen, weil er endlich verstand, wohin der Dichter mit seiner Schelmerei zielte.

Eben dies, sagte Goethe im völligen Ernst und nahm das große Kind Beethoven brüderlich bei der Hand: Eben dies, daß wir einander die Fehler anstreichen, ist die Unterhaltung der Hölle!

Eichendorff in Österreichisch-Schlesien

Von Hedwig Teichmann

„Der Morgen, der ist meine Freude,
Da steig ich in stiller Stund
Auf den höchsten Berg in die Weite,
Grüß dich, Deutschland, aus Herzensgrund."

Wenn man auf der Höhe des Johannesberger Schloßberges steht, ist man davon überzeugt, daß Eichendorff gerade hier oben das Wanderlied „Heimweh" gedichtet habe; denn die preußische Ebene, von den silbernen Feuern ihrer Ströme durchzogen, vom Samt der grünen Wälder durchsetzt, tut sich da weit, weit vor den Blicken auf.

In Johannesberg bei Jauernig weilte der Dichter einige Male als Gast des Fürstbischofs von Breslau, Heinrich Förster. Von hier aus liefen manche Briefe in alle Welt, an seine drei Kinder und an seine Freunde. In immer neuem Entzücken schrieb er:

„Ich bewohne hier auf Schloß Johannesberg wie ein verwunschener Prinz in derselben Etage, wo auch der Fürstbischof wohnt, zwei Prachtgemächer mit allem vornehmen Comfort. Wir unternehmen Ausfahrten und Spaziergänge in die herrliche Gegend und wanderten schon einige Male durch den Krebsgrund zur Ruine Reichenstein. Abends sind wir in einem der Säle versammelt, wo tapfer geraucht und debattiert wird."

An einer anderen Stelle heißt es: „Wir sind nach Landeck gefahren. Am andern Tag fuhr der Bischof mit seinen Gästen nach Schloß Wildschütz, dessen ‚dasigen' Park ich aber schon kenne. Ich sitze hier gewöhnlich in dem runden Lusthaus im kleinen Garten unmittelbar unter der Schloßterrasse. Der Platz hat daher vom Fürstbischof feierlich den Namen ‚Eichendorff-Ruhe' erhalten."

In seinen Briefen an den älteren Sohn Rudolf, der das heruntergekommene ererbte Gut Sedlnitz übernommen hatte, heißt es einmal: „Ihr projektiertet ja, mich von hier zur Taufe abzuholen!" Die besonders im letzten Jahr seines Lebens, beim letzten Besuch in Johannesberg, abgefaßten Briefe verraten Eichendorffs quälende Sehnsucht nach seiner Familie, nach Sedlnitz, wo es ein Ausruhen ohne Zwang gab, wo Stille um ihn gebreitet war, die nur hie und da vom Jubel der Enkelkinder unterbrochen wurde.

Was bedeutete einem früher der Name Sedlnitz? Wir wußten, daß Eichendorff dort weder geboren wurde, noch gestorben ist, daß er aber dort ein kleines Gut besaß. Man muß selbst in Sedlnitz gewesen sein und das halbverfallene Schlößchen gesehen haben, das natürlich keinen Vergleich mit dem alten stolzen Fürstensitze aushält. Wie verwunschen und verzaubert liegt das Schlößchen hinter dem von alten Kastanien grün überdachten Hof. Der linke Flügel und das Mittelstück sind noch gut erhalten, aber der rechte Trakt mußte abgetragen werden. Die Giebelseite zeigt die Fenster der Eckstube, den liebsten Arbeitsplatz Eichendorffs. Ein alter Park voll verblaßter, wehmütiger Erinnerungen. Die warme Spätsommersonne durchglühte den wilden Wein, der blutrot Haus und Terrasse überschüttete. In die Rotbuchenhecke, die die Mitte des Parkes durchzog, war ein Tor geschnitten, durch das man auf stille, von uralten Baumriesen umhegte Wiesen sehen konnte. Ein Weg führte durch Felder hügelan, und hügelabwärts, jenseits der Straße stand die Josefseiche, unter deren Blätterdach der greise Dichter gern sein Frühstück einnahm. Nun war diese Eiche ein mächtiger Baum, an dessen Stamm eine Gedenktafel hing. Von hier aus schickte Eichendorff so manchen Brief in die Welt. Am 17. Mai 1853 schrieb er an seinen Freund Igor v. Sivers folgendes:

„Lehn-Sedlnitz bei Freiberg in Mähren (wo wir bis Mitte September zu hausen gedenken). Die Beschreibung Ihrer ländlichen Einsamkeit hat mich wunderbar an meine eigene Jugendzeit erinnert, da ich ebenso, mitten aus dem Tumult der Welt herausgerissen, manches Jahr auf meinem Heimatschloß (Lubowitz) verlebte. Diese herbstlichen Abschiedslaute der Wandervögel, das Fallen der Blätter, als wollten sie unser Leben begraben, all das Bangen, Sehnen in die Ferne hinaus, und doch wieder heimisches Behagen in den wohlgeheizten Stuben, wenn es draußen stürmt und schneit - dies alles gehört wesentlich dazu, ein rechtes Dichterherz zu vertiefen, und wird auch eigentlich nur von einem rechten Dichterherzen verstanden. Überhaupt kann ein Dichter wohl von Glück sagen, wenn er eine ländliche Heimat hat, ich kann mir nicht einmal recht denken, wie einem reinen Stadtvogel zumute ist."

Mitte des Herbstmonds im Jahre 1857 schied er voll Unruhe und Wehmut von Johannesberg, wo man ihn wochenlang als geliebten und geehrten Gast festgehalten hatte. Trotz seiner Sehnsucht nach Sedlnitz begab er sich nach Neiße, seinem eigentlichen Wohnsitz. Dort starb Eichendorff zwei Monate nach seinem letzten Abschied von Johannesberg.

Bekenntnis zu Adalbert Stifter

Von Bruno Brehm

Stifter nennt man die kleinen Menschen, die vorne auf den großen Heiligenbildern knien, irdische Männer, mächtige Äbte und hohe Herren, fromme Frauen und ernste Kinder mit gefalteten Händen, um das Heil ihrer Seele Bittende, die zu Ehren Gottes das Bild malen ließen. Und Stifter heißt der bescheidene, immer gewaltiger aus den Nebeln einer untergegangenen Zeit emporragende Mann, dessen große Bilder, dessen fromme, ja heilige Gestalten immer mehr das Bedingte und Irdische verlassen, dessen Sätze wohl noch in unserer Sprache geschrieben sind, dessen Gedanken aber schon in jenes Reich eingehen, aus dem uns Ehrfürchtige die erhabene Ruhe des Zeitlosen, des nicht mehr Erdgebundenen, anhaucht. Seine dunklen Wälder stehen wohl noch auf dieser Erde, aber ihr Rauschen orgelt schon durch den Himmel, und es wird weiterrauschen, wenn auch die irdischen Wälder durch die Axt gelichtet, gefällt und vermodert sein werden. Und alle, die diesem Mann aus Engstirnigkeit und Bosheit wehgetan haben, werden versinken, verblassen, werden leere Schemen werden, und mögen sie tausendmal Hebbel heißen und demjenigen die Krone von Polen versprochen haben, der den „Nachsommer" zu Ende lesen kann.

Einmal werden sie alle es fühlen, daß „diesem wackeren, doch etwas philisterhaften Mann nicht alle, doch die dem Dichter nötige Eigenschaft gemangelt hat", sondern auch die Ahnungslosen werden ahnen, daß dieser Idylliker neben Kleist und Grillparzer ein leidenschaftlicher Dichter gewesen ist, der nur mit Mühe sein zuckendes Herz niedergehalten und seine Lippen dem Aufschrei verschlossen hat. „Meine Bücher sind nicht Dichtungen (als solche mögen sie von sehr vorübergehendem Wert sein), sondern als sittliche Offenbarungen, als mit strengem Ernst bewahrte menschliche Würde haben sie einen Wert, der bei unserer elenden frivolen Literatur länger bleiben wird als der poetische."

So wollte dieser einzige Mann sein Werk gesehen wissen. Ach, und es gibt noch immer Tröpfe genug, die hinter der Weitschweifigkeit, wie sie Stifters Form zu nennen belieben, nicht den bangen Herzschlag eines Menschen fühlen, der die Minuten seines Tages zählte, der seine Zeit nach Sekunden einteilte, um sich vor dem Drohenden zu retten, das übergroß vor ihm aufstand. Gegen das heraufziehende Unheil des Unterganges seines Staates und der wahren Werte seiner Zeit türmte er die Quadersätze seines „Witiko", dieses Unheil zu bannen, ließ er seine Gestalten in verhüllten Gesprächen reden, sich in feierlichen Gebärden bewegen, einem Magier gleich, der Ruhe gebietet, wiewohl sein Ohr schon das Heranbrausen der vernichtenden Flut vernommen hat. Alles Leid verbirgt sich hinter solcherart überwundener Zeit, seine ernsten Gestalten haben es besiegt, wie abziehende Wolken hüllen die Kümmernisse den sternklaren Himmel ein, der sich gewaltig über der gereinigten und entsühnten Erde wölbt.

Wenn ich jemals einen Mann bis zum Schmerz geliebt habe, wenn mir jemals ein Mann alles geben konnte: Trost und Ruhe, Gelassenheit und Zuversicht, Ehrfurcht und Milde, so ist es dieser, der alles, was Heimat und Friede heißt, verwaltet; der im finstern Zimmer des Nachts geweint hat, und uns am Morgen im taghellen Lichte mit heiterem Lächeln entgegengetreten ist.

Wer nicht, nachdem er seinen Stifter gelesen und mit dem Würgen des Schmerzes in der Kehle und mit dem Schlag der Freude im Herzen das Buch sachte geschlossen und versonnen beiseite gelegt hat, den Zwang in sich fühlt, etwas Gutes zu tun, einem Gekränkten etwas abzubitten, einem Beleidiger zu verzeihen, wer nichts von all dem empfunden hat, dem ist jene sittliche Offenbarung nicht aufgegangen, welche die Sonne dieses Schaffens war, die auch uns noch leuchten soll. Wenn bei Stifter etwas zu überwinden ist, so kann das immer nur die eigene Niedrigkeit sein, die eigene Unvollkommenheit, denn jedes Wort dieses Mannes ist makellos, wenn auch uns noch nicht alle Worte erreichbar sind.

An wieviel fremden Tischen hatten wir uns gelabt, in wieviel fremden Ländern waren wir zu Gast gewesen? Mit Dostojewskij hatten wir unser Haupt fassungslos in die Hände gepreßt, von Tolstoj hatten wir uns dicht an den Rand des Abgrundes drängen lassen, mit Gogols bittrem Lachen hatten wir der dahinrasenden Troika Rußlands nachgestarrt. Mit Balzac und Stendhal hatten wir das Ende Napoleons und das Heraufkommen der neuen Zeit erlebt, deren Fragwürdigkeit uns Zola gezeigt, mit Dickens hatten wir über den englischen Bürger gelacht und den englischen Eroberer übersehen, aber damals, nach unserem furchtbaren Zusammenbruch, als wir darangehen mußten, das Wichtigste zu retten, da standen wir im Gekreisch einer kranken und schamlosen Zeit jenem treuen Manne gegenüber, der in seinen schweren Tagen sein ganzes Leben in die Bresche gestellt und auf seinem Posten ausgeharrt hatte. Seit jenen Zeiten unserer Not trägt dieses Antlitz nicht mehr die sanften Züge des Bildes von Daffinger, nicht mehr den weichen Mund und das genießerische Kinn, seither hat dieses Gesicht den herrischen Ausdruck beethovengleicher Majestät angenommen, wie sie die düsteren späten Lichtbilder verkünden. Fremd wie ein Findling aus grauer Vorzeit stand dieser Mann unter den Schreibern des „jungen Deutschland", klagte nicht, hob nicht die Faust gegen den Himmel, predigte nicht neben seinem Werk daher, sondern trat, wie ein alter Steinmetz, hinter sein Werk ins Dunkel und ließ seine Worte allein, die groß und feierlich, jenseits des Deutbaren sind, wie es nur noch die Tonkunst unseres Volkes ist.

Dieser Mann, um den ein Wall von häßlichen Mißverständnissen aufgerichtet war, dessen „Nachsommer" ein anderer Einsamer, Nietzsche, zu würdigen gewußt, schwieg und arbeitete so lange, bis er krank und hoffnungslos die ruhige Hand, deren Zittern keine Zeile seines Werkes verrät, gegen sich selbst erhob.

Im Jahre 1855 schrieb er an einen Freund: „Mein Amt als Schulrat, als Conservator für Oberösterreich, als Vize-Vorstand des Kunstvereines, als Referent des Museums, dann meine Liebhaberei als Dichter, Maler, Restaurateur alter Bilder und Geräte, nebst Gerümpel, wozu mich noch im vorigen Sommer die Kaktusnarrheit überfallen hat, reiben wahrhaftig eine Riesennatur auf, um so viel mehr die meinige . . . und das Heiligste, Teuerste, noch teurer als je, weil es mein einziger Halt in meiner dürren Umgebung geblieben ist, ist mir die Schriftstellerei. Alle, die meinen, ich sei ihr abtrünnig geworden, sind im Irrtum, sie ist das Kleinod meines Lebens, an welchem Kleinod ich immer schleife (leider bringe ich keine Diamanten heraus) und bis zum Todbett fortschleifen werde . . . Fleißig bin ich sehr, es ist mein täglicher Trost, in diesem Hottentotien zu der teuren Muse zu flüchten . . . Hobelspäne, Sohlenleder, Korkstöpsel, Glasscherben, Besenstiele, Schuhnägel, Peitschenschnüre und Pelzhaare sind haufenweise in meinem Kopf, und oft ist es mir, wie ich einmal einem Verleger schrieb, als sollte durch diesen Wust ein Strahl fallen und einen Saal beleuchten, in dem stille Götter stehen, aber da geht wieder einer bei der Tür herein, trägt Körbe von jenem Wust und füllt ihn mir in mein armes graues Haupt."

So sieht das Leben dieses „spießerhaften Idyllikers" wirklich aus! Stifter und Grillparzer stehen in einem auf den Tod verwundeten Staate als die Wächter der Ehre vor ihrem Volke, sie tragen das Leid und das Unglück, sie fühlen sich verantwortlich, sie treten für das Sittliche ein, und alle Worte, die jene Zeit nicht gehört hat, dringen nun mahnend und beschwörend an unser Ohr.

Uns geht es, je älter wir werden und mit je größerer Scheu und Achtung wir uns Stifter nähern, genau so, wie es ihm ergangen ist, der die Schilderung der Sonnenfinsternis am 8. Juni 1842 mit diesen Worten eingeleitet hat: „Es gibt Dinge, die man fünfzig Jahre weiß, und im einundfünfzigsten staunt man über die Schwere und Furchtbarkeit ihres Inhalts."

Und so mag es auch uns allen mit dem großen Dichter ergehen, den wir als Kind gelesen und dann so lange liegen gelassen hatten. Aber versuch es doch einer, und lese Kindern wieder einmal den „Bergkristall" vor. Er wird genau so erschüttert werden wie die kleinen Zuhörer, die mit offenem Munde und aufgerissenen Augen warten, wenn der große Fluß der Erzählung durch die kleinen Stimmen der Kinder unterbrochen wird:

„Sanna, der Tag bricht an", sagte der Knabe.

„Ja, Konrad", antwortete das Mädchen.

Und wen wird beim Weiterlesen nicht das Sittliche ergreifen, wem wird es nicht die Brust weiten, damit in ihr Raum werde für das Bessere, das wir vergessen haben?

„Wenn die Kunst Trägerin des Höchsten ist, was den Menschen bewegt, und wenn sie das, was die Religion an sich bietet, im Kleide des Reizes bringt, so ist die Dichtung der Gipfel der Kunst."

So dachte dieser Mann von der Kunst. Und so sehen wir ihn heute, den Entrückten, den stets Wachsenden und den Stifter jener großen, stillen Bilder, die von Jahrzehnt zu Jahrzehnt leuchtender und schöner werden.

Wenn man das Dasein als eine Aufgabe betrachtet, dann vermag man es immer zu ertragen.

Marie von Ebner-Eschenbach

Über die Freundschaft

Von Adalbert Stifter

Ein wirklicher und aufrichtiger Freund ist nächst der treuen Gattin das größte Gut des Herzens, das ein Mann auf dieser Erde haben kann. In den Eltern haben wir von Gott gegebene Freunde: aber so treu und unverfälscht dieselben sind, so sind sie uns nicht ebenbürtig, sondern stehen über uns als Gegenstände der Verehrung, daher unsere Liebe zu ihnen doch nicht wagt, mit all den kleinen Torheiten und Lappalien zu kommen, womit wir den ebenbürtigen Freund behelligen und in dieser Behelligung unser Glück mit ihm finden. Der Bruder ist der angeborene Freund; aber die Blutsverbindung hat eine Art Anrecht auf Liebe, sie erscheint daher wie Schuldigkeit und gewährt nicht die unverhoffte Freude wie freiwillig von Fremden an uns geschenkte Liebe. Wie rein, groß, uneigennützig Geschwisterliebe auch ist, sie füllt das Dasein noch nicht aus und wird von edlen Geschwistern auch oft ohne unser Verdienst zuteil.

*

Wenn man die Hinfälligkeit des Lebens und den so wankenden Wert äußerer Güter kennen lernt, was am sichersten durch Heimsuchungen des Himmels geschieht, so steigt der Wert der zwei wahren und einzigen Güter, die der Mensch hienieden hat, erst recht vor ihm empor und lohnt ihn endlich für alles und versüßt ihm die Bitterkeit, in der er wandelt. Diese zwei Güter sind das bißchen Edle, dessen er sich an sich bewußt wird, das ehrliche Bestreben, sein Pfund zu verwerten, das er sich zuerkennen muß, und dann die Achtung und Liebe trefflicher und hervorragender Menschen.

*

Wie hat Gott den Menschen beglückt, daß er ihm gab, Liebe empfinden und Liebe schenken zu können! Aber was sage ich: dem Menschen? Die ganze Welt ist auf Liebe aufgebaut, ein Meer von Liebe ist alles.

Eine denkwürdige Begegnung

Bei Karl Ludwig von Littrow, dem Leiter der Wiener Sternwarte, war einer der Treffpunkte des geistigen Lebens der Kaiserstadt. Dort verkehrte in den sechziger Jahren auch Friedrich Hebbel, der unter dem 4. Januar 1863 in sein Tagebuch folgendes eintrug:

„War gestern abend in Gesellschaft, bei Littrow. Amüsierte mich gut, besonders mit einer Gräfin, die recht gut sprach und mir interessante Dinge erzählte, z. B. daß die Erzherzöge in einem Hof-Konzert, in welchem der Violinist Joachim spielte, einen Lärm gemacht hätten wie die Stallknechte. Sie ist an einen Baron Ebner verheiratet und leider, wie ich später erfuhr, eine heimliche Schriftstellerin."

Diese heimliche Schriftstellerin war die damals noch junge Marie von Ebner-Eschenbach, die, eine geborene Gräfin Dubsky aus Mähren, in Wien an einen Vetter, den Baron Ebner verheiratet war. Wenn ihr der berühmte Hebbel in köstlicher Ahnungslosigkeit verübelte, daß sie dichtete, dann war insofern etwas daran, als sich Marie von Ebner-Eschenbach damals ebenso ausschließlich wie unzulänglich auf einem literarischen Gebiet betätigte, das der Herrschaftsbereich Friedrich Hebbels war: als Dramatikerin. Indes, der Bericht Hebbels zeigt die kleine Person, die bekanntlich nichts weniger als eine Schönheit war, mit manchen ihrer wesentlichen Eigenschaften: gescheit und gewiß auch scharmant, ein anziehend frauliches Wesen, doch fast männlich in den geistigen Formen, gesellschaftskritisch vor allem der Kaste gegenüber, der sie selbst von Geburts wegen angehörte.

Erst nach vielen Jahren fruchtlosen Mühens auf dem Felde der dramatischen Dichtung, nach schweren Enttäuschungen wandte sich Marie von Ebner-Eschenbach, bereits fünfzigjährig, ihrem eigentlichen Gebiet, der Erzählung zu, um in einem jähen Aufstieg ihren Gipfel zu erreichen und in die Weltliteratur einzugehen.

Die Spitzin

Von Marie von Ebner-Eschenbach

Zigeuner waren gekommen und hatten ihr Lager beim Kirchhof außerhalb des Dorfes aufgeschlagen. Die Weiber und Kinder trieben sich bettelnd in der Umgebung herum, die Männer verrichteten allerlei Flickarbeit an Ketten und Kesseln und bekamen die Erlaubnis, so lange da zu bleiben, als sie Beschäftigung finden konnten und einen kleinen Verdienst.

Diese Frist war noch nicht um, eines Sommermorgens aber fand man die Stätte, an der die Zigeuner gehaust hatten, leer. Sie waren fortgezogen in ihren mit zerfetzten Plachen überdeckten, von jämmerlichen Mähren geschleppten Leiterwagen. Von dem Aufbruch der Leute hatte niemand etwas gehört oder gesehen; er mußte des Nachts in aller Stille stattgefunden haben.

Die Bäuerinnen zählten ihr Geflügel, die Bauern hielten Umschau in den Scheunen und den Ställen. Jeder meinte, die Landstreicher hätten sich etwas von seinem Gute angeeignet und dann die Flucht ergriffen. Bald aber zeigte sich, daß die Verdächtigen nicht nur nichts entwendet, sondern sogar etwas dagelassen hatten. Im hohen Grase neben der Kirchhofmauer lag ein splitternacktes Knäblein und schlief. Es konnte kaum zwei Jahre alt sein und hatte eine sehr weiße Haut und spärliche hellblonde Haare. Die Witwe Wagner, die es entdeckte, als sie auf ihren Rübenacker ging, sagte gleich, das sei ein Kind, das die Zigeuner, Gott weiß wann, Gott weiß wo, gestohlen und jetzt weggelegt hatten, weil es elend und erbärmlich war und ihnen niemals nützlich werden konnte.

Sie hob das Bübchen vom Boden auf, drehte und wendete es und erklärte, es müsse gewiß irgendwo ein Merkmal haben, an dem seine Eltern, die ohne Zweifel in Qual und Herzensangst nach ihm suchten, es erkennen würden, „wenn man das Merkmal in die Zeitung setze". Doch ließ sich kein besonderes Merkmal entdecken und auch später, trotz aller

Nachforschungen, Anzeigen und Kundmachungen, weder von den Zigeunern noch von der Herkunft des Kindes eine Spur finden.

Die alte Wagnerin hatte es zu sich genommen und ihre Armut mit ihm geteilt, nicht nur aus Gutmütigkeit, sondern auch in der stillen Hoffnung, daß seine Eltern einmal kommen würden in Glanz und Herrlichkeit, es abzuholen und ihr hundertfach zu ersetzen, was sie für das Kindlein getan hatte. Aber sie starb nach mehreren Jahren, ohne den erwarteten Lohn eingeheimst zu haben, und jetzt wußte niemand, wohin mit ihrer Hinterlassenschaft - dem Findling. Ein Armenhaus gab es im Dorfe nicht, und die Barmherzigkeit war dort auch nicht zu Hause. Wen um Gottes willen ging das halbverhungerte Geschöpf etwas an, von dem man nicht einmal wußte, ob es getauft war? „Einen christlichen Namen darf man ihm durchaus nicht geben", hatte der Küster von Anfang an unter allgemeiner Zustimmung erklärt; aber auf die Frage der Wagnerin: „Was denn für einen?" keine Antwort gewußt. „Geben S' ihm halt einen provisorischen", war die Entscheidung gewesen, die endlich der Herr Lehrer getroffen, und die halb taube Alte hatte nur die zwei ersten Silben verstanden und den Jungen Provi und nach seinem Fundort: Kirchhof genannt. Nach ihrem Tode waren alle darüber einig, daß dem Provi Kirchhof nichts Besseres zu wünschen sei, als eine recht baldige Erlösung von seinem jämmerlichen Dasein. Der Armselige lebte vom Abhub, kleidete sich in Fetzen, abgelegtes Zeug, ob von kleinen Jungen, ob von kleinen Mädchen, galt gleich, ging barhäuptig und barfüßig, wurde geprügelt, beschimpft, verachtet und gehaßt, und prügelte, beschimpfte, verachtete und haßte wieder. Als für ihn die Zeit kam, die Schule zu besuchen, erhielt er dort zu den zwei schönen Namen, die er schon hatte, einen dritten: „der Abschaum", und tat, was in seinen Kräften lag, um ihn zu rechtfertigen.

Da war im Orte die brave Schoberwirtin. Im vergangenen Herbst hatte Provi in einem Winkel ihrer Scheune eine Todeskrankheit mitgemacht ohne Arzt und ohne Pflege. Nur die Schoberin war täglich nachsehen gekommen, ob es nicht schon vorbei sei mit ihm und hatte ihm jeden Morgen ein Krüglein voll Milch hingestellt. Die Gewohnheit, ihm ein Frühstück zu spenden, behielt sie bei, auch nachdem er gesund geworden war. Pünktlich um fünf fand er sich ein, blieb auf der Schwelle der Wirtsstube stehen und rief: „Mei Müalch!" Er bekam das Verlangte und ging seiner Wege. Einmal aber ereignete sich etwas ganz Ungewöhnliches. Der Wirt, der sonst seinen Abendrausch regelmäßig im Bette ausschlief, hatte ihn diese Nacht auf der Bank in der Wirtsstube ausgeschlafen und erwachte im Augenblick, in dem Provi auf die Schwelle trat und rief: „Mei Müalch!"

Was sagte der Lackel? Was wollte er? Schober dehnte und reckte sich. Ein verflucht kantiges Lager hatte er gehabt. Seine Glieder schmerzten ihn, und seine Laune war schlecht. Der grobe Klotz Provi fand heute an ihm einen harten Keil. „Nicht zu verlangen, zu bitten hast, du Lump! Kannst nicht bitten?"

Der Junge riß die farblosen Augen auf, sein schmales Gesicht wurde noch länger als sonst, der große, blasse Mund verzog sich und sprach: „Na!"

Die Früchte, die ihm dieses Wort eintragen sollte, reiften sogleich. Schober sprang auf ihn zu, verabreichte ihm sein Frühstück in Gestalt einer tüchtigen Tracht Prügel und warf ihn zur Tür hinaus. Solch kleine Zwischenfälle machten aber keinen Eindruck auf den Jungen. Wie alltäglich fand er sich am nächsten Morgen wieder ein und forderte in gewohnter Weise „seine" Milch. Die Wirtin gab sie ihm, aber eine gute Lehre dazu:

„Du mußt bitten lernen, Bub, weißt? - bitten. Bist schon alt genug, bist g'wiß - ja, wenn man bei dir nur was g'wiß wüßt! - g'wiß schon vierzehn. Also merk dir, von morgen an: Wenn's kein Bitten gibt, gibt's keine Milch." Sie blieb dabei, ob es ihr auch schwer wurde. Wie schwer, sah Provi wohl, und es war ihm ein Genuß, eine Befriedigung seiner Lumpeneitelkeit. Ihm, dem Ausgestoßenen, dem Namenlosen, war Macht gegeben, der reichsten Frau im ganzen Orte Stunden zu trüben und die Laune zu verderben. Sie blickte ihm mit

Bekümmernis nach, wenn er ohne Gruß an ihrer Tür vorüberging, zur Arbeit in den Steinbruch.

Dort taglöhnerte er jetzt beim Wegemacher, der ihn in Kost genommen und ihm ein Obdach im Ziegenstall gegeben hatte. Der Wegemacher brauchte nicht, wie die anderen Leute, den Umgang mit Provi für seine Kinder zu fürchten. Die fünf Wegemacherbuben konnte der Auswürfling nichts Böses lehren, sie wußten ohnehin schon alles und waren besonders Meister in der Tierquälerei. Die Ziegen, Kaninchen, die Hühner, die ihnen untertan waren, und der Haushund, die unglückliche Spitzin, gaben Zeugnis davon.

Das ärmste von den armen Tieren der Wegemacherfamilie war aber die alte Spitzin. Sie lief nur noch auf drei Beinen und hatte nur noch ein Auge. Ein Fußtritt des Erstgeborenen unter ihren Peinigern hatte sie krumm, ein Steinwurf sie halbblind gemacht. Trotz dieser Defekte trug sie ihr impertinentes Näschen hoch und ihr Schwänzchen aufrecht, bellte jeden fremden Hund, der sich blicken ließ, wütend an, und ihre Beschimpfungen gellten ihm auf seinem Rückzuge nach.

Zur Zeit, in der Provi beim Wegemacher Steine klopfte und Sand siebte, bekam die Spitzin noch im Greisenalter abermals Junge, ihrer vier, von denen drei gleich ins Wasser mußten. Sie konnte kaum eines mehr ernähren, sie war zu alt und zu schwach, und es sah ganz danach aus, als ob sie nicht mehr lange leben sollte. Das Geschäft des Ersäufens übertrug der Vater an jenem Tage seinem Ältesten.

Anton griff zu, und im nächsten Augenblicke sprang er auch schon mit drei Hündchen in den Armen aus dem Verschlag, in großen, fröhlichen Sätzen über die Straße, die Uferböschung zum See hinab. Provi folgte ihm eiligst nach; den Hauptspaß mit anzusehen, wie die Hündchen ertränkt wurden, konnte er sich nicht entgehen lassen.

Es war merkwürdig, daß von nun an die Nachbarschaft der Spitzin dem Provi völlig widerwärtig zu werden begann. Nur schlecht gefügte Bretter trennten seine Schlafstätte von der ihren, und jede Nacht störte sie ihn mit ihrem Gewinsel.

Im Kopfe der Alten war ein „Radel laufet" worden, sonst hätte sie doch nach einiger Zeit begriffen: Die Jungen sind fort und nie, nie mehr zu finden, und man muß endlich aufhören, nach ihnen zu suchen. Dieses Mal hörte sie nicht auf. Sie mußte von einem Tag zum anderen immer wieder vergessen, daß sie gestern alle Winkel umsonst durchsucht hatte. Sie schnüffelte, sie kratzte an der Tür, scharrte ihr bißchen Stroh auseinander und wieder zusammen, kroch hinter den Holzstoß, drängte sich in die Ecke, in der die Werkzeuge lehnten, warf einmal ein paar Schaufeln um und flüchtete voll Entsetzen. Eine Zeitlang war Ruhe, dann trippelte sie wieder herum und suchte und suchte! Und ihr Trippeln weckte ihn, an dem früher die brüllenden Rinderherden vorübergezogen waren, ohne ihn im Schlaf zu stören. Wenn er schlief, schlief er, verschlief Hunger und Müdigkeit; dazu vor allem brauchte er den bombenfesten Schlaf, um den er plötzlich gekommen war, denn jetzt schrak er plötzlich auf beim Herumgehen und Schnüffeln der Alten.

Eine Woche verging. Immer noch hatte die Spitzin sich nicht ganz beruhigt, suchte und schnüffelte immer noch, besonders bei Nacht, in ihrem Verschlag herum. So geschah es, daß sie den Provi einst zu besonders unglücklicher Stunde weckte. Er hatte sich so spät erst auf seiner Lagerstätte aus Hobelspänen und schmutzigem Heu hinstrecken können, weil er noch, nach beendetem Arbeitstage, die Ziegen, die der Wegemacher ins nächste Dorf verkauft, dorthin hatte treiben müssen. Und auch jetzt kein Ende der verfluchten Plackerei, nicht wenigstens ein paar Stunden ungestörten Schlafes? Die Spitzin scharrte und suchte und suchte, und Provi drohte und polterte mit den Füßen gegen die Bretterwand. Sie gab nach, ein Stück von ihr fiel krachend hinüber ins Bereich der Spitzin. Sie stieß ein erschrockenes Gebell hervor, das Kleine winselte, dann war alles still. „Teixel übereinander, wirst jetzt an Fried geben, Rabenviech?" murmelte Provi und legte sich zurecht und zog die Knie bis zum Kinn herauf, denn so „schlief es sich am besten". Aber just jetzt wollte es mit dem Einschlafen nicht gehen, trotz der Stille und trotz seiner Erschöpfung und trotz seiner Schlaftrunkenheit! Allerlei Gedanken kamen einhergeschlichen, ganz neue Gedanken, nie von ihm gedachte. Ja, die Spitzin war ein Rabenvieh mit ihrer Sucherei, wenn aber seine Mutter auch so gewesen wäre wie sie und so rastlos nach ihm gesucht hätte, sie hätte ihn gewiß gefunden. Am End hat sie sich's gar nicht verlangt ihn zu finden. Die Zigeuner haben ihn am End gar nicht gestohlen, seine Mutter - „die Miserabliche!" - hat ihn ihnen am End geschenkt, noch drauf gezahlt vielleicht, daß sie ihn nehmen . . . No jo! vielleicht wird sie sich seiner geschämt haben, war vielleicht was Hohes, eine Bauerstochter, oder eine Wirtstochter . . . Verfluchter Kuckuck! wenn sie so eine Wirtstochter gewesen wäre und ihn behalten hätte . . . Alle Sonntag würde er sich seinen Rausch angetrunken haben und den Montag hätte er immer blau gemacht. Ein Götterleben malte er sich aus, als die Spitzin nebenan wieder anfing zu stöhnen und zu kratzen und ihn aus seinen Träumen riß, die so wonnig gewesen waren. Voll Zorn richtete er sich auf, nahm ein Scheit Holz, trat über die niedergeworfenen Bretter in den Verschlag des Hundes und führte knirschend wuchtige Schläge gegen den Boden, auf dem die Spitzin im Dunkeln ängstlich umherschoß. Er sah nicht, wohin er traf, er drosch zu nach rechts und nach links, vorwärts und rückwärts und endlich - da hatte er sie erwischt, da zuckte etwas Weiches, Lebendiges unter seinem wütend geführten Hieb. Ein kurzes, klägliches - ein anklagendes Geheul ertönte, gellte grell und förmlich schmerzhaft an Provis Ohr. Es überrieselte ihn. Was für ein seltsames Geheul das gewesen war . . . „No jo" - das „Rabenviech" hat jetzt genug, wird Ruh geben, eine Weile wenigstens.

Er kehrte zu seiner Lagerstätte zurück, kauerte sich zusammen und schlief gleich ein.

Nach ein paar Stunden erwachte er plötzlich. Da rührte sich etwas zwischen den Brettern, da kroch es langsam heran. Die Spitzin kroch heran und schleppte ihr Junges im Maul herbei. Sie hatte es an der Nackenhaut gefaßt und benetzte es mit ihrem Blut, denn es floß Blut aus ihrem Maule, ein dünner Faden die Brust entlang. Zu Provi schleppte sie ihr

Junges, legte es vor ihn nieder, drückte es mit ihrer Schnauze an seine nackten Füße und sah zu ihm hinauf.

Und ihr Auge hatte eine Sprache, beredter als jede Sprache, die die schönsten Worte bilden kann. Sie äußerte ein grenzenloses Vertrauen, eine flehentliche Bitte, und man mußte sie verstehen. Wie das Sonnenlicht durch die geschlossenen Lider Provis gedrungen war, so drang der Ausdruck dieses Auges durch den Panzer, der bisher jede gute Regung von der Seele des Buben ferngehalten hatte.

„Jo! jo!" stahl es sich von seinen Lippen. Er antwortete ihr, die nun hinfiel, zuckte, sich streckte ... die er erschlagen hatte und die gekommen war, ihm sterbend ihr Kleines anzuvertrauen.

Provi zitterte. Eine fremde, unwiderstehliche Macht ergriff ihn, umwirbelte ihn wie ein Sturm. Sie warf ihn nieder, sie zwang ihn, sein Gesicht auf das Gesicht des toten Hundes zu pressen und ihn zu küssen und ihn zu liebkosen. Sie war's, die aus ihm schrie: „Jo du! Jo du! - du bist a Muatta g'west!" Sein Herz wollte ihm zerspringen, ein Strom von wildem Leid, von quälender Pein durchtobte es und erschütterte es bis auf den Grund. Ein vom himmlischen Schmerze erfülltes Kind wand sich schluchzend auf dem Boden und weinte um die alte Spitzin und weinte über ihr Kleines, das sich an seine Mutter drängte und sie anwinselte und Nahrung suchte an dem früher schon so spärlich fließenden und jetzt gänzlich versiegten Quell.

„'s is aus, da kriegst nix mehr", sagte Provi, nahm das Hündchen in seine Hände, legte es an seine Wange und hauchte es an; es zitterte und winselte gar so kläglich. „Hunger hast, Hunger hast, no jo! no jo!" - er wußte schon, nur wie zu helfen wäre, wußte er nicht. Was soll er ihm zu essen geben? Um zu vertragen, was er herunterschlingt, dazu gehört ein anderer Magen als so ein Kleines hat ... Aber - verfluchte Krot! - jetzt kam ihm eine Eingebung, jetzt wußte er auf einmal doch, wie zu helfen wäre. Aber - verfluchte Krot! Dieses Mittel konnte er nicht ergreifen - lieber verhungern. Der Entschluß saß eisenfest in seinem Dickschädel ... Freilich dämmerte ihm eine Erkenntnis auf, von der er gestern keine Ahnung gehabt hatte - verhungern lassen ist noch etwas ganz anderes als verhungern.

Gequält und scheu blickte er zur toten Spitzin nieder. Ja, wenn das Junge leben soll, darf man ihm die Mutter nicht erschlagen.

„No, so kumm!" stieß er plötzlich hervor und sprang aus dem Stall in den Verschlag und schritt resolut vorwärts und dem Dorfe zu, biß die Zähne zusammen, daß sie knirschten, sah nicht rechts noch links und ging unaufhaltsam weiter.

Noch rührte sich nichts auf den Feldern, erst in der Nähe der Häuser fing es an, ein wenig lebendig zu werden. Ein schlaftrunkener Bäckerjunge schritt über die Straße zum Brunnen. Der Knecht des Lohbauern spannte einen dicken Rotschimmel vor den Streifwagen. Aus dem Tor des Wirtshauses kam die alte Magd, von jeher Provis erklärte Feindin. Voll Mißtrauen beobachtete sie sein Herannahen, erhob die Faust und befahl ihm, sich zu packen. Ihn störte das nicht, er ging an ihr vorbei wie einer, der mit dem Kopf durch die Wand will. Finster und entschlossen, das Kinn auf die Brust gepreßt, trat er durch die offene Küchentür. Die Wirtin, die am Herde stand, wandte sich . . . „Grad zum Fürchten" sah der Bub aus, und seine Stimme klang so rauh und hatte etwas so Schmerzhaftes, als ob ihr Ton die Kehle zerrisse, durch die er gepreßt wurde:

„Schoberwirtin, Frau Schoberwirtin, i bitt um a Müalch."

Das war die Wendung in einem Menschenherzen und in einem Menschenschicksal.

An das Gute glauben nur die wenigen, die es üben.

*

Wenn jeder dem andern helfen wollte, wäre allen geholfen.

Marie von Ebner-Eschenbach

Mutters Augen

Von Richard Schaukal

Mutter, deine Augen,
deine Augen sind naß.
Kind, ich bin fröhlich:
die Freude macht das.

Mutter, deine Augen,
deine Augen sind naß.
Kind, ich bin traurig –
traurig zum Spaß.

Mutter

Von Rainer Maria Rilke

... Jemand erzählt von seiner Mutter. Ein Deutscher offenbar. Laut und langsam setzt er seine Worte. Wie ein Mädchen, das Blumen bindet, nachdenklich Blume um Blume probt und noch nicht weiß, was aus dem Ganzen wird –: so fügt er seine Worte. Zu Lust? Zu Leide? Alle lauschen. Sogar das Spucken hört auf. Denn es sind lauter Herren, die wissen, was sich gehört. Und wer das Deutsche nicht kann in dem Haufen, der versteht es auf einmal, fühlt einzelne Worte: „Abend" ... „Klein war ..."

Da sind sie alle einander nah, diese Herren, die aus Frankreich kommen und aus Burgund, aus den Niederlanden, aus Kärntens Tälern, von den böhmischen Burgen und vom Kaiser Leopold. Denn was der eine erzählt, das haben auch sie erfahren und gerade so. Als ob es nur e i n e Mutter gäbe.

Aus: Die Weise von Liebe und Tod

Aus dem Stundenbuch

Von Rainer Maria Rilke

Denn sieh: sie werden leben und sich mehren
und nicht bezwungen werden von der Zeit
und werden wachsen wie des Waldes Beeren,
den Boden bergend unter Süßigkeit.

Denn selig sind, die niemals sich entfernten
und still im Regen standen ohne Dach;
zu ihnen werden kommen alle Ernten,
und ihre Frucht wird voll sein tausendfach.

Sie werden dauern über jedes Ende
und über Reiche, deren Sinn verrinnt,
und werden sich wie ausgeruhte Hände
erheben, wenn die Hände aller Stände
und aller Völker müde sind.

Das gute Wort

Von Franz Nabl

Wenn sich ein gutes Wort zum Mund dir drängt,
geh nicht vorüber, ohne es zu sprechen.
Ein Aug, das heut noch fragend an dir hängt,
- bedenk es wohl! - kann über Nacht schon brechen.
Dein gutes Wort ist wie ein linder Hauch,
herwehend aus dem sonnenhellen Süden.
Es tröstet nicht allein den Wegesmüden,
es tröstet und beglückt dich selber auch.
Versäumst du es, dies gute Wort zu sagen,
dann wächst es an zur ungeheuren Last,
und lebenslange mußt du daran tragen,
daß du es einmal nicht gesprochen hast.

Gedanken aus Postl-Sealsfields Werken

„Prinzipe lassen sich nicht durch Stahl bekämpfen; sie müssen durch Gegenprinzipe, so wie Feuer in unseren Wäldern durch Gegenfeuer, bekämpft werden."

*

„Es liegt in euch Deutschen eine Zähigkeit und Dehnbarkeit und wieder eine Schwungkraft und Elastizität, die tausend Jahre und hunderttausend Tyrannen nicht erdrücken können."

*

„ . . . Wahrlich, ein großer Moment, ein herrlicher, für den Menschenfreund, dem es vergönnt ist, eine Wiedergeburt und Auferstehung eines ganzen Volkes mit zu feiern! Es schwindet in solchem Momente alles Niedrige, Gemeine so gänzlich, die edelsten, die hochherzigsten Gefühle treten so stark, gewaltig hervor, treiben, drängen alles Unwürdige so tief in den Hintergrund zurück! Der elendste Sklave wird in solchen Momenten zum Helden!"

*

„ . . . Eine Republik, ich meine, eine wahre Republik, kann ohne Selbstherrschaft jedes einzelnen Bürgers nicht bestehen, und diese Selbstherrschaft wieder nicht ohne einen hohen Grad politischer Aufklärung, die über die ganze Nation verbreitet sein muß. Denn fehlt sie auch nur einer Kaste, einer Klasse, gibt sich auch nur eine als Mittel her, statt als Zweck aufzutreten, so ist das Gleichgewicht schon gestört, und diese Kaste wird früher oder später das Mittel zur Unterdrückung der Freiheit der übrigen."

*

„Wie der denkende Naturforscher in der physischen Revolution Zusammenhänge erschaut, so findet auch der ruhige Beschauer in den moralischen Umwälzungen Ursache und Wirkung heraus, und vor seinem Blicke gestaltet sich allmählich das Chaos zum Ganzen und zum Einklang."

*

„... Scheint es doch, als ob gedrückte Völker, gleich gedrückten Menschen, jenen Ahnungen unterworfen wären, die ihnen ihr Geschick in dunklen Bildern aufschließen. Es kommt dann ein stark hervortretendes Gefühl wie auf den Fittichen der Windsbraut über sie, man weiß nicht wie, man begreift nicht warum, spricht zu ihnen, zieht sie, der Gewalt spottend, mit sich fort, so unwiderstehlich, als wäre es die Stimme jenes eisernen Schicksals, von dem die Alten soviel gefabelt haben. Es ist dieses eine merkwürdige psychologische Erscheinung, die mehr als einmal die Berechnungen der weisesten Köpfe irregeleitet hat."

*

„Geht euch aber in der Natur ein ganz anderes Licht als in unseren Städten auf; denn sind unsere Städte von Menschenhänden gemacht - von Menschenodem verpestet, die Natur aber von Gottes Hand geschaffen, seinem reinen Odem belebt. Und klärt dieser reine Odem euren in den Städtedünsten trübe gewordenen Blick wunderbar auf! Ist eine schöne Sache, dieses Aufklären, wenn so die verdorbenen, verpesteten Dünste schwinden, ihr der Wahrheit bis auf den Grund schaut, schaut, wie der große Staatsmann droben regiert mit seinen schönen, herrlichen Werken."

*

„Das Glück, die Größe einer Nation besteht so wenig in ihrer Regierungsform, als das Glück des Bürgers in der Fassade des Hauses beruht, das er bewohnt; wenn dieses selbst nur seinen Umständen angemessen und bequem ist."

*

„Die edle Gemütsart der Deutschen und ihre Tugenden sind leider wenig bekannt, und greift die Tiefe des Empfindens an jedes Herz. Die Deutschen sind ein edles, hochgebildetes, bescheidenes Volk von einfachen Sitten. Was könnte aus ihnen werden, wenn man ihnen einige Freiheit gewährte?"

Männliches Weinlied

Von Heinrich Suso Waldeck

Singen wir eins zum Trinken,
Trinken wir eins zum Gesang!
Laßt sie doch warten und winken,
Seid um die Mädchen nicht bang!
Hütet die männliche Stunde,
Schließet die Kette der Kraft!
Schöpferisch feuchte die Runde
Wein, der hochmagische Saft!

Unsre gewaltigen Väter
Schlummern uns leise im Blut,
Eiserne Beter und Täter,
Wahr und weise und gut.
Liebende Gärtner der Reben,
Wittern sie Trautrüche wehn.
Wunder und Wirbel! Sie leben,
Atmen, erwachen, erstehn.

Fühlet, wir reihen uns enger,
Höret, wir sind nicht allein:
Herrliche Zecher und Sänger
Mischen sich mächtig herein.
Kühne Gedanken erblühen,
Die uns ihr Atem beschied,
Wille zu Kämpfen und Mühen
Wächst zwischen Becher und Lied.

Nicht der alltägliche Besen
Scheuert vom Teufel uns rein:
Hammer und Schwert sei erlesen,
Uns und die Welt zu befrein.
Aber das Schwert heißt Liebe,
Aber der Hammer heißt Zucht.
Wißt euch mächtig zum Hiebe,
Aber auch schmählich versucht!

Krämer und Lumpengelichter,
Doch auch edelste Fraun
Lassen wir harte Gesichter,
Gott unsre kindlichen schaun.
Ehre dem Vater der Väter,
Ihn, der uns kräftet und schwächt,
Der dem uralten Verräter
Raum vergönnte und Recht.

Dem widerstehn wir im Glauben,
Adam und Noah nicht gleich.
Köstlich sind Äpfel und Trauben,
Rausch macht albern und weich.
Nun wir uns gottsicher spüren,
Herren von Weib und Wein:
Trinket! Und öffnet die Türen,
Lasset die Mädchen herein!

Was zu wissen nottut

Von Bruno Brehm

Wir waren auf Manöver, ich war Korporal und hatte Stallinspektion. Die Batterie war spät abends erst ins Quartier gekommen, und ich hätte mich weit lieber irgendwo hingehaut und wäre eingeschlafen, als nun von Bauer zu Bauer zu gehen und nach den Pferden zu schauen. Beim letzten Bauer, draußen in der Scheune, fand ich den Stallwart schlafend, sein pfeifender Atem roch nach Schnaps. Ich nahm den Tränkeimer, der unweit stand, und schüttete den Mann mit dem nassen Guß an. Der kleine Mensch fuhr auf, griff nach seinem Bajonett und rannte auf mich los. Er war kein braver Kanonier, er war früher draußen vor einer Stadt Ziegelschläger gewesen und hatte eine lange Reihe von Strafen schon zu den Soldaten mitgebracht. Ich wußte, daß es ernst war und daß es galt. Ich hätte blank ziehen müssen, denn ich war im Dienst und der Mann, der auf mich zutorkelte, wohl auch. Ich zog nicht blank, ich sprang zur Seite, der Mann stürzte ins Leere, ich gab ihm noch einen Stoß, er schlug hin. Ich nahm das Bajonett auf und warf es hinter mich. Der Mann kam hoch und begann zu brüllen und zu schreien. Er drang noch einmal auf mich ein, ich stieß ihn wieder zurück.

Da stand auf einmal mit einer Taschenlampe in der Hand der Rechnungsunteroffizier Schulz neben mir. Er fragte, was hier vorgegangen sei, ich, noch atemlos, meldete, was sich begeben hatte. Er sah das Bajonett, er fragte, warum ich mich in eine Balgerei eingelassen habe, und er bestimmte mich für den nächsten Morgen zum Rapport.

Der Dienst hielt mich bis ein Uhr wach, die Gedanken noch ein wenig länger.

Dieser Unteroffizier hatte mich schon vom ersten Anblick an gehaßt, und mir dies auch, wo immer er nur konnte, ganz unverhohlen gezeigt. Ich mied daher die Kanzlei, wann immer ich nur konnte, der Dienst führte mich nicht allzuoft hin. Schulz war ein blasser, fahriger Mensch, wenn er den Frührapport entgegennahm, zitterten seine Hände. Er hatte das Untergymnasium besucht, er vergaß selten, dies in irgend eine Bemerkung einzuflechten. Dann hatte er wohl irgend eine kleine Schreiberstelle annehmen müssen und war schließlich beim Militär hängengeblieben. Trotz seinem deutschen Namen gab er sich als Tscheche aus, aber vielleicht tat er dies nur deshalb, weil unser Batteriekommandant auch ein Tscheche war. Weshalb er mich haßte, wußte ich nicht, darüber dachte ich auch nicht viel nach, denn mir war dies schon allzuoft widerfahren, daß mich jemand bei der ersten Begegnung gleich all seine hemmungslose Abneigung fühlen ließ. Das müsse wohl so sein, sagte ich mir, es ist würdelos und vergeblich, dagegen ankämpfen zu wollen.

Freilich, ich hatte mich nicht richtig benommen: nimmer hätte ich den schlafenden Kanonier mit kaltem Wasser anschütten dürfen. Der richtige Weg wäre gewesen, den Mann aufzuwecken und ihn beim Frührapport wegen Fahrlässigkeit im Dienste zu melden. Aber das war es wohl gewesen, was mir so widerstrebt hatte. Der Mann hatte Strafen genug auf dem Kerbholz. Und dann hatte es mich geärgert, daß dieser Mensch betrunken war. Hätte ich wirklich den Säbel ziehen und den Angreifer niederschlagen sollen? Ich hatte diesen Menschen doch selbst zum Äußersten gereizt. Wir werden sehen, was es morgen beim Rapport geben wird.

Am nächsten Tag war Rasttag. Nach der Pferdevisite sollte der Rapport abgehalten werden. Der Dienstführende nahm mich beiseite; er war der Sohn eines Gastwirtes, vierschrötig und gelassen; was ich denn angestellt habe? Das werde ein böser Rapport werden. Der Hauptmann schaue aus, als habe er Essig geschluckt.

Es wurde ein böser Rapport. Der Hauptmann sah an mir vorbei in die Luft. Erst wurde der Kanonier verhört, ich verstand nicht viel davon, weil der Hauptmann mit ihm tschechisch sprach. Dann sagte ich mein Sprüchlein auf. Und dann kam der Rechnungsunteroffizier. Und dieser Mensch wußte etwas zu melden, was mir das Herz in der Brust erstarren ließ; ich hörte nur das Wort Feigheit! Und der kleine Fahrkanonier bestätigte, was der Unteroffizier sagte. Denn Schulz stellte die Sache so dar, als wäre nur durch sein Dazwischentreten verhindert worden, daß mich ein betrunkener Kanonier, den ich mißhandelt hatte, davongejagt hätte.

„Eine gottverdammte Sauerei!" fluchte der kleine Hauptmann.

So, dachte ich mir, nun bist du fertig. Hier hast du es mit Andersvölkischen zu tun, sie werden zusammenhalten und du kannst dein Leben lang nachdenken, ob man einen Betrunkenen mit Wasser anschütten darf oder nicht.

Aber bald sollte ich Gelegenheit finden, mich für diesen Gedanken bis in das Herz hinein zu schämen. Mein kleiner Hauptmann ging einige Male vor uns auf und nieder und dann sagte er: „So geht das nicht! So geht das nicht! Das sind Dinge, die ins Garnisonsarrest führen!" Dann blieb er vor mir stehen: „Und zur Degradierung!" Und dann ging er zum Rechnungsunteroffizier Schulz: „Wir haben auch noch später ein wenig miteinander zu sprechen."

Der Hauptmann ließ den Rapport abtreten. Mich nahm er mit in sein Quartier.

„Nun?" sagte er, mir den Rücken kehrend und durch das Fenster blickend, „haben Sie nichts zu sagen?"

Ich hätte viel zu sagen gehabt, aber mir war der Hals zugeschnürt. Ich sah auf den kleinen Hauptmann mit dem grauen Haar, ich sah auf dem Tisch ein Buch liegen: Tolstoj, Krieg und Frieden. Vielleicht sollte ich doch versuchen, mit dem Hauptmann zu sprechen. Er kehrte mir immer noch den Rücken zu und wartete.

„Nun? Beeilen Sie sich, ich habe nicht allzuviel Zeit", sagte der Hauptmann.

Da stieß ich hervor: „Herr Hauptmann, ich bitte gehorsamst, ich war nicht feig. Der Mann war betrunken!"

„Sie haben den Mann nicht mit Wasser anzuschütten!"

„Jawohl, Herr Hauptmann!"

„Wenn aber der Mensch mit der Waffe in der Hand auf Sie losgeht, dann haben Sie . . ."

Der Hauptmann drehte sich herum und sah mich an. „Da sehen Sie, wie eines das andere nach sich zieht. Da sehen Sie, was aus Unüberlegtheiten herauswächst. Ich werde diese Sache niederschlagen. Ich will aus solchen Dummheiten keine Affäre machen. Wenn das einmal ein Auditor in die Hand bekommt, dann wird etwas daraus, was weder Sie noch ich auch nur ahnen. Ich will in meiner Batterie keine so gottverfluchten Sauereien! Merken Sie sich das!"

„Jawohl, Herr Hauptmann. Ich danke gehorsamst, Herr Hauptmann!"

„So, und nun geh! Nimm dich zusammen! Keine Dummheiten machen! Gescheit sein!" Mein Hauptmann hätte beinahe mein Vater sein können. Ich schluckte, er reichte mir die Hand, ich stolperte hinaus.

Was der Hauptmann mit dem Unteroffizier Schulz gesprochen hatte, erfuhr ich nicht. Wir gingen einander aus dem Weg. Der Kanonier bekam seine Strafe wegen Trunkenheit. Über die ganze Geschichte wurde nicht weiter gesprochen.

Ein paar Monate später stand ich als Fähnrich in der Batteriekanzlei. Ich war zu keiner Waffenübung eingerückt; ich wollte bleiben, ich hatte mich aktivieren lassen.

Die Prüfungen waren abgelegt, ich stand fest und nun war es an mir, dem Rechnungsunteroffizier den Kragen umzudrehen. Ich hatte nichts vergessen, der Schimpf, den mir dieser Mann angetan hatte, saß fest und brannte in mir. „Feigheit!", das war nicht heruntergegangen, das hatte mich bis in den Schlaf hinein gepeinigt. Der Mann da, der jetzt mit einem Papier in seinen zitternden Händen vor mir stand, der Mann hatte mir ans Leben gewollt. Denn was geschehen wäre, wenn der Hauptmann nicht so anständig mit mir gesprochen hätte, daran wollte ich lieber gar nicht denken.

Der Rechnungsunteroffizier blickte nicht auf, das Blatt Papier zitterte in seinen Händen. Ich trat an den Tisch und sah ihn eine Weile an. Der Schreiber am Nebentisch schaute auf, der fühlte wohl auch, was in der Luft lag.

„Gehen Sie hinaus, Jaworka", sagte ich zu dem Schreiber.

Der Schreiber verzog schadenfroh seinen Mund und verschwand. Schulz war blaß, sein Atem ging hörbar.

Ich fühlte, daß ich Schluß machen mußte, weil mich etwas wie ein saugender Wirbel weiterriß. Wenn der Mann nun seine Augen hebt und wenn ich die Angst in seinen Blicken sehe, ich weiß nicht, ob ich dann noch an mich halten kann.

„Schwamm darüber, Schulz", sagte ich, „und nun melden Sie mich beim Herrn Hauptmann an."

„Ich danke, Herr Fähnrich", sagte Schulz und ging ganz langsam zur Tür der Kanzlei des Hauptmannes.

Ich hätte gern noch gefragt, warum Schulz mir das damals angetan hatte, aber ich bezwang mich. Er hätte mir ja doch nicht die Wahrheit gesagt. Aber als ich mich am Abend vor dem Einschlafen selbst fragte, warum ich so gehandelt hatte, da gab mir jene bessere Stimme die Antwort: „Weil sonst das Böse nicht aus der Welt geschafft wird. An einer Stelle muß es einmal unterbrochen werden, sonst zeugt es fort und vergiftet unser Leben."

Nun ist das Korn geschnitten . . .

Von Ferdinand von Saar

Nun ist das Korn geschnitten,
Die Felder leuchten fahl;
Ringsum ein tiefes Schweigen
Im heißen Sonnenstrahl.

Verblüht ist und verklungen,
Was duftete und sang,
Nur sanft tönt von den Triften
Der Herdeglockenklang.

Das ist, o Menschenseele,
Des Sommers heil'ger Ernst,
Daß du, noch eh er scheidet,
Dich still besinnen lernst.

Weltweite Leistung

Die Historie wäre arm, hätte sie nicht auch den Niederschlag des geistigen und kulturellen Lebens der Völker zu verzeichnen. Dieser aber ist enthalten in ihrer Arbeit und Leistung. Und hievon weiß unsere Geschichte vieles und Ruhmreiches zu erzählen . . . Und so mag unserer Geschichte das große Pathos fehlen, des hohen Ethos ermangelt sie nicht.

Wilhelm Wostry

Für Heimat und Welt

Von Rudolf Schreiber

In weit gespannten Aufsätzen zu Geschichte, Musik, bildender Kunst und Literatur wurden in diesem Buche die über die engere Heimat hinausgreifenden Leistungen unserer großen Landsleute aufgezeigt. Und doch konnten noch nicht alle, die der Erwähnung würdig wären, genannt werden. So soll in den nachstehenden Ausführungen, die wir einem Vortrag des Historikers Rudolf Schreiber entnehmen, vor allem das 19. Jahrhundert zu Worte kommen. Auch in dieser Epoche freiheitlicher und kosmopolitischer Leistungen ist das Sudetendeutschtum nicht einer besonderen Leistung verschrieben, sondern zeigt sich in erstaunlicher Vielseitigkeit auf allen Lebensgebieten, ebenso in der Erschließung der natürlichen Reichtümer der Welt wie in den Bereichen des Geistes.

Zweifellos liegt die Hauptleistung der Weltentwicklung im 19. Jahrhundert auf dem Gebiete der Naturforschung und der Technik. Wenn die Sudetendeutschen zu dieser großen Leistung, die ja eigentlich erst das Werk der Weltentdeckung des 16. Jahrhunderts vollendet hat, immerhin auch einiges beitragen durften, so müssen wir bedenken, daß sie als ausgesprochen meerferne Binneneuropäer eigentlich zu alledem einen weiten Anmarschweg hatten und Westeuropa ihnen gegenüber auch längst schwer aufholbaren Vorsprung gewonnen hatte. Um so beachtlicher bleibt, daß einer der verdientesten Erschließer des nördlichen Südamerika der aus Kreibitz in Nordböhmen gebürtige Naturforscher Thaddäus Haenke (1761-1817) ist. Ein anderer Nordböhme, Ignaz Pallme aus Steinschönau, wurde ein halbes Jahrhundert später zu einem der ersten europäischen Reisenden und Schilderer der Gegenden nilaufwärts bis Kordovan. Ihn hatte der traditionelle nordböhmische Glashandel seiner Familie nach Kairo geführt, aber er sah die Welt Afrikas keineswegs nur mit dem Auge des Geschäftsmannes. Seine Schilderung der Sklavenjagden in Kordova war zu seiner

Zeit ein erschütternder Mahnruf an das Weltgewissen, der auch in England Widerhall fand. Pallme war es aber auch, der als erster die richtigen Wege zu den damals noch unbekannten Nilquellen wies; sein Plan, von der Ostküste Afrikas dorthin vorzudringen, fand aber in Wien keine Förderung, und so blieb das Verdienst, den Weg Pallmes wirklich gegangen zu sein, später der englischen Forschung vorbehalten.

Nicht nur an der Erschließung der Erde, sondern auch an der Bereitstellung der neuen Mittel dazu, am Ausbau der Technik, haben Sudetendeutsche rühmlichen Anteil. So hat der aus Komotau gebürtige Franz Josef Gerstner 1806 in Prag die erste Technische Hochschule auf deutschem Boden gegründet und sein Sohn Franz Anton Gerstner entwarf, auf den Bahnen seines Vaters fortschreitend, das Projekt des ersten Schienenstranges auf dem Kontinent, der Verbindungsbahn zwischen dem Donautal bei Linz und dem Moldautal bei Budweis; nicht nach seinem Plan, sondern aus Ersparungsgründen wurde die Strecke dann nicht für Dampfbetrieb, sondern nur als Pferdeeisenbahn gebaut. Der jüngere Gerstner hat später wirklich Dampfeisenbahnen gebaut, so die erste Strecke in Rußland zwischen Petersburg und Zarskoje Selo und wurde bei Eisenbahnstudien, die er dann in den USA betrieb, frühzeitig vom Tod ereilt. Ein ähnliches Schicksal tragischer Nichterfüllung waltete über den Bemühungen seines Altersgenossen Josef Ressel, das Prinzip der Schiffsschraube zu einem wirksamen Mittel des Überseeverkehrs auszubauen; seine Gedanken fanden im Vaterland kein Verständnis, wurden aber in Paris und London von Fremden aufgenommen und schlecht gelohnt.

Auch des 1771 in Prag geborenen Alois Senefelder ist hier besonders zu gedenken, dessen Erfindung, der Steindruck, eben sein 150jähriges Jubiläum feiern konnte. Senefelder ist nach bewegten Lebensschicksalen, die ihn infolge seiner vom Vater ererbten Verbindung zum Theater von Prag nach München, Mannheim, Offenbach und Wien führten, 1834 in München gestorben und zählt so zu dem gemeinsamen sudetendeutsch-bayrischen Kulturerbe.

Vielleicht darf man unter den Sudetendeutschen, die zwar selber ihre Heimat nicht verließen, aber mit ihrem Werk eine übergreifende Bedeutung erlangten, auch den Apostel der Wasserkur Vinzenz Prießnitz (1799-1851), den bäuerlichen Autodidakten aus dem Altvaterland, nennen, gewiß aber seinen jüngeren Landsmann, den Augustinerabt Gregor Mendel (1822-1884), der die klassischen Gesetze der Vererbung erkannte, die dann von der Wissenschaft als grundlegend anerkannt wurden; noch die heuer viel beachtete Auseinandersetzung unter den sowjetischen Biologen ist eine Diskussion um die unbedingte Gültigkeit der Mendelschen Gesetze.

Auch das Lebenswerk eines weiteren Mährers ragt noch in die Anfänge der sowjetischen Lehre hinein: der „Empiriokritizismus" des Philosophen Ernst Mach (1838-1916), der die Dinge als Empfindungskomplexe auffassen wollte, erfuhr um 1900 in Rußland durch Bogdanow eine marxistische Abwandlung, gegen die als eine gefährliche Abweichung von der Lehre von Marx und Engels Lenin selbst sich veranlaßt sah, eine eigene Schrift zu verfassen - sein einziges rein philosophisches Werk aus seinen Londoner Jahren, 1909 unter dem Pseudonym Wl. Iljin erschienen, eine Erkenntnistheorie des dialektischen Materialismus.

Aber nicht nur mit namhaften Beiträgen zur Naturerkenntnis und Naturbeherrschung sind die Sudetendeutschen in diesen hundert Jahren vertreten, sondern auch mit hochbeachtlichen geistigen Leistungen. Es muß geradezu in Erstaunen setzen, daß in einer so sehr der Welt zugewandten Zeit das Sudetendeutschtum auch zwei heiligmäßige Männer hervorgebracht hat: den großen Redemptoristen und geistigen Führer der Wiener katholischen Restauration, den hl. Klemens Maria Hofbauer (1751-1820), einen Südmährer, und den Böhmerwäldler Johann Nepomuk Neumann, den der Glaubenseifer zum Einsatz in den Indianermissionen Nordamerikas trieb und der als Bischof von Philadelphia 1860 starb; er ist von der Kirche in die Reihe der Seligen aufgenommen und seine Heiligsprechung ist ein Anliegen der Deutschen in den USA. In der Generation zwischen diesen beiden aber schenkte unsere Heimat der deutschen und europäischen Philosophie zwei bedeutsame Priester-Philosophen, Bernhard Bolzano und Anton Günther.

Neben dem die Grenzen der Heimat überragenden Beitrag des Sudetendeutschtums zur bildenden Kunst und vor allem zur Literatur, der durch Namen wie Postl, Stifter, Ebner-Eschenbach und Rilke charakterisiert wird, ist der politische Anteil im 19. Jahrhundert merkwürdig gering. Unvergessen sei der schlesische Bauernsohn Hans Kudlich (1823 bis 1917), dem es beschieden war, im Wiener Reichstag den entscheidenden Antrag auf die völlige Beseitigung der letzten Reste der jahrhundertelangen bäuerlichen Unfreiheit gestellt zu haben. Ein anderer sudetendeutscher „Achtundvierziger", Oswald Ottendorffer aus Zwittau, der ebenfalls in den USA Zuflucht fand, hat als Leiter der „New-Yorker Staatszeitung" ein gewichtiges Wort in der Parteipolitik der USA und beim Ausbau von New York gehabt. Seiner Heimatstadt Zwittau hat er treue Zuneigung bewahrt und ihr neben einem Waisenhaus und Armenhaus auch eine musterhafte Volksbücherei gestiftet. - Daß in der Heimat selbst keine politischen Leistungen von überragendem Format im 19. Jahrhundert mehr reiften, ja, daß wir allgemein ein Abebben der hohen Schaffenskraft jenes Blütejahrhunderts feststellen müssen, mag nicht zuletzt darauf zurückzuführen sein, daß der seit 1848 offen einsetzende Nationalitätenstreit die Kräfte zu sehr in diesen provinziellen Auseinandersetzungen in Anspruch nahm. Wir haben auch von diesen jüngsten Jahrzehnten noch zu wenig Abstand, um alle ihre Leistungen voll würdigen zu können. Daß aber auch dieser nationale Verteidigungskampf manche Kräfte weckte und zur Entfaltung brachte, ist wohl zu beachten, und manches, was die vorgeschichtliche oder historische, die volkskundliche, namenkundliche oder soziologische intensive Durchforschung der Heimat an Methoden und Ergebnissen vorbereitet hat, dürfte vielleicht noch einmal seine Fruchtbarkeit in einem weiteren Zusammenhang zu erweisen haben. Und daß die Leistung Sudetendeutscher auch heute noch als weltbedeutend anerkannt wird, beweist die Verleihung des medizinischen Nobelpreises an das Forscherehepaar *Carl* und *Gerty Cori*, aus einer alten Brüxer Bürgerfamilie und Schüler der Deutschen Karls-Universität Prag, deren Rektor der Vater des Preisträgers, Prof. Dr. Carl Cori, mehr als einmal war.

*

Eine Überschau der gültigen Beiträge des Sudetendeutschtums zur Weltkultur kann hier nicht mehr als Auswahl, Bruchstück, Versuch bleiben. Die Namen, die wir hier nannten, sind nur Beispiele für viele, Beispiele, auf die wir stolz sein können, die uns aber auch verpflichten.

Diese bedeutenden Gestalten unserer Heimat sind uns heute doppelt lieb und wert: da es uns heute verwehrt ist, die Gräber der eigenen Ahnen zu besuchen, die in der Heimat und für die Heimat lebten und wirkten, sind uns die weltbedeutenden Leistungen aus dem Sudetendeutschtum, die Namen ihrer Träger und die Gedenkstätten an sie in aller Welt jetzt *ein Stück unverlorener, unverlierbarer Heimat* geworden. Wo immer an unseren Wegen der Brückenheilige Johannes von Nepomuk steht, wann immer wir zu den herrlichen Bauwerken eines Balthasar Neumann nach Neresheim, Vierzehnheiligen oder Pommersfelden ehrfürchtig wallen, wo immer uns Worte aus dem „Ackermann aus Böhmen", aus Stifters Prosa, aus Rilkes Versen oder Weisen von Bieber, Stamitz, Gluck entgegenklingen, wächst uns ein neues Stück jener Heimat zu, die unsere Seele sucht.

Wer dieses umrißhafte Bild der Leistungen des Sudetendeutschtums für die Welt vor Augen hat, kann sich wohl auch dem einen Eindruck nicht verschließen, daß zu den Wesenszügen unserer sudetendeutschen Art eine *reiche Vielfaltigkeit* gehört, in der stammlichen Prägung ebenso wie in fachlicher Richtung. Diese Vielfalt wohl zu beachten, wird uns vielleicht vor manchem Fehler der Vergangenheit bewahren: sie kann eine Stärke sein, der wir uns freuen können, sie kann aber auch zur Gefahr werden, die unser Wirken lähmt. Zu leicht liegt in ihr der Keim zur Entzweigung und zur Eigenbrötelei, die an der Andersartigkeit des Nachbarn Anstoß nimmt, statt sie zu achten und zu schätzen. Wenn wir erst anfangen wollen, eine öde Gleichförmigkeit zu erreichen, verbauen wir uns die Wege zueinander. Aber die Not hat uns schon mehr als einmal gelehrt, solche bedenkliche Neigungen zu vermeiden und zu überwinden: im Einklang der Herzen und im festen Zusammenhalt, der wirksamer sein kann als alle politischen Programme und Aktionen. Denn es ist eine deutliche Lehre unserer Geschichte: nie waren es eigentlich Politik und Kampf, die uns emporgebracht oder die schweren Rückschläge unserer Geschichte wieder wettgemacht haben. Unsere Stärke lag und liegt auf anderem Gebiet: in Werken des friedlichen Schaffens.

1937 hat der tiefste Kenner unserer sudetendeutschen Geschichte, unser Landsmann Prof. Dr. Wilhelm Wostry, in einer Untersuchung über die geschichtlichen Grundlagen des Sudetendeutschtums einleuchtend herausgestellt, was das Gemeinsame in den wechselvollen und vielfältigen geschichtlichen Schicksalen unserer Volksgruppe ist: „Die Arbeit, die jahrhundertlange, geduldige und trotz aller Rückschläge unverdrossen weitergeführte Arbeit. Sie ist der Inhalt unserer Geschichte, sie war die treibende und gestaltende Kraft in unserem geschichtlichen Leben. Es ist kein Sang von politischer Größe. Aber Politik, so viel sie im Leben der Völker bedeutet und wirkt, ist nicht alles. Die Historie wäre arm, hätte sie nicht auch den Niederschlag des geistigen und kulturellen Lebens der Völker zu verzeichnen. Dieser aber ist enthalten in ihrer Arbeit und Leistung. Und hievon weiß unsere Geschichte vieles und Rühmliches zu erzählen. Ihr schlichter Held ist das Volk selbst, und das Lied, das seinen Ruhm kündet, ist durchpulst vom Rhythmus der Arbeit. Er begleitete den Werdegang des Deutschtums in Böhmen. Und so mag unserer Geschichte das große Pathos fehlen, des hohen Ethos entbehrt sie nicht."

Was so als stets gleichbleibendes Schicksalsgestirn der Sudetendeutschen in guten und bösen Zeiten über unserer altangestammten Heimat waltete, rastlose, fruchtbare Arbeit, das war auch der Leitstern für die sudetendeutsche Leistung in aller Welt, für den Beitrag unserer Vorfahren zur Weltkultur. Und unter dem gleichen Gestirn ziehen heute wir heimatlos gewordenen Millionen sudetendeutscher Landsleute unsere Schicksalsstraße ins Ungewisse - sicher und bewußt nur des einen, daß es unserer zähen und unermüdlichen Arbeit bedarf, wenn es uns vergönnt sein soll, einmal wieder auf einem Stück Heimat zu siedeln.

Der Polarforscher Julius von Payer

Von Arch. W. Pleyer

Julius Payer, als Sohn eines mittellosen österreichischen Kavallerieoffiziers in Teplitz-Schönau am 1. September 1842 geboren, genoß seine Ausbildung in der Militär-Akademie von Wiener Neustadt und war beim 36. Linien-Infanterie-Regiment in Verona und Venedig stationiert. Von hier aus unternahm er während seiner Urlaubswochen wiederholt anstrengende und gefährliche Gipfelbesteigungen, um die damals so gut wie unerforschten Alpengebiete topographisch aufzunehmen, zu vermessen und in Bleistiftskizzen und Karten festzuhalten. Diese Bearbeitungen der Glocknergruppe, der Adamello- und Presanella-Gebiete sandte er an Dr. Petermann nach Gotha zur Veröffentlichung in den „Geographischen Mitteilungen", in denen sie der bedeutende deutsche Geograph auch abdruckte.

Durch die Vermittlung dieses zum Freunde des jungen österreichischen Leutnants gewordenen Gelehrten erhielt Payer die Aufforderung, an der durch Dr. Petermann zustandegebrachten zweiten deutschen Nordpolexpedition (1869-1870) nach Grönland teilzunehmen, die topographischen Arbeiten auszuführen und Leiter der Schlittenreisen zu sein. Die reichen Erfahrungen, die Payer auf seinen zahlreichen Alpenfahrten und Gletschertouren gesammelt hatte, zeigten sich von großem Nutzen, und wenn diese Grönlandexpedition auch nicht restlos ihr gestecktes Ziel erreichte, so erbrachte sie doch die erste richtige Kenntnis über die inneren Raumverhältnisse dieses Landes.

Von dieser Reise zurückgekehrt, übernahm Payer wieder seinen Militärdienst in Verona, allerdings nicht für lange Zeit, denn als durch Anregung und Unterstützung des Grafen Wilczek, der Stadt Wien, des Grafen Zichy und anderer Förderer die erste österreichisch-ungarische Nordpolexpedition beschlossen wurde, hatte man Payer von allem Anfang an gemeinsam mit Schiffsleutnant Weyprecht zum Leiter bestimmt.

Diese österreichisch-ungarische Nordpolexpedition währte vom Jahre 1872 bis 1874. Am 13. Juni 1872 verließ die „Tegetthoff" mit 24 Mann an Bord unter der Leitung von Weyprecht und Payer Bremerhaven und nahm ihren Kurs nordöstlich, um das Meer nördlich der Insel Nowaja-Semlja zu durchforschen. Schon Ende August war die „Tegetthoff" fest vom Eise eingeschlossen (ungefähr unter 76° 22' nördlicher Breite), aus dem sie niemals freiwerden sollte. Im ersten Winter waren die Eispressungen, die das Schiff täglich und besonders auch während der Nächte mit völliger Vernichtung bedrohten, sehr stark und gefährlich. Die Temperatur blieb von Ende August an ständig 3 bis 6 Grad unter Null, und es fiel reichlich Schnee. Das Schiff starrte von Eis, alles deutete darauf hin, daß für diese Breiten der Winter bereits begonnen hatte. Die sich nun immer stärker wiederholenden Eispressungen währten 130 Tage und traten oft mehrmals am Tage, immer in sonnenloser Finsternis ein.

Am 11. September flammten die feurigen Bänder des ersten Nordlichtes am nächtlichen Himmel auf. Das Thermometer sank rapid, so daß die mühsam durch Sägen erzielten Öffnungen im Eise, mit denen die Expeditionsmitglieder das Schiff zu befreien hofften, augenblicklich wieder zufroren. Die einzige Unterbrechung für die zur Untätigkeit verurteilte Schiffsmannschaft bestand in dem Zusammentreffen mit Eisbären, die sich neugierig oft in beträchtliche Nähe der „Tegetthoff" wagten und die meist von Füchsen und Möwen begleitet waren. Seit Anfang November herrschte tiefe Dämmerung und die Temperatur hielt sich meist gleichmäßig auf 20 Grad unter Null.

Am 19. Feber 1873 kehrte die Sonne für diese geographischen Breiten zurück, bei 30 Grad unter Null. Die Hoffnung auf das Freiwerden des Schiffes aus dem Eise schwand immer mehr, doch war die „Tegetthoff" samt dem Eise weit nach Osten und Norden getrieben. Der Sommer verging mit Messungen und Lotungen, Seehund- und Bärenjagden, aber am 30. August 1873 hatte die Expedition die freudige Überraschung, von Bord der „Tegetthoff" aus den Anblick eines strahlenden Alpenlandes in ungefähr 13 Meilen Entfernung zu haben. Dieses kaum noch erhoffte Ergebnis der Expedition löste größte Freude aus, und dem neuentdeckten Lande wurde der Name „Kaiser-Franz-Josefs-Land" gegeben. Im September wurde die „Tegetthoff", auf die von ihr höchst erreichte nördliche Breite von 79° 58' getrieben.

Auf drei in den nächsten Monaten, im Frühjahr 1874, folgenden Schlittenreisen wurde die Erforschung des Franz-Josefs-Landes durchgeführt, soweit es Zeit- und Kälteverhältnisse erlaubten. Es wurden die Wilczek-Inseln besucht, der Austria-Sund und das Kronprinz-Rudolfs-Land u. v. a. entdeckt. Als der nördlichste Punkt wurde 82° 5' nördlicher Breite erreicht und das Kap Wien noch weiter nördlich gesichtet.

Die Rückkehr zur „Tegetthoff" war durch die Gefahr des Abgeschnittenwerdens geboten, da sich bereits Sprünge im Eise zeigten.

Trotz aller Freude über die neuentdeckten Länder blieb die Aussicht für die endliche Heimkehr sehr gering, da sich eine ungeheure Eisfläche nach Süden ausdehnte und keine Hoffnung für das Freiwerden des Schiffes bot. So mußte die Rückreise nach Süden von der „Tegetthoff" aus mit Schlitten und Booten angetreten werden.

Nach unendlichen Anstrengungen und Mühen, nachdem sie durch Eisspalten und furchtbare Kälte oft in Lebensgefahr gewesen war, traf die Expedition nach sechsundneunzig Tagen, die sie auf Schlitten und in offenen Booten zugebracht hatte, an der Westküste der Insel Nowaja-Semlja in der

Dunenbai zwei russische Schiffe, von denen sie der Schoner „Nikolaj" an Bord nahm. Nach stürmischer Überfahrt landete er sie am 3. September 1874 - nach 812 Tagen, die die Forschungsreise im ganzen gedauert hatte - in dem norwegischen Städtchen Vardö.

Die Rückreise über Hamburg nach Wien war für die tapferen Teilnehmer der Expedition ein wahrer Triumphzug, der beim Empfang in Wien seinen Höhepunkt erreichte.

Nach seiner Heimkehr blieb Payer nur noch kurze Zeit in der Heimat. Mißtrauen von verschiedenen Seiten an der Entdeckung des Franz-Josefs-Landes, ja an seinem Vorhandensein überhaupt, veranlaßte Payer, den Dienst zu quittieren. Da er weder als Lehrer der Geographie noch als Lehrer der Geschichte eine Stellung finden konnte, entschloß er sich zu einem neuen Berufe; er wandte sich der Kunst, und zwar der Malerei, zu, für die er hervorragendes Talent besaß. Für das Studium der Malerei besuchte Payer zuerst das Städelsche Institut in Frankfurt a. M., studierte dann in München und Wien und einige Jahre in Paris. Seine vier Kolossalgemälde der Franklin-Expedition, „Franklins Tod", „Das Verlassen der Schiffe", „Gottesdienst auf dem Eise" und „Die Bai des Todes", sowie die für das Wiener Kunsthistorische Museum geschaffenen großen Bilder lassen Payers Können bewundern. Sie errangen auf Ausstellungen in München, Paris und anderwärts volle Erfolge und wurden mit Staatspreisen und Medaillen ausgezeichnet. Keine andere Hand war mehr berufen, die grauenvolle Welt des ewigen Eises zu schildern.

Payer kehrte nach Jahren von Paris nach Wien zurück und verlebte die Sommermonate jeweils in Veldes in Krain. Dort starb er am 31. August 1915. Die Stadt Wien widmete ihm, der ihr Ehrenbürger war, auf dem Zentralfriedhof ein Ehrengrab.

Was noch zu leisten ist, das bedenke; was du schon geleistet hast, das vergiß.

Marie von Ebner-Eschenbach

Thaddäus Haenke

Ein Südamerika-Forscher aus dem Sudetenland

Von Florian Kienzl

In keinem deutschen Lexikon ist sein Name verzeichnet. Selbst in den für sein Schaffen zuständigen naturwissenschaftlichen, medizinischen und geographischen Nachschlagewerken findet er kaum flüchtige Erwähnung. Wer war Thaddäus Haenke? Wir wissen es erst seit wenigen Jahren: einer der größten Naturforscher, ebenbürtig seinem weit berühmteren Zeitgenossen Alexander von Humboldt. Er gehört zu den deutschen Gelehrten, die um die Wende und in den ersten Jahrzehnten des 19. Jahrhunderts zur wissenschaftlichen Erschließung der ibero-amerikanischen Welt bahnbrechend gewirkt haben.

Thaddäus Haenke wurde am 5. Dezember 1761 in der kleinen Stadt Kreibitz in Nordböhmen als Sohn eines Bauern, der zugleich Stadtrichter und Kantor von Kreibitz war, geboren. Als Stipendist im St.-Wenzel-Seminar in Prag besuchte Thaddäus das Gymnasium. Auf der Universität in Prag erhielt er entscheidende Anregungen für seine naturwissenschaftlichen Interessen und wurde 1782 zum Magister promoviert. Haenke setzte seine Studien in Botanik und Medizin fort und machte sich durch eine Arbeit über die Pflanzen des Riesengebirges bereits in der botanischen Welt einen Namen. Der Erfolg ermutigte ihn, seinen Aufenthalt nach Wien zu verlegen. Dort studierte er bei dem „österreichischen Linné", dem Direktor des damals in Europa hochberühmten Botanischen Gartens von Schönbrunn, Nikolaus von Jacquin.

Durch Jacquins Empfehlung bekam Haenke den Auftrag, an Malaspinas Expedition teilzunehmen, die von der spanischen Regierung ausgerüstet, vor allem der Erforschung des Küstengebiets Amerikas vom Kap Horn bis Alaska dienen sollte. Er wurde in Madrid vom König ehrenvoll empfangen und als Arzt und Botaniker in festen Sold genommen. Als er aber in Cadiz ankam, waren die Schiffe der Expedition bereits abgesegelt. Er fuhr mit einem Kauffahrteischiff nach Montevideo, aber auch dort kam er zu spät und hatte noch das Unglück, daß sein Schiff vor dem Hafen Montevideos scheiterte und er all seine persönliche Habe verlor. Doch nahm sich der Vizekönig in Buenos Aires seiner an, und er konnte seinen Weg fortsetzen, der ihn durch Argentinien und von Mendoza über die Anden nach Santiago führte, wo er gerade Malaspina erreichte. Er gewann das volle Vertrauen des Expeditionsleiters und erhielt alsbald auf der Fahrt entlang der peruanischen Küste den Auftrag, bis zu den Quellflüssen des Amazonas vorzudringen. Er erreichte die Stelle, wo der Maranon schiffbar wird. In einer späteren Denkschrift an die Regierung führte er den Nachweis, daß durch Benützung der Nebenflüsse des Amazonas eine verhältnismäßig schnelle Verbindung des Binnenlandes mit dem Atlantischen Ozean hergestellt werden könne. Die Fahrt ging dann weiter über Guayaquil, Panama, Mexiko bis zur Beringbai, dann über die Philippinen, wo Haenke ertragreiche Streifzüge unternahm, nach Australien und von dort zurück nach Callao (Peru). Hier trennte sich Haenke von der Expedition, die heimwärts fuhr, mit dem besonderen Auftrag, weitere Forschungen im Inneren Perus anzustellen. Er bereiste ganz Chile, überschritt wieder die Anden und unternahm mehrere Expeditionen durch das peruanische und bolivianische Gebirgs- und Urwaldgebiet.

Als festen Sitz wählte er Cochabamba, erwarb sich ein Landgut, legte einen botanischen Garten an und nahm eine Silbermine in Betrieb. Er wurde ein vermögender Mann. Aber niemals rastend, diente er mit seinen reichen Kenntnissen dem Gastlande. Er wurde ein Wohltäter der Indios, die er ärztlich betreute. Er führte die Blatternschutzimpfung ein und versorgte das Land, das infolge der europäischen Kriege keine Medikamente erhielt, mit Mitteln, die er selbst herstellte. Unzählige Heilkräuter hat er gesammelt und geprüft, wobei er sich selbstangefertigter Reagenzgläser bedienen und eigenhändig die drei Mineralsäuren aus Rohstoffen des Landes gewinnen mußte. Er hat als erster in Südamerika Heilquellen chemisch analysiert und „mit Kenntnissen, die ihrer Zeit weit voraus waren", ihre Anwendung vorgeschrieben. Sein besonderes Interesse galt den Nutzpflanzen. Wie keiner vor ihm in Südamerika hat er in den von ihm bereisten Ländern durch chemische, geologische und klimatische Untersuchungen die Anbaumöglichkeiten von Zuckerrohr, Baumwolle, Indigo usw. geprüft. Als erster erkannte er die ideale Eignung des argentinischen Pampalandes für den Weizenanbau. Auch gab er die entscheidende Anregung zur industriellen Ausbeutung des Chile-Salpeters und erfand ein besonderes Verfahren zur Herstellung von Kalisalpeter. Seine volkswirtschaftlichen Studien waren in Südamerika bahnbrechend, da er zum ersten Male genaue Statistiken aufstellte. In seinen Beschreibungen Chiles und Perus behandelte Haenke die rassischen und sozialen Fragen, die Not und Mißstände in der Verwaltung, die tieferen Zusammenhänge von Boden, Klima und Kultur und entwarf große Pläne zur wirtschaftlichen Erschließung der brachliegenden Ländereien, die auch heute noch nicht veraltet sind.

Aus Briefen an seine Mutter geht hervor, daß er in seinen letzten Jahren große Sehnsucht nach der Heimat empfand, und daß er immer wieder hoffte, die Rückreise antreten zu können. Sie wurde durch den Unabhängigkeitskrieg verhindert. Er selber stand wahrscheinlich auf seiten der Unabhängigen und geriet, weil Cochabamba in der Gewalt der Königlichen blieb, in eine schwierige Lage. Über seinen Tod, der 1817 erfolgte, weiß man nichts Gewisses.

In einem Nachruf einer botanischen Fachzeitschrift vom Jahre 1826 ist zu lesen: „... stets die Hoffnung nährend zur Rückkehr in sein Vaterland, fand er dennoch zuletzt nach vielen Schicksalen unbelohnt in einer anderen Hemisphäre sein Grab; um so mehr ist es Pflicht, in seinem Vaterlande und nicht weniger in ganz Europa sein Andenken zu ehren." Erst unserer Zeit bleibt es vorbehalten, diese Pflicht zu erfüllen.

Das Werk Gregor Mendels

Von F. Stumpfl

Unser Wissen von der Gesetzmäßigkeit der Vererbungsvorgänge, das nicht nur den Pflanzen- und Tierzüchtern völlig neue Bahnen wies, sondern wissenschaftlich auch auf die Fortpflanzung von menschlichen Eigenschaften, Merkmalen und Krankheiten angewendet, von grundlegender Bedeutung wurde, verdankt die Welt einem stillen Forscher, dessen Leistung, der Zeit vorauseilend, erst nach seinem Tode begriffen wurde. Der Name des Sudetendeutschen Gregor Mendel ist heute durch die nach ihm benannten Mendelschen Gesetze mit der Vererbungslehre untrennbar verknüpft.

Wir wissen heute, daß Eigenschaften sich nach zahlenmäßigen Gesetzen und Regeln auf die Nachkommen vererben. Sind in den väterlichen und mütterlichen Keimzellen die gleichen Eigenschaften enthalten, werden diese in verstärktem Maße weitervererbt. Hervorstechende Erbanlagen des einen Elternteils überdecken jedoch schwächere Merkmale des andern. Auf die Erbkrankheiten und gewisse Eigenschaften angewendet, bedeutet dies, daß das Zusammentreffen krankhafter und erbbelastender Anlagen vermieden werden kann. Im Gegensatz hiezu können durch das Zusammentreffen beiderseitiger gesunder Erbanlagen Voraussetzungen für eine gesunde, geistig hochstehende Nachkommenschaft gewährleistet werden.

Von all diesen Dingen wußte man zur Zeit Gregor Mendels nichts. Um so genialer war sein Gedanke, im Gegensatz zu früheren Versuchen, scharf umschreibbare, einfache Einzelmerkmale von Pflanzen herauszugreifen und diese dann mit großartiger Geduld in jahrelangen Versuchen zu verfolgen.

Mendel prüfte seine Idee an verschiedenen Erbsenrassen auf wenigen Quadratmetern Boden im Garten des Königsklosters von Brünn. Er wählte eine rot-violett und eine weiß blühende Erbsenrasse. Die Kreuzung ergab lauter rot-violett blühende Pflanzen. Mendel kreuzte dann die Mischlingsgeneration untereinander weiter, und da zeigte sich, daß die

Nachkommenschaft zu drei Vierteln rot-violett und zu einem Viertel weiß blühte. Die weiß blühenden untereinander fortgezüchtet erwiesen sich als reinerbig, ein Drittel der rot-violett blühenden Pflanzen züchtete gleichfalls reinerbig weiter, der Rest der rot-violett blühenden Erbsen spaltete in der nächsten Generation wieder im gleichen Verhältnis auf. Das Neue an diesem Befund waren die exakten Zahlenverhältnisse, die zeigten, daß bei der Bildung neuer Keimzellen irgendwelche Träger der Eigenschaften, die sich vorher im Pflanzenorganismus vereint hatten, wieder auseinandertraten. Damit hatte Mendel erkannt, daß für das Auftreten einer bestimmten Blütenfarbe ein bestimmter Erbfaktor maßgeblich ist, der in den Keimzellen enthalten ist. Dieses von Mendel gefundene Verhalten der Erbeinheiten ist allgemein gültig für die Vererbungsvorgänge bei zweigeschlechtigen Lebewesen.

Mendel wurde am 12. Juli 1822 in Heinzendorf, einem damals zu Österreich gehörenden Teil Schlesiens, geboren und stammte von deutschen Kleinbauern und Handwerkern, deren Vorfahren um 1514 aus Schwaben eingewandert waren. 1843 trat Mendel in das Brünner Augustinerstift ein, studierte anschließend in Wien Physik und Naturwissenschaften und wurde dann Lehrer für Naturwissenschaften an der Oberrealschule in Brünn.

Am 8. März 1865 berichtete er in der Sitzung des Naturforschenden Vereines in Brünn über die Ergebnisse seiner achtjährigen Kreuzungsversuche, durch die er die Geheimnisse der Vererbungsvorgänge als erster entschleierte. In den Verhandlungen des Vereins ist im gleichen Jahr seine grundlegende Entdeckung auf wenigen Seiten veröffentlicht worden. Im Jahre 1868 wurde Mendel zum Prälaten ernannt. Noch bis 1871 experimentierte er mit Pflanzen, dann wurde er durch sein Amt vollkommen ausgefüllt.

Erst 16 Jahre nach seinem Tode erkannte man die Bedeutung seiner Entdeckungen. Damals, 1900, veröffentlichte K. E. Correns bei der Deutschen Botanischen Gesellschaft einen Aufsatz „Gregor Mendels Regel über das Verhalten der Nachkommenschaft der Rassenbastarde."

Wenn man bedenkt, wie wenig selbst einer der bedeutendsten Botaniker seiner Zeit, der Schweizer Nägeli, die Tragweite der Entdeckung von Mendel zu verstehen vermochte, so weist uns dies darauf hin, daß die Entwicklung unserer Erkenntnis der Naturvorgänge wohl ein objektives Geschehen ist, eine reale Wechselwirkung zwischen Mensch und Natur, in der sich die Natur nur allmählich dem menschlichen Denken und der ganzen Menschheit offenbart.

Hans Molisch erzählt von Gregor Mendel

Einer der größten Vertreter der Pflanzenkunde, Träger eines Namens von Weltruf, ist der einer alten mährischen Familie entstammende Hans Molisch, der am 6. Dezember 1856 in Brünn geboren wurde. In seinem Buche „Erinnerungen und Welteindrücke eines Naturforschers" erzählt Molisch, wie seine Wissenschaft recht eigentlich aus der Gärtnerei seines Vaters hervorging, indem der künftige Pflanzenphysiologe als Knabe sich viel und überaus gerne an den Arbeiten der Gärtnerei beteiligte. Als Neunjähriger sah Hans Molisch einst Gregor Mendel, den Entdecker der Vererbungsgesetze, als dieser aus dem benachbarten Augustinerstift, dessen Abt er war, die Weingärten der Eltern Molisch' besuchte. Als Hans Molisch nach sechzig Jahren dem englischen Universitätsprofessor Hodgson in Japan, wo Molisch als Botaniker von internationalem Ruf zwei Jahre an der kaiserlichen Tohoku-Universität wirkte, von seiner Begegnung mit Mendel erzählte, staunte ihn der englische Professor an und sagte: „Das ist ja etwa so, wie wenn ich das Glück gehabt hätte, mit Shakespeare zusammenzutreffen!"

Die Freiheit als die Macht, unbeirrt von jeder Gewalt das Höchste der Menschheit zu entwickeln, ist das größte äußere Gut des Menschen.

Adalbert Stifter

Amerikas größter Brückenbauer - ein Sudetendeutscher

Die Lindenthal sind eine alte nordmährische Familie. Zu Beginn des 19. Jahrhunderts hatte der junge Dominik Lindenthal das Tischlerhandwerk erlernt und wanderte in die Welt hinaus. Auf seiner Wanderfahrt kam er nach Brünn, wo er seßhaft wurde. Sein Sohn, der später das Handwerk des Vaters als Zunftmeister zu hoher Geltung brachte, wurde Vater von neun Kindern, von denen drei Söhne in die Vereinigten Staaten zogen. Im Lande der unbegrenzten Möglichkeiten fanden diese das Betätigungsfeld, das dem hohen Fluge ihres Geistes entsprach. Der jüngste dieser Auswanderer, Dominik, leitete die Arbeiten an den Häfen auf Cuba, bis ihn ein tückisches Geschick im Aufstiege seines Lebens dahinraffte. Der zweite Sohn, Rudolf, leitete als mechanischer Ingenieur zwei Menschenalter lang verschiedene große Fabrikbetriebe und lebte noch vor wenigen Jahren in Jamaica. Der Älteste der Brüder, Dr.-Ing. Gustav Lindenthal, am 21. März 1850 geboren, ist der Altmeister amerikanischer Brückenbaukunst. Er ging bereits 1874 nach Amerika. Obwohl mehr als ein Menschenalter der Heimat ferne, bekannte er sich mit Stolz und Freude zum Sudetendeutschtum. Durch ihn ist der deutschen Arbeit und dem deutschen Geiste für alle Zeiten ein Denkmal jenseits des Ozeans gesetzt.

Der Vater des Volkswagens - Sudetendeutscher

Mit dem Namen Ferdinand Porsches verbindet sich der des weltbekannten Volkswagens. Weniger bekannt ist es, daß Dr.-Ing. Professor Porsche, der bereits seit der Jahrhundertwende führend den europäischen Automobilbau durch seine Konstruktionen beeinflußt hatte, Sudetendeutscher war.

Ferdinand Porsche wurde am 3. September 1875 in Maffersdorf bei Reichenberg geboren. Er sollte wie sein Vater Spenglermeister werden, aber seine offensichtliche technische Begabung - er beschäftigte sich vor allem mit Elektrotechnik - veranlaßte die Eltern schließlich, ihn als Praktikanten zur „Vereinigten Electricitäts-A. G. Bela Egger" (nachmals Brown Boverei) nach Wien zu schicken, wo er bereits vier Wochen später zum Leiter des Prüfraums und Assistenten des Berechnungsbüros aufstieg. Hier in Wien besuchte der junge Sudetendeutsche als Gasthörer Vorlesungen an der Technischen Hochschule.

Dem in den Anfängen stehenden Kraftfahrzeugbau galt bald sein ganzes Interesse, und der Dreiundzwanzigjährige machte den lebensentscheidenden Schritt: 1898 begann er seine Laufbahn als Konstrukteur in der k. u. k. Hofkutschenfabrik Jakob Lohner & Co. in Wien-Floridsdorf.

Die Porsche-Lohner-Chaise, ein Elektromobil mit Radnaben-Motor, war das technische Wunder auf der Automobil-Abteilung der Pariser Weltausstellung. Doch weder das Elektromobil, noch der „benzin-elektrische Mischwagen", seine nächste Konstruktion, konnte sich gegenüber dem Siegeszug des Benzinmotors behaupten, und von 1905 an wirkte Porsche selber revolutionär an seiner Weiterentwicklung mit. Die Austro-Daimler-Werke in Wiener Neustadt verpflichteten 1906 Porsche als Chefkonstrukteur, von 1916 bis 1922 ist er ihr Generaldirektor. Hier kann sich Porsches Universalität voll entfalten. Nebeneinanderher läuft die Produktion von kommunalen Fahrzeugen, wie Feuerwehrwagen und Oberleitungsomnibussen, von Gebrauchswagen, Flugmotoren und Sportmaschinen. Bei der Prinz-Heinrichs-Fahrt des Jahres 1910 besetzten die neuen drei Wagen von Austro-Daimler mit 86 PS vor 173 Konkurrenten die ersten Plätze. Die Spitzengeschwindigkeit des siegreichen Rennwagens, der die ersten Kennzeichen der Stromlinie verriet und den Porsche selbst lenkte, betrug schon damals 140 km. Von den Konstruktionen Porsches im ersten Weltkrieg sind die Mörserzugwagen für Geschütze bis 30.5 cm und der C-Zug die bedeutendsten gewesen.

Mit 42 Jahren war der Mann, der außer der heimatlichen Volksschule bloß Abendkurse an der Gewerbeschule von Reichenberg besucht hatte, bereits Ehrendoktor der Wiener

Technik, und bald erfuhr er die gleiche Ehrung in Stuttgart. Dorthin verlegte Porsche nämlich 1923 seinen Wohnsitz, und Stuttgart blieb bis über den zweiten Weltkrieg hinaus seine zweite Heimat. Mit Porsches Wirken als technischer Direktor von Daimler-Benz in Untertürkheim ist die Schöpfung zahlreicher Kompressorwagen, darunter der berühmte Auto-Union-Rennwagen, verbunden.

Nach einem kurzen Zwischenspiel bei den österreichischen Steyr-Werken gründete Porsche 1930 mit einer Handvoll sudetendeutscher und österreichischer Mitarbeiter in Stuttgart-Zuffenhausen ein eigenes Konstruktionsbüro. Hier endlich konnte er seine Volkswagenidee, die ihn schon seit der Zeit bei Austro-Daimler beschäftigte, verwirklichen. Bereits der Porsche-Typ 12 stellte den Volkswagen in seiner Urform dar. Er war das erste Automobil, das Heckmotor, Vollschwingachsen, Stromlinie, Leichtbau, Zentralrahmen und Triebwerkkonzentration vereinte und sozusagen die klassische Lösung darstellte. Aber weder bei diesem Typ (für Zündapp entwickelt), noch beim Typ 32 für NSU kam es zum Serienbau; erst durch staatliches Interesse konnte Porsches Lieblingsplan verwirklicht werden. 1934 reichte er ein „Exposé betreffend den Bau eines deutschen Volkswagens" ein und kaum ein halbes Jahr später wurde der Konstruktionsvertrag geschlossen. Noch folgten vier Jahre härtester Erprobung, bis der Porsche Typ 60 - der KdF-Wagen - allen Anforderungen entsprach. Ein Jahr vor Ausbruch des großen Krieges konnte in Fallersleben der Grundstein zum Volkswagenwerk gelegt werden. 990 Reichsmark sollte dieser Wagen des kleinen Mannes kosten, der in einer anfänglichen Jahresproduktion von 400.000 bis 500.000 Wagen erzeugt werden sollte. Als Endziel war eine Jahresproduktion von 1 Million Fahrzeugen vorgesehen. Der Krieg hat alle diese Pläne zunichte gemacht.

Während des Krieges wurde das Büro Porsches in Zusammenarbeit mit dem Heereswaffenamt zu mannigfachen Konstruktionen herangezogen, erwähnt sei nur der Wehrmachtvolkswagen und der Tiger-Panzer. Als man im letzten Kriegsjahr Prof. Porsche immer dringender nahelegte, sein

Werk aus Stuttgart zu verlegen, entschied er sich für Wolfsberg bei Gmünd in Kärnten.

Auf seinem Gut im salzburgischen Zell am See erlebte Porsche die Tage des Zusammenbruches. Langsam begann das Werk in Wolfsberg wieder aufzuleben. Im Spätherbst 1945 erhielt Prof. Porsche eine französische Einladung, mit seinem Sohn Ferry, der als hochbegabter Konstrukteur der engste Mitarbeiter seines Vaters war, nach Baden-Baden zu kommen, um Besprechungen über den Bau eines Volkswagens für Frankreich zu führen. Dort wurde der 70jährige verhaftet und mußte zwei Jahre, als Kriegsverbrecher angeklagt, in französischen Kerkern zubringen. Aufs schwerste gesundheitlich geschädigt, sah er sich endlich gegen Stellung einer Kaution von 1 Million Francs wieder in Freiheit gesetzt und ein Jahr später auch rehabilitiert: ein französisches Gericht erklärte Porsche der Kriegsverbrechen nicht schuldig und die Anklage als nicht zu Recht bestehend.

Die Arbeit Porsches in den folgenden drei Jahren schien eine ungebrochene Kraft zu bezeugen. Seine Firma beschäftigte sich anfänglich mit der Fertigung landwirtschaftlicher Maschinen. Zur Sensation auf den internationalen Automobilausstellungen aber wurde der neuentwickelte P o r s c h e-Typ 356, ein 140 km schneller Sportwagen. Dieser 1947 in seinem Büro entwickelte Stromlinienwagen ging in der wiederaufgebauten Porsche-KG. in Stuttgart in Produktion und stellt als schnellster Kleinwagen der Welt eine eigene Klasse in bezug auf Fahrsicherheit, Schnelligkeit und Ausstattung dar.

An seinem 75. Geburtstag stand Prof. Porsche im Mittelpunkt großer Ehrungen. Aber die schwere Haft hatte seine Gesundheit untergraben. Am 30. Januar 1951 ist Ferdinand Porsche in Stuttgart gestorben. Seinem letzten Wunsch entsprechend, fand der geniale Konstrukteur in Zell am See seine letzte Ruhestätte.

Schaffendes Volk

Wenn es einen Glauben gibt, der Berge versetzen kann, dann ist es der Glaube an die eigene Kraft.

Marie von Ebner-Eschenbach

Die sudetendeutsche Wirtschaft

Von Josef Bös

Es gibt genau so viel Sudeten-Deutsche wie Deutsche in der Schweiz. Die einen wie die anderen sind fleißig und klug, und beide haben umfassende Volkswirtschaften aufgebaut.

Aber die einen hatten Glück und sind die Bankleute des Erdteils geworden. Die anderen hatten Unglück, ziehen auf fremden Straßen und „schleppen die Wurzeln hinter sich her". So stellt das Schicksal zwei Menschengruppen vor scheinbar gleiche Möglichkeiten und läßt dann die Würfel rollen aus der unbegreiflich quälenden oder segnenden Hand.

Oder will jemand die Schuldfrage aufwerfen, eine sudetendeutsche Sonderschuld aus der tragischen Verstrickung von Weltschuld herauslösen? - Die Sudetendeutschen haben sich so redlich um den Frieden und das freie Nebeneinanderleben im Mehrvölkerstaat bemüht wie die Schweizer. Die Geschichte ihrer Bemühungen von 1918 an ist die Geschichte ihrer Enttäuschungen geworden.

Im Grunde kann es niemand mehr wünschen als die Sudetendeutschen selbst, daß man die Sündenwaage aufstellte, beide Parteien, Tschechen und Sudetendeutsche, vor einen gerechten Richter lade . . . dann würde endlich auch die unermeßliche Prager Schuld von 1945, 1946, 1947 usf. zur Sprache kommen.

Der Inventurwert einer Heimat

Etwa zwanzig Milliarden Dollar Wert zum achten Mai 1945 ist den Sudetendeutschen an realen Wirtschaftsgütern genommen worden. Das ist der Zahleninbegriff für ihren Besitz an Boden, Gebäuden, Hausrat und gewerblich-industrieller Einrichtung.

Der Anteil der Sudetendeutschen an den Produktivkräften und Wertströmen war größer als ihr Anteil an der Bevölkerung. Der tschechische Finanzminister Kalfus hat 1938 den Beitrag der Sudetendeutschen zum Steueraufkommen der

Tschechoslowakei auf 40 v. H. geschätzt - sie stellten aber nur 23 v. H. der Menschenanzahl. Das Sudetenland hatte die größte Industriedichte in Europa; von 100 Berufstätigen waren 54 in der Industrie beschäftigt gegenüber 49 in England und Schottland, 45 in der Schweiz, 42 in Belgien. (Um nochmals den Anfangsvergleich zu betonen: die Sudetenindustrie war also z. B. größer und vielgestaltiger als die Schweizer.)

Zu messen, was nun verlorengegangen (und zu einem großen Teile inzwischen vernichtet worden oder verlottert ist), das ist eine Aufgabe, die materiell nur höchst unvollständig und anders überhaupt nicht zu lösen ist. Was ist der Inventurwert einer Heimat? Auch die höchste Schätzung des Gewinnes, welcher der Tschechoslowakei zufiel, muß viel kleiner sein als der Verlust der Ausgewiesenen, die ja nicht nur ihr Vermögen verloren haben, sondern meist durch Jahre oder überhaupt aus ihrem Beruf ausgeschaltet geblieben sind und bleiben. Halle und Werkzeug, Acker, Tier und Stall sind Voraussetzungen für den neuen Arbeitsbeginn. Geschäftsverbindung und persönliche Beziehung sind zerrissen. Wie soll man diese Verluste beziffern?

Auch wenn man mit sachlicher Roheit nur eine einfache Bestandsaufnahme vom Abschiedstag machen will, kommt man in Verlegenheit. Was ist in Dollar, Mark oder tschechischen Kronen der Wert der Patente, Arbeitsverfahren, der Weltruf der böhmischen Bäder, der „goodwill" der Exportindustrien?

In vielen Arbeitsbereichen hatten die Sudetendeutschen den größeren Besitz, ja es gab ausgesprochen „sudetendeutsche Industrien". Jiri Hejda hat in der „Pritomnost" (1927) zum Beispiel folgende Schätzungen für den Anteil der Sudetendeutschen an einzelnen Industriezweigen gegeben:

Zuckerraffinerien . . .	58%	Hütten- und Stahlwerke	70%
Malzindustrie	64%	Textilmaschinen . . .	90%
Kaffee-Ersatz	69%	Elektrotechnik	70%
Steinkohlenbergbau . .	66%	Waggonbau	75%
Braunkohlenbergbau .	80%	Zement	80%

Porzellan	90%	Musikinstrumente	90%
Tafelglas	91%	Knopferzeugung	90%
Flaschen	93%	Papier	80%
Hohlglas	80%	Kunstseide	80%
Gablonzer Erzeugnisse	88%	Seide	100%
Schwerchemie	70%	Wolle	85%
Kunstdünger	60%	Baumwolle	75%
Mineralöl	90%	Leinen und Jute	85%
Seifenindustrie	50%	Strickerei und Wirkerei	95%
Kerzen	55%	Spitzenerzeugung	85%
Teerderivate	95%	Posamentenindustrie	100%
Farben und Lacke	75%	Zwirnerei	50%
Sägen	55%	Bleicherei	80%
Holzwaren	55%	Druckerei	85%

Viele dieser Betriebe waren beste Devisenbringer. Von der Gablonzer Erzeugung gingen 95% ins Ausland, von Porzellan 85%, von Glas zwischen 77 und 96%, von Musikinstrumenten 90%, von Seidenwaren 68% usf.

Die Gliederung des Volksvermögens

Die „Arbeitsgemeinschaft zur Wahrung sudetendeutscher Interessen" hat dem bayrischen Ministerpräsidenten eine Denkschrift über das sudetendeutsche Volksvermögen überreicht. Das Gutachten wurde im Auftrage des Büros für Friedensfragen und des bayrischen Staatssekretärs für das Flüchtlingswesen von der Wirtschaftshilfe G. m. b. H. gemeinsam mit Wissenschaftlern, Fachleuten und Angehörigen der verschiedenen Berufsgruppen ausgearbeitet.

Als Stichtage wurden der 30. September 1938 (Tag des Anschlusses an das Deutsche Reich) und der 8. Mai 1945 (Kapitulationstag) angenommen. Innerhalb dieser fast sieben Jahre war das Vermögen wesentlich gestiegen, und zwar gegenständlich (durch Investitionen usw.) und rechnungsmäßig (durch Erhöhung der Wirtschaftszahlen infolge Preis- und Lohnsteigerung usw.). Als Endsumme nennt man:

zum 30. 9. 1938: 13.440,000.000 Dollar,
zum 8. 5. 1945: 19.440,000.000 Dollar.

(Berechnungen auf Grund des Reichsmarkwertes von 1938.)

Die Ermittlungen beruhen meist auf amtlichen tschechoslowakischen Quellen. Das Herausschälen sudetendeutscher Anteile war besonders deshalb schwierig, weil die Prager Statistik aus naheliegenden Gründen gerade das Wesentliche, die nationale Unterscheidung nicht nur nicht gesucht, sondern nach Tunlichkeit vermieden hatte. Dennoch war eine Unterteilung im nachhinein auf Grund vieler Einzelangaben und auch umfassender Schätzungen möglich. - Einige wesentliche Besitzgruppen werden folgend genannt:

Wert in Millionen Dollar	30. 9. 1938	8. 5. 1945
Land- und Forstwirtschaft	3222	4822
Industrie	2393	3824
Handwerk	309	309
Hotel-, Gaststätten- und Schankgewerbe, Kurorte, Bäder	643	734
Geldanstalten	640	3600
Versicherungsanstalten	298	323
Privater Haus- und Grundbesitz . . .	3956	3956
Vermögen der öffentlichen Selbstverwaltung und des Staates .	1363	1234

Das besonders starke Ansteigen bei Geldanstalten erklärt man mit der nach 1938 allgemein eingetretenen Einlagensteigerung bei fortschreitender Warenverknappung und sprunghaft hochgehendem Einkommen.

Nicht mit aufgenommen wurden in die Vermögensaufstellung: ein Großteil des deutschen Anteils am Vermögen des tschechoslowakischen Staates als Fiskus sowie der Länder und anderer Selbstverwaltungskörper; ein Großteil der Bodenschätze (die nur teilweise Berücksichtigung fanden, da genaue Zahlennachweise fehlen); Kunstsammlungen, Büchereien und sonstiges Kulturgut; der Metallwert des Bargeldes und der Anteil an der Papiergelddeckung (Gold und Devisen); das umlaufende Papiergeld; das Entgelt für die Leistung deutscher Zwangsarbeiter, das auf Milliarden Kronen zu schätzen ist.

Es fehlen auch Unterlagen für den Anteil der Deutschen an den gemeinsamen Kunstschätzen und dem großen Kirchenvermögen. Vom tschechoslowakischen Staatsbesitz wurden in der Vermögensaufstellung nur Staatsdomänen, Staatsforste und Eisenbahnen mit berücksichtigt. Der nicht mitgezählte Anteil an den Monopolen und staatlichen Unternehmungen, wie Salz, Süßstoffen, Sprengstoffen, Tabak, Lotterie, Post und Postsparkassen, Berg- und Hüttenwerken, mag den Gegenposten für Mitverantwortung an den Staatsschulden bilden.

Die Schwierigkeiten einer in der Fremde und spät nachgeholten Inventur sind groß; man denke nur etwa an die Vermeidung von Doppelzählungen beim Gegenspiel zwischen Geldbesitz und Substanzwerten oder die Beweisführungen über Besitzfolge bei einem Eigentumswechsel, wenn z. B. der Großindustrielle Petschek im Jahre 1938 die Brüxer Kohle an die Zivnobank verkauft und diese die Gruben wieder über Konzernschachtelungen an die neue Sudetenländische Bergbau-AG. weitergibt.

Aber die vorhin genannten Zahlen sind eher zu niedrig als zu hoch, wie z. B. aus einer Bekanntgabe der „Abteilung für die Aussiedlung der Deutschen" im Prager Innenministerium hervorgeht, wonach „ . . . allein in diesem (deutschen) Raum 1,7 Millionen Hektar landwirtschaftlicher Kulturfläche ihren bisherigen (deutschen) Besitzern genommen und Vermögenswerte im Ausmaß von 300-400 Milliarden Kronen dieser Bevölkerung entzogen wurden".

Die Wirtschaft im Sudetenland hat im Krieg ihr Gesicht verändert. Es war wohl nicht möglich, Websäle in Waffenschmieden umzuwandeln, aber es war doch manches andere umzustellen, es wurde besonders in den ersten Jahren viel gebaut. Die bedeutendste Anlage ist im Gebiet von Brüx entstanden, wo auf Grundlage der Braunkohlenvorkommen ein großes Hydrierwerk errichtet wurde.

In der Summe noch bedeutendere Investitionen wurden während des Krieges im tschechischen Raum durchgeführt, weil dort die Schwerindustrie ihre Werke hat. Der Zuwachs von Neubauten zwischen 1938 und 1945 überwiegt in der Tschechoslowakei die nicht sehr bedeutenden Kriegseinbußen bei weitem. - Wenn es auch Kriegsinvestitionen für Kriegszwecke waren, so sind sie doch inzwischen keineswegs wertlos geworden; ganz im Gegenteil: die heutige Tschechoslowakei hat ja im höheren Auftrage gerade die strategischen Fertigungen besonders zu pflegen. Aus einem solchen Grunde ist auch jetzt ein schöner Ort aus dem Sudetenland, St. Joachimsthal, auf neue Art weltbekannt geworden, weil dort die große Enklave des Uranerzbergbaues aufgebaut wurde.

Nach den Bestandsgruppen der sudetendeutschen Vermögenstafel kann man auf den Grad der Mitwirkung an der Gesamtleistung schließen. Hier sind Ergänzungen zu machen. Es wird immer vorwiegend von der industriellen Bedeutung gesprochen.

Industrielle machen ein Land mehr weltberühmt als Bauern - aber die stillere Leistung muß nicht die kleinere sein. Wie hoch Prag selbst den Wert der übernommenen Landwirtschaft schätzt, wurde vorhin gesagt. Es waren Sondernutzungen preiszugeben wie das größte zusammenhängende Hopfenanbaugebiet der Welt im Saazer Becken (8600 ha). Eine Million Hektar Wald gaben im Jahr an 3.5 Millionen Festmeter Derbholz, das war mehr als der Eigenbedarf.

Die großen Kurorte Karlsbad, Marienbad, Franzensbad, St. Joachimsthal und andere liegen im Sudetenland. In der Tschechoslowakei gab es an 18.000 deutsche Hotels und Gaststätten und etwa 12.000 deutsche Fremdenheime.

Das Sudetenland zählte 1938 etwa hunderttausend Handwerksbetriebe. - Auch der Handel lag hier so gut wie ausschließlich in deutschen Händen. Die Sudetendeutschen hatten in der Tuchstadt Reichenberg ihre Messe; Aussig war Umschlagplatz für Kohle, Leitmeritz für Obst.

Wie die anderen den Gewinn verlieren

Es hat sich nach 1945 bald gezeigt, daß man nicht ein Volk ausweisen und seine Volkswirtschaft behalten kann. Nur ein Teil der Böden im Randgebiet und vorwiegend die großen Fabrikswerke sind weiter nutzbar gemacht. Viel verödet. Werkstätten, vor allem die Klein- und Mittelbetriebe verfallen. Wirtschaftsergebnisse beruhen auf der Tätigkeit von Menschen. Mit den Menschen vertreibt man ihre Erfolge.

Was auch immer die Tschechen den Sudetendeutschen vorgeworfen haben, wie weit sie in der Verleumdung gegangen sein mögen, eines haben sie zu jeder Zeit zugeben müssen: daß es fleißige und tüchtige Menschen sind. Noch lange nach 1945 schrieb die Wirtschaftszeitung „Hospodár", daß einzig im Falkenauer Revier die Leistung überdurchschnittlich wäre, „obwohl" dort noch die meisten deutschen Bergleute seien. Durch die kleine Stilfälschung - obwohl statt weil - versucht man, die beschämende Wahrheit zu verschleiern.

Die Wirtschaftserfolge der Sudetendeutschen zwischen 1918 und 1938 sind nicht durch staatliche Förderung, sondern gegen versteckte und offene Behinderungen erzielt worden. Es war z. B. leicht möglich, durch Staatsaufträge zeitliche Absatzkrisen in einzelnen Zweigen oder Gebieten auszugleichen; solche Aufträge wurden nicht nach dem Anteil an der Gesamtbevölkerung oder dem Steueraufkommen verliehen, sondern nach Gutdünken, nämlich so, daß zum Beispiel der tschechische Baumeister Nekvasil aus Prag im sudetendeutschen Graslitz die öffentlichen Bauten zugewiesen bekam - und dann in ironischer Dankbarkeit Bankrott machte.

Eine strukturelle Eigenart verschärfte die Wirtschaftsnöte im Sudetenland. Investitionsgüter waren in den zwei Jahrzehnten zwischen den Kriegen mehr begehrt als Konsumgüter, und diese gesuchten Erzeugungsstätten liegen vorwiegend im tschechischen Innerböhmen. Kanonen, aber auch Lokomotiven aus den Skodawerken fanden zu jeder Zeit in aller Welt Käufer; - Spitzen aus dem Erzgebirge, Zephire aus Hohenelbe, Leinen aus Freiwaldau, Glas aus Haida und Steinschönau, Porzellan aus Schlaggenwald usw. kamen wiederholt in arge Verkaufsverlegenheit. Durch öffentliche Aufträge wäre auszugleichen gewesen. Aber Prag zog es vor, neu errichtete tschechische Unternehmen zu unterstützen und auf diese Weise krisenfest und dadurch erst wettbewerbsfähig zu machen.

Auch die Besetzung der öffentlichen Stellen ist nicht nach Schweizer Maßstäben einer Gleichberechtigung vor sich gegangen. Deutsche Staatsbeamte wurden vorzeitig in den Ruhestand geschickt, bei Neueinstellungen wies man Deutschen

- der statistischen Propaganda zulieb - einige wenige Stellen in den tiefsten Rängen zu.

So war die Arbeitslosigkeit im Sudetenland immer größer als im tschechischen Gebiet.

Aber vielleicht waren die „kleinen Nöte" dieser Zwischenzeit nur eine schicksalsgewollte Vorschule für die größere Not, die dann kam.

Die Sudetendeutschen haben im weitesten Sinne alles verloren, was man als Grundlage für Arbeit wie Leben schaffen kann: Wohnung, Fabrik, Opernhaus.

Die anderen haben alles übernommen, aber sie haben es (wie schon gesagt) nur zum kleinen Teile behaupten können. Das Randgebiet ist wirtschaftsarm geworden. Die Verdienste sind klein. Die Zug-Anschlüsse an das Kernland sind schlecht. Nebenstrecken hat man aufgelassen, die Geleise abgetragen. Wer will dort frohen Mutes siedeln? Man hat sich wohl nach 1945 gerne in ein gepflegtes Haus gesetzt, ohne viel zu fragen. Damals fühlte man sich als Goldgräber und ums Versehen ist man zu einem peinlichen Grenzwächterdasein gekommen. In verschwiegenen Gesprächen überlegen die Raubgenossen von gestern und Leidgenossen von heute, wie es wäre, wenn die Sudetendeutschen wiederkämen . . . Vielleicht denken sie auch an die Mahnung T. G. Masaryks von 1918: „Nicht fürchten und nicht stehlen!"

Mit einer kaum lächelnden Wehmut hört der Sudetendeutsche vom Wirbel in der alten Heimat. Dazu hat er täglich Nachrichten vom Elend im ganzen Land zu registrieren. Dem raschen und billigen „Siege" ist eine unabsehbare nationale und soziale Niederlage gefolgt. Wirtschaftlich haben die Tschechen bei der großen Gleichschaltung im Ostblock am meisten zu verlieren, weil sie vorher reicher waren als die anderen slawischen Völker. Es kann jedoch ein Satellit nicht auf die Dauer besser dastehen als sein „Schutzstaat"; man darf hier an das Gesetz von den kommunizierenden Röhren erinnern - der Begriff Kommunismus schließt diesen Gedankengang schon ein. Es muß kein schönes Leben jetzt sein in dem „fernen Land, unnahbar unsren Schritten" . . .

Wichtiger aber als die Seitenblicke dorthin ist der neue Lebenskampf, den der Sudetendeutsche in Deutschland wie in Österreich führen muß, und den er führt. Er ist mit einem oder zwei Aussiedlungskoffern oder ohne diese in die Welt gezogen. Gute Köpfe und geschickte Hände haben schon wieder ihren Weg gemacht. Aber nur Stars und Handwerker sind bald durch das Tor neuer Erfolge gegangen und diejenigen, die zufällig in den rechten Ort kamen, zur Fabrik, deren Maschinendienst sie von früher beherrschen. Weit mehr suchen noch. Sie arbeiten zwar, aber es ist nicht das rechte; sie können mehr und haben Besseres gelernt.

Man hat nicht nach Berufsgruppen „umgesiedelt", sondern die Menschen dorthin versenden müssen, wo ein Wohnraum vorhanden war. Und nur wenige können überall, ohne andere Voraussetzung als sich selbst, neu anfangen. Die angestrebte Berufsumsiedlung geht sehr langsam vor sich. Sie ist aber, auch zum Vorteile der Aufnahmegebiete, unvermeidlich, mag sie noch so allmählich, in vielen Jahren, vom einzelnen erzwungen, vollzogen werden. Die Handschuhmacher gehören zusammen und die Lederarbeiter nicht weit davon. Die sudetendeutschen Textilstädte waren ein organisches Ganzes mit Spinnereien, Webereien, Färbereien, Appreturen, Kleiderfabriken usw.

Vor dem Ziel stehen Hemmungen vielfacher Art. Es sind schöne Anfänge geschehen; es sind neue Werke entstanden. Manche sind nach den Währungsreformen in Not gekommen, andere behaupten sich gut. Aber doch sind es nur einzelne Fälle, in denen der ehemals große Fabrikant jetzt wenigstens wieder Werkstätteninhaber ist; öfter noch ist er Lohnarbeiter und nur, wenn er örtlich Glück hat, im alten Fach.

Daneben wird mit bewundernswertem Mut das große Umlernen geübt und die Pionierarbeit um ihrer selbst willen - die schließlich auch äußeren Erfolg hat. In einer bayrischen Baracke haben wir im Sommer 1947 eine Gruppe von sechs Ingenieuren gefunden, die eine Werkzeugmaschine konstruierten. Den Rohstoff holten sie sich auf unglaublichen Wegen. Ein schmales Brot verdienten sie. Sie lebten gehetzt wie die Diebe und arm wie die Hunde, aber sie gaben es nicht auf. - Im Sommer 1951 haben wir die Männer in München in ihrer neuen Fabrik besuchen können.

Es fehlt dem sudetendeutschen Unternehmertum an Geld. Es sind noch die Kreditzentralen für Neugründer auszubauen. Sie haben, rein kaufmännisch gesehen, große Möglichkeiten.

Immer stößt der Neue jedoch auf den - begreiflichen - Widerstand der schon Arbeitenden, die ihn als künftigen Konkurrenten fürchten. Es geht dem Zuwanderer überall wie in Schillers „Teilung der Erde", dem Zuspätgekommenen: alles hat schon seinen Herrn. Die Mitwirkung der Ämter ist sehr unterschiedlich (Gewerbefreiheit auch für Neubürger in der amerikanisch besetzten Zone Deutschlands; Untersagungsgesetze und Staatsbürgerschaftsschwierigkeiten in Österreich).

Man hört zwar allenthalben (vom gelungenen Beispiel auf die Gesamtheit angewendet) das Lob: diese tüchtigen Menschen schaffen es wieder - und wir sind derselben Überzeugung, nur müssen wir hinzufügen: aber fragt nicht *wie* sie es schaffen, unter welchen Entbehrungen und gegen welchen Widerstand von Mensch und Material!

Wir haben oft in diesen Jahren einer müßigen Vorstellung Zeit gegeben: wenn man die kleine Menschheit von mehr als drei Millionen in ein gemeinsames Land geführt hätte - sie allein - in einen Schwarzwald oder in ein Queensland; und wenn man sie dort hätte anfangen lassen, die Bauern, die Tischler, die Lehrer, die Unternehmer - sie hätten ein *Neu-Sudetenland* gebaut zur eigenen Freude und zum Staunen der Welt. Wahrscheinlich wären sie rascher froh geworden als bei jedem anderen jetzt vorstellbaren Leben.

Aber es hilft nicht weiter, wenn man Träumereien nachhängt. Man muß sich mit Gegebenheiten abfinden. Es erweist sich nur, daß die Zwanzig-Milliarden-Dollar-Rechnung etwas Unermeßliches und Unmeßbares nicht berücksichtigen konnte: daß ein *Organismus* mehr ist als die Summe seiner

Glieder. Jetzt suchen die Bestandteile eines demontierten Volkes Einzelunterkunft.

Der Trost, der menschliche und volkswirtschaftliche, den wir in solchem Hin und Her der Gedanken, nach Blicken vorwärts und zurück gewinnen konnten, war immer dieser: wir haben die Seele und die Kraft des Auswanderers, der eben seinen Fuß von der Schiffsbrücke auf das neue Land setzt. Er weiß, was er kann, und er will den Anfang, wie immer er sich bieten mag, als Übergang hinnehmen. Ob er die alte Heimat in seinem Leben wiedersieht, wiedergewinnt - er weiß es nicht. Aber er weiß, daß Arbeit auch Heimat schafft.

Der liebe Rumburger

Das betriebsame Rumburg ist als ein Hauptort der böhmischen Leinenerzeugung bekannt. Die Rumburger Leinwand war ehemals über die halbe Welt verbreitet. Der Begründer dieses Weltrufes war ein Rumburger Kind, der Sohn eines armen Leinenwebers, Anton Salomon.

Als er zwölf Jahre alt war, trat er bei einem Weber in Georgswalde in die Lehre und ging nach Vollendung der schweren Lehrzeit auf die Wanderschaft. Vier Jahre schaute er sich in der Fremde fleißig um. Dann kehrte er heim und ließ sich in seiner Vaterstadt als selbständiger Meister nieder, webte tüchtig drauflos und brachte manches Stück Leinwand fertig. Er trug sie aber nicht zum Händler, sondern machte sich auf den Weg, um seine Waren selbst an den Mann zu bringen.

Im ersten Jahre seiner Tätigkeit war er mit dem Leinwandpack auf dem Rücken ausgezogen; im zweiten konnte er schon einen Schubkarren beladen; bald fuhr er mit einem schweren Lastwagen auf die Märkte. Sein Absatz erweiterte sich so, daß die meisten Rumburger Meister nur für Salomon arbeiteten. Er lieferte bis nach Triest und bis übers Meer.

Eine seiner besten Abnehmerinnen war die damalige Kaiserin Maria Theresia, die den tätigen Mann sehr achtete und ihn nur ihren „lieben Rumburger" nannte.

Herkunft

Von Rudolf Kauschka

In meiner Heimat sind
magere Felder
und große Wälder
voller Orgelwind.

Du weißt es nicht,
Warum so hager mein Gesicht
und so voll Sucht nach Licht
die heißen Augen sind?

Ich bin ein irrend Kind
magerer Felder
und tiefer dunkler Wälder
voller Orgelwind.

Nur ein Stück Brot

Von Otto Goldbach

Auf einer Gebirgswanderung kam ich einmal gegen Abend zu einer Einschicht. Tagsüber hatte mich ein schweres Gewitter längere Zeit aufgehalten, so daß ich mein Abendziel, eine kleine sudetendeutsche Bergstadt, nicht mehr erreichen konnte. Da die Einschicht ein freundliches Aussehen hatte, beschloß ich, hier mein Nachtlager zu suchen.

Ich traf in der Stube nur ein Kind an. Es war ein blasses, großäugiges Mädchen mit ernstem, altklugem Gesichtlein. „Der Vater ist fortgegangen und die Mutter auch", sagte es. „Sie sind schon lange fort. Schon den dritten Tag. Aber heute abend kommen sie wieder."

Ich fragte, wo denn die Eltern hingegangen seien.

„In die Stadt", erwiderte das Kind. „Der Vater spielt dort Geige und die Mutter verkauft die Spitzen, die wir den Winter über geklöppelt haben."

„Und wer besorgt inzwischen Haus und Hof?"

„Das tu ich."

Ganz selbstverständlich kamen die Worte aus dem Munde des Kindes. Ich blickte es an und wußte lange Zeit keine weitere Rede. Endlich fragte ich: „Wie alt bist du denn eigentlich?"

„Neun Jahre!" Das Mädchen hob stolz den Kopf. Es kam sich wohl schon fast erwachsen vor. Ich jedoch hatte es seiner Größe nach auf höchstens siebeneinhalb Jahre geschätzt. „Hast du Geschwister?" fragte ich weiter.

„Die sind gestorben! Voriges Jahr starb mein Brüderchen, das war das letzte. Die Annl und der Seppl starben schon vor drei Jahren. Sie waren alle so schwach."

Ich sah, wie die blauen Augen feucht schimmerten. Da lenkte ich rasch ab: „Wohin gehst du denn in die Schule?"

Das Kind nannte einen zwei Stunden entfernten Ort.

Es erzählte nun viel von seiner Schule, brachte mir seine Hausaufgaben, die es in den drei Tagen geschrieben hatte, und zeigte mir seine Zeugnisse.

Es mochte bereits eine große Zutraulichkeit zu mir gefaßt haben, denn es zog auf einmal einen Schemel unter dem Tisch hervor und setzte sich zu meinen Füßen. Es legte seine weißen, blutleeren Händchen auf meine Knie und fragte mich, ob ich Geschichten erzählen könne.

Da erzählte ich. Es war kein Licht in der Stube außer dem Widerschein des prasselnden Reisigfeuers, der ruhelos über das Gesicht des kleinen Mädchens flackerte und es mit einem rotgoldenen Schimmer verschönte und in den großen Kinderaugen, die mich unverwandt anstarrten, ein seltsames Glänzen weckte.

„Nun weiß ich nichts mehr!" sagte ich lächelnd.

Da saß sie ganz still und schaute zu Boden. Ich wollte sie fragen, wie ihr meine Geschichten gefallen hätten, aber ich merkte, daß sie mit schweren Gedanken rang. Da schwieg ich und wartete. Plötzlich stand das Kind auf und blickte mich lächelnd an. „Du hast so schön erzählt", sagte es. „Nur meine Mutter kann so schön erzählen wie du. Ich muß dir etwas schenken!"

Und ehe ich ein Wort erwidern konnte, war die Kleine in die Nebenkammer gelaufen. Ich hörte sie dort eine Weile kramen, dann kehrte sie wieder, die rechte Hand auf dem Rücken bergend. Sie kam ganz nahe zu mir heran, das Gesichtlein in gespannter Erwartung meiner Überraschung. Und dann - mit einem Ruck - hielt sie mir ihr Geschenk hin. „Weißbrot!" sagte sie, als verkünde sie ein großes Geheimnis.

Es war ein Stück Stadtbrot. Während ich es nahm, dachte ich daran, daß in der Heimat des Mädchens der Weizen nicht gedeiht und das Korn oft nicht reif wird, daß Hafer, Gerste und Kartoffel die hauptsächlichsten Feldfrüchte sind. Und daß auch an ihnen Not ist. Da begriff ich, was für ein kostbares Geschenk ich in den Händen hielt. Ich suchte vergeblich nach dem rechten Dankeswort. Da strich ich mit der Hand behutsam über das Haar des Kindes. Es wurde rot, als hätte es einen Grund, sich zu schämen, und schmiegte sich heftig an mich.

Schritte ließen sich vom Hof her vernehmen. Die Eltern kehrten zurück. Jauchzend stürzte ihnen das Mädchen entgegen, während ich das Brot brach und aß.

Arbeiterkinder

Von Robert Goldberg

Wir wuchsen im Hof der Fabrik empor,
die turmhoch vor uns stand,
der Mühlbach schoß schwarz aus dem Tunnel hervor:
dort war unser Märchenland.

Der Spielplatz voll Schlacke, die Hände voll Ruß,
der Mühlbach schillerte bunt.
Wir stürmten die Halden von Koks und Grus
und balgten uns ohne Grund.

Die Werkspfeife hat uns früh geweckt
und rief uns mittags herein -
sie hat uns oft jäh aus dem Schlaf geschreckt,
schrie „Feuer" im blutigen Schein.

Wir wuchsen auf im Maschinengedröhn,
in Dunkel, Nebel und Dampf,
und dennoch scheint uns die Kindheit schön,
denn sie lehrte uns Arbeit und Kampf.

Die Fabrik ragt heute noch überm Bach,
doch im Hofe wächst Unkraut und Gras,
die Maschinen schweigen bis unters Dach,
und die Fenster sind ohne Glas.

Die Pfeife schweigt, die Halden sind leer,
und rauchlos ragt der Schlot.
Und die Kinder? Die Kinder spielen nicht mehr,
sie betteln um Brot.

Heimat

Von Emil Merker

Nichts als Not ist bei uns zu Haus;
aber, so sehr ich das einseh,
weiß ich doch manchmal nicht ein und aus
vor lauter Heimweh.

Vater und Mutter, ich tat euch oft weh;
wie ich das konnte, versteh ich nicht.
Denk ich jetzt an euer altes Gesicht,
mein ich, daß ich vor Gram vergeh.

Ich hab euch nicht genug lieb gehabt,
als es noch Zeit war; jetzt ist es zu spät.
Als ob's nur immer so weitergeht,
bin ich an allem vorbeigetappt.

Gäbe es, gäb's einen Weg zurück,
auf blutenden Füßen wollt ich ihn gehn,
um nochmals an der Schwelle zu stehn,
lachend und weinend und irr vor Glück.

Unsere Industrie

Von E. Trenkler

Als im Jahre 1918 durch den Vertrag von Saint Germain die österreichisch-ungarische Monarchie zerschlagen wurde, waren die Völker der Welt nur von sogenannten politischen Gesichtspunkten und von dem aufgespeicherten Kriegs- und Nationalitätenhaß geleitet. Niemand bemühte sich, zu erkennen, daß man mit der Donaumonarchie das gesündeste und in sich geschlossenste Wirtschaftsgebiet Europas zerstörte.

Den größten Gewinn bei der Auslosung österreichisch-ungarischer Werte zog die Tschechoslowakei. In ihren Randgebieten lag das Schwergewicht der gesamten österreichisch-ungarischen Industrie. Einige Industriezweige, wie Porzellan, Glasindustrie, Tuchindustrie, lagen mit mehr als 90 v. H. in der Tschechoslowakei, während der Anteil der in Böhmen und Mähren gelegenen anderen Industrien am Gesamtbesitz Österreich-Ungarns 50 v. H. überschritt. Demgegenüber übernahm die Tschechoslowakei nicht ganz 30 v. H. der ehemaligen Bevölkerung der Doppelmonarchie. Diese Industrien, welche heute die Tschechen in ihrer Auslandswerbung so gern als uralte tschechische Fertigungen hinstellen, befanden sich zu 50, 70 und teilweise sogar 100 v. H. in der Hand der Sudetendeutschen.

Diese Zahlen besagen aber wenig, da Zahlen immer etwas Totes an sich haben, Wirtschaft aber das Leben selbst einschließt. Bis in die tiefsten Wälder unserer Sudetenberge zog sich die deutsche Wirtschaft. Der Gebirgsbauer des Riesengebirges, der noch in 1100 Meter Höhe seine Kartoffel anpflanzte, und seine Frau, die Heimarbeiten für die Hohenelber Taschentuchindustrie ausführte, haben daran genau so Anteil, wie etwa der Betriebsführer der Firma Kunert, die die größte Strumpffabrik Europas war.

Die am stärksten in Sudetenland vertretene Industrie, die Textilindustrie, zählt zumindest in ihrer Woll- und Leinenverarbeitung zu den ältesten Europas. Bereits im 16. und 17. Jahrhundert genoß sie einen Ruf, der ihr überall die Märkte öffnete. 1930 waren allein 208.000 Sudetendeutsche, d. i. 25 v. H. der Erwerbstätigen, in diesem Industriezweig beschäftigt. In der Spinnerei liefen 3,6 Millionen Spindeln, d. i. rund 30 v. H. der im Deutschen Reich mit seinen 60 Millionen Einwohnern und seiner sehr stark entwickelten Textilindustrie erreichten Zahl. Als Schwerpunkte der textilen Fertigung hatten sich Nordböhmen mit den Gebieten um Warnsdorf und Reichenberg, das Egerer und das Ascher Gebiet, Trautenau, Hohenelbe und Österreichisch-Schlesien entwickelt. Von den deutschen Sprachinseln lebten insbesondere Brünn und Iglau von dieser Industrie. Zum Unterschied vom Deutschen Reich waren die sudetendeutschen Betriebe aus kleinsten Anfängen heraus schrittweise gewachsen, so daß die im Deutschen Reich üblichen Kapitalgesellschaften bei uns nicht aufkommen konnten und die Industrie im wesentlichen in Familienbesitz war. Firmen wie Johann Liebig in Reichenberg mit 5000 Arbeitern, Kunert in Warnsdorf, J. Ginzkey in Maffersdorf, J. Hückl in Neutitschein stellen solche ins Riesenhafte gewachsene Familiengründungen dar.

Einen besonderen Ruf genossen die sudetendeutschen Spezialfertigungen, wie die Taschentuchindustrie, die Leinen- und Damastweberei und die in Heimarbeit hergestellten erzgebirgischen Klöppeldecken und -spitzen.

Ein noch höheres Ansehen als die Textilindustrie eroberte sich das böhmische Glas. Das berühmte Rubinglas, von dem Hans Watzlik in seiner „Leturner Hütte" erzählt, ist in den sudetendeutschen Öfen geschmolzen worden. Rund 90 Hütten stellten mit dem Schwergewicht im Isergebirge, in Haida-Steinschönau, im Böhmerwald und im Braunkohlengebiet von Teplitz-Schönau alle Arten von Rohglas her, die in sämtliche nur möglichen Formen veredelt wurden. Vom Fensterglas bis zum geschliffenen Spiegel, vom Bierglas bis zum hundertkerzigen Glasluster war alles in die Herstellung der sudetendeutschen Glasindustrie eingeschlossen. Sie stand nach dem Deutschen Reich vor Belgien an zweiter Stelle im Weltexport.

Als Sonderfertigung der Glasindustrie war Gablonz mit seiner Schmuckwarenherstellung zu einem Weltbegriff geworden. Allein in diesen Waren wurden 1937 Exporte für 664 Millionen tsch. Kronen getätigt.

In den waldreichen Randgebirgen Böhmens entwickelte sich selbstverständlich auch frühzeitig eine weitverzweigte Holzindustrie. Mehr als 50.000 Betriebsarbeiter waren in diesen Unternehmungen tätig, ohne daß die große Zahl der Heimarbeiter - das Werk Schowanek im Isergebirge beschäftigte allein deren 15.000 - eingerechnet wäre. Auch auf diesem Gebiet war die Fertigung denkbar mannigfaltig. Vom kleinen Holzknopf der Tachauer Holzindustrie über die überall bekannten Holzspielzeug- und Bijouteriewaren bis zu den insbesondere in dem westböhmischen Königsberg hergestellten Luxusmöbeln waren alle Holzerzeugnisse vertreten. An Holzspielwaren allein wurde 1932 für 22 Millionen tsch. Kronen ausgeführt.

Bis zu 90 v. H. für das Ausland arbeitete die erzgebirgische Musikinstrumentenerzeugung. Rund 6000 Facharbeiter beschäftigten sich vornehmlich in Heimindustrie in den Gebieten von Schönbach und Graslitz im Erzgebirge mit der Herstellung von Holz- und Blechmusikinstrumenten. Daneben hatte sich in Georgswalde und Reichenberg eine Klavierindustrie und in Troppau ein Werk, das Kirchenorgeln herstellte, entwickelt.

Unweit von Graslitz, bei Abertham, waren wie in Kaaden und im Saazer Gebiet die Handschuhmacher zu Hause. Vom groben Arbeitshandschuh bis zum feinsten Glacéhandschuh wurden sämtliche Arten von Lederhandschuhen hergestellt. Jährlich fanden rund 7 Millionen Handschuhe aus diesen Industriegebieten ihren Weg in die Welt.

Unterhalb der Westspitze des Erzgebirges im Egergraben mit dem Schwerpunkt um Karlsbad baute sich auf die dort häufigen Kaolinvorkommen eine weitverbreitete und überall bekannte Porzellanindustrie auf. In rund 50 Porzellanmanufakturen waren ungefähr 30.000 Arbeiter damit beschäftigt, Karlsbader Porzellan herzustellen, das an Qualität dem bayrischen in nichts nachstand. Eine besondere Überlieferung schuf künstlerisch wertvolle Gebilde.

In der Eisen- und Metallindustrie waren rund 90.000 Deutsche beschäftigt. Der Wert der Anlagen, die sich in deutscher Hand befanden, werden heute auf 3 Milliarden Mark geschätzt. ESKA-Fahrräder aus der Gegend von Eger waren genau so bekannt wie etwa die in Warnsdorf hergestellten Spezialmaschinen der Firma Plauert oder die Armaturen aus Aussig und die Elektrowaren und Maschinen aus Tetschen-Bodenbach. Die Industrie war über den ganzen sudetendeutschen Raum ohne besondere Schwerpunktbildung verbreitet.

74 v. H. der Kohlengruben des früheren Österreich-Ungarn liegen in Böhmen. Bereits 1515 erschlossen deutsche Bergleute die ersten böhmischen Kohlenflöze bei Komotau. 1630 begann man bei Brüx Kohle zu gewinnen. Seit dieser Zeit nahm der Kohlenbergbau im Egergraben insbesondere durch den 1858 erfolgten Eisenbahnanschluß an die Elbe einen rapiden Aufstieg. Diese sudetendeutsche Kohle war die Grundlage aller Industrien Böhmens. Nach 1918 gingen allerdings viele der Gruben in tschechischen Besitz über. Der deutsche Anteil machte jedoch zum Zeitpunkt der Vertreibung immer noch 1277 Millionen Mark aus.

Älter als der Kohlenbergbau ist die Gewinnung von Edelmetallen in Böhmen. Das schon sehr lange nicht mehr ausgenützte Goldvorkommen vom Riesengebirge bis ins Niedere Gesenke ist uralt. Silberbergwerke wurden im 14. Jahrhundert von Deutschen in Kuttenberg, im 16. in Iglau und im Erzgebirge angelegt. Wie berühmt böhmische Silbermünzen waren, ist daran zu erkennen, daß der Dollar - Taler - seinen Namen von dem Joachimsthaler Silbergulden ableitet. Erst in ganz neuer Zeit sind diese Gruben wegen der Förderung der bisher als Abfallprodukte angesehenen Uranpechblende wieder in Betrieb genommen worden und werden heute als wesentliche Quellen des auf dem Weltmarkt stärkstens gesuchten Uranpechroherzes hoch geschätzt.

Während das Uran erst heute als Ausgangsstoff zerstörender Gewalten gesucht ist, werden die radiumaktiven Quellen von Joachimsthal seit Jahrzehnten von den Heilungsbedürftigen aufgesucht. Mit dem Radiumbad hatten die Kurorte des weltberühmten Bäderdreiecks Karlsbad - Marienbad - Franzensbad mit ihren heißen Sprudeln die entsprechende Ergänzung erfahren. Das Herzheilbad Johannisbad im Riesengebirge und die vielen Luftkurorte und Mineralquellen der Randgebirge boten die gleiche Sorgfalt der Behandlung und Aufmerksamkeit für den Kurgast.

Im Verhältnis zur Industrie kam der sudetendeutschen Landwirtschaft eine geringe Bedeutung zu. Das sehr karge Land der Randgebirge wurde dennoch schrittweise bis nahe unter die Gipfel urbar gemacht. Bis zu 700 Meter wurden Roggen, Klee und Flachs gebaut, mit dem Kartoffelanbau ging man sogar bis auf eine Höhe von 1100 Meter. Die tiefer gelegenen sudetendeutschen Gebiete, wie das Elbeland, der Egergraben, das Saazer Gebiet und die mährische Ebene, wiesen eine sehr reiche Landwirtschaft auf. Das Saazer Gebiet ist durch seinen Hopfenanbau, der die Grundlage der Brauindustrie bot, weithin bekannt geworden. Aus diesem Hopfen wurde das „Pilsner" gebraut, das heute zu einer Qualitätsbezeichnung in der ganzen Welt geworden ist. Auch die berühmte Brauindustrie Böhmens ist eine deutsche Schöpfung.

Was in Aufzählungen - und mögen sie noch so erschöpfend sein - nie ausgedrückt werden kann, ist der ungeheure Fleiß und der zähe Aufbauwille, der diesen Reichtum eines Landes geschaffen hat, das von Natur nur wenig begünstigt war. Den Wissenden mutet es daher ungeheuerlich an, wenn die Tschechen, heute wie je bei internationalen Konferenzen und bei allen Gelegenheiten die Verhältnisse so darstellen, als wären die Deutschen in ein reiches Land gekommen und hätten es mitsamt seiner Industrie den Tschechen genommen. Heute aber zeigt sich, daß nur der einen Besitz erhalten kann, der ihn auch erworben hat. Weite Landstriche und Gebirgstäler, leergefegt durch die Woge des Hasses, veröden; reiche und saubere Dörfer stehen leer, während die Fluren von der

Wildnis überwuchert werden. Die Industrien, die den neuen Nationalstaat nach der Sozialisierung finanzieren sollten, liegen brach. Fähigkeiten, die sich vom Vater auf den Sohn vererbt hatten, die in allen Arten von Fachschulen hochgezüchteten Kenntnisse, sie konnten nicht auf die neuen „Besitzer" übergehen. Eine Entwicklung ist unterbrochen worden, die Jahrhunderte der Gestaltung und des Aufbaus durch Deutsche sah, die in ihrem Erfolg allen Nationen dieses Raumes zugute kam.

Kohlenrevier

Von Wilhelm Pleyer

Und Schutt an Schutt, und Halde neben Halde.
Ein ungeheurer Schatz wird hier gehoben,
Ein tausendfältig Leben quillt nach oben
Aus dem gestorbnen und versteinten Walde,
Ein Zauberstrom von Wärme, Licht und Kraft,
Von Magisterien im schwarzen Stein.

Doch was dies Land an Glanz und Schönheit schafft,
Scheint nirgendwo des Landes selbst zu sein:
Halde an Halde, Pinge neben Pinge,
Die Felder schmal, zerstückt, wie bloße Dinge,
Die Wäldchen dürftig nur und kaum beflogen,
Genist und Rast der gramen Krähenvögel;
Von gilb und grauen Schwaden überzogen
Die Fördertürme, Schupfen, Abraumkegel.
Dir ist, als hörtest du die Hauen drunt,
Die Schrämer keuchen und die Stempel stöhnen . . .

Und dennoch kann dies Land sich reich verschönen:
Was grau und trübe, wird in Strahlen bunt,
Der Halden schwarzer Schutt beginnt zu glimmern,
Die Kräne leuchten, Fördertürme schimmern
Gleich einem Dome, der ins Goldne ragt,
Die Schwaden breiten sich als weite Schwingen,
Und Lerchen steigen aus den kahlen Pingen,
Wenn einer zu dem Lande Heimat sagt.

Die Gablonzer Industrie

Von Karl Patzelt

Nach Böhmen kam die Glasindustrie wahrscheinlich im 14. Jahrhundert. Man nimmt auf Grund verschiedener Urkunden an, daß es zur Zeit Karls IV. in Böhmen schon Glashütten gab. Die Glasmacherei wurde fast ausschließlich in den waldreichen Gebieten des Landes betrieben, da man damals ja das Holz als Brennstoff verwendete. Im Jahre 1548 wurde in den Wäldern der Herrschaft Kleinskal eine Glashütte errichtet. Diese Hütte stand auf der sogenannten Moosbeerheide, die zur Ortsflur Gablonz gehörte. Kurz darauf erstanden weitere Glashütten im Isergebirge in Labau, Reiditz und Friedrichswald. Die Güte des Glases aus dem 16. Jahrhundert, des grünen Waldglases, ließ noch viel zu wünschen übrig. Es wurde in Bleifassung zu Butzenscheiben, zur Fensterverglasung und zu verschiedenen Trinkgefäßen verwendet und eignete sich hervorragend zum Bemalen mit satten Farben.

Im Jahre 1587 erstand die Glashütte in Antoniwald an der Kamnitz. Hier ist zum erstenmal der Einfluß der Familie Riedel auf die Erzeugung des Glasschmucks nachzuweisen. Schon der erste Pächter der Hütte in Antoniwald, Johann Leopold Riedel, wirkte bestimmend auf den Übergang von der Glaserzeugung zur Glasschmuckindustrie ein. Bald darauf wurde das Schleifen und Gravieren als Veredelung des Glases eingeführt.

Am Hofe Rudolfs II. gab es schon Edelsteinschneider; damals war das böhmische Kristall schon dem venezianischen gleichwertig. Der Dreißigjährige Krieg vernichtete die gesamte damals bestehende Glasindustrie des Isergebirges. Nach diesem Kriege kam die Glasmacherei allmählich wieder in Gang. Um das Jahr 1700 bestand in Kukan bei Gablonz schon eine Bruderschaft der Glasschneider, und in Seidenschwanz bei Gablonz eine Bruderschaft der Steinschneider, welche aus Glasbrocken künstliche Edelsteine schliffen. Um die Mitte des

18. Jahrhunderts kam erstmalig die Druckzange auf. Die Gablonzer Industrie verlegte sich stark auf die Nachahmung von Edelsteinen, die in den Schleifmühlen längs der Gebirgsbäche geschliffen wurden und auf dem Markt mit der venezianischen Ware erfolgreich in Wettbewerb traten. Weite Kreise der Landbevölkerung wandten sich dem Schleifen, Malen, Gravieren, Polieren und Drucken des Glases zu. Es war um die Mitte des 18. Jahrhunderts, als sich der Übergang zur Glaskleinindustrie oder Kurzware vollzog, der eine mächtige volkswirtschaftliche Umwälzung brachte.

Gegen Ende des 18. Jahrhunderts entwickelte sich in Gablonz die Gürtlerei. Es wurden gläserne Bestandteile für Luster schon nicht mehr lose, sondern in Ketten zusammengehängt nach Nürnberg und Augsburg geliefert. Im 19. Jahrhundert gab es schon selbständige Gürtlermeister, und bereits 1839 wurde eine Gürtlerinnung ins Leben gerufen.

Der Glashandel wurde in früherer Zeit von den Hütten auf Karren und zweirädrigen Wagen besorgt. Die Messen in Leipzig, Augsburg, Prag und Frankfurt wurden schon zu Beginn des 18. Jahrhunderts beschickt. Die Namen namhafter Glashändler sind seit dem Beginn des 18. Jahrhunderts geschichtlich überliefert. Von einem eigentlichen Export in Gablonz und den Nachbarstädten kann man aber erst seit 1866 sprechen, der Auftrieb erhielt durch den Bau der Lokalbahn im Jahre 1888. Um 1930 vermittelten bereits 500 Exporthäuser den Verkauf der Gablonzer Erzeugnisse in alle Welt.

Die gesamte Gablonzer Glas- und Schmuckindustrie gliederte sich in eine große Zahl von Berufszweigen, die einander in die Hände arbeiteten. Da waren die 2300 Glaswarenerzeuger, die das Rohglas aus den Glashütten oder den Kompositionsbrennereien bezogen. Die Kristallerieartikel wurden vielfach in der Glashütte selbst in Formen gepreßt und dann teils durch Schliff veredelt, was meist im Gebiete des Kamnitz- und Dessetales geschah, teils mit der Glasmacherpfeife geblasen. Diese Artikel kamen als Schüsseln, Flakons, Parfumzerstäuber, Streuer, Tintenfässer, Briefbeschwerer, Aschenschalen, Prismen u. a. in den Handel und entzückten durch ihre vornehme, geschmackvolle Ausführung. Ein Hauptzweig der Gablonzer Industrie waren die Glasknöpfe. Zur Herstellung kleinerer Gegenstände wurde das Glas in Stangenform verwendet, das in den Druckhütten erhitzt und mittels entsprechend geformter Zangen in die gewünschte Form gepreßt wurde.

Weltruf besaß seit je die Gablonzer Glasperlenerzeugung. Die Glasperlen wurden zum größten Teil in den sogenannten Druckhütten in eisernen Formen gedrückt, aus Glasstengeln über der Lampe geblasen oder aus Glasstengeln mittels der Sprengmaschine gehackt. Die meisten Perlen wurden aus farbigem Glas in den verschiedensten Formen hergestellt und auf die verschiedenste Art dekoriert durch Versilbern und Vergolden auf galvanischem Wege, Einziehen von Farbe, Auftragen oder Einziehen von Fischsilber. Viele Perlen wurden geschliffen. In den Handel gelangten die Perlen meist aufgefädelt, zum Teil wurden sie zu Kolliers, Perltaschen, Lampenfransen, Gürteln, Perlbeuteln usw. verarbeitet.

Ein ganz hervorragender Ausfuhrartikel waren die Glasarmringe (Bangles), die meist nach Britisch-Indien gingen. Der Ausfuhr dieses Artikels war es vornehmlich zu verdanken, daß im Jahre 1912 ein Dampfer des Österreichischen Lloyd auf den Namen „Gablonz" getauft wurde. Einen Begriff von den Mengen, in denen dieser Artikel ausgeführt wurde, kann man sich machen, wenn man erfährt, daß beispielsweise im Jahre 1920 nach Britisch-Indien und dem Orient Bangles in 15.851 Kisten im Werte von 108,595.000 Kronen ausgeführt wurden.

Die Gürtlerei, einer der Haupterwerbszweige von Gablonz, umfaßte über 900 selbständige Meister. Die Rohbestandteile für diese Erzeugung wurden meist aus unedlem Metall ausgestanzt, zusammengelötet, versilbert, vergoldet und poliert oder emailliert. Die Gürtler verfertigten Nadeln, Broschen, Schließen, Schnallen, Armbänder, Agraffen, Spangen usw. in hunderttausendfacher Ausführung vom einfachsten bis zum teuersten Stück. Das ganze Gewerbe war der

Laune der Mode im höchsten Grade unterworfen. Jedem Wunsche konnte in kürzester Zeit Rechnung getragen werden. Die Gürtler standen mit allen Arten von Erwerbszweigen der Gablonzer Industrie in engster Fühlung und verwerteten deren Erzeugnisse für ihre Artikel.

Ein besonders prachtvolles Erzeugnis der Gablonzer Industrie waren die künstlichen Edelsteine, deren Herstellung große Erfahrung und ganz besonderes Geschick erfordert. Sie gingen zum größten Teil nach Amerika, meist gefaßt in Ringen, Armbändern, Ohrringen, Broschen, Nadeln und Diademen.

Von anderen Industriezweigen in Gablonz müssen noch die Graveure, Formenschlosser und Zeugschmiede erwähnt werden, welche die Werkzeuge anfertigten, die in den Gablonzer Werkstätten zur Herstellung der Muster dienten, die Galvanisieranstalten, in denen die Bestandteile versilbert oder vergoldet wurden, die kunstgewerblichen Zeichner, die Similiseure, welche die aus Glas hergestellten Edelsteine auf der Rückseite mit einem Silberüberzug versehen, der den Steinen das Feuer verleiht, die Industriemaler, die Erzeuger von Lampenfransen und Beleuchtungskörpern, die Erzeuger von Perlmuttersachen und Christbaumschmuck. Verschiedene Waren und Schmuckgegenstände wurden in Gablonz auch aus Zelluloid, Holz und Galalith hergestellt.

Befruchtend und in jeder Hinsicht fördernd und wegweisend wirkte auf die Gablonzer Industrie die kunstgewerbliche Staatsfachschule in Gablonz, in der alle Zweige der Industrie in gründlicher theoretischer und praktischer Weise gelehrt wurden.

Nach Beendigung des ersten Weltkrieges nahm die Gablonzer Industrie einen außerordentlichen Aufschwung. Sämtliche Industriezweige arbeiteten mit Hochdruck. Hatte die Steuerleistung in der Stadt Gablonz von 1911 ebensoviel betragen wie die des ganzen Königreiches Dalmatien, so betrug in den ersten 10 Jahren des Bestandes der Tschechoslowakischen Republik die Ausfuhr von Gablonzer Glas- und Schmuckwaren 1.5 Millionen Tonnen im Werte von 14 Milliarden Kronen.

Welche Industrie hat wohl mehr hochwertige Devisen ins Land gebracht?

In der ganzen Gablonzer Industrie waren bei gutem Geschäftsgang weit über 150.000 Menschen beschäftigt.

Aus kleinen Anfängen, fast ohne jede Förderung von oben, nur durch eigene Kraft, eigenen Fleiß, eigene Kunstfertigkeit war es der deutschen Isergebirgsbevölkerung gelungen, eine Industrie zu schaffen, deren Erzeugnisse ob ihrer Schönheit und gediegenen Ausführung die Namen des böhmischen Glases und den von Gablonz in alle Welt trugen und zu einem Wertbegriff erhoben.

Pilsen

Wer heute von Pilsen spricht, der denkt kaum daran, daß auch diese Hauptstadt Westböhmens ihre Gründung dem Deutschen Ritterorden verdankt, im Mittelalter in engsten Beziehungen zu den benachbarten Reichs- und Bischofsstädten stand, und 1599 sogar Residenz Kaiser Rudolfs II. war. - Heute verbinden sich mit Pilsen vor allem zwei Begriffe: Skoda und Pilsner Bier.

Emil Skoda, der Sohn des kaiserlichen Stadtphysikus von Pilsen, begann zu Anfang des vorigen Jahrhunderts vor den Toren der Stadt eine Werkstätte einzurichten, und verstand es durch mehrere Erfindungen und Verbesserungen sowie durch außerordentliches kaufmännisches Geschick den Betrieb so auszubauen, daß er in kurzer Zeit an Stelle der 30 Arbeiter, mit denen er begonnen hatte, bereits mehrere Hunderte Mitarbeiter beschäftigte. Von der Wiener Regierung mit immer größeren Aufträgen an Lokomotiven, Eisenbahnwagen, aber auch Kriegsmaterial, vor allem Kanonen und später Kraftwagen, bedacht, erlebte das Werk eine lawinenhafte Entwicklung. Bald lieferten die Skodawerke - schon längst ein Begriff der Wertarbeit geworden - nach den fernsten Ländern. Als der erste Weltkrieg kam und hier die gefürchteten Skodamörser entstanden, hatten die Skodawerke bereits mehr als

30.000 Arbeiter und Angestellte und waren eines der größten Werke dieser Art auf der ganzen Welt. Kein Wunder, daß diese heftige Entwicklung auch das plötzlich zur Großstadt gewordene Pilsen prägte und die Stadt zu einer der modernsten Böhmens machte.

Wer aber an Pilsen denkt, der denkt auch an das Bier, das die Stadt noch berühmter gemacht hat als die Mörser und Lokomotiven. Urkundlich ist festgestellt worden, daß gerade das Pilsner Bier im Mittelalter besonders schlecht war, und der Rat der Stadt oftmals deshalb Verdruß und Ärger hatte. Als die Pilsner Bürger im Jahre 1845 Wandel schaffen mußten, verpflichteten sie aus dem benachbarten Bayern, und zwar aus Vilshofen, einen Oberbräuer mit Namen Peter Groll, und dieser stellte im Gegensatz zu früher „Pilsner Bier auf bayrische Art" her. Es gelang ihm, durch einen bestimmten Lagerungsprozeß in den kilometerlangen, in Sandstein gehauenen unterirdischen Kellereien die Voraussetzungen für den charakteristischen, etwas herben, aber so wunderbar durststillenden Geschmack des echten „Pilsner" zu schaffen.

So verdankt also auch diese Stadt ihre heutige Bedeutung als tschechische Industrie-Metropole deutschem Fleiß und Arbeitswillen.

Johann Schicht an seine Eltern

In einem Briefe aus Wien vom 29. Dezember 1873 entwirft der noch nicht neunzehnjährige Johann Schicht den Plan des Unternehmens, das Weltruf erringen sollte:

„Ich hatte vor nicht langer Zeit mit unserem Korrespondenten, Herrn Knechtl, eine Besprechung über die Seifen- und Kerzenfabrikation Österreichs und wir kamen im Verlaufe des Gesprächs auf die Tatsache zu sprechen, daß das in seinen deutschen Bezirken industrielle Land, nämlich Böhmen, nicht eine einzige große Seifenfabrik besitzt. Mir ist zwar nicht bekannt, ob in Prag, seit ich von zu Hause fort bin, eine solche entstanden ist, woran ich jedoch zweifle. Bei dem Punkte, daß in Böhmen keine große Seifenfabrik ist, sagte Herr Knechtl: ‚Und doch weiß ich in Böhmen eine Stadt, welche für eine Seifenfabrik die beste Zukunft haben kann. Wenn ich auch nichts davon verstehe, so werfe ich von Aussig aus doch alle anderen Fabriken über den Haufen, denn es gibt keine andere Stadt, welche für eine Seifensiederei günstiger gelegen wäre.'

Sie werden wohl schon halb und halb erraten haben, wo ich hinaus will, und ich mache daher auch keinerlei Umschweife und teile Ihnen meine Idee mit: Mit einem meiner Brüder, nämlich Heinrich oder Josefen, in Aussig eine Seifensiederei, wenn sie von Anfang an auch noch so klein betrieben werden müßte, zu errichten. Die Gründe dazu will ich Ihnen im Nachfolgenden in Kürze mitteilen. Erstens muß ich mich, da ich doch auch schon anfange, Verstand zu bekommen, entschließen, welchem Geschäfte ich mich zuwenden soll.

Nach reiflicher Erwägung habe ich mich entschlossen, eine Seifensiederei zu errichten, und habe für den günstigst gelegenen Punkt wie Herr Knechtl Aussig erkannt. Warum, folgt dann. Zweitens gehört eigentlich noch zu erstens: bin ich bei der Überlegung, bei welchem Geschäfte ich am ehesten selbständig werden und es zu etwas bringen könnte, zur Überzeugung gekommen, daß ich dies bei einem anderen Geschäfte sehr schwer, wenn nicht unmöglich erreichen könnte. Um nicht langweilig zu werden, muß ich endlich auf das eigentliche Ziel zurückkommen. Erstens: Eine Seifensiederei in Aussig - nebenbei gesagt eine Stadt von etwa 12.000 Einwohnern - hat den ersten außerordentlichen Vorteil, daß die Soda einem förmlich vor der Nase sitzt. Zweitens kann man von dort aus Hamburg per Elbe zu ungemein billiger Fracht die nötigen Materialien, wie Kokosöl, Palmkernöl usw., beziehen. Drittens habe ich das Feuerungsmittel, nämlich die Kohle, ebenfalls auf der Nase liegen. Dies wären die wichtigsten Punkte im Einkaufe. Beim Verkaufe ist es vor allem die Stadt Aussig selbst. Diese müßte im Anfang auch nebst der Umgebung die einzige Abzugsquelle sein. Von Aussig aus gehen jedoch, wie Sie wissen, Eisenbahnverbindungen durch ganz Böhmen, und zwar meist in direkter Linie. Über Näheres werde ich mich bei meinem Freunde, welcher unweit Aussig in einer Flachsspinnerei ist, erkundigen.

Bisher wäre nun alles recht schön gegangen und meiner Idee der Grundriß gegeben. Jetzt komme ich aber zur Hauptsache, nämlich zur Ausführung. Zur Betreibung einer Seifen- und Kerzenfabrik gehört vorerst diese selbst. Ich zweifle nun nicht daran, liebe Eltern, wenn Sie meiner Idee nicht abgeneigt sind, daß Sie uns die nötige Unterstützung angedeihen lassen würden. Hier fällt mir nun wieder etwas anderes ein. Nämlich, wie wäre es wohl, wenn der Vater das Geschäft unter seinem Namen errichtete? Die Seifensiederei würde an und für sich nicht gerade zuviel kosten. Angenommen, diese käme auf 10.000 Gulden mit Einrichtung und allem Zubehör, so bürgt Ihnen daher der Fleiß Ihrer Söhne, daß Sie ein gutes, vorteilhaftes Geschäft machen werden.

Ich bitte Sie, liebe Eltern, recht sehr um Verzeihung wegen der Sorgen, die ich Ihnen mit diesem Briefe mache. Vor allem aber bitte ich Sie, liebe Eltern, in dieser Angelegenheit um Rat.

Ich würde trachten, in eine größere Seifenfabrik zu kommen, um mit der Manipulation bekannt zu werden, und nach den Assentierungs- oder Rekrutenjahren könnte es losgehen. Derjenige meiner Brüder, welcher einverstanden ist, müßte auch noch ein Jahr nach Wien in eine größere Fabrik, damit er mit allem vertraut wird. Besonders könnten wir gute Toilettenseife kultivieren, welche einen schönen Verdienst lassen. Vielleicht könnten wir uns auch später Stearinkerzenerzeugung einrichten. Ich erwarte deshalb mit großer Begierde Ihre Meinung ..."

Wir werden vom Schicksal hart oder weich geklopft; es kommt auf das Material an.

Marie von Ebner-Eschenbach

Spruch

Von Gottfried Rothacker

Den Menschen preis ich nicht, der stets vollkommen
sich dünkt, als abgeschlossnes Ebenbild
des Gottes, den er kaum noch wahrgenommen,
der seiner Seele Sehnsucht niemals stillt,
weil ihn nicht dürstet und weil ihn nicht hungert,
der immer satt und voll Behagen ist,
der voller Trägheit durch sein Dasein lungert,
sein Tagwerk tut und doch sein Werk vergißt.

Den Menschen lieb ich nicht, der abgerundet
wie eine Kugel durch sein Leben rollt,
der nirgends anstößt, niemanden verwundet,
niemanden haßt und keinem Achtung zollt;
der von der großen Seligkeit des Gebens
nichts weiß, sich nur bequemt und immer nimmt,
die wenigen Stürmer nach dem Kranz des Lebens
faul mit den vielen Lahmen überstimmt.

Den aber lieb ich, der sich kraftvoll steigert,
der mit dem Schatten seiner Seele ringt,
der fröhlich sich das Ruhebett verweigert
und, müde schon, zu neuer Arbeit zwingt;
der, wenn auch Finsternis ihn tief umnachtet,
die Sonne seiner Seele leuchten läßt,
die toten Götzen unserer Zeit verachtet
und sich empört, wenn ihn die Lüge preßt;
der frei den Gott sucht, den man ihm verkündet,
in sich und allem, was wahrhaftig lebt,
der suchend auszieht und die Liebe findet
und glaubensfroh den Grund der Zukunft gräbt.

Vertriebene

Solange die Geschichte spricht, hat Frevel nie dauernd gesiegt; nur die Zeit ist die Frage, und was zwischen Anfang und Ende liegt.

Adalbert Stifter

Anno Domini 1945

Von Wilhelm Pleyer

Weiße Wolken im Blauen,
Wälder mit wolkigem Grün,
Silbern durchglitzerte Auen,
Wiesen in farbigem Blühn,
Sonne über den Talen,
Sonne über den Höhn,
Jauchzend über den Qualen -
Noch nie kam ein Frühling so schön!

In den Wäldern der Heimat
Tausende auf der Flucht,
Flüchtend von Erbe und Heimat,
Hausend in Dickicht und Schlucht,
Schauen das Blühen und Prangen,
Lauschen dem Lerchengetön,
Lächelnd mit nassen Wangen -
Noch nie kam ein Frühling so schön!

Lüfte in laulichem Fließen,
Jauchzender Kuckucksruf.
Wildes Schreien und Schießen,
Räder und klappender Huf;
Endlose Züge von Trossen
In den Blütenalleen,
Alles von Sonne umflossen, -
Noch nie kam ein Frühling so schön!

An der süßduftenden Linde
Hängt eine junge Maid,
Schaukelt sacht im Winde,
Schweigt von Scham und Leid.
Und Sonne über den Talen,
Sonne über den Höhn,
Jauchzen über den Qualen -
Noch nie kam ein Frühling so schön!

Die Vertreibung

Von Josef Mühlberger

Unheil und Unglück vieler Art, Gewalt, Tod, Hunger, Krieg, Mord, Haß, Unrecht, Grausen sind wie eine Lawine über die Menschheit hinweggerollt. Unheil und Unglück aber sind in so großer Fülle und Gewalt nicht faßbar, so wie eine laute Musik die Töne, aus denen sie besteht, nicht mehr erkennen läßt. Das Allgemeine kann uns von dem größten Leid, das Millionen Menschen traf, nichts sagen. Ich erzähle von der schweren Stunde eines Menschen, von eines Menschen schwerer Stunde und Bewährung.

Das namenlose Unglück erhält das Gesicht eines Menschen, dessen Augen uns leidvoll anblicken. Aber daß der kleine Kaufmann Kilian Rößler das ihm zugefügte Leid als das Leid auffaßte, das der verworrene Sinn der Menschen dem Menschen immer wieder zufügt, machte es so schrecklich, so nutzlos, hob es aber zugleich in ein Tröstliches, in das Tröstliche einer heimlich schluchzenden Resignation.

Für einen Augenblick hatte es geschienen, es könnte ihn überwältigen, so nahe, so unerbittlich griff es an sein Herz. Das war, als er, wo er es doch längst wußte und alle Vorbereitungen längst getroffen worden waren, am Morgen dieses letzten Tages den Aussiedlungsschein auf das darauf angegebene Datum hin prüfte. Es stimmte, es war dieser Tag, an dem er mit seiner Familie sein Haus verlassen mußte. Eine Gewalt befahl es einfach, er hatte aus dem Hause fortzugehen, das er sich gebaut, eingerichtet, das er erhalten, vergrößert und das er geliebt hatte, weil es der Lohn für viel Arbeit und viele Entbehrungen gewesen war. – Warum, das konnte er sich nicht klar machen. Im allgemeinen daran zu denken, daß es ihm einfach weggenommen würde und er gehen müßte, ohne je wiederkehren zu dürfen, das ergriff ihn nicht, weil er es nicht faßte. Aber wenn er an das glitzernde Zünglein seiner Waage dachte oder an den einen Teil des Daches, der nicht mit Ziegeln, sondern nur mit Schindeln gedeckt worden war, weil es damals nicht zu mehr ausgereicht hatte, oder wenn er an das Schubfach mit dem Zucker dachte, das nicht so leicht glitt wie das, darin sich das Mehl befand, da wurde es ihm seltsam in der Kehle. Dann war darin das Schluchzen eines trockenen Weinens.

Es war also der 9. August 1946, und dieser Tag stand zugleich auf dem Aussiedlungsschein und auf dem Blatt des großen Abreißkalenders im Laden Kilian Rößlers. Er sah das, trotzdem der Laden geschlossen war; seit die neuen Herren regierten, hatte er ihn nicht mehr öffnen dürfen. Es war ein richtiger Dorfladen, in dem vom Peitschenstiel bis zum Sonntagshut alles zu kaufen war. Kilian Rößler hatte das Geschäft begründet, da der väterliche Hof zu klein für die vielen Söhne gewesen war, hatte mit einer schmalen Stube und einer Kiste voll Waren begonnen, einen richtigen Kramladen, der durch vieler Jahre Mühe zu diesem Geschäft geworden war. –

Kilian Rößler trat hinüber in die Wohnstube und rief seinem Jüngsten. Mit ihm verließ er das Haus und stieg mit ihm schweigend den Hang hinauf dem Walde zu. Frau Mathilde schaute ihrem Manne ängstlich und erstaunt nach. Wohin ging er, jetzt, eine kurze Weile, bevor sie geholt würden, und auf den Wald zu, dahin zu gehen verboten war? –

Kilian Rößler stieg mit seinem Sohne langsam höher wie bei einem sonntäglichen Spaziergang. Oben hielt er, schwieg und blickte aus. Er schaute zu einem der väterlichen Felder hinüber und dann zum Wald. Der väterliche Hof stand seit länger als einem Jahr leer, und die Felder waren brach geblieben. Es hatte sich niemand gefunden, der nach der Aussiedlung des alten Rößler den Hof übernommen hätte; die Arbeit in dieser Gebirgsgegend war zu hart und trug zu wenig ein.

„Kaum anderthalb Jahre sind sie nicht bestellt worden, und schon sind sie ganz verwahrlost und überwuchert", sagte Kilian Rößler vor sich hin; er meinte die väterlichen Felder. „Das geht schnell", fuhr er fort. „Dort den Acker bei den Birken haben wir, als ich ein Knabe gewesen war, aus einem Waldschlag gerodet. Jetzt beginnt auf dem Feld schon wieder

Wald zu wachsen. Das geht schnell." Er besann sich wieder eine Weile. „Damals, unter der Arbeit, hat der Vater zu mir gesagt: Weißt du, Kilian, was der Wald sagte, dem wir diesen Flecken ablisten? - Sieh dich vor, Mensch, ich komme wieder! warnt der Wald uns Roder. - Nun kehrt er wieder, der Wald, und holt sich das Feld zurück. Das geht rasch."

Der Vater schickt sich zum Gehen an, hält aber nach wenigen Schritten schon wieder und redet: „Im Krieg vor diesem Krieg, im Osten, weit drinnen, da habe ich den einen Feind des Menschen kennengelernt, die Steppe. Der andere ist der Wald. Wenn der Mensch seine Hände in den Schoß legt, dann sind die beiden Feinde da, die Steppe, die Öde und der Wald, die Verwilderung. Sie vernichten der Menschen Werk, wenn seine Hände nicht mehr wirken wollen. - Aber auch das Herz, den Sinn, - aber auch die Seele verwildert oder verödet."

Die letzten Worte hatte Kilian Rößler leise, verschämt und schon im Weitergehen gesagt. Es waren seine letzten auf diesem Wege, dem letzten Wege über den Boden hin, der seine Heimat war.

Denn als er mit seinem Jüngsten zu seinem Hause kam, war eben der Lastkraftwagen vorgefahren und hatte die neuen, fremden Leute gebracht, die seinen Besitz in Besitz nehmen wollten.

Es vollzog sich rasch. Die neuen, fremden Leute standen und warteten, sie betraten das Haus nicht, solange die Verachteten und Verfehmten noch einen Fuß darin hatten; standen bei ihren wenigen zerschlissenen Koffern und Aktentaschen und Säcken, die sie als ihre Habe hierher mitgebracht hatten; standen und warteten, bis das Haus, das ihr Haus werden sollte, endlich geräumt wäre. Nur mit dem ältesten Sohne gab es einige Mühe, er war im Krieg zum Krüppel geworden und mußte in den schmalen Handwagen getragen werden, um ihn ins Aussiedlungslager mitzubekommen. Nun war es so weit, nun standen alle schon vor dem Hause, und einer von den neuen, fremden Leuten tat einen Schritt auf den neuen Besitz zu, ging aber nicht weiter und blieb etwas abseits von seiner Gruppe stehen. -

Warum blieb Kilian Rößler noch? Warum ging er nicht, da alles so weit war? Er rührte sich nicht und stand und tat nichts, sagte nichts. Dachte er an seinen zweitältesten Sohn, der noch in Kriegsgefangenschaft irgend eines Feindes war und sein Vaterhaus nie wieder sehen würde? Es mußte nicht das sein, woran er jetzt dachte, vielleicht aber an die Fremde, an die Ungewißheit, an Not und Armut, in die sie jetzt geworfen wurden. Er stand und sah sein Haus an, als müßte etwas geschehen. Wehklagend, trotzig, fluchend hatten seine Nachbarn ihre Häuser, Höfe und Hütten verlassen; manche hatten ihren Besitz den Fremden in Verachtung und Zorn hingeworfen.

Kilian Rößler rührte sich. Er nahm den Hut vom Kopfe, faltete die Hände, kniete auf der Hausschwelle nieder, wartete, bis seine Leute hinter ihm niedergekniet waren, und betete laut Wort für Wort den alten Haussegen:

„Gott segne dieses Haus
und alle, die da gehen ein und aus! Amen."

„Amen", wiederholten seine Leute, und Kilian Rößler erhob sich als erster und ging voran an den neuen, fremden Leuten vorüber, die als Sieger gekommen waren, fremden Besitz zu dem ihren zu machen.

Die Überlebenden sprechen

Von Gerhard Eis

Wir liegen als Verwiesne vor den Türen,
wir hungern, frieren, sterben - ohne Macht.
Die wirren Träume, die uns heimwärts führen,
erbrennen flackernd in der tiefen Nacht.

Wir schweifen in die Städte, Häuser, Zimmer,
die uns gehören und die ihr besitzt.
Wir kommen tags, wir kommen nachts und immer
und sehn, wie unsre Tische ihr benützt.

Wir wissen deutlich, wo die Bilder hingen
der Eltern, Kinder, welche ihr erstacht,
zertratet, tauchtet, bis sie untergingen.
Wir sehen ihre Finger, die ihr bracht.

Es pocht kein Gott und keines Ritters Degen
und kein Ermordeter an euer Tor.
Wir sind es, die die Schlüssel dort bewegen.
Dies leise Klirren dringt an euer Ohr.

Ihr werdet lügen, denn ihr loget immer.
Wir träumen Wünsche nur in Ungeduld.
Bleibt ewig euch die Stadt, das Haus, das Zimmer?
Gewiß und ewig bleibt euch nur die Schuld!

Das sogenannte Flüchtlingsproblem

Aus einer Rede von Dr. Rudolf Lodgman von Auen (1948)

Das „Flüchtlingsproblem" heißt deshalb so, weil wir Flüchtlinge nicht geflohen sind, sondern ausgetrieben wurden. Es ist ein Teil des Deutschlandproblems. So, wie das Deutschlandproblem in das Weltproblem eingebettet ist, so ist das Flüchtlingsproblem eingebettet in die gesamten Ereignisse in Deutschland.

Dieses sogenannte Flüchtlingsproblem ist in Deutschland unlösbar. Es wäre schon eine ungeheure Aufgabe gewesen, 14 Millionen Vertriebene und Flüchtlinge in einem Deutschland zusammenzufassen und menschenwürdig unterzubringen, wenn dieses Deutschland vollkommen unversehrt gewesen wäre. Deutschland ist aber ausgeplündert, zerbombt, in Zonen zersplittert, hat keine einheitliche Führung. Es ist ausgeschlossen, 14 Millionen hier unterzubringen. Das Flüchtlingsproblem ist als Weltproblem geschaffen worden in Jalta und Potsdam, und es ist daher Pflicht der Welt, sich dieses Problems anzunehmen. Nehmen Sie an, die Kontinente, soweit sie zur

Unterbringung von weißen Menschen in Betracht kommen, öffneten ihre Tore und es strömte eine Unmenge Deutscher in die Welt hinaus, um dort eine neue Existenz zu finden; mit einem Wort: Auswanderung nach Übersee. Damit ist das Problem nicht gelöst. Auswanderung beschränkt sich auf arbeitsfähige Menschen. Was zurückbleibt, sind die Alten, die nicht mehr arbeiten können, Versehrte und Krüppel. Deutschland würde ein großes Siechen- und Altersheim, Leistungsfähige fehlten, Nachwuchs gäbe es nicht, und dieses Armen- und Siechenhaus bliebe nach wie vor die Mitte Europas und bildete mit der Zeit einen leeren Raum. Während wir jetzt überbevölkert sind, wären wir dann unterbevölkert. Es böte sich Gelegenheit, dem Druck von außen Raum zu schaffen, und Deutschland würde von anderen Völkerschaften überflutet werden. Daher ist es mit der Auswanderung nicht getan, abgesehen davon, daß die Auswanderung so vieler Menschen schon aus technischen Gründen nicht zugelassen werden würde. Wenn wir das Problem lösen wollen, gibt es zwei Wege: Entweder wir warten, bis die Alten, die die Heimat noch als Erlebnis kennen, gestorben sind, was 20 bis 30 Jahre dauern würde; die Kinder wüchsen in die Umgebung hinein. Aber 20 bis 30 Jahre können wir nicht warten. Der andere Weg heißt: Rückgabe der Heimat.

Ich bin mir vollkommen darüber klar, daß dies ein Teilproblem der Weltpolitik ist. Es wäre falsch, den Heimatvertriebenen irgend welche Illusionen zu machen, ja verantwortungslos, denn kein Mensch ist in der Lage zu sagen, wann dieses Problem und unter welchen Verhältnissen es praktisch auftauchen wird. Aber wir müssen eines: wir müssen bereit sein, damit wir eingreifen können, wenn dieser Moment kommen sollte. Daher arbeiten wir schon hier an der Organisierung der Heimatvertriebenen.

Das Nächste ist für den Menschen immer wieder der Mensch, der ihm sein eigenes Herz, sein Ahnen und sein Hoffen entgegenträgt.

Adalbert Stifter

Gebet

Von Friedrich Jaksch-Bodenreuth

Herr!
Stoß in mein Herz deine Hand
Wie einen Pflug,
Der aus Wirrnisland
In reißendem Furchenzug
Acker schafft!
Tief in mich schlage
Leben ein wie Samen!
Und Kraft, Herr, gib Kraft,
Daß ich es hin zu reifen Ernten trage!
Amen.

Die Wirtschaftsmacht der Vertriebenen

Von E. Trenkler

Als 1945 bis 1947 die Elendszüge der Flüchtlinge aus ihrer Heimat über die neuen Grenzen Restdeutschlands getrieben wurden, waren sich wohl die wenigsten Menschen der Aufnahmeländer darüber klar, daß die wirtschaftlich tragende Schicht des europäischen Ostens bei ihnen einen traurigen Einzug hielt. Und all jene, die die großen Industriezentren Sudetenlands kannten, die einst die riesige Doppelmonarchie versorgt hatten, glaubten mit den Maschinen und Rohstoffen, mit den Fabriken und Kapitalien auch die Wirtschaftskraft der Sudetendeutschen verloren. Nur sehr wenige erkannten, daß jene gehetzten, von Lager zu Lager, von Ort zu Ort getriebenen Heimatlosen ihre Wirtschaft in sich trugen. Nicht in Maschinen, nicht im Kapital, nicht im Materiellen steckt das Wesen der Wirtschaft, sondern die treibende menschliche Kraft, der zähe Wille und das handwerkliche Können baut die Fabriken, läßt die Maschinen laufen, schafft Rohstoffe herbei, sucht sich in Industrie und Wirtschaft seine Ausdrucksform. Man konnte den Heimatvertriebenen ihre Häuser und Werkstätten, ihr Vermögen und ihr Land nehmen, - ihr Schaffensdrang und ihr von Generation zu Generation weitergegebenes fachliches Können entzog sich dem Zugriff der Gewalt.

Nach Überwindung der noch frischen Schrecken einer „humanen Aussiedlung" und nach einer kurzen Zeit der Sammlung begannen die Sudetendeutschen, ihre alten Betriebe in den neuen Heimatländern wiederum aufzubauen. Unermeßliche Schwierigkeiten stellten sich ihnen entgegen. Die wilde Austreibung und die rein wohnraumbedingte, planlose Ansiedlung hatte die alten Erzeugungsgemeinschaften über alle Länder Deutschlands verstreut und ihre Sammlung in neuen Betriebszentren unendlich erschwert. Kapital wurde den Unternehmern nur sehr zögernd gegeben, und dort, wo Betriebe Gelder in die Westzonen verlagert hatten, konnten dafür Maschinen und Rohstoffe kaum beschafft werden. Ordentliche Betriebsräume standen anfangs fast gar nicht zur Verfügung, so daß die Arbeit in Scheunen, Tanzsälen und Schulräumen begonnen werden mußte. Dazu kamen die Schwierigkeiten der Lizenzierung, bei der eine Unzahl von Behörden und halbamtlichen Stellen von der Notwendigkeit der Wiedererichtung eines Betriebes überzeugt werden mußten. Gegen all diese Schwierigkeiten und mit der Unterstützung einer nur sehr kleinen Zahl von Einsichtigen hatten sich die Unternehmer durchzusetzen.

Neubeginn in Deutschland

Wenn heute wesentliche Teile der alten sudetendeutschen Industrie in Deutschland wiedererstanden sind, so ist dies nur ihrem zähen Fleiß und ihren Facharbeitern zu danken, die oft auf jede, auch die geringste Annehmlichkeit und Bequemlichkeit verzichtet haben.

Als erster gelang es der Glasindustrie, sich Kristallisationspunkte zu schaffen. Der Name „Gablonzer Glaswaren", der einst die kleine Isergebirgsstadt zu einem Weltbegriff gemacht hatte, verfehlte auch jetzt seine Wirkung nicht. Nach anfänglichen sehr großen Anlaufschwierigkeiten entwickelte sich auf dem Flugplatzgelände des Allgäuer Städtchens Kaufbeuren eine völlig neue Glas-Stadt, welche heute die alte Gablonzer Tradition fortführt. 22 Millionen DM Exporterlöse im Jahre 1951 beweisen, daß die alte Gablonzer Bedeutung wiedererlangt ist. Auch im Raume Bayreuth, insbesondere in Weidenberg, entwickelt sich eine große Gablonzer Siedlung, welche neben Kaufbeuren und der Ansiedlung in Schwäbisch-Gmünd steigende Bedeutung gewinnt.

Auch die Haida-Steinschönauer Glasindustrie, die durch 350 Jahre Fürstenhöfe und Patrizierhäuser auf der ganzen Welt mit böhmischen Kristallgläsern und wertvollen Glaslustern versorgt hatte, schuf sich in Rheinbach bei Bonn, Vohenstrauß in der Oberpfalz, Limburg an der Lahn und in Württemberg neue Arbeitsstätten. Wenn auch die Versorgung mit hochwertigem Rohglas - es konnten bisher nur wenige eigene Glashütten gebaut werden - und die Ausfuhr noch auf große Schwierigkeiten stoßen, so werden die böhmischen Gläser dennoch in absehbarer Zeit wieder den Weg in die Welt finden und wesentlich zu der deutschen Außenhandelsbilanz beitragen.

Nur sehr vereinzelt gelang es der früher im Sudetenland bedeutungsvollen Holzverarbeitungsindustrie Fuß zu fassen. Die Tachauer Holzverarbeitungsbetriebe mit ihrer Herstellung von Holzmassenartikeln, wie Knöpfe, Schnallen, Schmuck und hochwertige Spielwaren, konnten sich nur in einem einzigen Werk in Wolfratshausen erhalten und werden wohl kaum mehr die Bedeutung, die sie einst in der Heimat mit Ausfuhrerlösen von 300 Millionen Kronen jährlich hatten, wiedererlangen. Dafür ist die einst im Isergebirge weltbekannte Firma J. Schowanek erneut entstanden und gewinnt immer größere Bedeutung. Obwohl das alte Weltmonopol in Schowanek-Artikeln, welches im Isergebirge die Möglichkeit zur Beschäftigung von Tausenden von Betriebs- und Heimarbeitern gab, noch nicht wieder voll erreicht ist, zeigt sich doch, daß trotz der harten Konkurrenz der Tschechen, welchen die ehemalige Betriebsanlage unversehrt in die Hand fiel, das Ausland in steigendem Maße seine Aufträge an den neu gegründeten Betrieb vergibt.

Die Schönbacher Geigen- und Holzmusikinstrumentenmacher haben einen neuen Schwerpunkt in der Gegend von Erlangen erhalten. In einer neu geschaffenen Fachschule sorgen sie dafür, daß ihre Kunst nicht ausstirbt. Ihre Frauen klöppeln wieder jene Spitzen und Decken, die ihnen auf der ganzen Welt einen Namen geschaffen haben.

Die Blasinstrumentenmacher aus dem erzgebirgischen Nachbarstädtchen Graslitz erzeugen in Waldkraiburg wieder ihre Hörner, Klarinetten, Trompeten und Bässe. Auch das Saxophon, das ja die Erfindung eines Erzgebirglers ist, wird hier erzeugt und an die Kapellen des Auslandes geliefert. Für die Kinder werden die Musikspielzeuge vom singenden Kreisel bis zur Kinderflöte hergestellt.

Weit verstreut über ganz Süddeutschland erstand zum mindesten in ihren Anfängen auch die sudetendeutsche Textilindustrie wieder. Aus ihren Betrieben in Asch und Warnsdorf, Reichenberg und Brünn, Jägerndorf und Neutitschein, Hohenelbe und Trautenau vertrieben, standen gerade die Unternehmer dieses Zweiges vor schier unlösbaren Aufgaben. Textilmaschinen, vorwiegend in Sachsen hergestellt, waren kaum erhältlich. Sie mußten meist aus dem Schrott alter Textilmaschinen wiedergeschaffen werden. Mancher Unternehmer, der zu Hause Hunderte von Arbeitern beschäftigt hatte, fing nach der Vertreibung wie weiland sein Großvater mit dem Bau eines Handwebstuhles wieder an. Auch die Beschaffung von Garnen war ein Meisterstück. In unvorstellbar kurzer Zeit entwickelten sich aus den primitiven Anfängen vollmechanisierte Betriebe, die heute bereits einen wesentlichen Faktor der westdeutschen Textilindustrie darstellen.

Den raschesten Aufstieg nahmen die Ascher Stricker und Wirker. Ihnen war es zum Teil möglich gewesen, Teile ihrer Maschinen oder ihren Familienschmuck mitzubringen und zumindest die ersten Anfänge zu finanzieren. Ihre Betriebe entstanden über ganz Westdeutschland verstreut, wobei sich nur kleine Schwerpunkte in Oberfranken, z. B. in Wunsiedel, entwickelten. Zum Teil haben diese Betriebe ihre alte Größe wiedererlangt und stehen ebenbürtig neben der bekannten Württemberger Trikotage-Industrie, der sie trotz der Aufbauschwierigkeiten zu einer erheblichen Konkurrenz wurden.

Mit der Neugründung der Firma des europäischen Strumpfkönigs Kunert, der Firmen Jüttner, Kudlich und anderer erstand die sudetendeutsche Strumpfindustrie wieder. Ihre anfänglich überragende Stellung innerhalb der westdeutschen Strumpfhersteller mußten unsere Betriebe jedoch bereits nach kurzer Zeit an die zahlreich einströmenden Strumpfindustriellen aus Sachsen abgeben. Trotzdem sind sie weiter von ausschlaggebender Bedeutung.

Auch die Taschentuchmacher aus Hohenelbe haben sich aus ganz kleinen Anfängen wieder hochgearbeitet. An der Spitze steht hier die Firma Walter im Allgäu, welche ihre alte Größe wieder erlangt hat und nicht nur im Inland, sondern auch im Ausland zu einem beachtlichen Faktor wurde.

Schlechter ist es um die Tuchindustrie von Reichenberg, Brünn und Jägerndorf bestellt. Hier konnten nur sehr wenige Betriebe wieder eine ins Gewicht fallende Betriebsgröße erreichen. Die Schwierigkeit der Beschaffung der für Spinnereien unumgänglichen Kapitalien war so groß, daß sie nur von sehr wenigen überwunden werden konnte. Trotzdem sind Firmen wie Liebig, Metex, Wlacil, Scholz (ehemals Kiesewetter) wieder zu einem Begriff geworden.

Ein neues Abertham entstand im Raume von Günzburg. Hier siedelten sich ungefähr 40 Erzgebirger Handschuhmacher an, von denen der größte heute wieder mit einer Belegschaft von über 300 Mann arbeitet. Obwohl diese Firmen immer noch in einer harten Konkurrenz mit ihren eigenen, jetzt vom tschechischen Staat weitergeführten Betrieben stehen, sind sie dabei, erneut ihre Bedeutung auf dem Weltmarkt zu gewinnen. Vom innerdeutschen Markt sind sie bereits jetzt nicht mehr wegzudenken.

Es ist kaum möglich, all das zu nennen, was an industriellen und gewerblichen Erzeugnissen durch die Sudetendeutschen in die neue Heimat gebracht worden ist. Die heute in den Westzonen allgemein beliebten Karlsbader und Marienbader Oblaten, die Lebensmittel der Firma Pit (früher Haas, Reichenberg), die Ascher Gollner-Teigwaren und Gollner-Senfe sind hier ebenso zu nennen wie die wieder überall geführten Peschel- und Hückel-Hüte oder die schweren Eisenbohrwerke der Firma Plauert und die aus der Heimat bekannten Es-Ka-Räder der Firma J. Karl Scharp in Weißenburg.

. . . und in Österreich

Von den sudetendeutschen Betrieben, deren Inhaber, Techniker und Arbeiter aus der Tschechoslowakei vertrieben wurden, hat sich eine stattliche Anzahl in Österreich angesiedelt, so Teile der Gablonzer Glaswarenindustrie, der Karlsbader Handschuh- und Graslitzer Musikinstrumentenerzeugung. Diese Betriebe, die Weltruf besitzen, erweitern die Mannigfalt der österreichischen Exportindustrie und konnten zum Teil schon in den Jahren 1948 und 1949 ihre Produkte in den Ausfuhr-Kontingentlisten der österreichischen Handelsverträge unterbringen. Von der westböhmischen Handschuhindustrie, die vor Kriegsausbruch jährlich ungefähr 10 Millionen Paar Handschuhe auf den Weltmarkt geliefert hatte, haben sich die Firmen „Lisa" und „Eska & Dutka" in Wels angesiedelt; zunächst waren sie bemüht, den österreichischen Inlandsbedarf zu decken (vor 1938 war Österreich in diesem Zweig einfuhrabhängig), später bemühten sie sich erfolgreich um die Neuanknüpfung der alten Auslandsbeziehungen.

Die frühere Gablonzer Industrie hat sich vor allem in Oberösterreich niedergelassen und sich 1949 zu zwei Produktions- und Vertriebsgenossenschaften in Linz und Losensteinleiten zusammengeschlossen. Allerdings erreichen diese Genossenschaften bei weitem nicht die Bedeutung der Ansiedlungen in Süddeutschland. In Wattens in Tirol entstand die Fabrik für Glaswaren und optische Geräte Swarowski, die einen festen Liefervertrag mit amerikanischen Importeuren einging und ihre Produktion fast zur Gänze in den USA absetzt. Die in Entstehung begriffene Glasindustrie in Kufstein, Tirol und Mitterberghütten greift ebenfalls auf sudetendeutsche Fachleute dieser Branche zurück. Neben den Musikinstrumentenmachern sind noch drei weitere bedeutende sudetendeutsche Betriebe in Österreich zu nennen: der nunmehr in Kremsmünster befindliche Betrieb der Kunstgewerblerin Elfriede Bayer, die im Erzgebirge 450 Heimarbeiterinnen beschäftigte und ihre Klöppelspitzen vornehmlich nach den USA, Schweden und Holland exportiert hatte, ferner die in Ottensheim, Oberösterreich, neu aufgezogene Produktion chemisch-technischer Artikel der sudetendeutschen Firma Eugen Ott und die in Linz befindliche Spritzgeräteerzeugung der Firma Josef Freiherr, die bereits von ihrem neuen Sitz aus größere Exportabschlüsse nach der Türkei, Ägypten und Italien tätigen konnte.

Will man von der Gesamtleistung der Sudetendeutschen an dem Wiederaufbau Deutschlands und Österreichs sprechen, dürfen die ungezählten landwirtschaftlichen und gewerblichen Hilfsarbeiter nicht vergessen werden. Auch müßte man von den weit über 30.000 Handwerkern sprechen, die oft gegen hartnäckigen örtlichen Widerstand ihre Werkstätten bauten und wegen ihres unermüdlichen Fleißes zu immer größerem Ansehen kommen, von den Arbeitern, die heute von alteingesessenen Betrieben gesucht sind, von den Ärzten, Rechtsanwälten und Lehrern. Von welcher Berufsgruppe der Sudetendeutschen auch immer die Rede sein wird, immer wird man mit Achtung von ihrem Fleiß und ihrem Können sprechen müssen. Ohne ihre alte Heimat zu vergessen und aufzugeben, haben sie sich mit ihrer Hände Arbeit eine neue Heimat geschaffen und neben ihrer Not auch Reichtum nach Deutschland und Österreich getragen.

Wisset, die euch Haß predigen, erlösen euch nicht.

Marie von Ebner-Eschenbach

Triptychon der Heimat

Von Robert Hohlbaum

I.

Schlesische Landschaft:

So klar, so licht! Die lieben Höhen schweifen
in edlem Zug. Und du kennst jeden Baum
und darfst nach jedem Steine spielend greifen,
und weißt nicht mehr, was Wahrheit und was Traum.

Doch dann rauscht Regen. Endlos. Mit dem steifen
Westwind füllt Nebel geisterschwer den Raum.
Du siehst nicht Wald und Berg. Den Garten kaum.
Und fühlst doch deine innern Blicke reifen.

Und möchtest diese Schleier sanft durchdringen
und durch das Licht in letzte Klarheit gehn,
wie in ein Wunder, das du nicht ermißt.

Du willst des Landes Seele liebend zwingen.
Bis es dich liebend zwingt, in dich zu sehn
und du erkennst, daß es die deine ist.

II.

Heimweh:

Manchmal faßt es dich in weher Süße,
nur ein Traumlaut ist's, ein leiser Keim,
eine Birke nur rauscht wie daheim,
eine Amsel singt dieselben Grüße.

Doch der Ring, der streng dein Herz umschließt,
löst sich nicht, es strömt nicht selig-heiß,
nur in dir die alte Quelle fließt,
wie die Wasser unter fremdem Eis.

Einmal aber wächst der treue Laut,
schwillt und braust und füllt die Fremde aus,
und der alte Kinderhimmel blaut
über dir und deinem Vaterhaus.

Und die Birke rauscht, die Amsel singt.
Doch das rauscht und singt schon überm Meer,
das dein Herz umspült, das dein Sehnen trinkt,
das dich tief in dunklen Zauber zwingt,
in des ersten Traumes Wiederkehr.

III.

Die Verlorene:

Heimat, die ich verloren,
Sehn' ich die Seele mir wund,
steh' ich vor deinen Toren
wie ein hungernder Hund,
laß mich noch einmal sehen
in deine herbstliche Pracht,
laß mich noch einmal umwehen
vom Traum deiner Nacht!

Glänzten, wie hier, in der Ferne
Äpfel und wilder Wein,
schienen so selig die Sterne
in meine Kammer hinein,
durfte der Dürstende trinken
Lerchen- und Nachtigallschlag,
sangen so selig die Finken
Gottes Siebenten Tag!

Lebte nicht alles, als wäre
hier nur Silber und Rot,
hier nur goldene Ähre,
hier nur biederes Brot,
duftete nicht der Holunder
märchenselig durchs Land
wie ein erstes Wunder
aus Gottes Hand!

Märchen warst du und Mythe
schon dem spielenden Kind,
Märchen war Brot und Blüte,
Lerche und Frühlingswind.
Haben wir alles verloren,
was der Irdische preist,
wirst du wiedergeboren
aus dem zeugenden Geist!

Höre, schon flüstern die Äste
hoch über Enge und Zeit!
Nicht mehr irdischem Feste
ist ihre Stimme geweiht,
im allmächtigen Schweigen
sinken Not und Schafott,
bist du uns ganz zu eigen,
wie Gott.

An die Heimat

Von Hans Watzlik

Kein Herrgott kann's so wenden,
Daß ich vergessen müßt
Das Land, das mir auf Erden
Am allerliebsten ist.

Fernblauende, ihr Berge,
Ihr dunkeln Felsenseen,
Ihr gottesfreien Wälder,
O Heimat, du bist schön!

Im fernen, fernen Lande
Lausch ich zum Herzen hin:
Mir rauschen alle Buchen
Des Böhmerwaldes drin.

Neugablonz als Beispiel

Unter den Hunderttausenden vertriebener Sudetendeutscher befanden sich auch die in aller Welt bekannten Gablonzer Fachkräfte. Bei dem planlosen und überstürzten Abschub sind Facharbeitertransporte in alle Teile Deutschlands geraten. Die Gablonzer Facharbeiter haben auf diese Weise in Sachsen und Thüringen, Schleswig-Holstein, Hessen, Bayern und Württemberg Fuß gefaßt. Vor allem in Bayern, insbesondere im Raume Kaufbeuren war man auf Grund der seit Jahrzehnten bewährten Struktur der Gablonzer Industrie davon überzeugt, daß ein Wiederaufbau dieser Industrie nur in Form einer geschlossenen Siedlung möglich ist.

Im Bewußtsein der geretteten wertvollen Kenntnisse und Fähigkeiten begann in einem in der Nähe von Kaufbeuren gelegenen ehemaligen Rüstungsgelände der Aufbau von Neugablonz. Im Juni 1946 wurde der Grundstein zum ersten Glasdruckofen Bayerns gelegt. Immer mehr und mehr Gablonzer Fachkräfte wurden nach Kaufbeuren gerufen, so daß sich heute in diesem Raume rund 10.000 Vertriebene aus der alten Neißestadt und ihrem Bezirke zusammengefunden haben. Die vielverzweigte Glas- und Schmuckwarenindustrie wurde in allen ihren Teilen zum Anlaufen gebracht. Glaswarenerzeuger, Gürtler, Galvaniseure, Werkzeugschlosser und Graveure, wie auch viele bewanderte und in aller Welt bekannte Exportkaufleute errichteten neue Betriebe und Geschäfte. Nicht zuletzt wurden auch zur Erzeugung des in der Gablonzer Industrie seit jeher verwendeten Stangenglases drei eigene Hütten angeblasen. Bereits 1948 konnten in 580 Betrieben rund 6000 Menschen beschäftigt werden.

Neben dem industriellen Ausbau wurde der Aufbau von Neugablonz im Siedlungsgelände mit allen Kräften vorangetrieben. 270 Hektar Waldgelände mit rund 20 Kilometer Straßen standen zur Verfügung. Die aus einem modernen Rüstungswerk stammenden Baulichkeiten waren zum Teil gesprengt, zum Teil restlos ausgeraubt und demoliert. Die neuen Siedler ließen sich dadurch nicht entmutigen. Mit viel

Fleiß und Findigkeit wurde ein Gebäude nach dem anderen instand gesetzt, wurden Neu- und Zubauten ausgeführt. Aus den in der Erzeugung erzielten Gewinnen wie aus Mitteln einer alle Betriebe umfassenden Genossenschaft wurden im Verlaufe von knapp drei Jahren 300 Wohnungen geschaffen und in den letzten Jahren dieses Siedlungsprogramm entsprechend erweitert. Kaufbeuren-Neugablonz ist heute die größte gewerbliche Flüchtlingssiedlung in den Westzonen. Verwaltungsstellen, Geschäfte, Gaststätten, Post- und Fernsprechamt, eine Volksschule und selbst die altbekannte Gablonzer Fachschule wurden neu errichtet. Ein Siedlerausschuß, eine Aufbau- und Siedlungsgesellschaft, wie auch die alle Interessen gemeinsam vertretende Allgäuer Glas- und Schmuckwarengenossenschaft sorgen für das Wohl der Vertriebenen. Großzügige Pläne für eine städtebauliche Entwicklung liegen bereit, um ein neues Gablonzer Industriezentrum zu schaffen.

Die aufbauende Wirtschaftskraft der Gablonzer Fachleute im Raume Kaufbeuren wird allseits anerkannt. Der Staat wurde durch die industrielle Entwicklung von sehr wesentlichen Fürsorgelasten befreit und hat aus dem Ertrag der Gablonzer Betriebe schon Millionen von Steuergeldern eingenommen. Kaufbeuren selbst hat durch die Gablonzer ein neues Gesicht bekommen. Handel- und Handwerk wurden befruchtet. Die aus allen Teilen Deutschlands und auch aus dem Auslande kommenden Einkäufer haben Kaufbeuren belebt. Als traditionelle Ausfuhrindustrie nahmen die Neugablonzer Betriebe die Verbindung zur gesamten erreichbaren Welt wieder auf, und ihre überzeugenden Leistungen vermögen ihr immer mehr Plätze auf dem Weltmarkt zu erobern.

Auch in dem elendesten Dasein gibt es ein Häkchen, an das ein Faden des Heils sich anknüpfen ließe.

Marie von Ebner-Eschenbach

Die reichen Kinder

Von Alfred Görgl

Will dir die Menschenwelt zerstört erscheinen,
Dann komm und neig dich nieder zu den Kleinen,
Sie haben ihre Welt noch unversehrt
Und haben alles, was das Herz begehrt.*

Sie haben braunen Sand, darin zu spielen,
Und haben Löwenzahn, aus dessen Stielen
Sie Ketten machen, haben dies und das
Und Vogelfedern und ein Stückchen Glas.

Sie sind beglückt, wenn sie ein Steinchen finden,
Und Binsen nehmen sie zum Körbchenbinden
Und machen einen Hut sich aus Papier
Und kleine Schiffchen und ein Fabeltier.

Sie wissen nichts von Not und Niederlage,
Sie haben Freiheit, haben goldne Tage
Und sind inmitten unserer Armut reich,
Voll Lust und Lachen, allen Siegern gleich.

Hamm!

Von Josef Kern

Gutt is sichcha und gewiß,
selba wissn, wos ma is;
dodavone hot ma vill,
waß ma, wos ma konn und will;
obba dos is meiste weat,
wemma waß, wuhimma keat:
hamm!

Leitmeritzer Mundart

Father Reichenberger und sein Weg

Father Emanuel J. Reichenberger, ein katholischer Priester, der 1938 aus dem Sudetenland emigrierte, jetzt Seelsorger in den Vereinigten Staaten, ist ein unerschütterlicher Vorkämpfer für Wahrheit und Gerechtigkeit und ein leidenschaftlicher Anwalt des Ostdeutschtums.

Ein Zeuge friedlichen Zusammenlebens

Father Reichenberger lebte mit dem Sudetendeutschtum auf jenem Boden, der vor acht Jahrhunderten nicht mit dem Schwert, sondern mit dem Pflug erobert worden ist, auf jenem Boden, den die Deutschen niemandem weggenommen, sondern in der Nachbarschaft der Tschechen der Wildnis abgerungen haben. Und Father Reichenberger weiß es wohl: Diese Sudetendeutschen haben seit Hunderten von Jahren nicht anders als die Siebenbürger Sachsen, die Banater Schwaben, die Rußlanddeutschen und alle die Deutschen des Ostens die Humanität zwar nicht im Munde geführt, wohl aber in einer einzigartigen Weise vorgelebt, in fleißiger Arbeit, in einem Wettkampf der Leistung, und Neid und Haß haben auf diesem Boden zwar viel deutsches Blut vergossen, niemals aber ist dieses Deutschtum gegen seine Nachbarn ausgeschritten, niemals hat es das Blut seiner andersnationalen Mitbürger fließen lassen.

Father Reichenberger erlebte den ersten Weltkrieg und den Untergang der österreichisch-ungarischen Monarchie, jenes großräumigen Staates, der durch Jahrhunderte die mitteleuropäischen Völkerkräfte im Gleichgewicht gehalten hatte und der eine der Grundlagen einer europäischen Union hätte sein können; kein „Kerker der Nationen", wie Masaryk diesen Staat nannte, sondern eine Heimat der Nationen, eine Heimat, der sie einst bitter nachklagen sollten. In diesem angeblich germanisierenden Großstaat waren nach tschechischer Feststellung mehr Deutsche tschechisiert als Tschechen germanisiert worden! - Unschwer war zu erkennen, daß es bei der Zertrümmerung der alten Monarchie nicht um die Freiheit der kleinen Völker, sondern um ihre größenwahnsinnige Herrschsucht ging, wie sie bereits in der hussitischen Bewegung einen sehr deutlichen Versuch unternommen hatte.

Ein Mann von dem wachen Sinn und dem kritischen Blick eines Father Reichenberger war durch keinerlei Propagandaphrasen zu bestechen. Er hörte das Wort T. G. Masaryks, daß die Deutschen als Kolonisten und Emigranten ins Land gekommen seien, und daß dadurch ihre staatsrechtliche Stellung bestimmt werde. Und er täuschte sich wohl auch nicht darüber, daß der Nationalhaß die führenden tschechischen Politiker theoretisch zu Verbündeten des Westens und praktisch zum Vortrupp des Ostens machte. Aber trotz einem sehr berechtigten Mißtrauen, das er mit jedem Beobachter teilen mußte, stand Father Reichenberger als überzeugter Demokrat auf dem Boden des neuen Staates, mochte dessen demokratische Verfassung auch nicht mehr als eine Fassade und ein - leider sehr unaufrichtiges - Versprechen sein. Father Reichenberger gehörte zu den zahlreichen deutschen Persönlichkeiten, die die Demokratisierung dieses ausgesprochenen Nationalitätenstaates und damit seinen Bestand aufrichtig wünschten und für diesen Bestand auf ihrem Platze tatkräftig mitarbeiteten. Er sah die große Perspektive, er wußte, daß es ums Ganze ging. Um in der Gegenwart zu wirken, stieg er nun zwar nicht in die Tagespolitik, er beteiligte sich überhaupt nicht an dem, was man Politik nennt, aber er baute in der Tschechoslowakei seinen „Volksbund deutscher Katholiken" auf, als dessen Generaldirektor er zu den profiliertesten Persönlichkeiten der dreieinhalb Millionen meist katholischen, aber freilich auch vom Geiste der religiösen Duldung bestimmten Sudetendeutschen wurde.

Mit den Hinter- und Untergründen der Entwicklungen wie nur wenige vertraut, wurde Father Reichenberger Zeuge auch der sudetendeutschen Einheitsbewegung. Ihre Geburtsstunde war der Zeitpunkt, an dem das Sudetendeutschtum erkennen mußte, daß die Weltwirtschaftskrise, die sich in seinen hochindustrialisierten Gebieten zwangsläufig stark bemerkbar machte, zur nationalen Erdrosselung und Vernichtung benützt werden sollte. Und Father Reichenberger erlebte es, wie der chauvinistisch blinde Benesch so lange seinen Kurs des Verrats am Völkerfrieden und an Europa weitersteuerte, bis es zu spät war, und er sah mit eigenen Augen, wie Hitler keinen günstigeren Partner in Mitteleuropa haben konnte als eben diesen Benesch.

Und Father Reichenberger erlebte das Jahr 1938 und wurde noch Zeuge dessen, wie nach zwei Jahrzehnten einer gehässigen Politik tschechischer Chauvinisten, nach unzählbaren Nadelstichen und manchen Keulenschlägen die sudetendeutsche Bevölkerung gleichwohl keinerlei Rache nahm, sondern sich so verhielt, wie es einer Tradition von acht Jahrhunderten beispielhaft gelebter Humanität entsprach.

Der Anwalt der Heimat

Nach den Vereinigten Staaten emigriert, nahm der ehemalige Generaldirektor des „Volksbundes deutscher Katholiken" die amerikanische Staatsbürgerschaft an und wurde Seelsorger einer sehr entlegenen, ganz kleinen Gemeinde in der Prärie. Dreißig Familien zählt diese Gemeinde des „Father Reichenberger"; die nächste „Stadt" mit etwa dreitausend Einwohnern ist fünfzig Kilometer entfernt.

Fern der alten Heimat, aber mit allen Fasern seines Herzens ihr noch verbunden, erfuhr Father Reichenberger von dem furchtbaren Schicksal seiner deutschen Landsleute - und er wurde in der amerikanischen Öffentlichkeit der Anwalt der Sudetendeutschen und der Ostdeutschen überhaupt. Aus seiner Entlegenheit wirkt Father Reichenberger mit einer unglaublichen Arbeitskraft ins Weite und Allgemeine. Jede Woche sendet er mindestens zwei Presseartikel aus. Immer wieder läßt er Sonderdrucke besonders wichtiger Veröffentlichungen erscheinen. Seine Artikel kommen aus dem persönlichen Temperament des Kämpfers und aus der Situation des Kampfes. Es ist mehr Kunst in dieser leidenschaftlich hämmernden Sprache, als literarische Beflissenheit zu zeigen vermöchte.

Aber gleichwohl liegt die Bedeutung dieser Artikel nicht in ihrer Form, sondern in ihrem Inhalt.

Gegen die Kollektivschuld

Da ist vor allem die so wesentliche Klarstellung zu der behaupteten Kollektivschuld des deutschen Volkes und der behaupteten tschechischen, polnischen und russischen „Kollektivunschuld." Ein Mann von dem Gerechtigkeitssinne Father Reichenbergers lehnt den Vorwurf einer Kollektivschuld eines Volkes in jedem Falle ab. Aber indem er noch das Bild seiner haßlos glücklichen, ihrer vermeintlichen Befreiung in reiner Freude hingegebenen sudetendeutschen Heimatgenossen des Jahres 1938 vor sich hat, und nach den furchtbaren Erfahrungen, die die Menschheit mit Tschechen, Polen und Russen machen mußte, stellte Father Reichenberger etwas sehr Entscheidendes klar: Wie das deutsche Volk im ganzen, so ist gerade auch die Bevölkerung des Sudetenlandes jeder Ausschreitung ferngeblieben; eine negative Auslese uniformierter Büttel und Gewalttäter, besonders eingesetzte „Spezialkommandos", Befehligte sind es gewesen, die entgegen dem Willen der Bevölkerung Übergriffe und Verbrechen begangen haben, in Nacht und Verborgenheit. Zu einem erschreckend hohen Hundertsatz aber, den selbst die benachbarten Deutschen nie für möglich gehalten hätten, hat sich die tschechische und polnische Bevölkerung, ihre vorgeblich katholischen Parteien keineswegs ausgenommen, an den Verbrechen bei der Vertreibung der Deutschen, an der Vernichtung von Millionen, an der Billigung dieser Verbrechen beteiligt, von dem Verhalten russischer Soldaten im Vergleich zur Haltung der deutschen Soldaten ganz zu schweigen. Und so wie das Verhalten der Sudetendeutschen im Herbst 1938 seine Tradition in ihrer jahrhundertelang bewiesenen Humanität hatte, so hatten allerdings auch die unerhörten Ausschreitungen eines großen Teiles der tschechischen Bevölkerung ihre Tradition: in der Hussitenzeit schon sperrten Tschechinnen, auch tschechische Mütter, deutsche Frauen und Kinder in Kirchen und ließen sie eines qualvollen Feuertodes sterben!

Appell an das Weltgewissen

Wenn man aso irgendwo von Kollektivschuld sprechen dürfte - Father Reichenberger lehnt es überhaupt ab -, dann so viel eher bei gewissen anderen Völkern als bei den Deutschen. Father Reichenberger nahm solch klare Unterscheidung zwischen 1938 und 1945 zum ersten Male vor. Schon dieser Umstand macht seine Bücher zu geschichtlichen Dokumenten, und mehr noch: zu einer geschichtlichen Tat. Sie geben auf Propagandaphrasen, Lügen und Verleumdungen die Antwort, deren es im Interesse der geschichtlichen Wahrheit und der endlichen Entgiftung der Atmosphäre zwischen den Völkern dringend bedarf!

Father Reichenberger hat in den Vereinigten Staaten von Nordamerika eine andere Heimat gefunden, er hat eine andere Staatsbürgerschaft angenommen, aber er ist derselbe geblieben: ein kompromißloser Christ, ein Weltbürger auf der Grundlage seiner Kirche und der Gebote der Menschenwürde, ein überzeugter Demokrat und ein anständiger Deutscher. Als amerikanischer Staatsbürger spricht er - uns ungewohnt genug - die freie Sprache Amerikas. Für diese Sprache haben wir dem demokratischen Amerika selbst zu danken, aber auch dem Manne, der aus dem kleinen Kirchensprengel in der Prärie seine Rufe in die Öffentlichkeit, seinen unermüdlichen Appell an das harte Gehör des sogenannten Weltgewissens erschallen läßt. Wir haben Father Reichenberger zu danken, weil auch unter seinen Umständen Mut dazu gehört, Mißbrauch des Christentums, Verbrechen, Lüge und Heuchelei bei ihren Namen zu nennen. Für diesen Mut und seinen heiligen Eifer ist Father Reichenberger des unaufhörlichen Dankes aller Ostdeutschen und des deutschen Volkes überhaupt gewiß.

Es würde viel weniger Böses auf Erden getan, wenn das Böse niemals im Namen des Guten getan werden könnte.

Adalbert Stifter

Und jede Nacht ...

Von Erwin Ott

Und jede Nacht schreckt mich derselbe Traum:
Ich bin daheim und gehe durch die Straßen
Der alten Vaterstadt, die dunkel schweigt,
Und such ein Haus - und kann nicht fassen,
Daß Tor und Türen mir verschlossen sind,
Durch die ich spielend lief, als ich noch war ein Kind.

Und wie ich irrend durch die Straßen geh
Und selig doch, daß mir die Stadt geblieben,
Umspült mich fremder Menschen Wut und Schrei'n,
Und ihre Fäuste schänden mir mit Hieben
Das Antlitz und den Leib, wie sie's getan,
Eh sie uns aus der Heimat ausgetrieben.

So schreckt mich jede Nacht derselbe Traum.
Was mir an karger Freude noch geblieben,
Erlischt in Qual. Ich werde jede Nacht
Aufs neue aus der Heimat ausgetrieben.

Aber das Herz hängt daran

Von Josef Schneider

Alles sank mir dahin,
Haus und Garten und Baum,
Blieb mir mehr nicht zurück
Als ein Erinnern, ein Traum.
Und ich sage mir oft,
Mich vor Schwermut zu wahren:
Trügerisch waltet der Tag.
Laß Vergängliches fahren!
Leichter gesagt, denn getan:
Hängt das Herz doch daran!

Wälderweit das Gebirg
Schirmte vor Ungemach,
Barg bescheidene Welt.
Liedreich rauschte der Bach.
Wuchsen mir Baum und Strauch,
die gepflanzt meine Hand.
Alles dahin wie ein Hauch.
Baute ich denn auf Sand? . . .
Bleibendes keiner gewann.
Aber das Herz hängt daran.

Unterm eigenen Dach
Wußte ich Buch und Bild,
Fand im Scheine der Lampe
Sorgen und Sehnsucht gestillt.
Allem, was mein, war eigen
Farbe und Ebenmaß,
Wie ich selbst sie erwählt.
Tisch und Teller und Glas.
Laß vergänglichen Wahn! - -
Aber das Herz hängt daran.

All das Neigen und Blühn,
Frühlingswiese am Hang,
Falterflug, Bienengesumm,
Häherschrei, Vogelsang -
Ach, und das Glück der Stunden,
das ich mit Freunden genoß,
Wenn das Dunkel des Abends
Über die Berge floß -
Gern vergäß ich den Wahn!
Aber das Herz hängt daran.

Sudetenheimat

Von Hans Deißinger

Heimat wächst nicht von heut auf morgen zu. Heimat will eine lange Stille, ein langes Dauern, will ein langes Ausharren in Mühe, ein langes Festbleiben in Treue.

Unser Leben währt nicht die wenigen Wechsel von Tag und Nacht, die Weile, die wir Gestalt sind und im Lichte atmen, die uns bewußt ist als Zeit unseres Daseins. Unser Alter reicht in lange Vergangenheit zurück. Tausend Eltern woben an unserem Leben, tausend Eltern wurden Gestalt und wirkten ihre Weile im Sichtbaren. Lebten und regten sich nach ihrer Pflicht und wurden Frucht und sanken, wie das Gesetz es bestimmte, zur Erde. Wandelten sich zu Staub und bauten nun in der Stille, nicht mehr im Licht, nicht mehr im Sichtbaren - bauten ihre Sprosse, darauf ein Nächster trat, ein nächstes Leben. Sähen wir unser Alter, ihr Brüder und Schwestern, wir erschreckten. Und wir wüßten dann erst um jene Mühe, von der wir sprechen, die uns zu Heimat werden läßt, uns alle einander: Pflanze und Tier, Quelle und Stein, Wolke und Mensch.

Und so mühen wir uns alle, alle füreinander, alle umeinander, die einen im Licht, die anderen unterm Licht, jeder für den andern, alle für das Ganze. Blühen füreinander und welken füreinander und wandeln uns durch den Tod hindurch zu neuem Leben für kommende Geschlechter.

Sehet das Land, das uns hervorbrachte! Spiegelt die Erde nicht die Grüblertiefe ihres Firmamentes wider? Nicht die Entsagung herb geborener, herb verborgener Liebe? Tragen die Kuppen und Bergzüge, der starke Fluß der Flurgebreite nicht etwas vom Wanderstrom herbstlich fliehender, sommerlich zögernder Wolkenbilder an sich? Hat nicht die nimmermüde Westfahrt seiner Winde die Fluren so seltsam sinnend aufgehügelt, den Glanz ihrer Wangen gedämpft, ihren Scheitel dünner gestrählt und es im Schwung einer Sehnsucht hingebreitet bis an den Rand des Sehkreises? Schweigsam und tief wurzeln die Wälder im Schoße des Urgesteins. Ein wenig Leuchten in den Gärten, ein schütterer Freudenschrei am Ackerrand. Es soll kein Schall und Blitz allzu grell in die nie schwindende Sorge, in den nie rastenden Fleiß geworfen sein.

Engel der Heimat, so geht eine alte Sage, schreiten mit goldenen Schalen in Händen über das Land. Und wo ein Wesen, müde des Daseins im Licht, den Hauch seines Werktums zurückgeben möchte - der verdorrende Baum, das sieche Tier, der stäubende Stein, der sterbende Mensch -, dort stehen sie bereit, den Hauch dieses Lebens zu empfangen. Und wo ein junges Wesen zaghaft ans Licht drängt, da stehen sie bei ihm, es aus der goldenen Schale zu tränken, daß es wachse und Gestalt gewinne an dem Odem der Gemeinschaft. Und so ist alle Herkunft geformt im Bilde des Ganzen.

Heimat wächst nicht von heut auf morgen zu. Heimat ist langes Ausharren in der Mühe, langes Fortdauern in der Treue. Und wenn tausend und abertausend Jahre verflossen sind, dann ist jeder einmal der andere gewesen, sind alle sich im Innersten gleich geworden, alle eines und dasselbe in der Liebe des Schöpfers.

Ewiger Trost

Von E. G. Kolbenheyer

Über all deinem Leid
Schwingt ein funkelnder Lichtertanz.
Um eines Herzens blutenden Dornenkranz
Weben stille Gestirne Vergessenheit,
Wirken und weben aus ewigem Glanz.

In die sterntiefe Nacht
Leg dein zitterndes Herz zur Ruh.
Steter Wandel deckt alle Wunden zu,
Löscht die Flamme, löst ihre Todesmacht.
Glaub, deine Väter, sie litten wie du.

Hans Watzliks Vermächtnis an seine Landsleute

Landsleute! Böhmerwäldler!

Uns Böhmerwäldler hat ein unsagbares Unglück betroffen, ein Unglück, wie es nicht größer ein Volk berühren kann: wir sind aus der Heimat vertrieben worden. In dumpfer, niemals berechtigter Rachsucht hat man uns von einer Stätte verjagt, die wir in tausendjähriger härtester und entsagungsvoller Mühsal aus Fels und Dorn und Sumpf zur bewohnbaren, fruchtbaren Landschaft umgeschaffen, die wir aus öder, feindseliger Wildnis herausgehackt haben, auf daß sie die Menschen nähre und erfreue.

Wir hatten dieses Land niemandem weggenommen, wir hatten niemand daraus verdrängt. Wir hatten dieses Land rechtmäßig aus Gottes Hand erworben und es dankbar und würdig und in Ehren verwaltet. Mit seinen einsamen Gipfeln, seinen dunklen Wäldern, mit den innigen Flußtälern und schwermütigen Seen, den schlichten, grauen Walddörfern und den altertümlichen Städtlein dünkte es uns das schönste Land auf Erden, und wir liebten es wie ein Kind seine gute Mutter, und wir lebten freudig darin und hofften, einst in seiner warmen Erde die letzte Ruhe zu finden neben den Hügeln der Ahnen. Es ist anders gekommen. Landsleute, ein grauenhaftes Unrecht ist uns angetan worden.

Nachdem wir alle ererbte und erworbene Habe verloren hatten, wurden wir in andere unglückliche Länder hineingepreßt, die ohnehin schon bersten vor Übervölkerung, in Länder, die sich kaum selber ernähren konnten. Wir sind, gestehen wir es uns offen, nicht gerade gern gesehene Gäste. Und Tausende und Abertausende von uns können keine Arbeit finden und viele leben in menschenunwürdigen Behausungen. Und viele starren, der Verzweiflung nahe, auf die verdorrte Erde dieses Sommers nieder und lassen die Hände hängen vor der grauen Zukunft und hegen keine Hoffnung mehr.

Da müssen wir uns fragen: Was haben wir zu tun in dieser bitteren Lage? Was hilft uns, die äußerste Not zu bannen? Wie haben wir uns zu halten?

Vor allem: verzweifeln wir nicht! Was mit uns geschieht, und ob wir oder unsere Kinder einmal wieder heimkehren in unsern unvergeßlichen Wald, darüber entscheiden nicht wir, darüber entscheiden andere Gewalten, darüber wird die unerforschliche Weisheit des Allmächtigen das letzte Wort sprechen. Aber eines können und müssen wir versuchen: durchzuhalten! Darum lasset uns in der neuen Heimat so leben und so handeln, als ob wir für immer hier bleiben müßten und es keine Rückkehr gäbe! Arbeiten wir! Greifen wir rüstig zu! Und wenn uns ein Plan, eine Absicht fehlschlägt, lassen wir uns nicht entmutigen! Auch im Böhmerwald daheim ist kein Baum auf den ersten Schlag umgefallen, und geben wir vor allem nicht Veranlassung, daß man uns verachtet!

Durch unseren Fleiß, durch Treue, Redlichkeit, Hilfsbereitschaft und durch eine bescheidene, anständige, würdige Haltung wollen wir der altgesessenen Bevölkerung Achtung abzwingen, und sie soll erkennen, daß wir keine Müßiggänger, keine Schmarotzer, Schieber, Schwarzhändler oder Ämtleinhascher, sondern von ernstem, bestem Willen beseelte Menschen sind. Und seien wir nicht allzu empfindlich, wenn das Unverständnis mancher, die noch nichts erlebt und erlitten haben, unser verbittertes Herz kränkt oder beleidigt! Wir wollen die Widerstrebenden mit nicht nachlassender Geduld gewinnen und, wie schwer es auch fallen mag, jene Herzenshärte, die uns manchmal entgegenstößt, durch Liebe entwaffnen! Und erziehen wir die Kinder, die uns als einziges, letztes, höchstes Gut geblieben sind, zu ordentlichen Menschen! Und singen wir mit ihnen jeden Abend, ehe wir sie schlafen legen, das Lied der Heimat!

Das Heimweh soll in ihnen lebendig bleiben! Hat man uns die Heimat entrissen, das Heimweh kann uns niemand nehmen, und es soll wie ein Samenkorn zu einer schöneren Zukunft in uns keimen.

Und lasset uns jene geheime Macht, die den Völkern das Schicksal verhängt, lasset uns Gott bitten, daß er uns, ehe wir eingehen in die ewige Heimat, in die irdische Heimat zurückführe, ohne die wir in der ganzen weiten Welt kein rechtes Glück finden können!

Und so wollen wir in Hoffnung und Geduld ausharren.

Du aber, Gott, höre uns!

Die Heimat im Bilde

Mähr.
Schönberg

Sternberg in Mähren, Kaiser-Wilhelm-Straße

Wallfahrtskirche in Haindorf/Isergebirge.
Nach einem Aquarell von M. Wollmann

Gablonz mit Talsperre und Blick ins Isergebirge

Gewerbemuseum in Reichenberg.
Nach einem Aquarell von M. Wollmann

Die Schneekoppe/Riesengebirge (1.602 m) im Winterkleid

Ringplatz mit Dreifaltigkeitssäule von 1704
in Trautenau/Riesengebirge

Das viertürmige Schloß in Hohenelbe/Riesengebirge

Stadtkirche in Komotau.
Nach einem Motiv von Gerfried Schellberger

Egerpartie in Kaaden mit Stadtmauer

Böhm. Schweiz.
Herrnskretschen mit Hotel Herrnhaus und Hotel Hetschel
HOTEL
HETSCHEL

Das Prebischthor mit Hotel in der Sächsisch-Böhmischen Schweiz

Der Marktbrunnen im Weltbad Karlsbad

Die Stadt Mies

Franzensbad. Café-Restaurant Amerika im Stadtwald

Die Stadt Eger

Der Parkgraben in Krumau/Böhmerwald

Die Literatenschule in Prachatitz/Böhmerwald

Die Verfasser

Inhalt

Die Verfasser und ihre Beiträge

Für die Erlaubnis zum Abdruck einiger Beiträge ist der Verlag den Autoren und deren oben angeführten Verlegern zu Dank verpflichtet.

Inhaltsverzeichnis

Ein Jahrtausend

Vom Ewigen

Weltweite Leistung

Schaffendes Volk

Vertriebene